TAXNET
세무/회계 전문 재경비즈니스 포털 서비스

제1판

헷갈리기 쉬운 127가지 궁금증을
속 시원히 풀어주는

이슈별 부가가치세 실무사례

이철재, 이현범 공저

조세통람

PREFACE

저자는 한국공인회계사회의 회원상담실에서 공인회계사들을 상대로 현재까지 약 8년간 부가가치세 상담업무를 하고 있고, 수년간 국세공무원교육원에서 세무공무원들에게나, 이나우스아카데미와 삼일아카데미 등에서 기업실무자들에게 부가가치세를 강의하였습니다. 그리고 수십 년간 회계법인에 근무하면서 세무전문가로서 부가가치세 관련 업무(경정청구와 불복)를 하였습니다.

공저자인 이헌범 세무사는 국세공무원교육원에서 교수로서 수년간 국세공무원들을 상대로 부가가치세를 강의하였고, 지방국세청에서 조사반 팀장으로, 일선 세무서 과장으로도 근무하면서 과세관청의 입장에서 다양한 부가가치세 업무를 처리하였으며, 현재는 세무사로 개업하여 납세자의 입장에서 부가가치세 업무를 수행하고 있습니다.

저자들은 부가가치세에 대한 다양한 경험을 바탕으로 부가가치세 업무 담당 기업실무자, 세무대리인, 국세공무원들이 반드시 알았으면 좋겠다고 느낀 핵심 실무사례를 정리해서 책으로 출간하면 좋겠다고 의견을 모았습니다. 이에 실무자들이 반드시 알아야 하는 부가가치세 핵심사례를 엄선하여 127개의 사례를 골라서 이를 테마별로 정리해서 본서를 출간하게 되었습니다.

본서에는 핵심사례별로 각각 ① 내용 Summary, ② 질문, ③ 답변 및 해설, ④ 핵심정리의 순서로 내용을 정리하였습니다.

① 내용 Summary에는 그 사례에서 check 해야 할 기본사항과 핵심 point를 요약해서 독자들이 그 사례의 키워드(keyword)를 한눈에 알아볼 수 있게 하였고, ② 질문에서는 독자들이 재미있게 공부할 수 있도록 실무에서 발생하는 사례를 구체적인 숫자나 상황으로 재현하였습니다. 질문의 많은 부분은 중요 예규나 판례를 기초로 만들었으며, 다른 책과 달리 부가가치세와 관련된 민사소송 중에서 중요한

사례(예를 들면, 부가가치세와 관련된 손해배상소송)도 포함하였습니다. ③ 답변 및 해설에는 그 질문에 대한 답을 제시하고 그러한 답을 도출하게 된 논리나 근거를 설명하였고, 끝으로 ④ 핵심정리에는 그 사례와 관련된 전체적인 내용을 정리하고 관련된 법령, 예규나 판례를 표시하였습니다.

글로만 설명하는 것보다는 도표나 그림으로 설명하는 것이 독자들이 이해하기 쉬우므로 많은 사례에는 도표나 그림을 추가하였습니다. 본서가 부가가치세 업무를 담당하는 기업실무자, 세무대리인, 국세공무원의 업무에 도움이 되길 기대합니다.

저자들은 부가가치세 실무서인 "핵심실무 부가가치세"를 9판째 발간하면서 독자분들께 많은 사랑을 받았습니다. 또 국세청에 "핵심실무 부가가치세" 1,500부를 세무관서의 비치용 도서로 납품한 적도 있습니다. 그동안 독자들의 관심과 사랑에 깊이 감사드립니다. 본서는 "핵심실무 부가가치세"의 자매서로서 그 책에 담지 못한 사례들도 다루고 있습니다. 본서를 보는 독자들은 각 사례로 부가가치세의 핵심내용을 파악할 수 있을 것입니다.

본서 출간에 많은 분의 도움을 받았습니다. 본서 출간을 물심양면으로 지원해 주신 ㈜조세통람의 서원진 대표님, 촉박한 출간일정 때문에 휴일 작업도 마다하지 않고 세련된 편집실력으로 멋진 책을 만들어주신 류현수 팀장님과 출판부 여러분께 깊이 감사드립니다. 끝으로 독자 여러분의 건승을 기원합니다.

2024년 11월

공저자 **이철재, 이현범** 드림

CONTENTS

PART 01 총 론

PART 02 과세거래

PART 03 영세율

CONTENTS

PART 05 과세표준

CONTENTS

PART 06 거래징수와 세금계산서

PART 07 납부세액

CONTENTS

PART 09 절차규정

PART 10 간이과세

예규 불복 사례 약어

자주 사용하거나 긴 법령, 판례 등은 다음과 같이 약식 명칭 등을 사용하였다.

본서 약칭	법령 원명
부 법	부가가치세법
부 령	부가가치세법 시행령
부 칙	부가가치세법 시행규칙
부기통	부가가치세법 기본통칙
부 집	부가가치세법 집행기준
법 법	법인세법
법 령	법인세법 시행령
법 칙	법인세법 시행규칙
법기통	법인세법 기본통칙
법 집	법인세법 집행기준
소 법	소득세법
소 령	소득세법 시행령
소 칙	소득세법 시행규칙
소기통	소득세법 기본통칙
소 집	소득세법 집행기준
국기법	국세기본법
국기령	국세기본법 시행령
국기칙	국세기본법 시행규칙
국기통	국세기본법 기본통칙
국징법	국세징수법
국징령	국세징수법 시행령
국징집	국세징수법 집행기준

본서 약칭	법령 원명
조처법	조세범처벌법
조특법	조세특례제한법
조특령	조세특례제한법 시행령
조특칙	조세특례제한법 시행규칙
조특통	조세특례제한법 기본통칙
조특집	조세특례제한법 집행기준
개소법	개별소비세법
개소령	개별소비세법 시행령
개소칙	개별소비세법 시행규칙
지 령	지방세법 시행령

PART 01

총론

QnA

01 아파트 부대시설 이용료, 부가세 과세대상인가?

02 작업반장, 그는 사업자인가?

03 신탁재산의 매각, 부가세 납세의무자는?

04 과세사업자에게 면세사업자등록증 발급, 세무공무원의 손해배상책임은?

Chapter 01

아파트 부대시설 이용료, 부가세 과세대상인가?

내용 Summary

기본사항 Check

- **입주자대표회의가 공급하는 재화나 용역의 부가가치세 과세 여부**
  ① 입주민을 상대로 하는 것 : 자치활동이므로 부가가치세 과세대상이 아님
  ② 외부인을 상대로 하는 것 : 계속성과 반복성이 있는 경우에는 사업활동이므로 부가가치세 과세대상임
- 입주자대표회의가 외부인을 상대로 재화나 용역을 공급하는 것이 계속성과 반복성이 있는지는 사실판단사항임

핵심 Point

- 입주민을 상대로 하는 것 → 부가가치세 과세대상이 아님
- 외부인을 상대로 하는 것 → 계속성과 반복성이 있으면 부가가치세 과세대상임

질문 »

한강아파트는 약 3,000세대가 거주하는 대규모 아파트단지이며, 입주자 대표회의는 다음과 같은 부대사업을 하고 있다. 부대사업에서 얻은 수익은 관리비에 충당하고 있다.

구 분	공급받는 자	내 용
주차료	입주민	입주민 중 1가구당 1차량 초과에 대하여 대당 월 2만원의 주차료를 받고 있음
	외부인	낮에는 주차장에 여유가 있어서 주차를 원하는 외부인에게 주차장을 이용하게 하고 시간당 3천원의 주차료를 받고 있음
골프연습장 입회비	입주민	아파트에 골프연습장을 설치하여 골프연습장의 입회비로 입주민에게 1년에 60만원을 받고 있음
	외부인	외부인도 골프연습장을 이용할 수 있으며, 골프연습장의 입회비로 1년에 100만원을 받고 있음
승강기이용료	입주민	전출입 시 승강기를 이용하는 세대에 승강기이용료 10만원을 받고 있음
옥상임대료	통신사	이동통신회사에 아파트옥상에 통신중계기를 설치하게 하고 월 200만원의 임대료를 받고 있음
광고료	외부상인	외부상인에게 아파트 내 광고물을 부착하도록 하고 광고주로부터 광고료를 받고 있음. 광고료는 광고물의 크기, 부착기간에 따라 다르며, 광고 부착 횟수는 월 10회 정도이고 광고료 수입은 월 100만원 정도임
재활용품 매각액	고물상	아파트에서 재활용품을 수집하여 고물상에게 주 2회 매각하고 있으며, 재활용품 매각으로 인한 수입은 연 1억원 정도임

한강아파트의 부대사업 중 부가가치세 과세대상인 것은?

답변 및 해설 »

구 분	공급받는 자	내 용
주차료	입주민	입주민 중 1가구당 1차량 초과에 대하여 주차료를 받는 것은 자치활동이므로 부가가치세 과세대상이 아님[1]
	외부인	외부인에게 주차장을 이용하게 하고 주차료를 받는 것은 주차장업에 해당하므로 부가가치세 과세대상임[2]
골프연습장 입회비	입주민	입주민에게 골프연습장을 이용하게 하고 이용료를 받는 것은 자치활동이므로 부가가치세 과세대상이 아님[3]
	외부인	외부인에게 골프연습장을 이용하게 하고 받는 대가는 스포츠시설운영업에 해당하므로 부가가치세 과세대상임[4]
승강기 이용료	입주민	입주민의 전출입 시 승강기를 이용료를 받는 것은 자치활동이므로 부가가치세 과세대상이 아님[5]
옥상임대료	통신사	이동통신회사에게 아파트옥상에 통신중계기를 설치하게 하고 임대료를 받는 것은 부동산임대업에 해당하므로 부가가치세 과세대상임[6]
광고료	외부상인	외부상인에게 아파트 내 광고물을 부착하도록 하고 광고주로부터 광고료를 받는 것은 횟수나 금액으로 볼 때 사업성이 있으므로 부가가치세 과세대상임[7]
재활용품 매각액	고물상	재활용품 매각이 사업성이 있으면 부가가치세 과세대상임.[8] 아파트에서 재활용품을 수집하여 고물상에게 매각하는 것도 횟수나 금액으로 볼 때 사업성이 있으므로 부가가치세 과세대상임

1) 기획재정부 부가가치세제과-631, 2017.12.4.
2) 서면-2017-부가-2211 [부가가치세과-2860], 2017.12.26.
3) 기획재정부 부가가치세제과-631, 2017.12.4.
4) 서면-2017-부가-0549 [부가가치세과-2862], 2017.12.26.
5) 서면-2016-부가-3424 [부가가치세과-1039], 2016.5.18.
6) 부가가치세과-643, 2009.5.7.
7) 서면인터넷방문상담3팀-2184, 2006.9.18.
8) 부가가치세과-351, 2014.4.18.

핵심정리

구 분	내 용
입주민 대상	아파트입주자대표회의*가 입주민에게 주차창, 운동시설, 승강기 등을 이용하게 하고 대가를 받는 것은 자치활동이므로 부가가치세 과세대상이 아니다. 따라서 입주민 중 1가구 1차량 초과 차량에 대하여 받는 주차료, 골프연습장 입회비, 승강기이용료는 부가가치세 과세대상이 아니다. * 아파트입주자대표회 : 아파트의 입주자 · 사용자를 대표하여 관리에 관한 주요사항을 결정하기 위하여 구성하는 자치 의결기구
외부인 대상	• 아파트입주자대표회의가 외부인으로부터 받는 주차료, 골프연습장 입회비, 옥상 임대료, 광고료, 재활용품의 매각액은 아파트입주자대표회의가 사업자인 경우에는 부가가치세 과세대상이나, 사업자가 아닌 경우에는 부가가치세 과세대상이 아니다. • 아파트입주자대표회의가 계속적 · 반복적으로 재화나 용역을 공급한 경우에는 사업자이므로 부가가치세 납세의무를 진다. 이 사례에서 아파트입주자대표회의가 외부인으로부터 받는 주차료, 골프연습장 입회비, 옥상 임대료, 광고물을 부착하게 하고 받는 광고수입, 재활용품 매각액은 횟수 · 금액으로 볼 때 계속성과 반복성이 있으므로 부가가치세 과세대상으로 보아야 한다.

보충설명

• **공동주택의 입주자대표회의의 수익사업소득에 대한 법인세 또는 소득세의 납세의무**

공동주택의 입주자대표회의는 부대사업소득에 대하여 소득세를 신고 · 납부하여야 하나, 국세기본법 제13조 제2항의 요건[9]을 갖추어 관할 세무서장에게 "법인으로 보는 단체"로 인정해 달라고 신청하여 승인을 얻은 경우에는 비영리법인으로 본다.[10] 입주자대표회의가 비영리법인에 해당하면 거주자로 보는 경우보다 세제혜택이 크므로 법인으로 승인받는 것이 좋다. 비영리법인인 입주자대표회의는 수익사업소득의 50%(일정한 이자소득과 배당소득은 100%)를 고유목적사업준비금으로 손금에 산입할 수 있으므로 손금산입액에 대해서는 법인세를 납부할 필요가 없기 때문이다(법령 §56 ① (4)). 손금에 산입한 고유목적사업준비금은 5년 이내에 고유목적사업이나 일반기부금 지출에 사용해야 한다.

9) 법인으로 보는 사단, 재단, 그 밖의 단체 외의 법인 아닌 단체 중 다음 각 호의 요건을 모두 갖춘 것으로서 대표자나 관리인이 관할 세무서장에게 신청하여 승인을 받은 것도 법인으로 보아 국세기본법과 세법을 적용한다. 이 경우 해당 사단, 재단, 그 밖의 단체의 계속성과 동질성이 유지되는 것으로 본다(국기법 §13 ②).
 1. 사단, 재단, 그 밖의 단체의 조직과 운영에 관한 규정(規程)을 가지고 대표자나 관리인을 선임하고 있을 것
 2. 사단, 재단, 그 밖의 단체 자신의 계산과 명의로 수익과 재산을 독립적으로 소유 · 관리할 것
 3. 사단, 재단, 그 밖의 단체의 수익을 구성원에게 분배하지 아니할 것

10) 법법 §2 (2); 징세46101-2411, 1998.9.3.

Chapter 02

작업반장, 그는 사업자인가?

내용 Summary

기본사항 Check

- 작업반장
  ① 작업반장이 고용계약에 따라 근로를 제공하고 단순히 노무비를 일괄 수령하여 분배한 경우 : 작업반장은 근로자이므로 부가가치세 납세의무가 없음
  ② 작업반장이 부가가치를 창출할 수 있을 정도의 인적·물적시설을 갖추고 사업상 독립적으로 재화 또는 용역을 공급하는 경우 : 작업반장은 사업자이므로 부가가치세 납세의무가 있음

핵심 Point

- 작업반장이 노임을 받아 즉시 배분한 경우 → 작업반장은 근로자임
- 작업반장이 대가로 약속어음을 받거나, 대가를 받아 비용을 지출하거나 장비를 구입한 경우 → 작업반장은 사업자임

질문 »

건설현장에서 작업반장으로 일하는 김목수 씨와 마철근 씨는 부가가치세 납세의무자인가?

1. 김목수 씨

   김목수 씨는 목수 일을 하는데 건설현장소장이 일을 잘하니 아는 목수 몇 명을 데려와 같이 일을 해달라고 해서 친분이 있는 목수 3명을 데려가 함께 목공작업을 하였다. 김목수 씨는 그 사람들을 대표하여 자기의 계좌로 노임을 받아 다른 목수의 임금은 즉시 계좌이체하였다. 김목수 씨는 별도의 사무실이 없고, 건설자재는 건설현장에서 제공받아 목공작업을 하고 있다.

2. 마철근 씨

마철근 씨는 3명과 함께 한 팀을 이뤄 건설현장에서 철근 부분의 공사를 수행하고 있다. 마철근 씨는 철근공사의 대가로 현금과 약속어음을 수령하고, 수령한 돈으로 식비와 유류비를 지출하고 철근작업에 필요한 장비를 구입하였다. 마철근 씨는 1주 단위로 다른 사람에게 노임을 지급하였다.

답변 및 해설 »

1. 김목수 씨

김목수 씨는 다른 목수와 함께 목공작업을 하고 그들을 대표하여 노임을 받아 즉시 배분하였으므로 김목수 씨는 근로자에 해당한다.[11] 김목수 씨는 부가가치세법상 사업자가 아니므로 부가가치세 납세의무가 없다.

2. 마철근 씨

마철근 씨는 3명과 함께 팀을 이뤄 건설현장에서 철근 부분의 공사를 수행하면서 철근공사의 대가로 약속어음도 수령하고, 수령한 돈으로 비용을 지출하고 장비를 구입하고 노임을 지급하였다. 마철근 씨가 사업자임을 나타내는 증거는 다음과 같다.

① 약속어음 수령 : 근로자는 임금을 통화로 지급받으므로 약속어음으로 임금을 받지 않는다. 따라서 마철근 씨가 약속어음으로 대금을 받은 것은 마철근 씨가 사업자임을 나타내는 증거이다.[12]

② 식비와 유류비 지출 : 마철근 씨가 임금을 받았다면 즉시 다른 사람에게 배분하였을 것이다. 그러나 마철근 씨는 대가를 받아 식비와 유류비로 지출하였으므로 마철근 씨는 단순히 임금을 받은 것이 아니라는 것을 나타낸다.[13]

③ 장비구입 : 마철근 씨가 철근작업에 필요한 장비를 구입했다는 것은 마철근 씨가 사업자임을 나타내는 증거이다. 근로자는 회사가 제공하는 장비로 작업을 하므로 자기가 작업에 필요한 장비를 구입하지는 않다.[14]

11) 조심 2010중2777, 2010.12.14.; 조심 2010중872, 2010.11.12.
12) 서울행정법원 2007구합44504, 2009.1.23.
13) 조심 2011중0161, 2011.3.2.
14) 조심 2011중0413, 2011.9.8.

④ 노임 지급 : 마철근 씨가 1주 단위로 다른 사람들에게 노임을 지급한 것은 마철근 씨가 다른 사람을 고용했다는 것을 나타낸다.

위와 같은 사실을 종합하면 마철근 씨는 사업자이므로 용역제공에 대하여 부가가치세 납세의무를 진다.

핵심정리

구 분	내 용
작업반장이 사업자인지 여부	건설공사를 할 때 일용노무자들이 각 공사분야별로 팀을 이루면서 그중 경험이 풍부하고 통솔력 있는 사람이 작업반장[일명 십장(什長)]을 맡아 일당 등을 건설업체와 협의하고 노임을 일괄 수령하여 노무자 각자에게 지급하는 경우가 있다. 작업반장이 고용계약에 따라 근로를 제공하고 노무비를 일괄 수령하여 분배한 경우 작업반장은 근로자이므로 부가가치세의 납세의무가 없다. 그러나 작업반장이 부가가치를 창출할 수 있을 정도의 인적 · 물적시설을 갖추고 사업상 독립적으로 재화 또는 용역을 공급하는 경우에는 사업자이므로 부가가치세의 납세의무가 있다. 작업반장이 고용관계에 따라 노무비를 받아 분배한 것인지, 아니면 독립된 사업자로서 용역을 제공하였는지는 사실판단사항이다.
작업반장이 사업자임을 나타내는 증거	다음과 같은 증거가 있으면 작업반장을 사업자로 볼 수 있다. ① 도급계약을 체결한 경우 : 근로자는 고용계약을 체결하므로 작업반장이 건설회사와 도급계약을 체결하였다면 사업자일 것이다. ② 장비 · 사무실 등의 물적 설비를 구비한 경우 : 작업반장이 작업에 필요한 장비를 구비했거나 사무실 등의 물적 설비를 갖추고 있다면 사업자로 볼 수 있다. ③ 대가를 어음으로 수령한 경우 : 작업반장이 공사대가를 어음으로 받았다면 사업자로 볼 수 있다. 근로기준법상 임금은 법령이나 단체협약에 특별한 규정이 있는 경우를 제외하고는 통화(通貨)로 전액을 지급해야 하므로 어음으로 임금을 지급할 수 없다(근로기준법 §43). ④ 건설자재를 부담한 경우 : 작업반장이 건설자재를 구입했다면 작업반장을 사업자로 볼 수 있다. ⑤ 대가를 받아 즉시 분배하지 않은 경우 : 작업반장이 대가를 받아 즉시 분배하지 않았다면 노무비를 일괄 수령한 것이 아니라 자신이 제공한 용역제공대가를 받았다는 것을 의미하므로 작업반장을 사업자로 볼 수 있다.

Chapter 03

신탁재산의 매각, 부가세 납세의무자는?

내용 Summary

기본사항 Check

- 신탁재산과 관련된 재화 · 용역은 설정일에 따라 부가가치세 납세의무가 달라짐

구 분	납세의무자
2021.12.31. 이전에 설정한 신탁	신탁재산을 수탁자의 명의로 공급하는 경우 〈원칙〉 위탁자 〈특례〉 담보신탁, 재개발사업 · 재건축사업 · 가로주택정비사업 · 소규모재건축사업의 경우에는 수탁자 ※ 신탁부동산을 임대한 경우 : 수탁자(기획재정부 부가가치세제과-419, 2019.7.4.)
2022.1.1. 이후에 설정한 신탁	신탁재산과 관련된 재화 또는 용역을 공급하는 경우 〈원칙〉 수탁자 〈특례〉 위탁자명의로 공급하는 경우와 위탁자가 실질적으로 신탁재산을 지배 · 통제하는 대통령령으로 정하는 경우에는 위탁자

핵심 Point

- 신탁설정일이 2022.1.1. 이후인지 그 전인지 여부 확인 → 신탁설정일에 따라 납세의무자가 달라짐

질문 »

㈜JD건설은 김포에 상가(3층 건물 각 층마다 5개의 상가로 총 15개의 상가임)를 보유하고 있는데 상가 매각에 어려움을 겪고 있다. 2024.7.1에 ㈜JD건설은 상가매각을 전문으로 하는 K부동산신탁과 처분신탁계약을 체결하고 K부동산신탁에 상가의 소유권을 이전(등기원인 : 신탁)하였다.

1. **㈜JD건설이 신탁을 원인으로 K부동산신탁에 상가의 소유권을 이전하는 것은 재화의 공급인가?**
2. **㈜JD건설이 K부동산신탁에 지시하여 상가 101호는 ㈜JD건설의 대주주에게 매각하도록 한 경우 부가가치세 납세의무자는?**
3. **나머지 상가는 K부동산신탁의 책임하에 처분한 경우 상가매각에 대한 부가가치세 납세의무자는?**
4. ㈜JD건설이 상가의 매각을 위한 감정평가를 하고 감정평가수수료를 지급하면서 감정평가수수료에 대한 세금계산서를 ㈜JD건설 명의로 발급받았다. **K부동산신탁이 부가가치세 납세의무자로서 상가매각에 대한 부가가치세를 신고하는 경우 ㈜JD건설이 발급받은 세금계산서의 매입세액을 공제받을 수 있나?**

답변 및 해설 »

2022.1.1. 이후 설정한 신탁이므로 신탁재산과 관련된 재화 또는 용역을 공급한 경우 수탁자가 부가가치세의 납세의무를 진다. 다만, 위탁자 명의로 공급하는 경우와 위탁자가 실질적으로 신탁재산을 지배 · 통제하는 대통령령으로 정하는 경우에는 위탁자가 부가가치세의 납세의무를 진다.

1. ㈜JD건설이 신탁을 원인으로 K부동산신탁에 상가의 소유권을 이전하는 것이 재화의 공급인지 여부

신탁을 원인으로 위탁자가 수탁자에게 신탁재산을 이전하는 것은 신탁재산을 매각(관리신탁은 관리)해 달라고 신탁재산의 소유권을 이전한 것이므로 재화의 소유권이 실질적으로 이전된 것이 아니다. 따라서 ㈜JD건설이 신탁을 원인으로 K부동산신탁에 상가의 소유권을 이전하는 것은 재화의 공급으로 보지 아니한다(부법 §10 ⑨ (4)).

2. ㈜JD건설이 K부동산신탁에 지시하여 상가 101호를 ㈜JD건설의 대주주에게 매각한 경우 부가가치세 납세의무자

수탁자가 위탁자의 지시로 위탁자와 특수관계에 있는 자에게 신탁재산과 관련된 재화 또는 용역을 공급하는 경우에는 위탁자가 부가가치세를 납부할 의무를 진다(부법 §3 ③ (2), 부령 §5의 2 ② (3)). ㈜JD건설이 K부동산신탁에 지시하여 상가 101호를 ㈜JD건설의 대주주에게 매각한 경우 상가매각에 대한 부가가치세의 납세의무자는 ㈜JD건설이다. 따라서 101호 상가 매각 시 ㈜JD건설의 명의로 세금계산서를 발급하여야 한다.

3. K부동산신탁의 책임하에 처분한 나머지 상가의 매각에 대한 부가가치세 납세의무자

신탁재산을 매각한 경우 수탁자가 부가가치세의 납세의무를 지므로 K부동산신탁이 부가가치세의 납세의무를 진다.

처분신탁

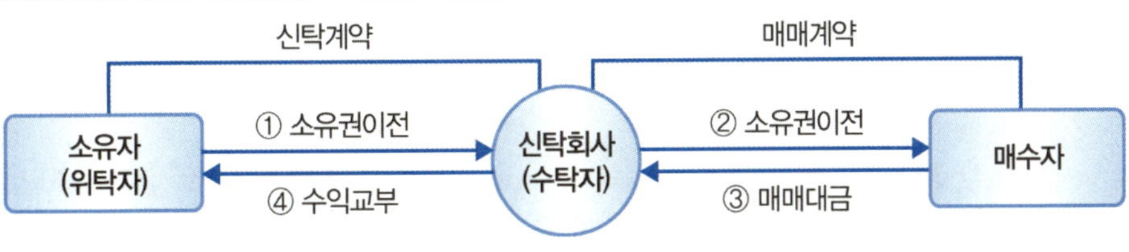

① 신탁계약을 원인으로 하는 소유권이전 : 재화의 공급이 아님
② 매매계약을 원인으로 하는 소유권이전 : 재화의 공급임
부가가치세의 납세의무자 : 수탁자(위탁자가 신탁재산을 지배 · 통제하는 경우 등은 위탁자)

4. K부동산신탁이 부가가치세 납세의무자인 경우 ㈜JD건설이 발급받은 세금계산서에 대한 매입세액공제 여부

부가가치세를 납부해야 하는 수탁자가 위탁자를 재화 또는 용역을 공급받는 자로 하여 발급된 세금계산서의 부가가치세액을 매출세액에서 공제받으려는 경우로서 그 거래사실이 확인되고 재화 또는 용역을 공급한 자가 예정신고나 확정신고를 하고 해당 납부세액을 신고하고 납부한 경우에는 매입세액공제를 받을 수 있다(부령 §75 ⑾). 따라서 K부동산신탁이 부가가치세 신고 시 ㈜JD건설이 발급받은 세금계산서의 매입세액을 공제받을 수 있다.

핵심정리

구 분	내 용
신탁 관련 부가가치세 규정의 입법연혁	종전에는 수탁자가 신탁재산을 관리·처분한 경우 부가가치세 납세의무자가 누구인지에 대한 명문규정이 없었다. 2017년 5월경 대법원은 신탁재산을 공급한 경우에는 신탁의 종류에 관계없이 수탁자가 부가가치세의 납세의무자이며, 타익신탁에서 신탁재산의 실질적 통제권이 우선수익자에게 이전되더라도 이는 신탁계약에 따른 것이므로 재화의 공급으로 볼 수 없다고 판결(대법원 2012두22485, 2017.5.18. 등)하였다. 이 판결은 수십 년간의 신탁과 관련된 판례와 예규를 모두 뒤집는 것이어서 실무상 업무처리에 혼선이 발생함에 따라, 2017.12.19. 부가가치세법을 개정하여 신탁 관련 규정을 명문화하였다. 그 후 2020년말 신탁 관련 규정을 다시 개편하여 1년 유예 후 2022.1.1. 이후 설정하는 신탁부터 적용하도록 하였다.
신탁계약에 따른 소유권 이전	신탁재산의 소유권 이전으로서 다음 중 어느 하나에 해당하는 것은 재화의 공급으로 보지 아니한다(부법 §10 ⑨ (4)). ① 위탁자로부터 수탁자에게 신탁재산을 이전하는 경우 ② 신탁의 종료로 인하여 수탁자로부터 위탁자에게 신탁재산을 이전하는 경우 ③ 수탁자가 변경되어 새로운 수탁자에게 신탁재산을 이전하는 경우

<table>
<tr><th>구 분</th><th>내 용</th></tr>
<tr><td>신탁재산 관련 재화 · 용역에 대한 부가가치세 납세의무</td><td>
신탁재산과 관련하여 재화 · 용역을 공급한 경우 2021.12.31. 이전에 설정한 신탁과 2022.1.1. 이후 설정한 신탁의 납세의무자가 다르다.

신탁재산 관련 재화 · 용역에 대한 부가가치세
<table>
<tr><th colspan="2">구 분</th><th>2021.12.31. 이전에 설정된 신탁</th><th>2022.1.1. 이후에 설정된 신탁</th></tr>
<tr><td rowspan="2">신탁재산 매각</td><td>원칙</td><td>위탁자</td><td>수탁자</td></tr>
<tr><td>예외</td><td>수탁자[15]</td><td>위탁자[16]</td></tr>
<tr><td colspan="2">신탁재산의 임대</td><td>수탁자*[17]</td><td>신탁재산 매각과 같음</td></tr>
</table>
* 2021.12.31. 이전 설정된 신탁인 경우 부가가치세법에는 신탁재산을 매매하는 경우의 납세의무자에 대한 규정만 있고, 신탁재산과 관련된 용역을 공급한 경우의 납세의무자에 대한 규정이 없었다. 그러나 과세당국은 수탁자가 신탁재산을 임대한 경우 수탁자가 납세의무자라고 해석하였다(기획재정부 부가가치세제과-419, 2019.7.4.; 사전-2019-법령해석부가-0587 [법령해석과-2935], 2019.11.8. 참조).
</td></tr>
</table>

15) 2021.12.31. 이전에 설정된 신탁의 경우 담보신탁의 경우와 수탁자가 지정개발자로서 재개발사업 · 재건축사업 또는 가로주택정비사업 · 소규모재건축사업을 시행하는 과정에서 신탁재산을 처분하는 경우에는 위탁자가 부가가치세에 대한 납세의무를 진다.

16) 2022.1.1. 이후 설정된 신탁의 경우에는 위탁자가 부가가치세의 납세의무를 진다(부법 §3 ③).

① 신탁재산과 관련된 재화 또는 용역을 위탁자 명의로 공급하는 경우

② 위탁자가 신탁재산을 실질적으로 지배 · 통제하는 경우로서 다음 중 어느 하나에 해당하는 경우(부령 §5의 2 ②)

㉮ 수탁자가 위탁자로부터 부동산 등의 재산을 수탁받아 부동산개발사업을 목적으로 하는 신탁계약을 체결한 경우로서 그 신탁계약에 의한 부동산개발사업비의 조달의무를 수탁자가 부담하지 아니하는 경우(수탁자가 재개발사업 · 재건축사업 또는 가로주택정비사업 · 소규모재건축사업 · 소규모재개발사업의 사업시행자인 경우는 제외)

㉯ 수탁자가 재개발사업 · 재건축사업 또는 가로주택정비사업 · 소규모재건축사업 · 소규모재개발사업의 사업대행자인 경우

㉰ 수탁자가 위탁자의 지시로 위탁자와 국세기본법 시행령 또는 법인세법 시행령의 관계(특수관계)에 있는 자에게 신탁재산과 관련된 재화 또는 용역을 공급하는 경우

㉱ 「자본시장과 금융투자업에 관한 법률」 제9조 제18항 제1호에 따른 투자신탁의 경우

17) 기획재정부 부가가치세제과-419, 2019.7.4.; 사전-2019-법령해석부가-0587 [법령해석과-2935], 2019.11.8.

Chapter 04

과세사업자에게 면세사업자등록증 발급, 세무공무원의 손해배상책임은?

내용 Summary

기본사항 Check

- **사업자등록**
  ① 과세사업자 : 부가가치세법에 따라 사업자등록
  ② 면세사업자 : 소득세법 또는 법인세법에 따라 사업자등록
- 과세사업자가 면세사업자로 등록하였다고 부가가치세 납세의무가 없는 것은 아님. 따라서 과세사업자인지 면세사업자인지 판단해서 사업자등록을 적법하게 하여야 함

핵심 Point

- 과세사업자인 경우 → 면세사업자로 등록한 경우에도 과세사업자인 경우에는 부가가치세를 신고납부하여야 함
- 면세사업자인 경우 → 과세사업자로 등록한 경우에도 면세사업자가 공급한 재화와 용역은 면세이므로 신고 · 납부한 부가가치세를 환급받을 수 있음

질문 »

㈜예진(이하 "회사"라 함)은 2020.4.5. 광고대행업, 이벤트사업 등을 사업목적으로 설립된 법인으로, 관할 세무서장에게 사업자등록신청을 하여 2020.4.25. 관할 세무서장으로부터 '면세법인사업자'용 사업자등록증을 발급받았다. 회사는 사업자등록증을 발급받은 후 주로 지방자치단체에 문화행사나 축제 등의 행사를 대행하는 용역을 제공하였다. 회사는 제공한 용역을 부가가치세 면세대상으로 보아 부가가치세 신고를 하지 아니하였다.

그런데, 최근 관할 세무서로부터 회사가 공급한 용역에 대하여 부가가치세를 과세하겠다는 과세예고통지를 받았다.

1. 관할 세무서에서 부가가치세를 과세할 경우 회사는 관할 세무서에서 면세사업자등록증을 교부하고 수년간 면세로 신고를 받은 것은 부가가치세를 과세하지 않겠다는 것을 시사하는 공적인 언동이나 견해를 표방한 것이므로 부가가치세를 과세하는 것은 신의성실의 원칙에 위배된다고 주장하려고 한다. **이러한 주장이 심판청구나 행정소송에서 수용될 가능성이 있는가?**

2. **회사가 부가가치세 과세대상용역을 면세거래로 오인하여 공급가액 110,000,000원을 수수한 경우 관할 세무서에서 추징할 부가가치세(가산세 제외)는 다음 중 어떤 것인가?**

$$(1안)\ 110{,}000{,}000 \times \frac{10}{110} = 10{,}000{,}000$$

$$(2안)\ 110{,}000{,}000 \times 10\% = 11{,}000{,}000$$

3. **관할 세무서의 부가가치세 과세에 대하여 심판청구를 거쳐 행정소송을 제기하였으나 패소할 경우 관할 세무서의 담당공무원의 직무상 불법행위로 인해 손해를 입었다는 취지로 소송을 제기하면 회사가 손해배상을 받을 수 있는가?** 회사는 "세무공무원은 사업자등록을 신청한 사업이 면세대상인지 과세대상인지 여부를 정확히 판단하여 사업자등록증을 발급하여야 할 의무가 있음에도 불구하고 이를 게을리한 채 면세사업자용 사업자등록증을 교부하였고, 이에 따라 회사가 용역대가를 지급받으면서 부가가치세를 별도로 지급받지 아니하였으므로 결국 담당공무원의 직무상 불법행위로 인하여 납부하게 될 부가가치세 상당의 손해를 입게 되었다"고 주장하려고 한다.

답변 및 해설 »

1. 신의성실의 원칙에 위배된다는 주장을 해도 수용가능성이 없음

사업자등록은 과세관청으로 하여금 납세의무자를 파악하고 그 과세자료를 확보케 하려는 데 입법취지가 있는 것으로서, 이는 단순한 사업사실의 신고로서 사업자가 관할 세무서장에게 사업자등록신청서를 제출함으로써 성립되고, 사업자등록증의 교부는 이와 같은 등록사실을 증명하는 증서의 교부행위에 불과하다. 따라서 세무서장이 면세사업자등록증을 교부하거나 면세사업자로서 한 신고를 받은 행위만으로는 세무서장이 납세의무자에게 그가 영위하는 사업에 관하여 부가가치세를 과세하지 아니함을 시사하는 언동이나 공적인 견해를 표명한 것이라 할 수 없다(대법원87누156, 1988.3.8.; 91누6415, 1992.2.25.; 95누15575, 1996.1.26.). 따라서 부가가치세면세용 사업자등록증을 교부하고 수년간 면세사업자로서 한 부가가치세 신고를 받았다는 사실만으로는 관할 세무서에서 부가가치세를 과세하지 않겠다는 것을 시사하는 언동이나 공적인 견해를 표명한 것이라 할 수 없으므로 신의성실 원칙을 위반하였다는 주장이 수용될 가능성은 거의 없다.

2. 2안이 타당함

사업자가 재화 또는 용역을 공급하고 그 대가로 받은 금액에 공급가액과 세액이 별도 표시되어 있지 아니한 경우와 부가가치세가 포함되어 있는지가 분명하지 아니한 경우에는 그 대가로 받은 금액에 110분의 100을 곱한 금액을 공급가액으로 한다. 그러나 부가가치세 과세대상거래를 오인하여 면세거래로 보아 공급가액만을 수수한 경우에는 부가가치세는 거래징수하지 않았으므로 공급가액과 세액이 불분명한 것으로 볼 수 없다(부집 29-0-4). 따라서 회사가 부가가치세 과세대상거래를 면세거래로 보아 공급가액만을 수수하였으므로 수수한 금액의 10%를 부가가치세로 한다.

부가가치세 = 110,000,000×10% = 11,000,000

3. 손해배상청구가 수용될 가능성이 거의 없음

국가배상책임이 성립하려면 공무원이 직무를 집행하면서 고의나 과실로 법령을 위반하여 타인에게 손해를 입혀야 한다(국가배상법 §2 ①). 관할 세무서의 사업자등록증 발급 담당 공무원이 착오로 면세사업자용 사업자등록증을 잘못 발급하였더라도, 사업자등록증 발급 과정에서 과세사업자 여부에 관한 담당 공무원의 심사의무를 인정할 법령상 근거가 없고, 사업자등록증 신청서 양식에도 부가가치세 과세사업 해당 여부를 신청인 스스로 표시하도록 되어 있다.

부가가치세 납세의무는 사업자등록의 여부나 어떠한 유형의 사업자등록을 하였는지에 따라 결정되는 것이 아니라 사업자가 실제로 하게 된 사업이나 거래의 내용에 따라 결정된다. 그리고 신고납세 방식인 부가가치세의 경우 1차적으로 사업자가 자신의 사업이 과세거래인지 면세거래인지 판단하여 부가가치세를 신고·납부하여야 할 의무가 있으므로 사업자가 재화나 용역을 공급하면서 상대방으로부터 부가가치세를 거래징수할 것인지 여부도 사업자등록 여부나 종류와 관계없이 사업자 스스로 판단해야 하는 것이 원칙이다. 처음에 면세사업자용 사업자등록증을 교부받았다고 하더라도 이후 과세사업을 하게 될 경우에는 스스로의 책임 아래 사업자등록정정신고를 하고 부가가치세 과세표준과 세액을 신고·납부하여야 한다[서울고법2016나2036766, 2017.7.14.; 대법원 2017다 250318, 2017.10.26.(심리불속행)]. 따라서 공무원의 직무상 의무 위반으로 인한 국가배상책임이 인정되려면 공무원의 직무상 의무 위반과 피해자가 입은 손해 사이에 상당인과관계가 인정되어야 하나, 이 사안의 경우 담당공무원의 면세사업자등록증 교부와 부가가치세 추징과는 상당인과관계가 없으므로 손해배상청구가 수용될 가능성이 거의 없다.

핵심정리

구 분	내 용
사업자등록의 개념	사업자등록은 과세관청으로 하여금 부가가치세의 납세의무자를 파악하고 그 과세자료를 확보케 하기 위하여 사업자의 인적사항과 업태, 종목 등 사업내용을 세무관서의 공부에 등재하여 사업자의 동태를 파악하기 위한 제도이다. 사업자등록증의 교부가 사업을 허용하거나 사업경영을 할 권리를 인정하는 것은 아니며,[18)] 사업자등록은 단순한 사업사실의 신고로서 사업자가 소관 세무서장에게 소정의 사업자등록신청서를 제출함으로써 성립되는 것이고, 사업자등록증의 교부는 이와 같은 등록사실을 증명하는 증서의 교부행위에 불과하다.
면세사업자의 사업자등록	부가가치세 면세사업자는 부가가치세법상 사업자등록 의무는 없다. 그러나 면세사업자도 소득세법 또는 법인세법에 따라 사업자등록을 하여야 한다(소법 §168 ①, 법법 §111 ①).
부가가치세 과세사업자의 사업자등록	• 사업장 단위 과세사업자 : 부가가치세상 과세사업자는 사업장마다 사업 개시일부터 20일 이내에 사업장 관할 세무서장이나 그 밖에 신고인의 편의에 따라 선택한 세무서장에게 사업자등록신청서(별지 제4호 서식)를 제출(국세정보통신망에 의한 제출 포함)해야 한다. 다만, 신규로 사업을 시작하려는 자는 사업 개시일 이전이라도 사업자등록을 신청할 수 있다(부법 §8 ①·②). • 사업자 단위 과세사업자 : 사업장이 둘 이상인 사업자는 사업자 단위로 본점 또는 주사무소 관할 세무서장에게 등록을 신청할 수 있다(부법 §8 ④).
부가가치세 과세사업을 면세사업으로 사업자등록을 할 경우의 불이익	부가가치세 과세사업을 면세사업으로 오인하여 면세사업으로 사업자등록을 하고 과세거래를 면세거래로 처리한 후 추후 과세관청에 적발되면 매출액의 10%의 부가가치세, 세금계산서 미발급가산세(공급가액의 2%), 무신고가산세(납부세액의 20%), 납부지연가산세(1일 0.022% 이자)가 과세되므로 사업자가 추징세액을 감당하기 어렵다. 따라서 자신이 하는 사업이 부가가치세 과세사업인지 아니면 면세사업인지 정확하게 파악해서 사업자등록을 하는 것은 매우 중요하다.

18) 서면3팀-2954, 2006.11.30.

PART 02

과세거래

이슈별 부가가치세 실무사례

Q&A

Chapter

05 농지의 임대, 부가세 과세대상인가?

내용 Summary

기본사항 Check

- **토지의 임대** : 부가가치세 과세대상
- **부가가치세 과세대상이 아닌 토지의 임대**

① 전 · 답 · 과수원 · 목장용지 · 임야 또는 염전* 임대업

* 전 · 답 · 과수원 · 목장용지 · 임야 또는 염전은 지적공부상의 지목과 관계없이 실제로 경작하거나 해당 토지의 고유 용도에 사용하는 것을 말함

② 「공익사업을 위한 토지 등의 취득 및 보상에 관한 법률」 제4조에 따른 공익사업과 관련해 지역권 · 지상권(지하 또는 공중에 설정된 권리 포함)을 설정하거나 대여하는 사업

* 부가가치세 과세대상이 아닌 사업을 비과세사업이라고 하나, 비과세사업은 매출세액이 없고 매입세액이 불공제되는 점에서 부가가치세 면세사업과 효과가 같음

핵심 Point

- 전 · 답 등을 임대하였는데 임차인이 농사짓는 경우 → 부가가치세 비과세
- 전 · 답 등을 임대하였는데 임차인이 상품 하치장으로 사용하는 경우 → 부가가치세 과세
- 지하철 통과 보상금 → 부가가치세 비과세

질문 »

김현진 씨는 토지를 소유하고 있는데, 토지의 임대 내역은 다음과 같다.

1. 농지를 주말농장용으로 임대
   김현진 씨는 농지[지목은 전(田)[1]임]에 벤치, 파라솔 등 간단한 편의시설을 설치하여 주말농장으로 20명에게 임대(임대기간 1년, 임대료 1인당 월 50,000원)하였다. 주말농지에서 임차인이 직접 작물을 재배하였다.

2. 농지를 상품 하치장용으로 임대
   김현진 씨는 ㈜동서에 농지를 임대(임대기간 2년, 월 임대료 1,000,000원)하였는데 ㈜동서는 농지를 상품 하치장으로 사용하고 있다.

3. 지상권 설정
   김현진 씨는 김현진 씨가 대표이사로 있는 법인에게 토지의 지상권을 설정해 주고 매년 5,000,000원(시가)씩 지상권료를 받고 있다.

4. 지하철 통과로 인한 구분지상권 설정
   김현진 씨의 토지 지하에 도시철도가 통과하게 되어 「공익사업을 위한 토지 등의 취득 및 보상에 관한 법률」 제4조에 따른 공익사업과 관련하여 구분지상권을 설정해 주고 보상금 1억원을 받았다.

김현진 씨의 위의 토지임대에는 부가가치세가 과세되는가?

1) 물을 대지 아니하고 곡물 · 원예작물(과수류 제외) · 약초 · 뽕나무 · 닥나무 · 묘목 · 관상수 등의 식물을 주로 재배하는 토지와 식용을 목적으로 죽순을 재배하는 토지는 "전"으로 한다(「공간정보의 구축 및 관리 등에 관한 법률」 시행령 제58조).

답변 및 해설 »

1. 농지를 주말목장용으로 임대 : 부가가치세 비과세

전 · 답 · 과수원 · 목장용지 · 임야 또는 염전의 임대는 부가가치세 과세대상이 아니다(부령 §3 ① (6) 가.). 이 경우 전 · 답 · 과수원 · 목장용지 · 임야 또는 염전은 지적공부상의 지목과 관계없이 실제로 경작하거나 해당토지의 고유 용도에 사용하는 것으로 한다(부칙 §2 ①). 농지를 주말농장용으로 임대하고 임차인이 농지를 경작에 사용하므로 농지의 임대는 부가가치세 과세대상이 아니다.

2. 농지를 상품 하치장으로 임대 : 부가가치세 과세

농지를 임대하였는데 임차인이 상품 하치장으로 사용하는 경우에는 임차인이 실제 경작하거나 고유 용도로 사용한 것이 아니므로 부가가치세 과세대상이다.

3. 지상권 설정 : 부가가치세 과세

토지의 소유자가 지상권을 설정하여 주고 그 대가를 받는 경우에는 용역의 공급에 해당하여 부가가치세가 과세된다.[2)]

4. 지하철 통과로 인한 구분지상권 설정 : 부가가치세 비과세

「공익사업을 위한 토지 등의 취득 및 보상에 관한 법률」 제4조에 따른 공익사업과 관련해 지역권 · 지상권(지하 또는 공중에 설정된 권리 포함)을 설정하거나 대여하는 사업은 용역의 공급에서 제외한다(부령 §3 ① (6) 나.).

2) 부가46015-4383, 1999.10.29.

PART 02 과세거래

핵심정리

<table>
<tr><th>구 분</th><th>내 용</th></tr>
<tr><td rowspan="3">토지 임대</td><td>토지의 임대는 부가가치세 과세대상이다. 토지에 지상권을 설정해 주고 대가를 받는 것도 부동산임대업에 해당하므로 부가가치세를 과세한다.</td></tr>
<tr><td>다만, 다음의 사업은 부가가치세 과세대상에서 제외한다(부령 §3 ① (6)).
① 전 · 답 · 과수원 · 목장용지 · 임야 또는 염전 임대업*
* 전 · 답 · 과수원 · 목장용지 · 임야 또는 염전은 지적공부상의 지목과 관계없이 실제로 경작하거나 해당토지의 고유 용도에 사용하는 것을 말함
② 「공익사업을 위한 토지 등의 취득 및 보상에 관한 법률」 제4조에 따른 공익사업과 관련해 지역권 · 지상권(지하 또는 공중에 설정된 권리 포함)을 설정하거나 대여하는 사업</td></tr>
<tr><td>「공익사업을 위한 토지 등의 취득 및 보상에 관한 법률」 제4조 【공익사업】
이 법에 따라 토지 등을 취득하거나 사용할 수 있는 사업은 다음 각 호의 어느 하나에 해당하는 사업이어야 한다.
1. 국방 · 군사에 관한 사업
2. 관계 법률에 따라 허가 · 인가 · 승인 · 지정 등을 받아 공익을 목적으로 시행하는 철도 · 도로 · 공항 · 항만 · 주차장 · 공영차고지 · 화물터미널 · 궤도(軌道) · 하천 · 제방 · 댐 · 운하 · 수도 · 하수도 · 하수종말처리 · 폐수처리 · 사방(砂防) · 방풍(防風) · 방화(防火) · 방조(防潮) · 방수(防水) · 저수지 · 용수로 · 배수로 · 석유비축 · 송유 · 폐기물처리 · 전기 · 전기통신 · 방송 · 가스 및 기상 관측에 관한 사업
3. 국가나 지방자치단체가 설치하는 청사 · 공장 · 연구소 · 시험소 · 보건시설 · 문화시설 · 공원 · 수목원 · 광장 · 운동장 · 시장 · 묘지 · 화장장 · 도축장 또는 그 밖의 공공용 시설에 관한 사업
4. 관계 법률에 따라 허가 · 인가 · 승인 · 지정 등을 받아 공익을 목적으로 시행하는 학교 · 도서관 · 박물관 및 미술관 건립에 관한 사업
5. 국가, 지방자치단체, 「공공기관의 운영에 관한 법률」 제4조에 따른 공공기관, 「지방공기업법」에 따른 지방공기업 또는 국가나 지방자치단체가 지정한 자가 임대나 양도의 목적으로 시행하는 주택 건설 또는 택지 및 산업단지 조성에 관한 사업
6. 제1호부터 제5호까지의 사업을 시행하기 위하여 필요한 통로, 교량, 전선로, 재료 적치장 또는 그 밖의 부속시설에 관한 사업
7. 제1호부터 제5호까지의 사업을 시행하기 위하여 필요한 주택, 공장 등의 이주단지 조성에 관한 사업
8. 그 밖에 별표에 규정된 법률에 따라 토지등을 수용하거나 사용할 수 있는 사업</td></tr>
</table>

Chapter

06 유가증권 양도, 부가세는?

내용 Summary

기본사항 Check

- 유가증권
  ① 화폐 및 화폐대용증권(예 화폐 · 수표 · 어음) : 결제수단이므로 재화가 아님
  ② 지분증권(예 주식 · 출자지분) : 재화가 아님
  ③ 채무증권(예 국공채 · 회사채) : 재화가 아님
  ④ 물품증권(예 창고증권 · 선하증권 · 화물상환증) : 재화의 소유권을 나타내는 증서. 해당 재화가 부가가치세 과세대상이면 물품증권의 양도는 부가가치세 과세대상이고, 해당 재화가 면세대상이면 물품증권의 양도는 부가가치세 면세대상임

- **조달청창고와 런던금속거래소 지정창고가 발행한 창고증권의 양도**
  다음의 창고증권의 양도는 부가가치세를 과세하지 아니함(부령 §18 ② (1) · (2))
  ① 보세구역에 있는 조달청 창고(조달청장이 개설한 것으로서 「관세법」 제174조에 따라 세관장의 특허를 받은 보세창고를 말함)에 보관된 물품에 대하여 조달청장이 발행하는 창고증권의 양도로서 임치물의 반환이 수반되지 아니하는 것(창고증권을 가진 사업자가 보세구역의 다른 사업자에게 인도하기 위하여 조달청 창고에서 임치물을 넘겨받는 경우를 포함)
  ② 보세구역에 있는 런던금속거래소의 지정창고에 보관된 물품에 대하여 같은 거래소의 지정창고가 발행하는 창고증권의 양도로서 임치물의 반환이 수반되지 아니하는 것(창고증권을 가진 사업자가 보세구역의 다른 사업자에게 인도하기 위하여 지정창고에서 임치물을 넘겨받는 경우를 포함함)

- **가상자산(가상화폐), 상품권, 외상매출금 등의 채권의 양도** : 부가가치세 과세대상이 아님

핵심 Point

- **지분증권, 채무증권, 가상자산, 상품권, 채권의 양도** → 부가가치세 과세대상이 아님
- **물품증권의 양도**
  ① 조달청창고와 런던금속거래소 지정창고가 발행한 창고증권의 양도 : 과세대상이 아님
  ② 그 밖의 물품증권의 양도 : 물품이 과세대상이면 물품증권의 양도도 과세대상, 물품이 면세대상이면 물품증권의 양도도 면세대상임

질문 »

일반과세자인 ㈜한국은 2024년 12월에 다음의 자산을 매각하였다. 다음 중 부가가치세 과세 대상인 것은?

구 분	공급받는 자	내 용
자회사 주식	일반과세자	자회사인 ㈜서울의 주식 1,000주를 1억원에 매각함
국민주택채권	면세사업자	보유하던 국민주택채권을 45,000,000원(액면가액 50,000,000원, 만기 2년 후)에 매각함
선하증권	간이과세자	제주도로 운송하는 문구류에 대한 선하증권을 6,000,000원에 매각함
런던금속거래소 지정창고의 창고증권	일반과세자	런던금속거래소 지정창고에 보관된 니켈에 대한 창고증권을 40,000,000원에 매각함. 임치한 니켈은 반환이 수반되지 않음
상품권	일반과세자	백화점 상품권을 960,000원(액면가액 1,000,000원)에 매각함
가상자산	면세사업자	가상자산을 90,000,000원에 매각함
매출채권	면세사업자	매출채권(1억원)을 금융회사에 95,000,000원에 매각함

PART 02 과세거래

답변 및 해설 »

구 분	과세대상 여부	이 유
자회사 주식	×	주식은 재화로 보지 않음
국민주택채권	×	채권은 재화로 보지 않음
선하증권	○	문구류에 대한 물품증서이므로 부가가치세 과세대상임
런든금속거래소 창고증권	×	런던금속거래소 지정창고의 창고증권을 양도하는 것은 재화의 공급으로 보지 않음
상품권	×	상품권은 결제수단이므로 재화로 보지 않음
가상자산	×	가상자산(가상화폐)은 재화가 아님
매출채권	×	매출채권은 재화로 보지 않음

※ 자산을 매각한 경우 부가가치세 과세 여부를 판단할 때 공급받는 자가 누구인지는 고려할 필요가 없다.

핵심정리

<table>
<tr><th>구 분</th><th>내 용</th></tr>
<tr><td>유가증권</td><td>
<table>
<tr><th>구 분</th><th>사 례</th><th>재화 여부</th></tr>
<tr><td>① 화폐 및 화폐대용증권</td><td>화폐·수표·어음</td><td rowspan="3">×</td></tr>
<tr><td>② 지분증권</td><td>주식·출자지분</td></tr>
<tr><td>③ 채무증권</td><td>국공채·회사채</td></tr>
<tr><td>④ 물품증권</td><td>창고증권*·선하증권·화물상환증</td><td>○</td></tr>
</table>
* 창고증권 중 다음은 부가가치세 과세대상이 아님(부령 §18 ② (1)·(2))
① 보세구역에 있는 조달청 창고(조달청장이 개설한 것으로서 「관세법」 제174조에 따라 세관장의 특허를 받은 보세창고를 말함. 이하 같음)에 보관된 물품에 대하여 조달청장이 발행하는 창고증권의 양도로서 임치물의 반환이 수반되지 아니하는 것(창고증권을 가진 사업자가 보세구역의 다른 사업자에게 인도하기 위하여 조달청 창고에서 임치물을 넘겨받는 경우를 포함)
② 보세구역에 있는 런던금속거래소의 지정창고에 보관된 물품에 대하여 같은 거래소의 지정창고가 발행하는 창고증권의 양도로서 임치물의 반환이 수반되지 아니하는 것(창고증권을 가진 사업자가 보세구역의 다른 사업자에게 인도하기 위하여 지정창고에서 임치물을 넘겨받는 경우를 포함함)
</td></tr>
<tr><td>상품권</td><td>상품권은 재화나 용역을 공급받을 때 사용할 수 있는 결제수단이므로 상품권의 판매는 부가가치세 과세대상이 아니다. 선불전화카드, 선불교통카드, 모바일쿠폰(특정회사의 물품과 교환할 수 있는 휴대폰용 쿠폰), 호텔숙박권, 영화입장권, 영화예매권, 공연티켓, 항공권도 상품권과 동일하다(부가가치세과－19, 2012.1.9.; 서면3팀－1505, 2005.9.12.).</td></tr>
<tr><td>가상화폐</td><td>가상자산(또는 가상화폐)의 공급은 부가가치세 과세대상이 아니다(기획재정부 부가가치세제과－145, 2021.3.2.).</td></tr>
<tr><td>채권</td><td>외상매출금, 대여금과 같은 채권은 돈을 받을 권리이므로 직접 소비대상이 되지 아니한다. 따라서 금전채권의 양도는 부가가치세 과세대상이 아니다.</td></tr>
</table>

Chapter 07

골프회원권, 부가세 과세대상인가?

내용 Summary

기본사항 Check

- **골프회원권(주주골프회원권 포함)은 재화로 봄**

구 분	부가가치세 과세 여부
골프회원권을 반복해서 판매하는 경우 (예 골프장, 골프회원권 매매업)	과세재화를 공급한 것이므로 과세
사업에 사용하던 골프회원권을 우연히 · 일시적으로 양도한 경우	주된 사업의 부수재화로 봄 – 주된 사업이 과세 : 골프회원권도 과세 – 주된 사업이 면세 : 골프회원권도 면세

- **골프회원권을 매매한 경우 입회보증금 제외 여부** : 골프장에서 골프회원권을 매매하는 경우에는 반환하기로 한 입회보증금은 부채이므로 공급가액에서 제외하나, 골프장이 아닌 사업자가 골프회원권을 공급한 경우에는 입회보증금을 공급가액에서 제외하지 않음

핵심 Point

- 골프회원권을 매매한 경우 그 재화가 주된 재화인 경우에는 부가가치세 과세대상이나, 부수재화인 경우에는 주된 사업에 따라 과세여부가 달라짐. 골프장이 아닌 사업자가 매매(양도)한 골프회원권이 부가가치세 과세대상인 경우 공급가액에서 입회보증금을 제외하지 않는 점에 주의할 것

질문 »

회원권 매매업을 목적으로 하는 ㈜한공은 2025년 3월 20일에 다음과 같이 골프회원권을 양도하였다.

구 분	양도가액 (부가가치세 별도)	비 고
A골프회원권	80,000,000원	공급가액에는 회원이 탈퇴하면 골프장에서 반환하는 입회보증금 50,000,000원이 포함됨
B주주골프회원권	100,000,000원	골프장시설이용권을 표창하는 회원증서와 골프장에서 발행한 비상장주식 1주의 주권을 함께 이전하며, 회원증서와 주권의 증권번호는 모두 동일한 번호로 매겨져 있음

㈜한공은 위의 양도가액의 10%를 부가가치세로 신고납부를 하였다.

㈜한공은 다음과 같은 취지로 경정청구를 하려고 한다.

(1) A골프회원권

골프장경영자가 골프회원권을 분양하는 경우에는 입회보증금 상당액을 부가가치세 과세표준에서 제외하는 것이 판례의 입장이므로 골프회원권 매매업을 하는 자가 골프회원권을 제3자에게 판매하는 경우에도 입회보증금 50,000,000원을 부가가치세 공급가액에서 제외해야 한다.

(2) B주주골프회원권

B주주골프회원권의 판매금액에는 출자금 납입액 20,000,000원이 포함되어 있는데 이는 골프회원권과는 별개의 자산으로 보아야 하므로 해당 금액은 부가가치세 공급가액에서 제외되어야 하고, 순수한 회원권양도금액(80,000,000원)만이 부가가치세 공급가액이 되어야 한다.

㈜한공이 경정청구를 하면 부가가치세를 환급받을 수 있는가?

답변 및 해설 »

경정청구해도 부가가치세를 환급받을 가능성은 거의 없다. 그 이유는 다음과 같다.

(1) A골프회원권

㈜한공이 골프회원권을 양도하는 경우 그 양수인은 골프장경영자에게 입회보증금 상당 금원의 반환을 요구할 권리가 있을 뿐 ㈜한공에게 반환을 요구할 권리가 있는 것이 아니므로 골프장경영자가 골프회원권을 분양한 경우와는 거래 양상이 다르다. 따라서 골프장경영자가 골프회원권을 분양할 경우 입회보증금 상당액이 부가가치세 과세표준에서 제외된다는 판례가 골프회원권 매매업을 하는 ㈜한공이 골프회원권을 양도한 경우에도 적용되는 것은 아니므로 입회보증금을 부가가치세 공급가액에서 제외되어야 한다는 주장은 타당하지 않다(서울행정법원-2015-구합-59853, 2015.7.3.; 대법원-2016-두-31524, 2016.4.29. 심리불속행).

(2) B주주골프회원권

주주골프회원권이 골프장시설이용권과 비상장주식이 하나로 합체되어 항상 함께 거래되어 왔다면, 그 비상장주식의 양도는 주된 거래인 골프장시설이용권의 공급에 필수적으로 부수되어 이루어진 것으로 주된 거래인 골프장시설이용권의 공급에 포함되어 부가가치세의 과세대상이 된다(대법원-2004-두-11299, 2005.9.9.).

핵심정리

구 분	내 용
골프회원권에 포함된 입회보증금	골프장 경영자가 동 장소이용자로부터 받는 입회금으로서 일정기간 거치 후 반환하는 입회금은 과세대상이 아니다. 그러나 골프회원권을 보유하는 사업자가 골프장 시설이용권을 양도하는 경우에 부가가치세 공급가액은 골프장 시설이용권의 양도가액으로 한다(부기통 4-0…6 참조).
주주골프회원권	주주골프회원권은 골프회원권과 주식이 하나로 합체되어 양도된다. 이와 같이 부가가치세 과세대상과 과세대상이 아닌 것이 하나로 합체되어 거래되고 대가를 함께 받는 경우에는 부가가치세법 제14조【부수 재화 및 부수 용역의 공급】을 적용하여 주된 재화가 과세대상이면 전체를 과세하고, 주된 재화가 과세대상이 아니거나 면세대상이면 전체를 과세하지 아니한다. 주주골프회원권은 골프회원권이 주된 재화로서 부가가치세 과세대상이므로 부수재화인 비상장주식도 부가가치세 과세대상이다.

Chapter 08

손해배상금, 부가세 과세대상인가?

내용 Summary

기본사항 Check

- 상품을 운송하던 택배회사가 상품이 파손 · 분실되어 화물사고보상금을 지급하는 경우 부가가치세 과세대상이 아님
- 상품을 운송하던 택배회사가 상품이 파손되어 재산적 가치가 있는 파손된 상품을 택배회사에게 인도하고 그 대가의 일부로 화물사고보상금을 받는 경우 해당 재산적 가치 상당액은 부가가치세 과세대상임

핵심 Point

- 화물사고보상금을 받은 경우 재화의 공급없이 받은 것인지, 재화를 공급하고 받은 것인지에 따라 부가가치세 과세대상인지 판단해야 함

질문 »

㈜한공은 부가가치세 과세대상 상품을 인터넷으로 판매하는 쇼핑몰을 운영하는 회사이다. ㈜한공은 상품을 택배회사를 통하여 구매자에게 배송하고 있는데, 택배회사는 상품이 파손되거나 분실되면 ㈜한공에게 화물사고보상금을 지급하거나 파손된 제품이 재산적 가치가 있는 경우에는 이를 구입하고 있다. 택배회사의 사고보상 접수절차는 다음과 같다.

사고분류	접수절차
상품 파손	고객수령 → 고객불만접수 → 고객반품 → 상품입고 → 상품검수 → 불량확정 → 고객환불 또는 정상상품 재발송 → 사고보상접수 → 택배회사가 보상금 지급 또는 파손된 상품 구입
상품 분실	고객미수령 → 택배사 분실확인 → 분실확정 → 고객환불 또는 정상상품 재발송 → 사고보상접수 → 택배회사가 보상금 지급

㈜한공은 2024년 4월에 택배회사로부터 다음과 같이 화물사고보상금을 받았다.

일 자	내 용
2024.4.5.	택배차량의 교통사고로 상품(판매가격 600,000원, 부가가치세 별도)이 완전히 파손되어 화물사고보상금 600,000원을 받았다.
2024.4.16.	택배차량의 교통사고로 상품(판매가격 1,000,000원, 부가가치세 별도)의 외장 일부가 파손되었다. ㈜한공과 택배회사는 그 상품을 700,000원으로 평가하여 택배회사가 구입하기로 하고 택배회사로부터 상품의 가치상실액 300,000원과 상품구입액 700,000원을 합한 1,000,000원을 화물사고보상금으로 받았다.
2024.4.30.	운송 중 상품(판매가격 500,000원, 부가가치세 별도)이 분실되어 화물사고보상금 500,000원을 받았다.

위의 화물사고보상금에는 부가가치세가 과세되는가?

답변 및 해설 »

일 자	내 용	부가가치세 과세대상	이 유
2025.4.5.	상품파손에 대한 화물사고보상금	–	부가가치세 과세대상인 재화의 공급은 계약상 또는 법률상의 원인에 따라 재화를 인도하거나 양도하는 것을 말함(부법 §9 ①). 상품파손에 대하여 받는 화물사고보상금은 계약상 또는 법률상의 원인으로 재화를 인도하거나 양도하고 받는 대가가 아니므로 부가가치세 과세대상이 아님(서면-2018-법령해석부가-2445 [법령해석과-3284], 2018.12.18.)
2025.4.16.	파손된 상품을 판매하고 그 대가로 받는 화물사고보상금	700,000원	재산적 가치가 있는 파손된 상품을 택배회사에게 인도하고 그 대가의 일부로 화물사고보상금을 받는 경우 그 재산적 가치 상당액에 대해서는 부가가치세가 과세됨(서면-2018-법령해석부가-2445 [법령해석과-3284], 2018.12.18.). 따라서 가치상실분에 대한 화물사고보상금 300,000원은 부가가치세 과세대상이 아니나, 상품구입액 700,000원은 부가가치세 과세대상임
2025.4.30.	상품분실에 대한 화물사고보상금	–	상품분실로 인하여 ㈜한공이 택배회사로부터 받는 화물사고보상금은 계약상 또는 법률상의 원인으로 재화를 인도하거나 양도하고 받는 대가가 아니므로 부가가치세 과세대상이 아님(서면-2018-법령해석부가-2445 [법령해석과-3284], 2018.12.18.)

핵심정리

부가가치세법 기본통칙 4-0…1【손해배상금 등】

① 각종 원인에 의하여 사업자가 받는 다음 각 호에 예시하는 손해배상금 등은 과세대상이 되지 아니한다.

1. 소유재화의 파손 · 훼손 · 도난 등으로 인하여 가해자로부터 받는 손해배상금
2. 도급공사 및 납품계약서상 그 기일의 지연으로 인하여 발주자가 받는 지체상금
3. 공급받을 자의 해약으로 인하여 공급할 자가 재화 또는 용역의 공급없이 받는 위약금 또는 이와 유사한 손해배상금
4. 대여한 재화의 망실에 대하여 받는 변상금
5. 부동산을 타인이 적법한 권한 없이 처음부터 계약상 또는 법률상의 원인없이 불법으로 점유하여 법원의 판결에 따라 지급받는 부당이득금 및 지연손해금은 용역의 공급에 해당하지 아니한다.
6. 재화 또는 용역의 공급과 직접 관계없이 지급받는 손실보상금 및 이주보상비

② 부동산임대업을 영위하는 사업자가 부동산임대차 계약기간이 만료되었음에도 불구하고 임차인으로부터 임대한 부동산을 반환받지 못하여 소송을 제기한 경우 그 소송이 종료될 때까지 실질적으로 계속하여 임대용역을 제공하고 임차인으로부터 그 대가를 받거나 동 소송에서 승소하여 건물반환일까지의 임대료상당액을 받는 때에는 그 대가 또는 임대료상당액은 과세대상이 된다.

Chapter 09

재화 반품 시 소비자가 부담하는 반품배송비, 부가세 과세대상인가?

내용 Summary

기본사항 Check

- 온라인 쇼핑몰이 자기 책임과 계산하에 배송업체와 계약을 체결하고 재화를 판매하면서 고객으로부터 배송비를 받는 경우 배송용역은 주된 재화의 공급에 부수되는 용역으로 봄. 따라서 주된 재화가 과세대상이면 배송용역도 과세대상이고, 주된 재화가 면세대상이면 배송용역도 면세대상임
- 소비자의 귀책사유로 부가가치세 과세대상 재화가 교환 · 반품되고 고객으로부터 반품배송비를 받는 경우 반품배송비는 배송비와 같은 방법으로 과세여부 판단

핵심 Point

- 반품배송비는 배송비와 같은 방법으로 과세여부를 판단하여야 함

질문 »

㈜한공은 온라인 쇼핑몰을 운영하는 사업자이다. ㈜한공은 배송업체와 '배송업무 위탁 계약'을 체결하고 있으며 배송용역은 ㈜한공의 책임과 계산으로 공급된다. ㈜한공은 재화(부가가치세 과세대상임)를 판매한 후 오배송이나 불량으로 재화가 교환 · 반품되는 경우에는 고객에게 추가로 배송비를 받지 않는다. 그러나 단순변심 등 고객의 귀책사유로 교환 · 반품되는 경우 다음과 같이 배송비를 소비자에게 부과하고 있다.

구 분		소비자 부담 배송비
교 환		왕복배송비 6,000원
반 품	구입가격이 10만원 이상으로 무료배송된 경우	왕복배송비 6,000원
	구입가격이 10만원 미만으로 소비자가 당초 배송비 3,000원을 부담한 경우	편도배송비 3,000원

고객이 ㈜한공이 계약한 배송업체를 통하여 재화를 반품하는 경우 고객은 배송비를 ㈜한공에게 입금하거나 반품되는 재화에 현금을 동봉, 또는 환불금액에서 차감하는 방법으로 ㈜한공에게 지급한다.

1. 고객의 귀책으로 재화가 반품되는 경우 소비자로부터 받는 배송비는 부가가치세 과세대상인가?
2. 반품배송비가 부가가치세 과세대상인 경우 공급시기는 언제인가?

답변 및 해설 »

1. 부가가치세 과세대상인지 여부

㈜한공은 배송업체와 '배송업무 위탁 계약'을 체결하고 있으며 배송용역은 ㈜한공의 책임과 계산으로 공급되므로 운송용역은 다음과 같이 공급된 것으로 볼 수 있다.

㈜한공이 재화를 고객에서 판매하고 자기 책임하에 배송을 하는 경우 ㈜한공이 고객으로부터 받은 배송비는 재화공급에 부수하여 공급되는 것이므로 그 재화가 부가가치세 과세대상인 경우 배송비도 부가가치세 과세대상이고, 그 재화가 면세대상인 경우 배송비도 면세대상이다(서면-2022-법규부가-4978 [법규과-1885], 2023.7.18.).

따라서 고객의 귀책으로 재화가 반품되는 경우 ㈜한공이 자기 책임하에 반품과 관련된 운송용역을 공급하고 고객으로부터 지급받는 반품 운송비도 반품되는 재화와 관련된 부수용역이므로 부가가치세 과세대상이다.

2. 공급시기

운송용역의 공급시기는 역무 제공이 완료되는 때로 한다. 다만, 사업자가 공급시기가 되기 전에 반품 운송비를 지급받고 세금계산서나 영수증을 발급하는 경우에는 세금계산서나 영수증을 발급하는 때를 공급시기로 본다(서면-2022-법규부가-4978 [법규과-1885], 2023.7.18.).

핵심정리

온라인 쇼핑몰에서 재화를 판매하면서 자기 책임하에 배송을 하고 고객으로부터 배송비를 받는 경우 배송용역은 주된 재화에 부수되는 용역이므로 주된 재화가 과세대상이면 배송용역도 과세대상이고, 주된 재화가 면세대상이면 배송용역도 면세대상이다. 다만, 소비자가 직접 배송업체와의 계약에 의해 배송용역을 제공받는 경우에는 소비자와 배송업체 간의 거래이므로 온라인 쇼핑몰은 배송비를 부가가치세 과세표준에 포함하지 아니한다.

Chapter 10

특약매입거래와 특정판매분 매입거래, 공급시기는?

내용 Summary

기본사항 Check

- 사업자가 백화점, 할인점에 특약매입거래(또는 특정매입거래)로 재화를 공급하는 경우 재화 인도 시 받기로 한 대가에 대하여 세금계산서를 발급하여야 함
- 특정판매분매입거래의 경우에는 백화점, 할인점에서 판매된 것만 백화점, 할인점이 매입한 것으로 보므로 백화점, 할인점에서 판매된 때를 공급시기로 보아야 함

핵심 Point

- 백화점, 할인점에 판매한 경우 특약매입거래인지 아니면 특정판매분매입거래에 따라 공급시기가 달라지는 점에 유의할 것

질문 »

1. ㈜한공은 A백화점에 상품(부가가치세 과세대상)을 특정매입거래로 판매하고 있다. ㈜한공이 A백화점에 상품을 외상판매하면 A백화점은 상품을 고객에게 판매한 후 소비자판매가격을 기준으로 사전에 확정된 일정률의 마진을 공제하고 ㈜한공에게 매입대금을 지급한다. 판매되지 않은 재고에 대해서는 A백화점에서 특별한 조건 없이 반품이 가능하다.

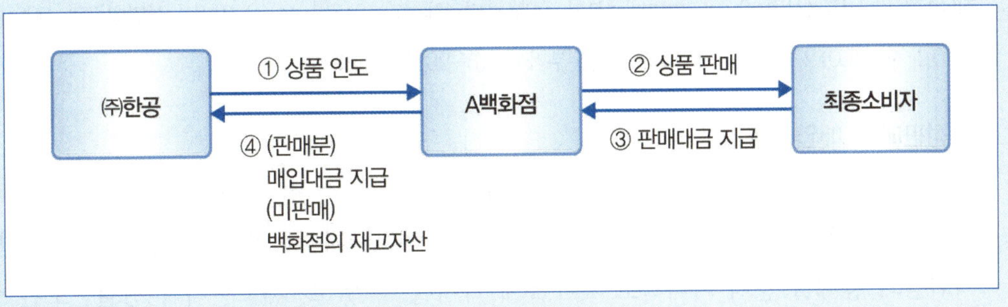

2. ㈜한공은 상품을 B백화점의 수량검품없이 매장에 가져와서 진열 · 보관하고, 진열 · 보관 중 상품의 판매행위도 ㈜한공의 판매사원이 담당하며, 판매되지 아니한 상품 등은 ㈜한공이 B백화점의 통제를 받지 아니하고 자유롭게 가져갈 수 있다. 이에 따라 B백화점에서는 재고관리나 진열 · 보관 중 발생한 도난 · 분실 등에 따른 손실도 부담하지 않는다. ㈜한공과 B백화점 간의 계약서에는 상품이 고객에게 판매되는 시점에 ㈜한공과 B백화점 간에 거래가 이루어진 하는 것으로 되어 있다.

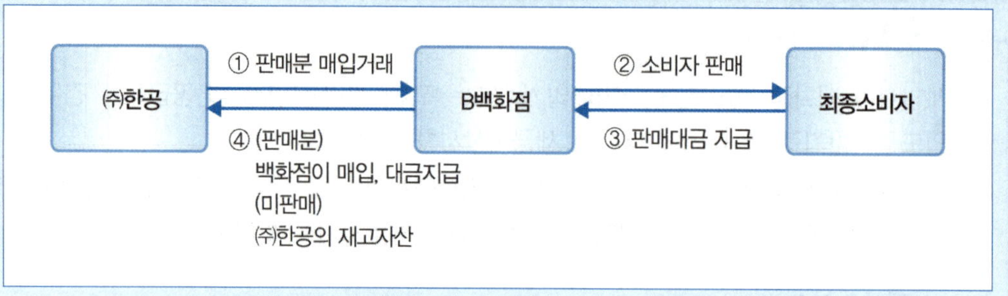

위 두 가지 사례의 경우 ㈜한공의 부가가치세의 공급시기는 언제인가?

답변 및 해설 »

1. 특약매입거래

부가가치세법은 특약매입거래의 공급시기에 대하여 별도의 규정을 두고 있지 않다. 국세청은 사업자가 백화점과 특정거래조건(재고반품 및 마진율과 대금지급 등)에 의한 계약을 체결하여 과세재화를 공급(납품)하는 경우 **재화를 인도하는 때를 공급시기로 하고 백화점으로부터 지급받기로 한 금액을 공급가액으로 하여 백화점에게 세금계산서를 발급**하여야 한다고 해석하고 있다(사전-2018-법령해석부가-0650 [법령해석과-3186], 2018.12.7.; 서면법규과-900, 2013.8.20.; 서이46012-11779, 2003.10.15.; 부가46015-2800, 1997.12.13.).

2. 특정판매분 매입거래

㈜한공이 상품을 백화점의 수량검품없이 매장에 가져와서 진열 · 보관하고, 진열 · 보관 중 상품의 판매행위도 ㈜한공의 판매사원이 담당하며, 판매되지 아니한 상품 등은 ㈜한공이 백화점의 통제를 받지 아니하고 자유롭게 가져갈 수 있고, 재고관리나 진열 · 보관 중 발생한 도난 · 분실 등에 따른 손실도 ㈜한공이 부담한다면 상품이 고객에게 판매되는 시점에서 ㈜한공이 백화점에 판매하여 즉시 고객에서 판매되는 것으로 볼 수 있다. 이러한 거래를 특정판매분 매입거래라고 하는데, **백화점에서 상품을 판매하는 시점에 ㈜한공이 백**

화점에, 백화점에 고객에서 판매한 것으로 본다(국심1999전0719, 1999.11.27.).

핵심정리

1. 특약매입거래(또는 특정매입거래)

구 분	내 용
특약매입거래의 개념	특약매입거래는 백화점이 납품업체로부터 상품을 외상매입하여 소비자에게 판매하는 거래형태를 말한다. 이러한 특정매입거래는 세금계산서가 백화점 명의로 발부된다는 점에서는 직매입거래와 유사한 측면이 있다(공정거래위원회 2008.11.7. 의결 2008-300).
기업회계	K-IFRS와 일반기업회계기준에서는 유통업자, 판매자, 재판매를 목적으로 하는 중간상에 대한 판매의 경우 판매에 따른 수익은 소유에 따른 위험과 보상이 구매자에게 이전되는 시점에 인식하고, 구매자가 실질적으로 대리인 역할만을 한다면 이러한 거래를 위탁판매로 처리한다(K-IFRS 1018호 적용사례 문단 6, 일반기준 16장 적용사례 6). 특약매입거래에서 백화점은 판매할 때까지 **재고자산에 대한 소유와 위험을 부담하지 않으므로 백화점은 대리인 역할만을 한 것으로 보아** 백화점은 수수료만 인식하고 백화점에서 소비자에게 판매한 금액을 납품업체의 매출로 처리해야 한다.
법인세	법인세법은 특약매입거래에 대한 규정을 두고 있지 않고 있다. 법인세집행기준과 조세심판례는 다음과 같다. **법인세 집행기준 40-68-3** **【백화점사업자 등에 납품하는 경우의 손익 귀속시기】** • 의류 제조법인이 제품에 대한 소유권을 가지고 당해 법인의 브랜드만 취급하는 대리점사업자에게 제품을 반출하고 대리점사업자가 당해 제조법인의 판매시점인식시스템을 통하여 소비자에게 실제 판매한 제품에 대하여만 대금청구권을 가지며 제조법인이 전적으로 반출한 제품과 반입할 제품의 품목과 수량을 결정하고 대리점사업자는 주문에 대한 책임과 권한이 없는 거래에 있어서 대리점사업자가 제품을 최종소비자에게 판매하는 시점이 「법인세법 시행령」 제68조 제1항 제1호의 "그 상품 등을 인도한 날"에 해당하여 판매손익 등의 귀속사업연도가 되는 것임 • 조심2021전6986, 2022.7.12. 특약매입거래의 경우 기업회계기준과 같이 납품업체는 백화점에서 고객에게 판매한 시점에 매출을 인식하여야 함

구 분	내 용
부가가치세	사업자가 백화점에 특정거래조건으로 과세재화를 공급하는 경우 재화를 인도하는 때를 공급시기로 하고 백화점으로부터 지급받기로 한 금액을 공급가액으로 하여 백화점에게 세금계산서를 교부하여야 한다(사전-2018-법령해석부가-0650 [법령해석과-3186], 2018.12.7.; 서면법규과-900, 2013.8.20.; 서이46012-11779, 2003.10.15.; 부가46015-2800, 1997.12.13.).

2. 특정판매분 매입거래

구 분	내 용
특정판매분 매입거래	특정판매분 매입거래는 공급자가 상품을 백화점의 수량검품없이 매장에 가져와서 진열 · 보관하고, 진열 · 보관 중 상품의 판매행위도 공급자의 판매사원이 담당하며, 판매되지 아니한 상품 등은 백화점의 통제를 받지 아니하고 자유롭게 가져갈 수 있고, 백화점은 재고관리나 진열 · 보관 중 발생한 도난 · 분실 등에 따른 손실도 부담하지 않는다. 이 경우 백화점의 매장에 진열된 상품은 공급자의 재고자산이다.
공급시기	특정판매분 매입거래는 **백화점에서 판매된 시점**에 공급자가 백화점에, 백화점이 고객에게 판매한 것으로 본다(국심 1999전0719, 1999.11.27).

Chapter 11

부동산 증여, 부가세 과세대상인가?

내용 Summary

기본사항 Check

- 사업용 부동산을 증여하는 경우에는 계약에 따라 부동산을 이전하는 것이므로 부가가치세 과세대상임. 이 경우 증여자는 부동산의 시가를 공급가액으로 하여 세금계산서를 발급하고 부가가치세를 거래징수하고, 수증자는 발급받은 세금계산서의 매입세액을 공제받을 수 있음. 그러나 수증자가 사업장별로 사업에 관한 권리와 의무를 포괄적으로 승계받은 경우에는 사업양도에 해당하므로 부가가치세가 과세되지 아니함
- 사업의 지분을 증여하여 공동사업으로 사업자등록을 정정하는 경우에는 출자지분의 증여이므로 부가가치세가 과세되지 아니함

핵심 Point

- 사업용 부동산을 증여하는 경우 부가가치세 과세대상이나, 사업양도와 출자지분의 증여인 경우에는 부가가치세 과세대상이 아님

질문 »

부동산임대업을 영위하는 일반과세자인 김한공 씨는 다음과 같이 임대하던 상가를 증여하려고 한다.

구 분	수증자	내 용
상가 A	장녀	김한공 씨는 부동산임대업에 사용하던 상가 A를 음식점을 운영하는 장녀에게 증여하려고 한다. 장녀는 증여받은 상가로 기존의 음식점을 이전하여 운영하려고 한다.
상가 B	차녀	김한공 씨는 부동산임대업에 사용하던 상가 B의 지분 중 '10분의 4'를 차녀에게 증여하되, 차녀는 상가에 대한 임대보증금 및 대출금도 10분의 4를 승계하려고 한다. 상가 증여 후 김한공 씨는 차녀와 공동사업자로 사업자등록을 정정할 예정이다.

구 분	수증자	내 용
상가 C	장남	김한공 씨는 부동산임대업에 사용하던 상가 C를 장남에게 증여하고 장남은 상가 C에 대한 권리와 의무를 포괄승계하여 부동산임대업을 계속할 예정이다.

상가 증여에 대하여 부가가치세가 과세되는가?

답변 및 해설 »

구 분	부가가치세 과세 여부	이 유
상가 A	과 세	증여는 당사자 일방이 무상으로 재산을 상대방에게 수여하는 의사를 표시하고 상대방이 이를 승낙함으로써 그 효력이 생긴다(부집 9-18-1). 사업자가 사업용 재산을 증여하는 것은 계약상의 원인으로 재화를 인도하거나 양도하는 것이므로 부가가치세 과세대상이다. 사업용 재산의 증여가 부가가치세 과세대상인 경우 증여자는 증여재산의 시가를 공급가액으로 하여 수증자에게 세금계산서를 발급하고, 수증자는 발급받은 세금계산서의 매입세액을 공제받을 수 있다(법규부가 2014-209, 2014.6.25.).
상가 B	비과세	출자지분은 재화가 아니므로 자녀에게 출자지분을 증여하는 경우에는 부가가치세 과세대상이 아니다. 이 경우 공동사업자로 사업자등록 정정신고를 하여야 한다(사전 2016법령해석부가-0426, 2016.10.24.).
상가 C	비과세	부동산 임대업을 영위하는 사업자가 임대사업장의 사업에 관한 모든 권리와 의무를 포괄적으로 승계시키는 경우로서 사업의 양도에 해당하므로 재화의 공급으로 보지 아니한다(서면3팀-2649, 2007.9.20.).

핵심정리

1. 사업용 재산의 증여

증여는 당사자 일방이 무상으로 재산을 상대방에게 수여하는 의사를 표시하고 상대방이 이를 승낙함으로써 그 효력이 생긴다(부집 9-18-1). 사업자가 사업용 재산을 증여하는 것은 계약상의 원인으로 재화를 인도하거나 양도하는 것이므로 부가가치세 과세대상이다. 다만, 국가, 지방자치단체, 지방자치단체조합 또는 일정한 공익단체에 무상으로 공급하는 재화 또는 용역은 면세대상이고 증여에 의하여 사업장별로 사업을 포괄양도하는 경우에는 부가가치세 과세대상이 아니다(부법 §26 ① ⒇, §10 ⑨ (2)).

2. 출자지분의 증여

출자지분은 재화가 아니므로 자녀에게 출자지분을 증여하는 경우에는 부가가치세 과세대상이 아니다. 이 경우 공동사업자로 사업자등록정정신고를 하여야 한다(사전 2016법령해석부가-0426, 2016.10.24.).

Chapter 12

온라인쇼핑몰의 공급시기, 인도일인가? 구매확정일인가?

내용 Summary

기본사항 Check

- 온라인쇼핑몰에서 재화를 판매하는 경우로서 온라인쇼핑몰 약관에 구매결정절차가 없는 경우에는 인도일을 공급시기로 함
- 온라인쇼핑몰 약관에 구매결정절차가 있는 경우에는 조건부 판매이므로 약관상 조건이 성취되거나 기간이 지나 판매가 확정되는 때를 공급시기로 함. 구매결정기간 내에 현금영수증이나 신용카드매출전표를 발급하는 경우에도 동일함

핵심 Point

- 온라인쇼핑몰의 약관에 구매결정절차가 있는지에 따라 공급시기가 달라지는 점에 주의할 것

질문 »

㈜한공은 의류 제조, 도소매업 등을 영위하는 법인으로 ㈜한공이 운영하는 온라인 쇼핑몰이나 오픈마켓("통신판매중개업자")을 통해 제품을 판매하고 있다. 「전자상거래 등에서의 소비자보호에 관한 법률」에 따르면 소비자는 계약내용에 관한 서면을 받은 날부터 7일 이내에 청약철회할 수 있는 것으로 규정하고 있어 온라인쇼핑몰의 개별 약관에도 청약철회 규정을 반영하고 있으며 해당 규정에 따라 고객이 청약철회하는 경우 공급한 재화를 반환(반품)받고 고객에게 대금을 환불한다. 일부 온라인쇼핑몰은 청약철회 규정 외에 고객이 구매결정 기간(일반적으로 7일이나 그 이상인 경우도 있음) 내에 구매결정(확정)하도록 약관에 규정하고 있으며 기간 내에 구매결정이나 교환, 반품에 대한 의사표시가 없는 경우 구매결정기간 경과 시 자동으로 구매결정되는 것으로 명시하고 있다.

1. 온라인쇼핑몰 약관에 청약철회절차가 없는 경우 공급시기는?

2. 온라인쇼핑몰 개별약관에 따라 고객이 일정기간 내 구매결정(확정)하도록 하는 경우 공급시기는?

3. 온라인쇼핑몰 개별약관에 구매결정(확정) 절차가 있는 상태에서 주문 시 현금영수증을 발급하거나 신용카드매출전표를 발급한 경우의 공급시기는?

답변 및 해설 »

1. 약관에 청약철회 절차가 없는 경우의 공급시기

사업자가 온라인 쇼핑몰에서 재화를 판매하는 경우로서 「전자상거래 등에서의 소비자보호에 관한 법률」 제17조에 따라 일정기간 내에 소비자가 청약철회할 수 있으나 계약상 그 외 다른 조건이나 기한의 약정이 없는 경우 재화의 공급시기는 **재화가 인도되는 때**로 한다.

2. 약관에 청약철회조건이 있는 경우의 공급시기

온라인 쇼핑몰의 약관에 따라 재화를 수령한 소비자가 일정기간 내에 구매결정(확정)이나 교환, 반품 등의 의사표시를 하도록 하고 의사표시가 없는 경우 일정기간 경과 시 자동으로 구매결정(확정)되는 경우 조건부 판매이므로 해당 재화의 공급시기는 **약관상 조건이 성취되거나 기한이 지나 판매가 확정되는 때**로 한다(서면－2019－법령해석부가－1949 [법령해석과－2611], 2019.10.8.).

3. 약관에 따른 구매결정기간 내 현금영수증 또는 신용카드매출전표를 발급한 경우의 공급시기

사업자가 온라인 쇼핑몰에서 재화를 판매하는 경우로서 온라인 쇼핑몰의 이용약관에 따라 재화를 수령한 소비자가 일정기간 내에 구매결정(확정)이나 교환, 반품 등의 의사표시를 하도록 하고 의사표시가 없는 경우 일정기간 경과 시 자동으로 구매결정(확정)되는 경우에는 결제 시 현금영수증 또는 신용카드매출전표를 발급하는 경우에도 재화의 공급시기는 **약관상 조건이 성취되거나 기한이 지나 판매가 확정되는 때**로 한다(사전－2023－법규부가－0485 [법규과－2177], 2023.8.25.; 서면－2022－법규부가－1407 [법규과－1934], 2022.6.28.).

공급자가 통신판매중개업자를 통하여 재화를 소비자에게 공급하면서 현금영수증이나 신용카드매출전표를 발급하는 경우에도 개별 약관상 소비자가 구매결정하거나 기한이 경과되어 자동으로 구매결정되기 전에는 판매대금을 정산받을 수 없는 점, 소비자는 재화를 수령한 후 구매결정 의사표시를 함으로써 완전한 사용 · 소비 권한을 이전받는 점을 고려하여 약관상 구매결정이 있는 거래는 현금영수증이나 신용카드매출전표를 발급한 경우에도 그 조건이 성취되거나 기한이 지나 판매가 확정되는 때를 공급시기로 본 것이다.

핵심정리

구 분	공급시기
온라인쇼핑몰의 약관에 구매결정절차가 없는 경우	인도일
온라인쇼핑몰의 약관에 구매결정절차가 있는 경우	구매결정일 또는 구매결정기한이 지나 판매가 확정되는 때 ※ 구매결정기간 내에 현금영수증이나 신용카드매출전표를 발급한 경우에도 같음

보충설명

온라인몰에서 재화를 판매하는 경우 손익귀속시기(서면-2019-법령해석법인-1879, 2019.11.25.)

의류제조업을 영위하는 내국법인(이하 '갑법인')이 자사의 온라인몰 또는 통신판매중개자가 운영하는 온라인몰에서 상품을 판매하는 경우로서 갑법인으로부터 상품을 구입한 소비자가 「전자상거래 등에서의 소비자보호에 관한 법률」 제17조에 따른 청약철회가능기간 및 통신판매중개자의 약관에 규정된 구매결정기간 내에 반품, 교환 등을 할 수 있는 경우 해당 상품의 손익귀속시기는 「법인세법」 제40조 및 같은 법 시행령 제68조 제1항 제1호에 따라 그 상품 등을 인도한 날이 속하는 사업연도임

온라인몰 판매에 대한 부가가치세 공급시기와 법인세 손익귀속시기 비교

구 분	부가가치세 공급시기	법인세 손익귀속시기
약관에 구매결정절차가 없는 경우	인도일	인도일
약관에 구매결정절차가 있는 경우	구매결정일(구매결정기간이 지나 판매가 확정되는 때)	인도일

Chapter 13

오피스텔을 주택으로 임대, 감당하기 힘든 세금폭탄?

내용 Summary

기본사항 Check

- 매입세액공제를 받은 오피스텔을 임대하였는데 임차인이 오피스텔을 주거용으로 사용하는 경우에는 면세전용으로 부가가치세가 과세됨
- 임차인의 근로자이고 오피스텔로 전입신고한 경우 국세청은 오피스텔을 주거용으로 사용한 것으로 봄. 임대인이 오피스텔을 분양받은 후 매입세액을 공제받은 후 주거용으로 임대하고 임차인이 전입신고를 하지 못하는 하는 방법으로 사업용으로 임대한 것처럼 위장해도 추후 주거용으로 임대한 것이 적발되면 면세전용에 대한 부가가치세를 추징당할 수 있음

핵심 Point

- 오피스텔을 임대한 경우 임차인이 주거용으로 사용하면 면세전용으로 과세될 수 있는 점에 유의해야 함

질문 »

김한공 씨는 오피스텔을 4억원에 매입하였다. 매도자인 ㈜한국은 김한공 씨에게 분양가액 중 건물 공급가액 3억원(부가가치세 3천만원 별도)에 대해서는 김한공 씨에게 세금계산서를 발급하였다.

김한공 씨는 임대사업자로 사업자등록을 하고 2022년 제1기 과세기간에 부가가치세 신고 시 매입세액을 전액 환급받았다.

김한공 씨는 2022.6.11.부터 2024.6.10.까지 2년간 ㈜서울에 오피스텔을 사무실로 임대하였다. ㈜서울과의 임대차계약이 끝나고, 2024.6.13.부터 2026.4.12.까지 2년간 박혁진 씨에게 임대하였다. 박혁진 씨는 ㈜한강에 근무하는 근로자로서 오피스텔 주소지로 전입신고하고 가족과 함께 오피스텔을 주거용으로 사용하고 있다.

건물의 취득가액은 다음과 같다.

구 분	취득가액	매입세액공제액
분양가액	300,000,000원	30,000,000원
취득세	13,200,000원	–
등기수수료	1,000,000원	100,000원
합 계	314,200,000원	30,100,000원

1. 박혁진 씨에게 오피스텔을 임대한 것이 면세전용에 해당하는지 여부와 면세전용에 해당한다면 그 경우 공급시기, 공급가액 및 매출세액, 세금계산서 발급여부, 신고서 기재방법은?

2. 부가가치세가 과세되는 경우 이를 신고누락하면 국세청은 어떻게 면세전용 여부를 적발하는가?

답변 및 해설 »

1. 면세전용

<table>
<tr><th>구 분</th><th>내 용</th></tr>
<tr><td>면세전용 해당 여부</td><td>매입세액공제를 받은 오피스텔을 상시주거용으로 임대하는 경우에는 오피스텔이 면세사업에 사용된 것이므로 면세전용에 해당함</td></tr>
<tr><td>공급시기</td><td>임차인이 주거용으로 사용하는 때</td></tr>
<tr><td>공급가액</td><td>매입세액공제를 받은 취득가액×(1−5%×경과된 과세기간의 수)
= 301,000,000×(1−5%×4*)
= 240,800,000원
* 2022.6.11.~2024.6.13. → 과세기간 개시일에 취득하고 과세기간 개시일에 면세전용한 것으로 봄. 따라서 2022.1.1.부터 2024.1.1.까지는 4기가 경과한 것임</td></tr>
<tr><td>매출세액</td><td>240,800,000×10% = 24,080,000원</td></tr>
<tr><td>세금계산서</td><td>면세전용에 대해서는 세금계산서 발급의무가 없음</td></tr>
<tr><td>부가가치세 신고서 기재방법</td><td>면세전용은 세금계산서 발급대상이 아니므로 신고서의 과세표준 및 매출세액의 “기타(정규영수증 외 매출분)”란에 기재한다.
<table>
<tr><td rowspan="6">과세 표준 및 매출 세액</td><td rowspan="4">과세</td><td>세금계산서 발급분</td><td>(1)</td><td></td><td>10 / 100</td><td></td></tr>
<tr><td>매입자발행 세금계산서</td><td>(2)</td><td></td><td>10 / 100</td><td></td></tr>
<tr><td>신용카드 · 현금영수증 발행분</td><td>(3)</td><td></td><td>10 / 100</td><td></td></tr>
<tr><td>기타(정규영수증 외 매출분)</td><td>(4)</td><td>240,800,000</td><td>10 / 100</td><td>24,080,000</td></tr>
<tr><td rowspan="2">영세율</td><td>세금계산서 발급분</td><td>(5)</td><td></td><td>0 / 100</td><td></td></tr>
<tr><td>기 타</td><td>(6)</td><td></td><td>0 / 100</td><td></td></tr>
</table>
</td></tr>
</table>

2. 면세전용 적발방법

다음은 임차인이 오피스텔을 주거용으로 사용했다는 것을 나타내는 증거이다.

① 전입신고 : 하나의 세대에 속하는 자의 전원 또는 일부가 거주지를 이동하면 거주지에 전입한 날부터 14일 이내에 전입신고를 하여야 한다. 오피스텔 주소지로 **전입신고**를 하였다는 것은 임차인이 오피스텔에서 살고 있다는 것을 의미한다.

② 근로자 여부 : 임차인이 **근로자**인 경우에는 임차인이 사업을 하지 않으므로 오피스텔을 주거용으로 사용할 가능성이 높다는 것을 나타낸다.

③ 사업자등록 여부 : 오피스텔 주소지에 **사업자등록이 되지 않은 경우** 오피스텔을 주거용으로 사용할 가능성이 높다.

임대인이 오피스텔을 주거용으로 임대하면서도 면세전용으로 부가가치세를 추징당하는 것을 피하기 위해 임대차 계약을 할 때 임차인에게 "전입신고하지 마세요." "임대료에 부가가치세가 과세됩니다."라고 하고 임차인의 주민등록번호로 세금계산서를 발급해서 부가가치세를 신고하기도 한다.

그러나 세무서에서는 임대인이 임차인에게 **주민등록번호로 세금계산서를 발급**하면 임차인이 사업자등록을 하지 않고 사업을 하고 있다고 보아 현장조사를 나올 수 있다. 현장조사를 하면 임차인이 오피스텔을 주거용으로 사용하는 것이 발각될 것이므로 면세전용사실이 파악되어 부가가치세를 추징당할 수도 있다. 따라서 전입신고를 못하게 하고 임대료에 대한 부가가치세 신고를 해도 세무서에서 면세전용사실을 파악할 수 있다.

세무서에서 면세전용에 대한 부가가치세를 추징할 때 임대료에 대한 부가가치세를 납부한 것은 환급될 것이나 면세전용에 대한 부가가치세 추징액이 환급되는 금액보다 큰 경우가 많고, 무신고(또는 과소신고)가산세와 납부지연가산세가 추가로 과세되므로 면세전용을 적법하게 신고하는 것이 좋다.

핵심정리

<table>
<tr><th>구 분</th><th>내 용</th></tr>
<tr><td>면세전용</td><td>면세전용이란 사업자가 자기의 과세사업과 관련하여 생산하거나 취득한 재화로서 다음 중 어느 하나에 해당하는 재화(이하 "자기생산 · 취득재화"라 한다)를 자기의 면세사업 및 부가가치세가 과세되지 아니하는 재화 또는 용역을 공급하는 사업(비과세사업)을 위하여 직접 사용하거나 소비하는 것을 말한다. 면세전용은 재화의 공급으로 본다(부법 §10 ①).
① 「부가가치세법」 제38조에 따른 매입세액, 그 밖에 「부가가치세법」 및 다른 법률에 따른 매입세액이 공제된 재화
② 「부가가치세법」 제10조 제9항 제2호에 따른 사업양도로 취득한 재화로서 사업양도자가 「부가가치세법」 제38조에 따른 매입세액, 그 밖에 「부가가치세법」 및 다른 법률에 따른 매입세액을 공제받은 재화
③ 「부가가치세법」 제21조 제2항 제3호에 따른 수출에 해당하여 영(零) 퍼센트의 세율을 적용받는 재화</td></tr>
<tr><td>공급시기</td><td>면세전용에 따라 재화의 공급으로 보는 경우에는 재화를 사용하거나 소비하는 때를 공급시기로 봄(부령 §28 ④ (1))</td></tr>
<tr><td>공급가액</td><td>
<table>
<tr><th colspan="2">구 분</th><th>공급가액</th></tr>
<tr><td colspan="2">감가상각자산*1이 아닌 경우</td><td>시가*2</td></tr>
<tr><td rowspan="2">감가상각 자산인 경우</td><td>건물과 구축물</td><td>취득가액*3×(1−5%×경과된 과세기간의 수*4·5)</td></tr>
<tr><td>그 밖의 감가상각자산</td><td>취득가액*3×(1−25%×경과된 과세기간의 수*4·5)</td></tr>
</table>
*1 감가상각자산"이란 「소득세법 시행령」 제62조 또는 「법인세법 시행령」 제24조에 따른 감가상각자산을 말함(부령 §66 ①)
*2 사업자가 사업을 폐지하는 경우 잔존재화의 시가는 사업자와 특수관계가 없는 자와의 정상적인 거래에 있어서 형성되는 가격으로서 사업자의 업태별 시가(제조업자의 제조장가격, 도매업자의 도매가격, 소매업자의 소매가격 등)를 말하며, 겸업자는 업태별 과세표준의 비율에 따라 각각 업태별 시가를 적용함(부기통 29-62…1)
*3 취득가액은 매입세액을 공제받은 취득가액을 말함(부령 §66 ④). 따라서 매입세액 공제를 받지 못한 취득세나 건설자금이자 등은 취득가액에 포함하지 않음
*4 과세기간 중에 자산을 취득한 경우에는 과세기간 개시일에 취득한 것으로 보며, 과세기간 중에 간주공급한 경우에도 과세기간 개시일에 공급한 것으로 봄(부령 §66 ⑤)
*5 경과된 과세기간의 수가 건물 및 구축물은 20기, 기타의 감가상각자산은 4기를 초과하는 경우에는 건물 및 구축물은 20기, 기타의 감가상각자산은 4기로 함(부령 §66 ②)
</td></tr>
<tr><td>세금계산서</td><td>면세전용에 대해서는 세금계산서 발급의무는 없음(부령 §71 ① (3))</td></tr>
</table>

Chapter 14

임직원 선물, 부가세 과세대상인가?

내용 Summary

기본사항 Check

- 매입세액공제를 받은 재화를 사용인에게 증정하면 개인적공급으로 부가가치세가 과세됨
- 사업을 위해 착용하는 작업복, 작업모 및 작업화를 제공하는 경우와 직장 연예 및 직장 문화와 관련된 재화는 과세하지 않음
- 다음 중 어느 하나에 해당하는 재화를 제공하는 경우에는 ①, ②, ③ 각각 사용인 1명당 연간 10만원을 한도로 하며, 10만원을 초과하는 경우 해당 초과액에 대해서는 재화의 공급으로 봄

  ① 경조사와 관련된 재화

  ② 설날 · 추석과 관련된 재화

  ③ 창립기념일 및 생일 등과 관련된 재화

핵심 Point

- 사용인에게 재화를 무상으로 증정하는 경우 매입세액공제를 받지 않은 경우에는 개인적공급으로 보지 아니하고, 매입세액공제를 받은 경우에는 개인적공급으로 봄. 그러나 개인적공급으로 보는 경우에도 세 가지 종류로 구분하여 각각 10만원을 차감하므로 매입세액공제를 받고 개인적공급으로 신고하는 것이 절세목적상 좋음

질문 »

㈜한공은 복리후생적 목적으로 2025년도에 생산부 김 과장에게 증정한 물품의 내역은 다음과 같다.

증정일	내 용	증정품	구입액(부가가치세 별도)
1월 24일	구정선물	햄세트	80,000원
10월 1일	추석선물	홍 삼	90,000원
11월 8일	생일선물	은수저세트	206,000원
12월 1일	결혼선물	냉장고	700,000원
12월 8일	작업화	안전화	120,000원

㈜한공은 김 과장에 대한 증정품 구입액에 대하여 세금계산서를 수취하고 매입세액공제를 받았다.

㈜한공은 김 과장 증정품을 부가가치세 신고 시 어떻게 반영해야 하는가?

답변 및 해설 »

<table>
<tr><th>구 분</th><th>내 용</th></tr>
<tr><td>개 요</td><td>매입세액공제를 받은 재화를 사용인에게 증정한 경우, 작업화는 과세하지 않고 나머지 선물은 세 가지 종류로 구분하여 각각 연간 10만원을 차감하고 10만원 초과분을 과세함</td></tr>
<tr><td>공급시기</td><td>재화를 개인적 공급용도로 사용하거나 소비하는 때 → 증정시점</td></tr>
<tr><td>공급가액</td><td>구정선물과 추석선물, 생일선물, 경조사 선물로 구분하여 각각 10만원을 차감함. 이 경우 김 과장에게 두 차례에 명절선물을 증정하였으므로 증정일의 순서에 따라 먼저 구정선물 8만원에서 8만원을 차감하고, 추석선물에서는 잔액 2만원을 차감함
<table>
<tr><th>구분</th><th>증정일</th><th>내 용</th><th>증정액</th><th>차감액</th><th>개인적공급</th></tr>
<tr><td rowspan="2">1</td><td>1월 24일</td><td>구정선물</td><td>80,000원</td><td>80,000원</td><td>–</td></tr>
<tr><td>10월 1일</td><td>추석선물</td><td>90,000원</td><td>20,000원</td><td>70,000원</td></tr>
<tr><td>2</td><td>11월 8일</td><td>생일선물</td><td>206,000원</td><td>100,000원</td><td>106,000원</td></tr>
<tr><td>3</td><td>12월 1일</td><td>경조사</td><td>700,000원</td><td>100,000원</td><td>600,000원</td></tr>
<tr><td>합계</td><td></td><td></td><td></td><td></td><td>776,000원</td></tr>
</table>
10월 1일부터 12월 31일까지의 선물 중 776,000원이 과세대상이므로 제2기 확정신고 시 간주공급을 신고함</td></tr>
<tr><td>매출세액</td><td>776,000 × 10% = 77,600</td></tr>
<tr><td>세금계산서</td><td>개인적공급에 대해서는 세금계산서 발급의무가 없음</td></tr>
<tr><td>부가가치세 신고서 기재방법</td><td>개인적공급은 세금계산서 발급대상이 아니므로 세금계산서를 발급하지 말고 신고서의 과세표준 및 매출세액의 “기타(정규영수증 외 매출분)”란에 기재함
<table>
<tr><td rowspan="6">과세 표준 및 매출 세액</td><td rowspan="4">과세</td><td>세금계산서 발급분</td><td>(1)</td><td></td><td>10 / 100</td><td></td></tr>
<tr><td>매입자발행 세금계산서</td><td>(2)</td><td></td><td>10 / 100</td><td></td></tr>
<tr><td>신용카드 · 현금영수증 발행분</td><td>(3)</td><td></td><td>10 / 100</td><td></td></tr>
<tr><td>기타(정규영수증 외 매출분)</td><td>(4)</td><td>776,000</td><td>10 / 100</td><td>77,600</td></tr>
<tr><td rowspan="2">영세율</td><td>세금계산서 발급분</td><td>(5)</td><td></td><td>0 / 100</td><td></td></tr>
<tr><td>기 타</td><td>(6)</td><td></td><td>0 / 100</td><td></td></tr>
</table></td></tr>
</table>

핵심정리

<table>
<tr><th>구 분</th><th>내 용</th></tr>
<tr><td>개인적공급</td><td>사업자가 자기생산 · 취득재화를 사업과 직접적인 관계없이 자기의 개인적인 목적이나 그 밖의 다른 목적을 위하여 사용 · 소비하거나 그 사용인 또는 그 밖의 자가 사용 · 소비하는 것으로서 사업자가 그 대가를 받지 아니하거나 시가보다 낮은 대가를 받는 경우는 재화의 공급으로 본다(부법 §10 ④). 다만, 사업자가 자기의 사업과 관련하여 실비변상적이거나 복리후생적인 목적으로 그 사용인에게 대가를 받지 아니하거나 시가보다 낮은 대가를 받고 제공하는 것으로서 다음 중 어느 하나에 해당하는 재화의 공급으로 보지 아니한다(부령 §19의 2).
① 사업을 위해 착용하는 작업복, 작업모 및 작업화를 제공하는 경우
② 직장 연예 및 직장 문화와 관련된 재화를 제공하는 경우
③ 다음 중 어느 하나에 해당하는 재화를 제공하는 경우. 이 경우 다음 구분별로 각각 사용인 1명당 연간 10만원을 한도로 하며, 10만원을 초과하는 경우에는 해당 초과액에 대해서는 재화의 공급으로 본다.
<table>
<tr><th>종 전</th><th>2024년 11월 12일 개정</th></tr>
<tr><td>㉮ 경조사와 관련된 재화
㉯ 설날 · 추석, 창립기념일 및 생일 등과 관련된 재화</td><td>㉮ 경조사와 관련된 재화
㉯ 설날 · 추석과 관련된 재화
㉰ 창립기념일 및 생일 등과 관련된 재화</td></tr>
</table>
〈개정이유〉 근로자 복리후생 제고
〈시행시기〉 2024.11.12.이 속하는 과세기간에 재화를 공급하는 분부터 적용</td></tr>
<tr><td>개인적공급으로 보지 아니하는 기준금액 적용방법</td><td>사업자가 복리후생적인 목적으로 경조사(명절, 창립기념일, 생일 등)와 관련하여 자기생산 · 취득재화를 사용인에게 대가를 받지 아니하고 연간 수차례 제공하는 경우 제공한 재화의 연간 공급가액(시가) 합계액이 10만원을 초과하게 되는 때 그 초과액을 공급가액으로 하여 부가치세가 과세되는 것임(서면-2020-법령해석부가-1774 [법령해석과-2034], 2020.6.30.)</td></tr>
<tr><td>공급시기</td><td>개인적공급으로 재화를 사용하거나 소비하는 때를 공급시기로 봄(부령 §28 ④ (1))</td></tr>
<tr><td>공급가액</td><td>개인적공급의 공급가액은 면세전용과 같음(p.69 참조)</td></tr>
<tr><td>세금계산서 발급여부</td><td>개인적공급에 대해서는 세금계산서 발급의무는 없음(부령 §71 ① (3))</td></tr>
</table>

Chapter 15

폐업과 건물 양도, 폐업시기가 왜 중요한가?

내용 Summary

기본사항 Check

- **폐업 전에 공급한** 재화의 공급시기가 폐업일 이후에 도래하는 경우에는 **폐업일을 공급시기로 봄**
- "**폐업 전에 공급한**"이라는 것은 폐업 전에 재화의 인도가 이루어진 것뿐만 아니라 재화 인도의 원인이 되는 행위가 폐업 전에 발생한 것도 포함하므로 폐업 전에 공급계약이 체결되고 폐업 후에 재화를 공급한 경우에는 폐업 시점을 공급시기로 보아 과세하고, 폐업 시 잔존재화로 과세하지 아니함

핵심 Point

- 폐업하고 매매계약을 하면 폐업 시 잔존재화로 과세하고, 매매 시는 과세하지 않음. 그러나 매매계약을 하고 폐업하면 매매대금 전액을 실지공급으로 과세하므로 건물을 팔고 사업을 그만두려는 경우 매매계약을 언제할지 신중하게 결정해야 함

질문 »

78세인 김한공 씨는 부동산임대업을 하고 있다. 김한공 씨는 부동산임대업을 그만두려고 임대하던 건물을 부동산중개업소에 매물로 내놓았다. 2025년 5월 초에 어떤 교회에서 건물을 33억원에 매입하겠으니 매매계약을 하자고 요청하였다. 그 교회의 재무를 맡고 있는 박 장로는 교회는 매입세액공제를 받지 못하므로 33억원 외에 추가로 부가가치세는 지급할 수 없으니 33억원을 가지고 김한공 씨가 알아서 부가가치세를 납부하라고 한다. 매매하려는 건물의 취득가액은 다음과 같다.

취득시기	취득가액	당초 매입세액공제액
2013.4.1.	20억원	2억원

박 장로는 2025.6.1.에 계약하고 계약금 3억 3천만원, 2025.7.1.에 잔금 29억 7천만원을 지급하는 것으로 계약하자고 요청하였다.

김한공 씨가 부가가치세의 부담 면에서 매매계약을 체결하고 폐업하는 것이 좋은가, 아니면 폐업한 후 매매계약을 하는 것이 좋은가?

답변 및 해설 »

1. 매매계약을 체결하고 폐업하는 경우

폐업 전에 공급계약이 체결되고 폐업 후에 재화를 공급한 경우에는 폐업 시점을 공급시기로 보아 과세하고, 폐업 시 잔존재화로 과세하지 아니한다. 이 사례와 같이 매매계약을 체결한 후 폐업 후에 건물에 대한 등기를 이전하더라도 폐업일을 공급시기로 보아 세금계산서를 발급해야 하므로 김한공 씨는 받은 대가 33억원에서 부가가치세 3억원을 납부하여야 한다.

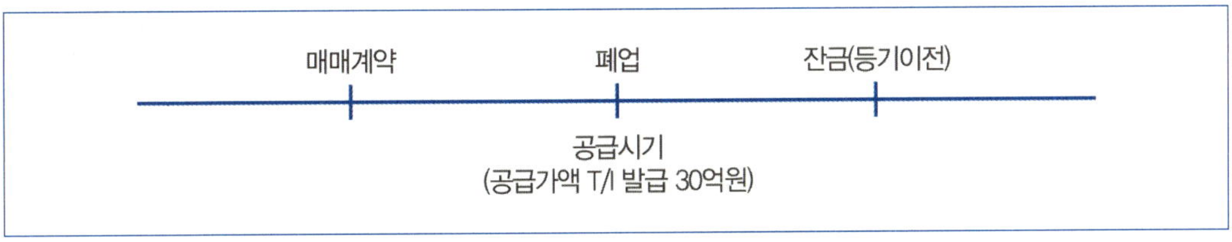

이 경우 폐업일을 공급시기로 보아 공급가액 30억원에 대하여 세금계산서를 발급하는 것이 원칙이다. 다만, 계약금을 받을 때 공급가액 3억원에 대하여 세금계산서를 선발급하였다면 폐업 시 잔금 27억원에 대해서만 세금계산서를 발급하면 된다.

2. 폐업하고 매매계약을 체결하는 경우

폐업한 후 매매계약을 체결하는 경우 폐업 시 잔존재화로 과세하고, 폐업한 후에 건물을 양도하는 것에 대해서는 폐업자이므로 과세하지 아니한다.

폐업 시 잔존재화의 공급가액

취득가액 × (1 − 5% × 경과된 과세기간의 수)
= 20억원 × (1 − 5% × 20*)
= 0원

* 2013.4.1.~2025.6. → 2023.1.1.~2025.1.1.은 24기가 지났으므로 20기를 한도로 함

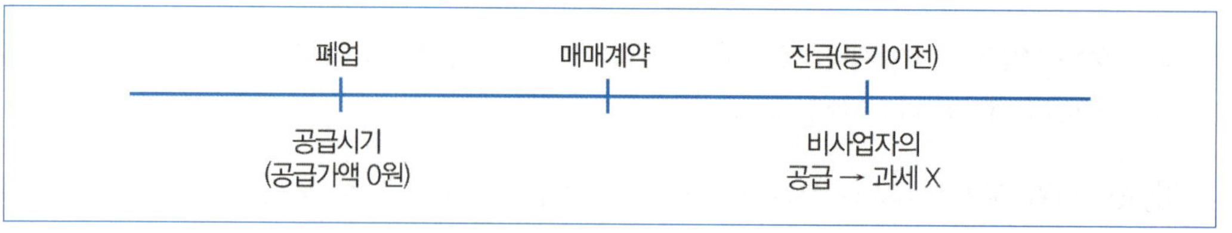

3. 비교

구 분	과세형태	공급가액	부가가치세
매매계약을 하고 폐업하는 경우	실질공급	30억원	3억원
폐업하고 매매계약을 하는 경우	간주공급	0원	0원

폐업을 하고 매매계약을 하면 납부할 부가가치세가 없으나, 매매계약을 한 후 폐업하면 부가가치세 3억원을 납부하여야 한다. 절세를 위해서는 폐업을 먼저 한 후 매매계약을 하는 것이 좋다.

4. 유의사항

이 사례에서 폐업을 먼저 하고 매매계약을 체결하는 것이 절세목적상 더 좋다. 이에 따라 부동산임대업자가 실제 폐업(건물에 세입자가 전혀 없는 공가상태인 경우)하지 않은 상태에서 폐업신고를 먼저 하는 경우도 있으나, 국세청에서는 임차인이 있는 상태에서 폐업신고를 한 경우에는 폐업으로 인정하지 않는 점에 유의해야 한다.

핵심정리

폐업 전에 공급한 재화의 공급시기가 폐업일 이후에 도래하는 경우에는 폐업일을 공급시기로 본다(부령 §28 ⑨ · §29 ③). "폐업 전에 공급한"이라는 것은 폐업 전에 재화의 인도가 이루어진 것뿐만 아니라 재화 인도의 원인이 되는 행위가 폐업 전에 발생한 것도 포함한다(서삼46015-11487, 2003.9.23.). 따라서 폐업 전에 공급계약이 체결되고 폐업 후에 재화를 공급한 경우에는 폐업 시점을 공급시기로 보아 과세하고, 폐업 시 잔존재화로 과세하지 아니한다.

Chapter 16

해외직송 거래 시 선하증권의 단순교부, 세금계산서 발급대상인가?

내용 Summary

기본사항 Check

- 국내사업자가 해외에서 구입한 재화를 **해외에서 다른 국내사업자에게 양도**하는 경우에는 공급장소가 국외이므로 우리나라의 부가가치세 과세대상이 아님. **서렌더 선하증권**을 교부하는 경우에도 부가가치세 과세대상이 아님 → 계산서 발급대상임
- 부가가치세 과세대상 수입재화에 대한 **선하증권의 양도**는 물론 부가가치세 과세대상 수입재화에 대한 **선하증권의 단순교부**도 부가가치세 과세대상임 → 이 경우 재화의 공급가액 전액을 공급가액으로 해도 되고, 공급가액에서 수입재화의 과세표준을 뺀 금액을 공급가액으로 해도 됨

핵심 Point

- 외국에서 구입한 재화를 국내사업자에게 양도하는 경우에는 공급장소, 선하증권 교부 여부 등에 따라 부가가치세 과세여부가 달라지는 점에 유의해야 함

질문 »

무역업을 하는 ㈜甲은 해외특수관계법인 A로부터 매입한 물품을 국내사업자 乙에게 매도하는 계약을 체결하였다. ㈜甲은 해외특수관계법인 A에게 다음과 같이 물품주문 요청을 하였다.

① A는 ㈜甲의 요청에 따라 乙에게 물품을 직접 송부

② A는 선하증권 등 운송 관련 서류*를 ㈜甲에게 송부하고, ㈜甲은 해당 서류를 乙에게 송부

* 송장(invoice), 선하증권(B/L), 포장명세서(packing list), 보험증서 등

– 선하증권은 수하인 乙명의의 기명식*으로, ㈜甲은 A로부터 운송 관련 서류와 함께 송부받아 乙에게 송부

* 송하인 : A, 수하인 : 乙, 착화통지처 : ㈜甲

③ 乙은 직접 수입통관절차를 진행하고, 세관장으로부터 수입세금계산서를 발급받아 수입부가세 납부

④ 乙은 ㈜甲에게, ㈜甲은 A에게 각각 대금지급

– ㈜甲은 판매 관련 매입 · 매출을 모두 계상하여 중개상이 아닌 매매상에 해당함

거래구조

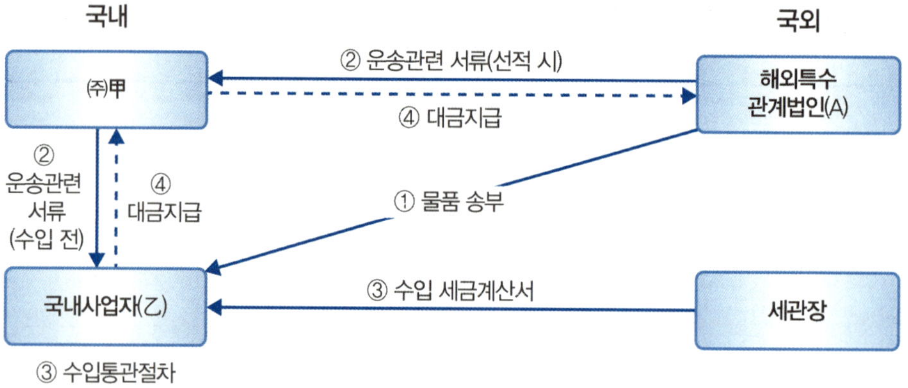

* 운송관련 서류 : 송장(invoice), 선하증권(B/L), 포장명세서(packing list), 보험증서 등

㈜甲이 乙에게 선하증권을 단순교부한 것에 대하여 세금계산서를 발급해야 하는가?

답변 및 해설 »

선하증권의 양도는 부가가치세 과세대상으로 보았으나, 종전에 선하증권의 단순교부는 부가가치세 과세대상이 아닌 것으로 보았다. 그러나 2022.4.26. 기획재정부는 국내사업자(甲)가 국외사업자(A)로부터 매수한 물품을 국내사업자(乙)에게 매도하는 계약을 체결하고, 甲은 A로부터 乙명의의 기명식 선하증권을 포함한 운송서류를 송부받아 乙에게 교부하고 乙이 해당 물품의 수입통관절차를 진행하는 경우 甲의 乙에 대한 동 선하증권의 단순교부도 세금계산서 발급대상이라고 종전의 해석을 뒤집었다(기획재정부 조세법령운용과-418, 2022.4.26.).

기획재정부의 위와 같은 해석은 조세심판원에서 기명식 선하증권의 단순교부도 세금계산서 발급대상이라고 본 심판례(조심-2018-서-2818, 2019.4.16.)와 기명식 선하증권을 양도하고 양수자가 수입통관을 하는 거래가 해외에서 재화를 양도하고 양수자가 직수입한 거래인지, 아니면 국내에서 선하증권을 양도한 거래인지를 구분하기가 실무상 곤란하다는 점을 고려한 것이다.

조심-2018-서-2818, 2019.4.16.

처분청에서는 기명식 선하증권은 지시식과 달리 유통성이 없어 기명식 선하증권으로 양도되었다고 하더라도 운송물이 양도되는 효력은 없는바, 기명식 선하증권을 발행하는 방식의 거래는 지시식과 달리 「부가가치세법」에 따른 과세거래로 볼 수 없으므로 쟁점유연탄 거래는 국외거래로 「법인세법」에 따른 계산서 발급 대상이라고 주장하였다. 그러나 조세심판원은 부가가치세법령에서 기명식 선하증권과 지시식 선하증권을 구별하지 않고 있고, 기명식 선하증권도 양도불능 또는 배서금지의 뜻이 기재되어 있지 않으면 양도할 수 있으므로 기명식 선하증권의 양도도 지시식 선하증권의 양도와 효력이 동일하다고 보아 부가가치세 과세대상이라고 보아 양도가액에서 세관장이 과세한 금액을 빼면 과세할 금액이 없으므로 세금계산서를 발급하지 않은 것은 적법하다고 보아 계산서 처분청에서 미발급가산세를 부과한 것은 잘못이 있다고 판단됨

핵심정리

구 분	거래내용	부가가치세 과세 여부
국내사업자 간에 국외에서 재화를 공급하는 경우	국내 甲법인이 국외 A법인으로부터 운송인인도조건으로 구입한 재화를 국외에서 국내 乙법인에게 공급하고 국내 甲법인이 해당 재화에 대한 수입·통관 등 수입절차를 이행하여 국내 반입하는 경우로서 **선하증권 등 운송 관련 서류를 국외에서 국내 甲법인이 지정한 운송사로부터 교부받는 경우**	국내 甲법인이 국내 乙법인에게 공급하는 재화는 부가가치세 과세대상에 해당하지 아니함 → 계산서 발급대상 (사전-2023-법규부가-0278 [법규과-1887], 2023.7.18.)
	국내 甲법인이 국외 A법인으로부터 재화를 구입하여 **국외에서 국내 乙법인에 공급하고** 국내 乙법인이 해당 재화에 대한 수입·통관 등 수입절차를 이행하여 국내 반입하는 경우로서 국내 乙법인이 항공화물운송장 등 운송관련서류를 국외 운송사로부터 교부받는 경우	국내 甲법인이 국내 乙법인에 공급하는 재화는 부가가치세 과세대상에 해당하지 아니함 → 계산서 발급대상 (사전-2023-법규부가-0733, 2024.1.10.)
	국내사업자 '甲'이 국내사업자 '乙'에게 국외에서 제품을 공급할 목적으로 국외사업자 'A법인'으로부터 해당 물품을 공급받기로 하는 해외임가공계약을 체결한 경우로서 **'乙'은 'A법인'을 통하여 생산된 제품을 외국 선적항에서 '甲'로부터 인도받음에 있어** '乙'이 국외 운송사가 발행한 **서렌더(Surrender) 선하증권*** 을 수령하여 해당 재화에 대한 수입·통관 등 수입절차를 이행하여 국내 반입하는 경우	'甲'과 '乙'의 거래는 재화의 이동이 국외에서 이루어진 것으로서 부가가치세 과세대상에 해당하지 아니함 → 계산서발급대상 (서면-2024-법규부가-0007 [법규과-117], 2024.1.11.)

* 서렌더 선하증권 : 화물의 도착지에서 선하증권 원본의 제시없이 모사 전송이나 전자우편 등에 의하여 전송받은 사본으로 화물을 인수받을 수 있도록 그 사본에 "SURRENDER" 또는 "TELEX RELEASE" 등의 문구를 기재한 선하증권. 서렌더 선하증권인 경우에는 선하증권의 소지인에게 운송물을 인도하여야 하는 것이 아니라 선하증권에 수하인으로 표시된 자에게 화물을 인도하여야 함

<table>
<tr><th>구 분</th><th>거래내용</th><th>부가가치세 과세 여부</th></tr>
<tr><td>국내에서 선하증권을 양도하는 경우</td><td>사업자가 수입통관 전에 수입물품에 대한 선하증권(B/L)을 양도하는 경우</td><td>부가가치세 과세대상임(부가46015-179, 2001.1.27.). 세금계산서는 다음 두 가지 방법 중 한 가지를 선택하여 발급할 수 있음(부령 § 61 ① (5))
<table><tr><th>구 분</th><th>공급시기</th><th>공급가액</th></tr><tr><td>방법 1</td><td>양도일</td><td>양도가액</td></tr><tr><td>방법 2</td><td>수입신고 수리일</td><td>양도가액
- 수입재화의 과세표준</td></tr></table>
※ 선하증권 양도일에 세금계산서를 발급받고 통관 시 세금계산서를 발급받은 경우에도 매입세액은 공제됨(사전-202-3법규부가0594, 2023.11.23.)</td></tr>
<tr><td>국내에서 선하증권을 단순교부 하는 경우</td><td>국내사업자 甲이 국외사업자 乙로부터 매수한 물품을 국내사업자 丙에게 매도하는 계약을 체결하고, 甲은 乙로부터 丙 명의의 기명식 선하증권을 포함한 운송서류를 송부받아 丙에게 교부하고 丙이 해당 물품의 수입통관절차를 진행하는 경우</td><td>부가가치세 과세대상임(기획재정부 조세법령운용과-418, 2022.4.26.). 세금계산서 발급방법은 선하증권의 양도와 같음(종전에는 계산서 발급대상이라고 해석하였으나 2022.4.26. 이후 결정 · 경정분부터 세금계산서 발급대상으로 해석을 변경함)</td></tr>
</table>

Chapter
17 외국법인 본점과 국내 지점 간의 용역제공, 용역의 자가공급인가?

내용 Summary

기본사항 Check

- 외국본점이 외국법인에게 공급하기로 한 용역을 국내지점이 보세구역에서 공급하는 경우 용역의 자가공급으로 보지 않으므로 부가가치세가 과세됨
- 국내지점이 외국법인에게 용역을 공급하고 대가를 직접 송금받아 원화로 환전하지 않고 본점에서 운영비용 형태로 받는 경우 영세율이 적용되지 않음

핵심 Point

- 지점이 국내에서 본점에서 공급하는 용역은 용역의 자가공급으로 부가가치세 과세대상이 아니나, 외국법인의 지점이 보세구역에서 외국본점을 위하여 공급하는 용역은 자가공급에 해당하지 않으므로 부가가치세가 과세되는 점에 유의해야 함

질문 »

A국내지점은 선박 및 해양플랜트에 설치되는 선박추진, 전기제어 장비 등을 공급하는 외국법인의 국내 지점이다. 외국법인 본점은 외국선주사와 전력장비 공급계약과 전력장비의 설치 감독, 시운전 등의 감리용역 계약을 직접 체결하여 전력장비는 국내 보세구역으로 인도되어 국내 조선사가 건조 중인 해양구조물에 장착된 후 해외로 반출하여, 해외대륙붕에서 최종 시운전 및 테스트 후 가동한다. 국내지점은 국내 보세구역에서 전력장비가 해양구조물에 장착되는 과정에 대해 설치 · 시운전 감리용역을 수행한다.

본건용역 거래흐름도

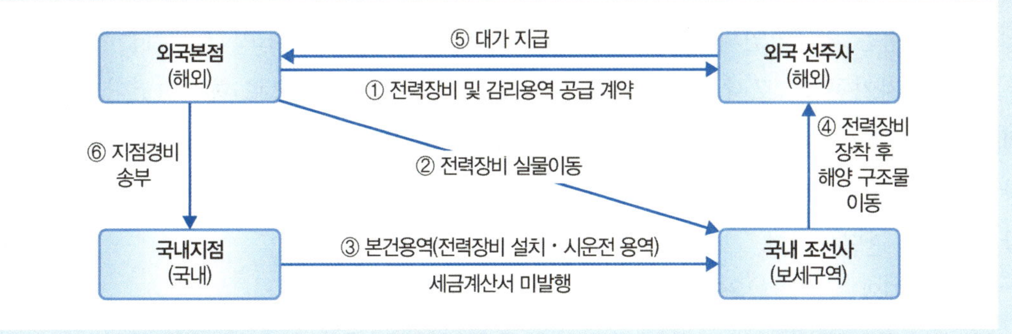

외국본점은 외국선주사와 체결된 계약과 관련한 전력장비와 용역매출 대금을 외국선주사로부터 전부 수취하고 외국본점은 수취한 대금 중 인건비, 여비교통비, 외주비, 임차료 및 제세공과금 등 국내지점의 지출경비를 국내지점에 운영경비형태로 송금하였다.

1. **외국본점은 외국선주사와 전력장비공급과 감리용역 제공에 관한 계약을 각각 별도로 직접 체결하고, 국내지점은 이에 따라 국내에서 전력장비 설치 · 시운전 감리용역 제공 시 용역의 자가공급으로 부가가치세가 과세되는가?**
2. **부가가치세가 과세되는 경우 영세율이 적용되는가?**

답변 및 해설 »

1. 용역의 자가공급인지 여부

국외 소재 외국법인(甲)이 다른 외국법인(乙)에게 전력장비 공급 및 동 전력장비 설치감독 · 시운전 감리용역을 제공하는 계약을 체결하고, 甲의 국내지점(丙)이 국내 보세구역에서 해당 용역을 제공한 경우 丙의 용역 제공은 용역의 자가공급이 아니라 용역의 공급에 해당함

2. 부가가치세가 과세되는 경우 영세율이 적용되는지 여부

본 계약의 대금을 乙로부터 甲이 지급받은 후, 해당 용역을 수행한 丙이 甲으로부터 운영경비 형태로 외화를 송금받더라도 이는 「부가가치세법」 제24조 제1항 제3호, 같은 법 시행령 제33조 제2항 제1호 및 같은 법 시행규칙 제22조 제1호에서 규정한 국외의 비거주자 또는 외국법인으로부터 외화를 직접 송금받은 경우에 해당하지 않아 영세율이 적용되지 않음

핵심정리

당초, 국세청은 외국법인의 국내지점이 외국법인에 용역을 제공하고 그 대가를 수령하는 경우 용역의 자가공급으로서 부가가치세가 과세되지 아니하는 것으로 해석하였다. 그러나 기획재정부는 부가가치세 과세대상은 "국내"사업장(또는 국내거래*1)으로, 국외사업장과 국내사업장 간 거래는 수출입에 해당할 수는 있어도, 원칙적으로 부가가치세 자가공급에 해당되지 않는다고*2 판단하였다.

*1 국외사업자의 경우 국내 용역공급에 한해 과세대상에 포함(부법 §52)

*2 명시적 규정은 없지만, 부가가치세법은 공급장소가 국내인 경우만 적용한다는 장소적 적용범위가 전제되어 있음

외국본점의 국내사업자에 대한 전력장비(재화) 공급이 보세구역에서 이루어지면서, 이는 국외거래로서 외국본점은 부가가치세 과세영역 밖에 있다. 기획재정부는 국내사업장에서 과세영역 밖에 있는 국외사업장으로의 자가공급이 될 수 없다는 논리에 따라, 본건용역 공급을 국내지점의 외국본점에 대한 자가공급으로 볼 수는 없다고 보았다.

〈영세율 적용 여부〉

- 본건용역은 국내(보세구역도 해당)에서 제공되었으므로 국내거래에 해당하므로 용역의 국외공급에 해당하지 않는다. 본건은 국내지점이 외국선주사에게 용역을 공급한 것으로 보아야 하며, 이에 따라 외국선주사로부터 외화를 직접 송금받아야 영세율이 적용된다.
- 영세율 적용이 되는 외화획득 용역의 공급이 되기 위해서는 외국법인으로부터 외화를 '직접' 송금받은 경우로 규정하고 있어, 거래상대방으로부터 바로 송금받은 경우로 한정하는데(부칙 §22), 본 건은 거래상대방인 외국선주사로부터 송금받은 것이 아니고, 거래상대방이 아닌 외국본점으로부터 송금받았으므로 영세율 적용되지 않는다.

Chapter 18

임차인과 임대인 간의 사업양도, 부가가치세가 과세되지 않는 사업양도인가?

내용 Summary

기본사항 Check

- 과세거래로 보지 않는 사업양도란 **사업장별로 사업에 관한 모든 권리와 의무를 포괄적으로 승계하여 양도인과 동일시되는 정도로 법률상의 지위를 그대로 승계하는 것**을 말함
- 임차인이 임대인에게 사업을 포괄양도하고 임대인이 임차인이 하던 사업을 영위하는 경우 포괄양도로 봄
- 임대인이 임차인에게 사업을 양도한 경우에는 양도 전의 업종은 임대업이나 양도 후의 업종은 임차인의 운영하는 사업이므로 양도 전후의 사업의 종류가 달라져서 사업양도로 보지 않음

핵심 Point

- 임대인이 임차인에게 부동산임대업을 양도하는 것은 사업양도가 아니나, 임차인이 임대인에게 사업을 양도하는 것은 포괄양도에 해당하는 점에 유의해야 함

PART 02 과세거래

질문 »

김재산 씨는 수원시와 용인시에서 부동산임대업을 영위하는 사업자이다.

1. 부동산임대업 양도

   김재산 씨는 2017.4.1.에 수원시 소재 부동산(3층 건물과 건물부속토지임)을 매입하여 부동산임대업을 영위하고 있다. 임차인인 박현진 씨는 그 건물에서 음식점업을 운영하고 있는데, 최근 김재산 씨에게 자신이 부동산(감정가액은 토지 5억원, 건물 10억원으로 총 15억원임) 및 담보채무 등 채무(6억원)를 포괄승계하고 순자산가액 9억원을 지급하는 조건으로 부동산을 매입하고 싶다고 제안하였다. 박현진 씨는 부동산을 매입하여 그 곳에서 계속 음식점을 운영할 계획이라고 한다.

2. 음식점 양수

김재산 씨는 2018.9.2.에 용인시 소재 부동산(2층 건물과 건물부속토지임)을 매입하여 부동산임대업을 영위하고 있다. 임차인인 한순남 씨는 그 건물에서 음식점업을 운영하고 있는데, 현재 음식점은 단골이 많은 유명음식점이나, 한순남 씨는 최근 진단받은 암치료를 위해서 음식점을 양도하려고 한다. 한순남 씨는 김재산 씨에게 자신의 음식점을 포괄승계하고 음식점의 비품과 영업권(감정가액 5억원) 및 매입채무(1억원)를 포괄승계하고 순자산가액 4억원을 지급하는 조건으로 음식점을 인수하라고 제안하였다. 김재산 씨가 음식점을 인수하는 경우 한순남 씨의 임차보증금은 승계하지 않고 반환해야 한다.

김재산 씨가 임대 부동산을 양도하는 것과 한순남 씨가 음식점을 양도하는 것이 부가가치세 과세대상이 아닌 사업양도에 해당하는가?

답변 및 해설 »

1. 부동산임대업 양도

김재산 씨가 음식점업을 영위하는 임차인에게 부동산임대업에 사용하던 건물을 양도하고 임차인이 그 건물에서 음식점업을 계속 영위하였다. 부동산임대업인 경우에 사업양도가 되려면 양도일 전후에 동일한 임차인과 임대차관계가 계속 유지되어야 하는데, 부동산임대인이 음식점을 하는 임차인에게 양도한 경우에는 양도일 전후에 임대차관계가 유지되지 않으므로 사업양도로 보지 않는다(조심 2010중2868, 2011.3.11.). 따라서 **부동산 임대인이 임차인에게 사업을 양도한 경우에는 사업양도로 보지 않으므로**(부집 10-23-2) **부가가치세 과세대상인 건물의 공급가액에 대하여 세금계산서를 발급하고 부가가치세를 거래징수하여야 한다.**

2. 음식점 양수

사업장을 임차하여 음식점업을 영위하는 한순남 씨가 임대인에게 음식점업에 대한 모든 권리와 의무를 포괄적으로 승계시키는 경우에는 임대인이 임차인의 음식점을 양수받아 음식점을 계속 운영하므로 사업의 양도에 해당한다(서면법규과-424, 2014.4.28.). 사업의 포괄양도에 해당하는 경우 부가가치세에 대해서는 다음과 같이 두 가지 방법 중 한 가지 방법을 선택할 수 있다.

구 분	내 용
부가가치세 과세대상이 아닌 것으로 보는 방법	사업양도를 부가가치세 과세대상이 아닌 것으로 보는 방법. 주의해야 할 점은 사업의 포괄양도에 해당함에도 불구하고 사업양도인이 부가가치세를 거래징수하여 납부한 경우에는 사업양도는 과세거래가 아니므로 발급받은 세금계산서의 매입세액은 공제되지 아니하는 점에 유의할 것(서면 2017부가-2126 [부가가치세과-2258], 2017.9.28.)
대리납부하는 방법	사업의 포괄적 양도에 따라 그 사업을 양수받는 자는 **그 대가를 지급하는 때**에는 그 대가를 받은 자로부터 부가가치세를 **징수**하여 그 대가를 **지급하는 날이 속하는 달의 다음 달 25일까지** 확정신고와 납부규정을 준용하여 부가가치세 대리납부신고서와 함께 사업장 관할 세무서장에게 납부하거나 납부서를 작성하여 한국은행 또는 체신관서에 **납부하는 방법** 대리납부하면 다음과 같은 효과가 발생함 ① 세금계산서 발급 : 사업양도에 대하여 부가가치세를 대리납부하면 과세거래로 보므로 사업양도인은 세금계산서를 발급하여야 함 ② 사업양도인의 기납부세액 공제 : 사업양도인은 사업양수인이 대리납부한 부가가치세를 일반과세자 부가가치세 신고서상 "사업양수자의 대리납부 기납부세액"란에 적어서 납부세액에서 공제함 ③ 사업양수인의 매입세액 공제 : 사업양수인은 사업양도인으로부터 발급받은 세금계산서의 매입세액을 매출세액에서 공제할 수 있음

사업양도를 부가가치세 과세대상이 아닌 것으로 보는 경우 추후 사업양도가 아닌 것으로 밝혀질 경우 거액의 세금을 추징당하므로 대리납부하는 것이 더 좋다. 사업양도 여부가 분명하지 아니한 경우에도 대리납부할 수 있으므로 사업양도 여부가 분명하지 않다가 세무조사 시 사업양도가 아닌 것으로 밝혀져도 대리납부한 경우에는 적법하게 세무처리를 하였으므로 부가가치세를 추징당할 가능성이 없다.

핵심정리

구 분	내 용
사업양도 개념	사업장의 사업용 재산을 비롯한 물적 · 인적시설 및 권리의무를 포괄적으로 양도하여 사업의 동일성을 유지하면서 경영주체만을 교체되는 것(대법원2005두12, 2006.9.28.)
사업양도 요건	사업장별(상법에 따라 분할하거나 분할합병하는 경우에는 같은 사업장 안에서 사업부문별로 구분하는 경우 포함)로 그 사업에 관한 모든 권리와 의무를 포괄적으로 승계시키는 것[적격분할(법법 §46 ② · §47 ①)의 경우 및 양수자가 승계받은 사업 외에 새로운 사업의 종류를 추가하거나 사업의 종류를 변경한 경우 포함]을 말함. 이 경우 그 사업에 관한 권리와 의무 중 다음을 포함하지 아니하고 승계시킨 경우에도 그 사업을 포괄적으로 승계시킨 것으로 봄 ① 미수금* ② 미지급금* ③ 해당 사업과 직접 관련이 없는 다음의 것 ㉮ 사업양도자가 법인인 경우 : 업무와 관련이 없는 자산(법령 §49 ①) ㉯ 사업양도자가 법인이 아닌 사업자인 경우 : ㉮의 자산에 준하는 자산 * "미수금" 또는 "미지급금"은 그 명칭에 관계없이 사업의 일반적인 거래 외에서 발생한 미수채권 · 미지급채무를 말하는 것이며, 미수금 또는 미지급금의 포함 여부는 사업양도의 요건에 해당하지 아니함(부기통 10-23…2)
업종유지 여부	**사업양도 당시** 동일한 업종을 승계받았으면 그 후에 업종을 추가하거나 변경해도 사업양도로 봄. 사업양도 당시 양도 전 업종과 양도 후의 업종이 다르면 사업양도가 아님
대리납부제도	① 대리납부방법 사업의 포괄양도(이에 해당하는지 여부가 분명하지 아니한 경우를 포함함)에 따라 그 사업을 양수받는 자는 그 대가를 지급하는 때에 그 대가를 받은 자로부터 부가가치세를 징수하여 그 대가를 지급하는 날이 속하는 달의 다음 달 25일까지 확정신고납부규정을 준용하여 대리납부신고서와 함께 사업장 관할 세무서장에게 납부하거나 국세징수법에 따른 납부서를 작성하여 한국은행 또는 체신관서에 납부할 수 있음(부법 §52 ④, 부령 §95 ⑤)

구 분	내 용
대리납부제도	② 대리납부 효과 ㉮ 세금계산서 발급대상 : 사업양도에 대하여 부가가치세를 대리납부하면 과세거래로 보므로 사업양도인은 세금계산서를 발급하여야 함(부법 §10 ⑨ (2)) ㉯ 기납부세액 공제 : 사업양도인은 사업양수인이 대리납부한 부가가치세를 부가가치세 신고서상 "사업양수자의 대리납부 기납부세액"란에 기재하여 납부세액에서 공제함(별지 21호 서식) ㉰ 매입세액공제 : 사업양수인은 발급받은 세금계산서의 매입세액을 공제받을 수 있음(부법 §38 ① (1))

보충설명

• **사업양도에 해당되지 아니하는 사례(부집 10-23-2)**

① 사업과 직접 관련이 있는 토지와 건물을 제외하고 양도하는 경우
② 부동산매매업자 또는 건설업자가 일부 부동산 또는 일부 사업장의 부동산을 매각하는 경우
③ 종업원 전부, 기계설비 등을 제외하고 양도하는 경우
④ 부동산임대업자가 임차인에게 부동산임대업에 관한 일체의 권리와 의무를 포괄적으로 승계시키는 경우
⑤ 일부 과세대상 사업용 부동산을 먼저 양도하고 동일한 과세기간 경과 후 나머지 사업과 관련된 권리·의무, 종업원 등을 양도하는 경우

Chapter 19

공급시기 전에 세금계산서를 발급한 경우, 제재는?

내용 Summary

기본사항 Check

- 공급시기 전에 미리 발급된 세금계산서는 사실과 다른 세금계산서로 보므로 공급자에게는 가산세를 부과하고, 공급받는 자에게는 매입세액을 공제하지 아니함(부법 §60 ② (5) · §39 ① (2)). 다만, 부가가치세법령에서 선발급세금계산서를 허용한 경우에는 선발급세금계산서를 적법한 것으로 봄
- 선발급세금계산서가 적법한 것으로 인정되지 않는 경우에도 공급시기가 세금계산서 발급일부터 **6개월 이내** 도래하면 공급받는 자는 매입세액을 공제받을 수 있으나 이 경우 공급받는 자에게 공급가액의 0.5%의 가산세가 부과됨

핵심 Point

- 공급시기 전에 세금계산서를 선발급하는 경우에는 선발급요건에 해당하는지 확인해야 함

질문 »

㈜한국은 상품을 외상으로 구입하고 상품 인도일부터 2개월 후에 대금을 지급하였다. 구입한 상품에 대한 세금계산서는 다음과 같이 공급시기 전에 발급받았다.

구분	세금계산서의 작성연월일	공급시기 (인도일)	공급가액	매입세액
1	2024.1.2.	2024.6.5.	30,000,000원	3,000,000원
2	2024.5.9.	2024.8.2.	50,000,000원	5,000,000원
3	2024.6.1.	2025.7.5.	20,000,000원	2,000,000원

㈜한국은 세금계산서의 작성연월일이 속하는 과세기간에 매입세액을 공제받았다. ㈜한국은 조기환급대상은 아니다.

선발급된 세금계산서로 매입세액을 공제받아도 되는가?

답변 및 해설 »

구분	세금계산서의 작성연월일	공급시기 (인도일)	내 용
1	2024.1.2.	2024.6.5.	조기환급받지 않고 공급시기와 세금계산서 발급일이 같은 과세기간 내에 도래하므로 적법한 선발급세금계산서에 해당함
2	2024.5.9.	2024.8.2.	공급시기와 세금계산서 발급일이 같은 과세기간 내에 도래하지 않으므로 부적법한 선발급세금계산서에 해당함. 그러나 공급시기 전에 세금계산서를 발급받았지만 공급시기가 그 세금계산서의 발급일부터 6개월 이내에 도래하고 해당 거래사실이 확인되므로 관할 세무서장 등이 결정 또는 경정하는 경우 매입세액은 공급시기가 속하는 과세기간인 2024년 제2기 예정신고분으로 공제받을 수 있음. 이 경우 공급가액의 0.5%의 가산세가 부과됨
3	2024.6.1.	2025.7.5.	공급시기와 세금계산서 발급일이 같은 과세기간에 도래하지 않고 발급일부터 6개월 이내에 세금계산서를 발급받은 것이 아니므로 매입세액공제를 받을 수 없음. 만일 경정으로 매입세액이 불공제된 후 정당한 공급시기에 세금계산서를 다시 발급받으면 그 세금계산서의 매입세액은 공제받을 수 있음(재정경제부 소비세제과-36, 2006.1.11.)

PART 02 과세거래

핵심정리

1. 세금계산서의 선발급을 허용하는 경우

구 분	공급시기
① 재화 또는 용역의 공급시기(부법 §15 · §16)에 따른 공급시기가 되기 전에 재화 또는 용역에 대한 **대가의 전부 또는 일부를 받고, 그 받은 대가에 대하여 세금계산서(부법 §32) 또는 영수증(부법 §36)을 발급**한 경우 * 대가에는 현금 외에 수표 · 어음 · 신용카드 · 전자화폐 · 전자채권 · 현물 인도도 포함됨(부집 34-0-1 ④)	세금계산서 또는 영수증을 발급하는 때
② 재화 또는 용역의 공급시기가 되기 전에 **세금계산서를 발급하고 그 세금계산서 발급일부터 7일 이내에 대가를 받는 경우**	세금계산서를 발급한 때
③ 위 ②에도 불구하고 다음 중 어느 하나에 해당하는 경우에는 재화 또는 용역을 공급하는 사업자가 그 재화 또는 용역의 공급시기가 되기 전에 세금계산서를 발급하고 그 세금계산서 발급일부터 7일이 지난 후 대가를 받더라도 해당 세금계산서를 발급한 때를 재화 또는 용역의 공급시기로 봄 ㉮ 거래 당사자 간의 계약서 · 약정서 등에 **대금 청구시기(세금계산서 발급일을 말함)와 지급시기를 따로 적고**, 대금 청구시기와 지급시기 **사이의 기간이 30일 이내인 경우** ㉯ 재화 또는 용역의 **공급시기가 세금계산서 발급일이 속하는 과세기간 내**(공급받는 자가 조기환급을 받은 경우에는 세금계산서 발급일부터 30일 이내)에 도래하는 경우	세금계산서를 발급한 때
④ 다음 중 어느 하나에 해당하는 경우로서 경우의 공급시기가 되기 전에 세금계산서(부법 §32) 또는 영수증(부법 §36)을 발급하는 경우 ㉮ 장기할부판매로 재화를 공급하거나 장기할부조건부로 용역을 공급하는 경우 ㉯ 전력이나 그 밖에 공급단위를 구획할 수 없는 재화 또는 용역을 계속적으로 공급하는 경우(부법 §28 ③ (4) · §29 ① (4)) ㉰ 외국항행용역을 공급하는 경우로서 상법 제852조 및 제853조에 따라 발행된 선하증권에 따라 거래사실이 확인되는 경우(용역의 공급시기가 선하증권 발행일부터 90일 이내인 경우로 한정함. 2024.2.29. 이후 부가가치세 과세표준과 세액을 신고하거나 결정 · 경정하는 경우부터 적용함)	세금계산서 또는 영수증을 발급한 때

2. 세금계산서의 사전발급

선발급세금계산서가 적법한 것으로 인정되지 않는 경우에도 재화 또는 용역의 **공급시기가 그 세금계산서의 발급일부터 6개월 이내에 도래**하고 해당 거래사실이 확인되어 납세지 관할 세무서장 등이 결정 또는 경정하는 경우에는 매입세액공제를 받을 수 있다(부령 §75 (8)). 다만, 이 경우 공급가액의 0.5%의 가산세가 부과된다(부령 §108 ⑤).

Chapter 20

공급시기 후에 세금계산서를 발급한 경우, 제재는?

내용 Summary

기본사항 Check

- 세금계산서는 사업자가 공급시기에 재화 또는 용역을 공급받는 자에게 발급하여야 함(부법 §34 ①). 다만, 관계증명서류 등에 따라 거래사실이 확인되는 경우로서 해당 거래일을 작성 연월일로 하여 세금계산서를 발급하는 경우에는 재화 또는 용역의 공급일이 속하는 달의 다음 달 10일(그 날이 공휴일 또는 토요일인 경우에는 바로 다음 영업일)까지 세금계산서를 발급할 수 있음
- 발급기한이 지난 후 세금계산서를 발급하면 공급자와 공급받는 자에게 가산세(공급시기가 속하는 과세기간에 대한 확정신고기한이 지난 후 세금계산서를 발급받았더라도 그 세금계산서의 발급일이 확정신고기한 다음 날부터 1년이 지난 경우에는 매입세액불공제)의 불이익이 있음

핵심 Point

- 공급시기를 잘 확인해서 세금계산서를 발급기한까지 발급할 것

질문 »

㈜한국에서는 ㈜한수로부터 상품을 구입하였으나 세금계산서를 발급받지 못한 것을 발견하고, 2025.7.24.에 ㈜한수에 세금계산서를 발급해 달라고 요청하였다. ㈜한수는 2025.7.25.에 다음과 같이 전자세금계산서를 발급하였다.

구분	공급시기 (인도일)	공급가액	매입세액	전자세금계산서 작성연월일	전자세금계산서 발급일
1	2024.4.6.	80,000,000원	8,000,000원	2024.4.6.	2025.7.25.
2	2025.1.9.	50,000,000원	5,000,000원	2025.1.9.	2025.7.25.

㈜한국이 수취한 전자세금계산서의 매입세액이 공제되는지, 공제된다면 어떤 절차로 공제받아야 하는지, 매입세액을 공제할 때 가산세가 어떤 것이 적용되는지를 문의하였다.

답변 및 해설 »

<table>
<tr><th>구분</th><th>공급시기
(인도일)</th><th>세금계산서
발급일</th><th>내 용</th></tr>
<tr><td>1</td><td>2024.4.6.</td><td>2025.7.25.</td><td>재화 또는 용역의 공급시기가 속하는 과세기간에 대한 확정신고기한이 지난 후 세금계산서를 발급받았더라도 그 세금계산서의 발급일이 확정신고기한 다음 날부터 1년 이내인 경우에는 경정청구서를 세금계산서와 함께 제출하면 매입세액공제를 받을 수 있음. 따라서 2024년 제1기 확정신고분에 대한 경정청구를 하면 매입세액을 공제받을 수 있으나, 공급가액의 0.5%의 지연수취가산세가 부과됨

2024년 제1기분 부가가치세에 대한 경정청구 시 환급세액
매입세액공제로 인한 환급세액 : △8,000,000
지연수취가산세 : 80,000,000 × 0.5% = 400,000
환급세액 : △7,600,000

※ 부가가치세 환급 시 국세환급가산금(연 3.5%)을 받을 수 있음(국기칙 §19의 3)</td></tr>
<tr><td>2</td><td>2025.1.9.</td><td>2025.7.25.</td><td>세금계산서를 공급시기가 속하는 과세기간에 대한 2025년 제1기 확정신고기한까지 발급받았으므로 확정신고 시 부가가치세 신고서(부칙 별지 제21호 서식)에 매입세액의 예정신고누락분란에 기재해서 매입세액공제를 받을 수 있으나, 공급가액의 0.5%의 지연수취가산세가 부과됨</td></tr>
</table>

핵심정리

공급시기 이후에 발급받은 세금계산서 매입세액 공제 여부 및 가산세 적용 여부

구 분		발급시기가 지난 후 확정신고기한까지 발급한 경우(지연발급)	확정신고기한의 다음 날부터 1년 이내에 발급받은 경우 (사후발급)	확정신고기한의 다음 날부터 1년이 지난 후에 발급받은 경우 (미발급)
공급자 가산세		가산세(1%)	가산세(2%)	
공급받는 자	매입세액 공제 여부	공제	공제	불공제
	세금계산서 지연발급 가산세	가산세(0.5%)	가산세(0.5%)	가산세 없음
	공제절차	신고 시 매입세액공제 (신고누락 시 경정청구, 수정신고, 기한 후 신고, 경정 시 공제 가능)	경정청구, 수정신고, 경정 시 공제	해당 없음

Chapter 21

준공일 또는 사용승인일 이후의 공사, 공급시기 판단 시 왜 중요한가?

PART 02 과세거래

내용 Summary

기본사항 Check

- 건설용역을 제공하는 경우 준공검사일 또는 사용승인일과 최종 세금계산서 발급일이 일치하는지를 확인해야 함. 준공검사일보다 늦게 발급한 세금계산서는 사실과 다른 세금계산서로 가산세가 부과되거나 매입세액이 불공제될 수 있음
- 준공검사 또는 사용승인 후에도 공사가 진행된 경우 공급시기 판단에 논란이 있을 수 있음. 준공검사 후의 공사가 하자보수공사라면 준공검사 또는 사용승인 시점에 공사가 완료된 것이나, 마무리공사인 경우에는 마무리공사가 완료된 날이 공사가 완료된 것임. 하자보수공사인지 아니면 마무리공사인지는 사실판단사항임

핵심 Point

- 준공검사일 또는 사용승인일 후에 공사를 한 경우 하자보수공사인지 아니면 마무리공사인지 확인해서 잔금에 대한 공급시기를 판단해야 함

질문 »

㈜경기는 2024.4.11. ㈜한공으로부터 도급금액 100억원(부가가치세 별도)의 상가신축공사를 의뢰받고 도급계약을 체결하였다. ㈜경기와 ㈜한공은 도급계약 시 도급금액 100억원을 4회로 분할하여 계약 시 20억원, 1차 중도금을 20억원, 2차 중도금 20억원을 받고, 잔금 40억원은 공사 완료 후 받기로 하였다. 이 계약조건은 중간지급조건부 공급에 해당한다.

건물을 신축하는 지반에 암반이 있어서 건설공사가 지연되자 ㈜한공은 공사가 완전히 끝나지 않은 상태에서 2025.7.11.에 건물의 가사용승인을 받아 건물을 임대하기 시작하였다. ㈜경기는 건물의 가사용승인 후에도 지하의 기초 콘크리트공사, 누수공사 및 부대시설 설치공사(지하방수공사, 피난기구 설치, 주차장 바닥공사 및 미끄럼 방지시설 공사 등)를 계속하였다. ㈜경기는 2025.12.29.에 공사를 완료하였고, ㈜경기는 2025.12.29.을 작성연월일로 하여 2026.1.10.에 ㈜한공에게 잔금 40억원에 대하여 세금계산서를 발급하였다.

㈜한공은 발급받은 세금계산서로 2025년 제2기분 부가가치세 확정신고 시 환급세액을 신고하였는데, ㈜한공의 관할 세무서에서 부가가치세 환급 현지조사를 하면서 2025.7.11.에 건물에 대한 가사용승인을 받아 건설용역의 공급이 완료되었으므로 2025.12.29.을 작성연월일로 하여 2026.1.10.에 발급한 세금계산서는 지연발급된 세금계산서에 해당하므로 다음과 같이 ㈜경기와 ㈜한공에 가산세를 부과할 예정이라는 안내문을 보내왔다.

구 분	내 용	처리내용
㈜경기	지연발급	지연발급가산세 : 40억원 × 1% = 40,000,000
㈜한공	지연수취	지연수취가산세 : 40억원 × 0.5% = 20,000,000

세무서의 주장이 적법한가?

답변 및 해설 »

중간지급조건부로 용역의 경우에는 대가의 각 부분을 받기로 한 때를 공급시기로 본다. 다만, 역무의 제공이 완료되는 날 이후 받기로 한 대가의 부분에 대해서는 역무의 제공이 완료되는 날을 그 용역의 공급시기로 본다(부령 §29 ①).

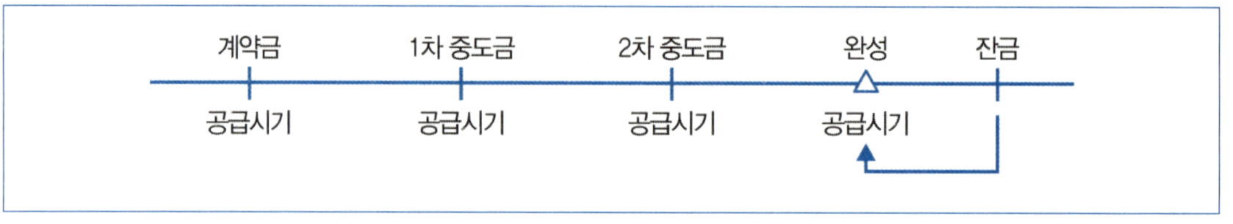

이 사례에서 2025.7.11.에 건물에 대한 가사용승인을 받았다. 가사용승인으로 건설공사가 완료되었다면 잔금에 대한 세금계산서는 작성일자를 2025.7.11.로 하여 2025.8.10.까지 발급하여야 한다. 따라서 2025.12.29.에 발급한 세금계산서는 발급시기가 지난 후 확정신고기한까지 발급한 세금계산서이므로 지연발급(공급받는 자는 지연수취)된 세금계산서에 해당한다.

㈜경기는 건물에 대한 가사용승인을 받은 후에도 공사를 하였다. 이 공사가 하자공사인 경우에는 가사용승인일에 공사가 완료된 것으로 볼 수 있으나, 마무리공사인 경우에는 마무리공사가 완료된 날을 용역제공이 완료된 날로 볼 수 있다.

구 분	공사완료일	잔금에 대한 세금계산서
하자보수공사인 경우	가사용승인일	지연발급된 세금계산서
마무리공사인 경우	마무리공사 완료일	적법한 세금계산서

따라서 가사용승인 후의 공사가 하자보수공사인지 아니면 마무리공사인지 판단하는 것이 이 사례의 핵심이다.

㈜경기가 가사용승인 후에 한 공사는 지하의 기초 콘크리트공사, 누수공사 및 부대시설 설치공사(지하 방수공사, 피난기구 설치, 주차장 바닥공사 및 미끄럼 방지시설 공사 등)이다. 이러한 공사는 당초 공사에 하자가 발생하여 이를 수리하기 위한 하자보수공사가 아니라 마무리공사이다. 따라서 **마무리공사가 완료된 2025.12.29.이 공사완료일이므로 그 날을 작성일자로 하여 다음 달 10일까지 발급된 세금계산서는 적법한 세금계산서**이므로 가산세 부과대상이 아닌 것으로 보인다.

핵심정리

건설업을 영위하는 사업자가 발주처와 중간지급조건부 또는 완성도기준지급조건부로 건설용역을 공급하던 중 해당 공사가 완료되기 전에 가사용승인을 받고 그 이후에도 잔여공사를 진행한 경우로서 잔여공사가 하자보수공사인 경우에는 가사용승인일이 역무제공이 완료된 날이나 마무리공사인 경우 잔금의 공급시기는 역무제공이 완료된 날(잔여공사 완료일)이 된다. 잔여 공사가 하자보수공사인지, 마무리공사인지 여부는 계약내용, 공사내용 등을 종합하여 사실판단할 사항이다(법규부가 2014-512, 2014.11.17. 참조).

Chapter

22 공급시기 후에 발급한 세금계산서, 매입세액 불공제 시 손해배상책임은?

내용 Summary

기본사항 Check

- 공급자가 세금계산서를 늦게 발급하여 공급받는 자가 매입세액을 공제받지 못하더라도 법원에서는 세금계산서를 잘못 발급한 공급자에게 손해배상책임을 물을 수 없다고 보고 있음

핵심 Point

- 공급받는 자는 발급받은 세금계산서가 매입세액공제대상인지 잘 판단해서 부가가치세 신고를 해야 함. 잘못 판단해서 매입세액공제를 받지 못하더라도 공급자에게 손해배상 책임을 묻기 어려움

질문 »

㈜甲은 건물을 분양하기 위하여 2022.2.1.에 건설회사인 ㈜乙과 건물 신축공사에 관한 도급계약(도급금액 400억원, 부가가치세 별도)을 체결하였다. ㈜乙은 2022.2.10.부터 공사를 시작하여 2023.12.1. 건물의 신축공사를 완료하고 사용승인을 받았다. ㈜乙은 2022.3.11.부터 2023.10.31.까지 기성고에 따라 당초 공사대금의 약 90%를 공사의 기성금으로 지급받고, ㈜甲에게 기성금에 관한 세금계산서를 발급하였다.

㈜甲은 2025.6.30. 도급계약에 따라 정산을 완료한 다음 ㈜乙에게 공사대금 잔금 및 추가공사비를 지급하였다. ㈜乙은 2025.6.30.에 ㈜甲에게 공급가액 40억원, 부가가치세 4억원으로 기재된 세금계산서를 발급하였고, ㈜甲은 세금계산서를 2025년 제1기 부가가치세 확정신고에 매입세액에 반영하여 부가가치세 환급신고를 하였다.

㈜甲의 관할 세무서에서는 잔금에 대해서 건물의 사용승인일인 2023.12.1. 세금계산서를 발급받아야 하는데 2025.6.30.에 세금계산서를 발급받았으므로 그 세금계산서는 사실과 다른 세금계산서이므로 2025년 제1기 환급신고세액에서 매입세액 4억원과 및 그 10%에 해당하는 초과환급신고가산세 4천만원을 합한 440,000,000원을 감액 후 ㈜甲에게 잔여액을 환급하였다.

이에 ㈜甲은 ㈜乙이 잔금에 대한 적법한 공급시기인 건물 사용승인일인 2023.12.1.에 세금계산서를 발급할 의무가 있음에도, 이를 위반하여 공급시기 이후에 세금계산서를 발급함으로써 매입세액을 환급받지 못하고 감액 경정되는 손해를 입혔으므로 감액처분액 440,000,000원 상당의 손해를 배상하여야 한다는 취지로 민사소송을 제기하려고 한다.

㈜甲은 ㈜乙로부터 손해배상을 받을 수 있는가?

답변 및 해설 »

이와 동일한 내용의 사건에 대한 판결내용은 다음과 같다.

서울중앙지방법원2021 가합597309, 2022.12.7.	서울고등법원2023 나2000284, 2023.6.16.	대법원2023다253790, 2023.11.16.(파기 환송)
공급자가 공급시기에 세금계산서를 발급할 의무가 있음에도 이를 이행하지 않았고, 공급받는 자도 세금계산서 발급을 요구하지 않았고 매입자발행세금계산서 제도를 이용하지 않았으므로 손해배상책임은 손해의 50%로 제한함이 타당함	제1심 판결을 그대로 인용함	원고가 해당 과세기간에서 환급받을 수 없는 매입세액을 환급신고하였기 때문에 경정처분이 내려진 것일 뿐이고, 처분과 피고의 세금계산서 지연발급 또는 사실과 다른 세금계산서 발급 사이에 상당인과관계가 있다고 볼 수 없으므로 손해배상책임은 없음

서울고등법원은 세금계산서의 발급에 관한 잘못과 감액처분액 상당의 손해 사이에 상당인과관계가 인정된다고 보아 손해배상책임을 인정하였으나 대법원은 이러한 판단은 상당인과관계, 부가가치세의 과세기간, 매입세액 공제에 관한 법리를 오해하여 필요한 심리를 다하지 아니함으로써 판결에 영향을 미친 잘못이 있다고 보아 원심판결을 파기하고, 사건을 다시 심리 · 판단하도록 원심법원에 환송하기로 판결하였다.

따라서 ㈜甲이 ㈜乙에게 민사소송을 제기해도 손해배상을 받기 어렵다.

핵심정리

세금계산서는 공급일이 속하는 달의 다음 달 10일까지 발급할 수 있다. 이 발급기한이 지난 후 세금계산서를 발급하면 다음과 같은 불이익이 있다.

지연수취한 세금계산서의 매입세액공제 여부

2019.2.11. 이전 공급받은 분	2019.2.12.~2022.2.14. 공급받은 분	2022.2.15. 이후 공급받은 분
발급기한의 다음날부터 공급시기가 속하는 과세기간에 대한 확정신고기한까지 발급받은 경우 매입세액공제(가산세 부과)	좌 동	좌 동
	확정신고기한의 다음날부터 6개월 이내에 발급받은 경우에도 매입세액공제(공급가액의 0.5%의 가산세 부과)	확정신고기한의 다음날부터 1년 이내에 발급받은 경우에도 매입세액공제(공급가액의 0.5%의 가산세 부과)

세금계산서가 잘못 발급되었더라도 공제받을 수 없는 매입세액을 신고한 회사의 잘못이므로 세금계산서를 잘못 발급한 공급자에게 손해배상책임을 물을 수 없다는 점에 유의해야 한다.

PART 03

영세율

Q&A

23 공장인도조건(EXW) 수출의 공급시기는?

24 보세창고인도조건 수출(BWT)의 공급시기는?

25 장기연불조건 수출의 공급시기는?

26 관세지급인도조건(DDP) 수출의 공급시기는?

27 수출재화의 반품, 수입인가?

28 수입재화의 반품, 수출인가?

29 공급시기 후에 개설된 내국신용장, 영세율이 적용되나?

30 관세환급금도 부가가치세 과세대상인가?

31 위탁가공을 위한 원료를 국외 무환반출, 세무처리는 어떻게?

32 4자 간 무역거래의 세무처리는?

33 무상수출, 영세율 대상인가?

34 국내에서 비거주자에게 공급하는 재화, 영세율 대상인가?

35 수출재화 임가공용역, 영세율 적용 요건은?

36 유튜버, 부가가치세는?

37 해외역직구, 영세율 대상인가?

38 영세율 첨부서류 미제출, 안타까운 가산세 부담

Chapter 23

공장인도조건(EXW) 수출의 공급시기는?

내용 Summary

기본사항 Check

- **일반적인 재화의 공급시기** : 이동이 필요한 경우 재화가 인도되는 때, 이동이 필요없는 경우 재화가 이용 가능하게 되는 때, 법원의 판결 등 기타의 경우 재화의 공급이 확정되는 때임
- **재화의 수출에 따른 공급시기** : 내국물품을 외국으로 반출하는 경우 공급시기는 수출재화의 선(기)적일이나, 국외에서 재화가 인도되는 경우 일반적으로 해당 재화가 인도되는 때임
- **공장인도조건 수출** : 국내의 수출업자 공장에서 외국법인 등에 수출 재화를 인도하는 경우 재화의 수출에 해당되어 공급시기는 선(기)적일임

핵심 Point

- 수출업자가 국내에서 국내사업장이 없는 외국법인 등에 공급한 재화를 외국법인 등이 외국으로 반출하였는지 여부
  ① 재화를 국외 반출한 경우 → 공장인도조건에 따른 재화의 수출로 공급시기는 선(기)적일임
  ② 재화를 국외 반출하지 않은 경우 → 공장인도조건으로 외국법인 등이 지정하는 국내의 다른 과세사업자에게 인도하는 경우 공급시기는 국내거래이므로 재화의 인도일이 됨
- 선(기)적일이 공급시기임에도 인도일을 공급시기로 신고한 경우 불이익 → 영세율신고불성실 가산세가 부과될 수 있음(공급가액의 0.5%)

질문 »

㈜한국은 고급의류를 제조하여 국외에 수출하고 있다. ㈜한국은 국내사업장이 없는 외국법인에게 공장인도조건(EXW)으로 재화를 판매하였다. 다음 물음에 답하시오.

1. 공장인도조건(EXW)으로 외국법인에 재화를 판매하고 외국법인은 이를 수출통관 절차에 따라 다음과 같이 국외 반출하는 경우 재화의 공급시기는?

㈜한국과 외국법인의 계약내용
(1) 2025. 9. 1. : 외국법인과 공장인도조건(EX Works)으로 수출하기로 계약 체결
(2) 2025. 9.10. : 외국법인으로부터 선수금 받음
(3) 2025. 9.30. : 외국법인에 모든 검사를 받고 합격 후 포장완료하여 공장인도
(4) 2025.12.28. : 선하증권상 선적일
(5) 2026. 1. 3. : 관세청의 UNI-PASS상 출항일
(6) 2026. 1.15. : 잔금결제(Nego)일

2. 공장인도조건으로 외국법인에 재화를 판매하고 외국법인이 지정하는 국내 과세사업자에게 재화를 인도하여 그 대가를 외국환은행에서 원화로 받은 경우 영세율 적용 여부 및 수출재화의 공급시기는? 다만, 해당 재화는 국외 반출되지 아니하였다.

PART 03 영세율

답변 및 해설 »

1. 사업자가 생산한 재화를 공장인도조건(EXW)으로 수출하는 경우 직수출에 해당하는 것이며, 그 수출재화의 공급시기는 선(기)적일[1]이 된다.

위 사례에서 수출업자 ㈜한국의 국내의 공장에서 수출할 물품을 외국법인이 제품에 대한 품질검사 등을 확인하고 인수한 후 이를 포장하여 외국법인이 직접 국외에 반출하는 조건으로 판매한 수출재화는 공장인도조건 수출에 해당되어 공급시기는 해당 재화의 수출 선적일인 2025.12.28.이 된다.
주의할 점은 공장인도조건 수출의 공급시기는 ㈜한국으로부터 외국법인으로 실질적인 소유권이 이전되는 날인 공장인도일이 아니라, 수출재화의 선적일이라는 것이다.

2. 국내사업자가 국내사업장이 없는 비거주자 또는 외국법인에 재화를 공급하면서 비거주자 등이 지정하는 국내의 다른 과세사업자에게 인도하고 그 대가를 외국환은행에서 원화로 받는 경우에는 부가가치세 시행령 제33조 제2항 제1호 가목에 따라 영세율이 적용된다. 또한, 이 경우 공급시기는 국내거래이므로 재화의 인도일이 된다.

위 사례에서 ㈜한국이 외국법인이 지정하는 국내 과세사업자에게 재화를 인도하고 외국환은행에서 원화로 받았으므로 영세율이 적용된다. 또한, 공급시기는 국내거래이므로 재화의 인도일인 2025.9.30.이 된다.

보충설명

[참고 1] 관세청의 UNI-PASS에서 조회되는 수출일자는 출항일이므로 공급시기와 다름

관세청의 전자통관시스템(unipass.customs.go.kr)에서 수출신고번호 또는 B/L번호를 입력하면 수출이행내역을 조회할 수 있다. 이러한 관세청 자료는 국세청에 통보되어 부가가치세 신고 시 일선 세무서에서 수출신고 적정 여부를 확인하는 데 활용된다. 다만, 관세청의 수출통관자료는 출항일을 기준으로 발췌가 되므로 일선 세무서에서는 참고자료로 활용하고 납세자의 충분한 해명이 있는 경우에는 과세하지 아니한다.

[참고 2] 수출 관련 법인세법·소득세법상 손익 귀속시기와의 차이점

재화의 수출에 대한 부가가치세법상 공급시기는 일반적으로 수출재화의 선(기)적일이다. 하지만, 법인세법과 소득세법상 재화의 수출에 대한 손익의 귀속시기는 "수출 물품을 계약상 인도하여야 할 장소에 보관한 날"이라고 규정하고 있어 부가가치세법상 공급시기와 상이한 부분이 있다.

---

1) 법규부가2012-1, 2012.1.2.

거래조건별 「법인세법」과 공급시기 차이

구 분	거래조건	내 용	「법인세법」의 손익귀속시기	「부가가치세법」의 공급시기
출발지 인도조건	EXW (공장인도조건)	매도인의 구내(작업장 · 공장 · 창고 등)에서 물품을 인도하는 조건	물품 인도일	선적일
선적지 인도조건	FAS (선측인도조건)	매도인이 선적항에서 본선의 선측(예를 들면, 부두 또는 바지상)에서 수출통관한 물품을 인도하는 조건	물품 인도일	선적일
	FOB, CIF, CFR, FCA, CPT, CIP	일반적인 선적지 인도조건	선적일	선적일
도착지 인도기준	DAT (도착터미널 인도조건)	매도인이 목적지의 지정터미널에서 물품을 매수인에게 인도하는 조건	물품 인도일	선적일
	DAP (도착지 인도조건)	매도인이 수입통관을 하지 않은 물품을 운송수단에서 하역하지 않은 상태로 매수인에게 인도하는 조건	물품 인도일	선적일
	DDP (관세지급 인도조건)	매도인이 수입통관한 물품을 지정장소에서 매수인에게 인도하는 조건. 매도인이 관세를 부담하고 모든 통관절차를 수행해야 함	물품 인도일	선적일

핵심정리

구 분	내 용
재화의 공급시기	• 일반적인 재화의 공급시기(부법 §9 ②) ① 재화의 이동이 필요한 경우 : 재화가 인도되는 때 ② 재화의 이동이 필요하지 아니한 경우 : 재화가 이용가능하게 되는 때 ③ 위의 규정을 적용할 수 없는 경우 : 재화의 공급이 확정되는 때
수출재화의 공급시기	• 수출재화의 공급시기(부령 §21 ① ⑽) ① 내국물품을 외국으로 반출하거나 「대외무역법」에 의한 중계무역방식으로 수출하는 경우에는 수출재화의 선(기)적일 ② 원양어업 및 「대외무역법」에 의한 위탁판매수출의 경우에는 수출재화의 공급가액이 확정되는 때 ③ 「대외무역법」에 의한 위탁가공무역 방식으로 수출하거나 외국인도수출의 경우에는 외국에서 당해 재화가 인도되는 때 • 공장인도조건으로 공급하는 수출 재화의 공급시기 : 선(기)적일 수출자의 공장에서 국외의 수입자에게 인도하는 조건으로 수입자가 운임, 수출통관비, 수출항 적재비, 해상 운송비, 보험료, 수입항 하역비, 수입통관비, 수입국가 내륙 운송비 등 목적지까지의 모든 위험과 손해를 부담하는 조건으로 수출하는 유형으로 공급시기는 선(기)적일이 된다. * 법인세법상 손익의 귀속시기는 해당 재화를 인도하여야 할 장소에 보관한 날인 물품인도일임
공장인도조건 재화 공급의 과세쟁점	• 재화를 국외로 반출하는 경우 : 공장인도조건으로 공급하는 수출 재화를 수입자가 해당 재화를 국외로 반출하는 경우 공급시기는 선(기)적일임 • 재화를 국외 반출하지 않는 경우 : 국내사업장이 없는 비거주자 또는 외국법인이 지정하는 국내사업자에게 인도되는 재화로서 해당 사업자의 **과세사업에 사용**되는 재화는 외국환은행을 통하여 원화로 받으면 영세율 적용이 되고 공급시기는 국내거래이므로 재화의 인도일이 된다.[2)] * 재화를 비거주자 등에게 직접 인도하는 경우 또는 비거주자 등이 지정하는 사업자에게 제공하고 해당 사업자가 면세사업에 사용하는 경우 영세율 대상이 아닌 점에 유의할 것

2) 법규과-1141, 2013.10.19.

Chapter 24

보세창고인도조건 수출(BWT)의 공급시기는?

내용 Summary

기본사항 Check

- **보세창고인도조건 수출의 공급시기** → 선(기)적일
  수출업자가 수입국의 보세구역 내의 창고에 물품을 미리 보관하고 수입자와 직접 계약을 통해 판매하는 방식으로 공급시기는 선(기)적일임
- **위탁판매 수출의 공급시기** → 공급가액이 확정되는 때
  수출업자가 국외의 수탁자에게 물품을 무환으로 수출하여 수탁자가 해당 물품을 판매하고 그 판매된 범위 내에서 대금을 결제하는 방식으로 공급시기는 공급가액이 확정되는 때임

핵심 Point

- 수출업자가 재화를 무환반출 후 국외에서 직접 판매하는지 여부
  ① 수출업자가 국외의 보세창고에 물품을 보관 후 직접 판매하는 경우 공급시기 → 선(기)적일
  ② 국외 수탁업자에게 재화를 반출 후 수탁업자가 판매하는 경우 공급시기 → 공급가액 확정일

질문 »

㈜한국은 베트남에 있는 항공사에 항공기계 부품을 공급하려고 베트남의 보세창고에 부품을 반출하였다. 다음 물음에 답하시오.

1. ㈜한국이 다음과 같이 베트남 보세창고에 무환반출한 항공기계 부품을 자기의 책임과 계산으로 보관하다가 보세창고 부품을 베트남 항공사에 판매하는 경우 해당 수출재화의 공급시기는?

일자별 ㈜한국의 거래내역

(1) 2025.6.25. : ㈜한국은 항공기계 부품을 선적함(거래처 미정)
(2) 2025.6.30. : ㈜한국은 항공기계 부품을 베트남 보세창고에 반출
(3) 2025.7.31. : ㈜한국은 베트남 항공사와 보세창고에 있는 부품의 매매계약 체결
(4) 2025.8.15. : 보세창고에 있는 항공기계 부품을 베트남 항공사에 인도(공급가액 확정일)
(5) 2025.8.31. : ㈜한국은 판매대금을 직접 수령

2. ㈜한국은 베트남에 있는 ㈜베트남과 항공기계 부품 위수탁판매계약을 체결하고 ㈜베트남이 베트남 항공사와 계약을 통해 해당 부품을 판매하는 경우 해당 수출재화의 공급시기와 공급가액은?

답변 및 해설 »

1. 수출업자가 보세창고인도조건으로 재화를 국외에 무환반출하고 수입국 보세창고에 보관하면서 수입국에서 매수자를 찾아 보세창고 제품을 판매하는 경우 재화의 공급시기는 수출재화의 선적일이 된다.

위 사례에서 ㈜한국이 자기가 생산한 항공기계 부품을 베트남 보세창고에 자기의 책임과 계산으로 보관하면서 베트남 항공사에 부품을 판매하는 경우 공급시기는 해당 제품의 선적일인 2025.6.25.이 된다. 그러나 위와 같은 보세창고인도조건 수출의 경우 법인세법상 손익의 인식시기는 베트남에서 해당 제품을 인도한 날인 2025.8.15.이므로 유의하여야 한다.

PART 03 영세율

2. 수출업자가 외국의 수탁자와 위탁계약을 체결하여 수출물품을 무환으로 수출한 후 판매된 범위 안에서 대금을 수령하는 경우 위탁판매수출로 보아 공급시기는 공급가액이 확정되는 때이다. 또한, 공급가액은 수출물품의 결제금액으로 수수료를 공제하기 전의 금액이다. 즉, 외화입금은 위탁판매수수료를 제외하고 입금되는데 이를 포함한 총금액을 말한다.

(1) ㈜한국이 항공기계 부품을 베트남의 수탁자인 ㈜베트남과 위수탁계약을 체결하고 수출물품을 무환반출하여 수탁자가 해당 부품을 판매하는 경우에는 위탁판매수출로 보아 공급시기는 공급가액이 확정되는 2025.8.15.이 된다.

(2) ㈜베트남은 위탁판매수수료를 제외하고 위탁자인 ㈜한국에 송금하므로 ㈜한국의 위탁판매수출에 따른 공급가액은 외화입금액에서 판매수수료를 포함한 가액으로 하며 위탁판매수수료는 손금산입하여야 하므로 주의하여야 한다.

핵심정리

<table>
<tr><th>구 분</th><th>내 용</th></tr>
<tr><td rowspan="2">보세창고 인도조건 수출(BWT)의 공급시기</td><td>• 보세창고 인도조건 수출(BWT)의 공급시기 → 선(기)적일
사업자가 자기가 생산하거나 취득한 재화를 외국의 보세창고에 반출하여 수출자의 책임과 계산으로 보관하다가 수입자에게 판매하는 경우(위탁판매수출 제외), 당해 수출재화의 공급시기는 선(기)적일이 된다.[3)]
* 법인세법상 손익의 귀속시기는 수입국의 보세창고에서 재화를 수입자에게 인도하는 날임[4)]</td></tr>
<tr><td>• 위탁판매 수출의 공급시기 → 재화의 공급가액이 확정되는 때
위탁판매수출은 물품 등을 외국의 수탁자에게 무환으로 수출한 후 판매된 범위 안에서 대금을 수령하는 수출형태로 공급시기는 수출재화의 공급가액이 확정되는 때이다. 따라서 국내에서 수탁판매업자에게 무환으로 반출하는 재화는 부가가치세 과세대상이 아니다.</td></tr>
<tr><td>쟁점</td><td>• 보세창고인도조건 수출과 위탁판매수출의 비교
보세창고인도조건 수출은 위탁판매방식에 의한 수출과 유사하지만 대외무역법상 위탁판매수출에 해당하지 아니하는 보세창고인도조건 수출은 직수출에 포함하여 수출재화의 선적일을 공급시기로 한다.
<table><tr><th>판매자에 따른 분류</th><th>수출 유형</th><th>공급시기</th></tr><tr><td>국내 수출업자가 판매</td><td>보세창고인도조건</td><td>선(기)적일</td></tr><tr><td>국외 수탁자가 판매</td><td>위탁판매수출</td><td>공급가액 확정일</td></tr></table></td></tr>
</table>

3) 부가가치세과-4952, 2008.12.23.
4) 법인46012-2085, 1998.7.25.

Chapter

25 장기연불조건 수출의 공급시기는?

내용 Summary

기본사항 Check

- **장기연불(할부)조건 수출의 공급시기** : 사업자가 국외에서 중장기 연불조건으로 재화를 수출하는 경우 공급시기는 직수출에 해당되어 선(기)적일임
- **장기연불조건부 · 중간지급조건부 판매에도 해당하고 검수조건부 판매에도 해당하는 경우**
  ① 재화 수출의 경우 공급시기는 선(기)적일임
  ② 국내거래의 경우 공급시기는 장기연불조건부 · 중간지급조건부 거래를 적용하여 대가의 각 부분을 받기로 하는 때임

핵심 Point

- 장기연불조건부 판매는 중간지급조건부와 장기할부조건부가 함께 있는 경우가 대부분으로 국내거래와 수출의 공급시기가 다름
  ① 국내거래인 경우 : 대가의 각 부분을 받기로 한 때임
  ② 수출하는 재화의 경우 : 선(기)적일임
- 장기연불조건 거래는 검수조건이 수반되는 경우가 있으며 국내거래와 수출의 공급시기가 다름
  ① 국내거래인 경우 : 검수완료일임
  ② 수출하는 재화의 경우 : 선(기)적일임

질문 »

㈜한국은 산업설비 제조판매 및 수출사업을 영위하고 있는 내국법인이다. 베트남의 외국법인에 다음과 같이 기계장치를 수출하는 경우 물음에 답하시오.

1. ㈜한국이 기계장치를 베트남 외국법인에 해상운임 및 보험료를 포함한 CIF조건으로 수출하는 경우 재화의 공급시기는?

2. ㈜한국은 기계장치를 베트남 외국법인에 다음과 같이 5년 연불조건으로 기계장치를 수출하는 경우 재화의 공급시기는?

내국법인과 외국법인의 계약내용

(1) 선수금 : 계약체결 시 총 계약금액의 15%를 선수금으로 받음 (2) 인도금 : 공장설비의 각 부분을 2년간 분할하여 선적하고 매회 선적 설비금액의 35%를 L/C BASE로 결제받음 (3) 잔 금 : 잔금은 공장의 시험가동 후 5년간 균등 분할상환받기로 함

3. ㈜한국이 ㈜대한으로부터 기계장치를 구입하여 베트남 외국법인의 사업장에 기계장치를 설치한 후 시운전검사 완료조건으로 수출하는 경우 ㈜한국과 ㈜대한의 해당 수출재화에 대한 공급시기는?

답변 및 해설 »

1. 국내 사업자가 비거주자 또는 외국법인에 기계장치 등 재화를 국내에서 국외로 반출하여 수출하는 경우 공급시기는 선(기)적일이 된다.

위 사례에서 ㈜한국이 CIF조건으로 기계장치를 베트남에 수출하는 경우 공급시기는 재화의 선(기)적일이 된다.

2. 국내 사업자가 비거주자 또는 외국법인에 기계장치 등 재화를 장기연불조건으로 플랜트 수출하는 경우 공급시기는 선(기)적일이 된다.

위 사례에서 ㈜한국이 5년간 장기연불조건으로 기계장치를 베트남에 수출하는 경우 공급시기는 재화의 선(기)적일이 된다. 만약, 국내거래인 경우에는 대가의 각 부분을 받기로 한 때를 공급시기로 하므로 주의하여야 한다.

3. 국내 사업자가 비거주자 또는 외국법인에 기계장치 등 재화를 시운전 검수완료 조건으로 수출하는 경우 공급시기는 선(기)적일이 된다. 또한, 국내거래 시 검수조건부로 재화를 공급한 경우 공급시기는 검수완료일이 된다. 따라서 재화의 수출에 따른 매출은 선적일이 되고 매입은 기계설치하여 검수완료한 시점이 되므로 매출이 먼저 발생하고 매입이 나중에 발생할 수 있으므로 주의하여야 한다.

(1) ㈜한국이 시운전 검수완료 조건으로 기계장치를 베트남에 수출하는 경우 공급시기는 재화의 선(기)적일이 된다.

(2) 반면 국내거래인 경우에는 기계장치의 검수완료일을 공급시기로 하므로 주의하여야 한다. ㈜대한은 ㈜한국에 베트남의 외국법인 공장에 기계장치를 설치하고 시운전 완료하는 검수조건부로 공급하는 경우 재화의 공급시기는 ㈜대한이 베트남에서 기계장치를 설치하고 시운전이 완료되는 검수완료일이 된다.

핵심정리

구 분	내 용
각종 조건부 수출의 공급시기 (장기연불조건부, 장기할부조건부, 중간지급조건부, 검수조건부 등)	• 장기연불조건 수출 시 공급시기 → 선(기)적일 연불수출이란 기계장치나 산업설비 플랜트 등의 수출을 하고, 수출대금을 수년에 걸쳐 분할하여 수령하는 방법으로 장기할부수출과 유사하며, 수출재화가 장기연불(할부)조건 수출인 경우에도 공급시기는 대가의 각 부분을 받기로 한 때가 아니고 수출재화의 선(기)적일이다.[5)] * 장기연불조건부 재화 · 용역의 공급이 국내거래인 경우 공급시기는 대가의 각 부분을 받기로 한 때임
	• 중간지급조건부 수출 시 공급시기 → 선(기)적일 수출업자가 내국물품을 외국으로 반출하고 그 대가를 분할하여 지급받는 경우 수출재화의 공급 시기는 수출재화의 선(기)적일이다.[6)] * 중간지급조건부 재화 · 용역의 공급이 국내거래인 경우 공급시기는 대가의 각 부분을 받기로 한 때임
	• 검수조건부 수출 시 공급시기 → 선(기)적일 일반적으로 기계장치 등 플랜트 수출하는 경우 시운전 조건부로 수출하는데 이러한 검수조건부 수출의 공급시기는 수출재화의 선적일이다.[7)] * 검수조건부 재화 · 용역의 공급이 국내거래인 경우 공급시기는 검수(시운전)완료일임
중간지급조건부와 검수조건부 동시 충족 시의 공급시기	• 장기연불조건부 · 중간지급조건부에도 해당되고 검수조건부 거래에도 해당되는 경우 ① 수출하는 재화의 경우 : 장기연불조건부 · 중간지급조건부 · 검수조건부 거래에 관계없이 공급시기는 선(기)적일이 된다. ② 국내거래인 경우 : 장기연불조건부나 중간지급조건부 거래로 보아 공급시기는 대가의 각 부분을 받기로 한 때가 된다(부가22601-99, 1987.1.20.).

5) 조법 1265-17, 1982.1.6.
6) 부가가치세과-434, 2009.3.30.
7) 심사부가2006-0007, 2006.3.17.

Chapter 26

관세지급인도조건(DDP) 수출의 공급시기는?

내용 Summary

기본사항 Check

- **관세지급인도조건(DDP) 수출의 공급시기** : 수출업자가 수입국의 모든 수입통관절차를 수행하고 수입관세까지 지급하는 조건의 수출 형태로 공급시기는 해당 재화의 선(기)적일임
- **외국인도 수출의 공급시기** : 수출대금은 국내에서 영수하지만 수출 물품을 국외에서 구입하여 인도하는 경우 공급시기는 해당 재화를 국외에서 인도한 날임

핵심 Point

- 수출업자가 해당 재화를 국내에서 수출통관 후 국외에서 인도하는지 여부
  ① 국내에서 수출통관 후 국외에서 수입자에게 인도 → 관세지급인도조건 수출로 공급시기는 선적일임
  ② 국외에서 구입하여 수입자에게 인도 → 외국인도 수출로 공급시기는 재화의 인도일임
- 수출업자가 수입국의 관세를 지급한 경우 수입자 명의 수입세금계산서의 매입세액공제 여부
  ① 수입자가 수입재화를 자기의 과세사업에 사용하는 경우 → 매입세액공제 가능
  ② 수입자가 수입재화를 자기의 과세사업에 사용하지 않는 경우 → 매입세액 불공제됨

질문 »

1. ㈜한국은 기계장치를 제조하여 중국 등에 수출하는 업체이다. **㈜한국이 외국법인과 다음과 같은 관세지급인도조건(DDP)으로 계약을 체결하여 수출하는 경우 수출재화의 공급시기는?**

㈜한국과 외국법인의 계약내용

(1) 2025. 6. 2. ㈜한국이 국내에서 수출을 위한 통관절차를 거친 후 물품을 선적함
(2) 2025. 6.30. ㈜한국이 수입국에 도착하여 수입관세를 지불하고 통관절차를 거침
(3) 2025. 7. 2. ㈜한국은 외국법인이 지정한 장소에서 재화를 인도함(공급가액 확정일)
(4) 2025. 7.31. ㈜한국은 외국법인으로부터 대금을 수령함

2. **㈜한국이 외국법인이 요구하는 기계장치가 국내 가격이 높아 중국으로부터 구입하여 외국법인에 인도하고 대금은 국내에서 수령한 경우 공급시기는?**

답변 및 해설 »

1. **관세지급인도조건(DDP) 수출은 수출업자가 재화를 국내에서 수출 선적 후 수입국에 수입관세를 부담하고 해당 물품을 수입자가 지정하는 장소에서 인도하는 경우 공급시기는 해당 수출재화의 선(기)적일이 된다.**

위 사례에서 수출업자 ㈜한국이 계약에 따라 수출재화를 수입국에 반출하여 수입관세 등을 지급하고 외국법인에 재화를 인도하는 경우 공급시기는 해당 수출재화의 선적일이 된다.[8)]

2. **수출업자가 국내에서 수출대금을 영수하지만 수출재화를 국내에서 구입하지 아니하고 국외에서 재화를 구입하여 국외에서 외국법인 등에 판매하는 경우 대외무역법상 "외국인도수출"에 해당되고 공급시기는 해당 수출 재화의 인도일이 된다.**

위 사례에서 ㈜한국이 외국법인 요구하는 기계장치가 국내에서는 단가가 높아 중국으로부터 구입하여 수입국의 외국법인에 판매하는 경우 공급시기는 해당 수출재화의 인도일이 된다.

따라서 관세지급인도조건 수출과 외국인도 수출은 모두 국외에서 수입자에게 재화를 인도한다는 점에서는 동일하다. 반면에 관세지급인도조건은 국내에서 수출통관 절차에 따라

8) 부가46015-4653, 1999.11.20.

재화가 이동되지만 외국인도 수출은 국외에서 재화를 구입하여 수출하므로 국내의 수출통관절차를 거치지 아니한다는 점이 다르다.

핵심정리

<table>
<tr><th>구 분</th><th>내 용</th></tr>
<tr><td rowspan="2">관세지급인도조건(DDP) 수출과 외국인도수출</td><td>• 관세지급인도조건 수출 : 수출업자가 재화를 국내에서 수출 선적 후 수입국에 수입관세를 부담하고 모든 수입통관절차를 거친 물품을 지정장소에서 수입자에게 인도하는 조건으로 공급시기는 해당 수출재화의 선(기)적일이다.
* 법인세법상 손익의 귀속시기는 해당 수출 재화의 인도일임</td></tr>
<tr><td>• 외국인도 수출 : 수출업자가 수출대금은 국내에서 영수하지만 국내에서 통관되지 아니한 수출물품 등을 외국에서 수입자에게 인도하거나 제공하는 수출을 의미하고, 공급시기는 해당 수출물품 등을 수입자에게 인도하는 때이다(부령 §31 ① (3)).</td></tr>
<tr><td rowspan="2">수입자의 매입세액 공제 쟁점</td><td>• 외국의 수출업자가 수입 부가가치세를 부담하는 경우 : 재화를 수입하면서 부가가치세를 외국법인이 부담하는 경우 재화 수입의 실질적인 주체가 수입자이고 수입한 물품이 수입자의 사업을 위하여 사용되었거나 사용될 경우에는 매출세액에서 공제할 수 있다.[9]
* 수입자의 사업에 사용되지 않는 수입물품에 대한 수입세금계산서는 매입세액 불공제됨</td></tr>
<tr><td>• 관세는 수출업자가 부담하고, 수입 부가가치세는 수입자가 부담한 경우 : 국내 수입자가 외국 수출업자로부터 재화를 수입하면서 관세는 수출업자가 부담하고 부가가치세는 수입자가 부담하는 경우 매입세액은 공제된다.[10]</td></tr>
</table>

9) 부가가치세과-823, 2014.10.6.
10) 부가가치세과-404, 2013.5.9.

Chapter

27 수출재화의 반품, 수입인가?

내용 Summary

기본사항 Check

- **재화의 수입**
  ① 외국으로부터 국내에 도착한 물품을 수입통관절차에 따라 국내에 반입
  ② 수출신고가 수리되어 선적이 완료된 물품을 국내에 반입
  ③ 바다에서 채집되거나 잡힌 수산물을 수입통관절차에 따라 국내에 반입
- **무환반출 후 재수입** : 우리나라에서 수출(보세가공수출을 포함)된 물품으로서 해외에서 제조 · 가공 · 수리 또는 사용되지 아니하고 수출신고 수리일부터 2년 내 다시 수입되는 물품은 재화의 수입으로 보지 않음
- **하자로 재수입** : 사업자가 재화를 수출한 후 하자로 인하여 당해 수출한 재화를 반입하는 경우 재화의 수입에 해당되어 세관장으로부터 수입세금계산서를 발급받음
- **재화의 수입으로 보지 않는 경우**
  ① 외국으로부터 국내에 도착한 물품으로서 수입신고 수리되기 전의 것
  ② 수출신고가 수리된 물품으로서 선적되지 아니한 물품을 보세구역에서 반입

핵심 Point

- **제품 하자로 인한 수입인지 여부**
  ① 제품 가공을 위해 원재료를 국외반출 후 국내반입하는 경우 → 재화의 수입으로 보지 않음
  ② 재화의 국외수출 후 하자로 인해 국내반입된 경우 → 재화의 수입으로 수입세금계산서 발급
- **수출신고 수리되어 선적이 완료되었는지 여부**
  ① 수출물품의 선적이 완료된 후 국내반입 → 재화의 수입에 해당됨
  ② 수출물품의 선적이 완료되지 아니한 상태에서 국내반입 → 재화의 수입에 해당되지 않음

질문 »

㈜한국은 의류 제조업을 경영하고 있으며 국내에서 원재료를 공급하여 베트남에 있는 현지공장에서 가공하여 수출하고 있다. **㈜한국이 원자재 A, B, C를 국내에서 구입한 후 베트남 현지공장으로 무환반출하여 가공한 후 완제품을 다음과 같이 처리한 경우 재화의 수입에 해당하는가?**

1. ㈜한국은 베트남에서 가공한 완제품 A를 국내에 반입한 경우
2. ㈜한국은 미국에 수출할 완제품 B를 세관장의 승인을 받아 모두 선적 완료하였으나, 거래처와 계약 변경에 따라 해당 재화를 보세구역에 다시 반입하는 경우
3. ㈜한국은 미국에 완제품 C를 수출하였으나, 하자발생으로 반품되어 국내 반입한 경우

PART 03 영세율

답변 및 해설 »

1. **우리나라에서 수출(보세가공수출을 포함)된 물품으로서 해외에서 제조 · 가공 · 수리 또는 사용되지 아니하고 수출신고 수리일부터 2년 내에 다시 수입되는 물품은 수입으로 보지 아니한다.**

   위 사례에서 의류를 제조하기 위하여 원재료를 베트남에 무환수출한 후 가공하여 국내에 반입하는 경우에는 수입에 해당되지 아니한다.

2. **수출신고가 수리되어 선적이 완료된 물품을 국내에 반입하는 경우 재화의 수출에 해당하고 재화의 수입에도 해당된다.**

   위 사례에서 ㈜한국은 미국에 완제품 B를 수출하기 위하여 수출신고 수리를 거쳐 선적이 완료된 물품을 국내에 반입하는 경우에는 재화의 수입에 해당한다.

3. **사업자가 재화를 수출한 후 하자로 인하여 당해 수출한 재화를 반입하는 경우 재화의 수입에 해당되어 세관장으로부터 수입세금계산서를 발급받으며, 사업자는 해당 공급가액에 대하여 과세표준에서 빼고 수입세금계산서는 매출세액에서 공제한다.**

   위 사례에서 ㈜한국은 미국에 완제품 C를 수출하였으나, 하자가 발생하여 수입된 경우 재화의 수입에 해당되어 수입세금계산서를 발급받으며 매출세액에서 공제한다.

핵심정리

구 분	내 용
재화의 수입 범위	• 재화의 수입이란 국외의 물품을 국내 보세구역 등에 반입하여 수입통관절차에 따라 관세와 부가가치세를 납부하고 국내로 반입하는 물품을 말한다(부법 §13). ① 외국으로부터 국내에 도착한 물품(공해에서 채집·잡힌 수산물 포함)으로서 수입신고가 수리되기 전의 물품을 국내에 반입하는 것 ② 수출신고가 수리되어 선적이 완료된 물품을 국내에 반입하는 것 * 수출신고가 수리된 물품으로서 선적되지 아니한 물품을 보세구역에서 반입하는 경우는 제외
수출재화의 재수입	• 수출신고가 수리되어 선적이 완료된 물품을 국내에 반입하는 경우 재화의 수출에 해당하고 재화의 수입에도 해당된다. 그러나 선적이 완료되지 아니한 물품을 국내에 반입하는 경우 재화의 수출에 해당하지 아니하고 재화의 수입으로 보지 아니한다. • 우리나라에서 수출(보세가공수출을 포함)된 물품으로서 해외에서 제조·가공·수리 또는 사용되지 아니하고 수출신고 수리일부터 2년 내에 다시 수입되어 관세가 감면되는 물품은 면세한다(부법 §27 ⑿).
수출재화의 반품	• 사업자가 재화를 수출한 후 하자로 인하여 당해 수출한 재화를 반입하면서 세관장으로부터 수입세금계산서를 교부받은 경우 과세표준은 차감하고 매입세액은 공제한다.[11] • 수출한 재화에 하자가 발생하여 이를 반입 후 재수출하는 경우 반입 재화의 공급가액을 과세표준에서 차감하지 아니하고, 반입 시 교부받은 수입세금계산서의 매입세액은 공제되는 것이며, 당해 수리된 재화 등의 재수출 시에는 과세되지 아니한다.[12] ① 사업자가 수출한 재화의 하자로 인하여 동종의 재화로 교체하여 주거나 반품된 재화를 수리하여 다시 수출하는 경우에는 재화의 공급에 해당하지 아니한다. ② 당초 수출한 재화의 반품 없이 동종 또는 이종의 재화를 다시 수출하는 경우에는 별도의 재화의 공급으로서 영세율이 적용된다. ③ 당초 수출한 재화를 반품받지 아니하고 금전으로 변상한 경우에는 동 금액은 과세표준에서 공제하지 아니한다.

11) 서면3팀-586, 2005.5.2.; 서면인터넷방문상담3팀-1366, 2007.5.7.
12) 서면인터넷방문상담3팀-1491, 2005.9.8.; 부가 46015-2148, 1998.9.22.

<table>
<tr><th>구 분</th><th colspan="5">내 용</th></tr>
<tr><td rowspan="7">수출재화의 반품</td><td>반품 여부</td><td>하자제품에 대한 조치</td><td>과세대상</td><td>과세표준</td><td>수입세금계산서</td></tr>
<tr><td rowspan="3">여</td><td>반품으로 완결</td><td>과세대상 아님</td><td>과세표준에서 뺌</td><td>매입세액 공제</td></tr>
<tr><td>수리 후 반출</td><td rowspan="2">과세대상 아님</td><td rowspan="2">과세표준에서 빼지 않음</td><td rowspan="2">매입세액 공제</td></tr>
<tr><td>동종 교환</td></tr>
<tr><td rowspan="3">부</td><td>동종 변상</td><td rowspan="2">새로운 수출</td><td colspan="2" rowspan="2">영세율 적용</td></tr>
<tr><td>이종 변상</td></tr>
<tr><td>금전 변상</td><td>과세대상 아님</td><td colspan="2">과세표준에서 빼지 않음</td></tr>
</table>

Chapter

28 수입재화의 반품, 수출인가?

내용 Summary

기본사항 Check

- **재화의 수출**
  ① 내국물품을 국내에서 외국으로 반출하는 것
  ② 수출신고가 수리되어 선적된 물품을 국내에 반입
  ③ 수입신고 수리 전 보세공장에서 수탁가공한 물품을 국외로 반출
- **수입재화의 하자 발생에 따른 반품**
  ① 수입재화의 반환 → 일반적으로 수출로 보아 영세율 과세표준 신고하여야 함. 다만, 관세법 제106조에 따른 위약물품으로서 1년 내 반품하는 경우 수출에 해당되지 아니함
  ② 수입신고 수리 전 물품을 반품 → 수입 및 수출에 해당되지 아니함
- **개인이 해외직구에 대한 반품** → 부가가치세 환급 가능(관세 포함)

핵심 Point

- 반품하는 물품이 수입신고 수리되었는지 여부
  ① 수입신고 수리되어 국내에 반입된 재화 → 수입(○), 수출(○)
  ② 수입신고 수리 전에 보세구역 재화 → 수입(×), 수출(×)
- 수입된 물품이 계약내용과 다른 위약물품에 해당하는 경우 → 수입(×), 수출(×), (−)수정수입 세금계산서 발급함
- 관세 등을 납부한 해외직구 제품의 반품 → 관세청 "해외직구 여기로" 사이트에 접속하여 환급 신청

질문 »

1. ㈜한국은 원재료를 수입하여 가공을 통해 완제품을 생산하여 국외에 수출하는 중소기업에 해당한다. 다음 물음에 답하시오.

   (1) ㈜한국은 원재료를 수입하였으나 수입된 물품의 하자발생으로 반품하였다. 수출신고필증에 "기타 수출승인 면제물품(거래구분 94)"으로 표기하여 관세청에 신고한 경우 부가가치세 신고 시 영세율 기타매출로 신고하여야 하는가?

   (2) ㈜한국은 원재료를 수입하였으나 수입된 물품이 계약내용과 상이하여 보세구역 내에서 1년 이내에 반품하였다. 수출신고필증에 "위약물품에 따른 수출(거래구분 93)"로 표기하여 관세청에 신고한 경우 부가가치세 신고 시 영세율 기타매출로 신고하여야 하는가?

   (3) ㈜한국은 원재료를 중국으로부터 국내 보세구역에 반입하였으나, 수입물품의 하자로 수입신고 수리 전에 반품한 경우 수입 및 수출에 해당되는가?

2. **돌직구 씨는 해외 직구를 통해 의류를 300달러에 구입하여 이에 대해 관세 및 부가가치세를 납부하였으나, 해당 제품이 취향에 맞지 않아 반품하는 경우 관세 및 부가가치세를 환급받을 수 있는가?**

답변 및 해설 »

1. 사업자가 수입한 물품을 국외로 무상으로 반출하는 경우 재화의 수출로 보아 영세율 적용대상이 된다. 예를 들면, 수입물품에 하자가 발생하여 외국으로 반품함에 있어서, 당해 재화가 「관세법」 제106조에 규정하는 위약물품에 해당되지 아니하는 경우에는 수출하는 재화에 해당하여 부가가치세 신고 시 영세율 기타매출로 신고하여야 한다.[13] 해당 업체에 수출대금이 입금된 사실이 없다고 하여 이러한 수출을 신고 누락한 경우 영세율과세표준신고불성실가산세가 부과되므로 유의하여야 한다.

(1) 가장 일반적인 형태로 ㈜한국은 수입한 원재료의 하자발생으로 반품한 경우 과세대상으로 수출하는 재화에 해당되어 영세율이 적용되므로 부가가치세 신고 시 기타 영세율 매출로 신고하여야 한다. 따라서 재화를 수입할 때 받은 수입세금계산서는 매입세액공제하고, 반품할 때 영세율 수출로 신고한다.

(2) 수입물품에 하자가 발생하여 외국으로 반품함에 있어서, 당해 재화가 「관세법」 제106조에 규정하는 위약물품에 해당하는 경우에는 수출하는 재화에 해당하지 아니한다.[14] 따라서 수입물품이 관세법 제106조에 따라 위약물품에 해당하여 수입자에게 당초 부과한 관세 및 부가가치세를 환급하는 경우 (-)수정수입세금계산서를 발급한다(부령 §72 ②).

구 분	관세 및 부가가치세 환급 요건
위약물품 (관세법 §106)	수입신고가 수리된 물품이 다음의 요건을 모두 충족한 경우 당초 납부한 관세 및 부가가치세를 환급함 ① 당초 계약내용과 다르고 ② 수입신고 당시의 성질 또는 형태가 변경되지 아니한 경우 ③ 수입신고수리일로부터 1년 이내 보세구역에 반입하여 다시 수출하는 경우

위 사례에서 ㈜한국이 수입한 원재료가 당초 계약내용과 달라 수입 원재료를 1년 내 반품하는 경우에는 과세법상 위약물품에 해당되어 수입반환에 따른 수출에 해당하지 아니한다. 따라서 영세율 수출 신고대상에 해당하지 아니하고 세관에서는 (-)수정수입세금계산서를 발행한다.

13) 부가가치세과-1438, 2010.10.28.
14) 부가가치세과-1438, 2010.10.28.

(3) 사업자가 재화를 수입하여 수입물품의 하자로 인해 반품하는 경우 수입신고 수리되어 국내반입된 재화의 반품은 수출로 보고, 외국으로부터 국내 보세구역에 반입하였으나, 수입신고 수리 전에 반품한 재화는 수입 및 수출에 해당하지 아니한다.

위 사례에서 ㈜한국이 원재료를 중국으로부터 국내 보세구역에 반입하였으나, 수입물품의 하자로 수입신고 수리 전에 반품한 경우에는 수입 및 수출에 해당하지 아니한다. 그 이유는 수입의 공급시기는 수입신고 수리일이기 때문이다.

2. 해외 직구물품 통관 방법은 목록통관과 수입신고로 구분된다. 일반적으로 물품구입 가격이 150달러 이하인 경우에는 수입 통관목록만 제출하고 관세 및 부가가치세를 납부하지 아니한다. 해당 직구물품이 150달러 초과하는 경우에는 세관에 수입신고를 하여 관세 및 부가가치세를 납부한다. 만약, 개인이 해외직구로 구입한 재화를 6개월 이내에 반품하는 경우에는 당초 납부한 관세 및 부가가치세를 환급받을 수 있다.

구 분	구체적 내용
목록통관	개인이 자가사용으로 수입하고, 물품가격이 미화 150달러(미국발 물품은 200달러) 이하인 경우 특송업체의 통관목록 제출만으로 수입신고가 생략되어 관세 및 부가가치세가 부과되지 않는 제도 * 의약품, 의료기기, 건강기능식품, 식품류, 검역대상 물품 등은 목록통관이 배제되고 일반 수입신고를 하여야 함
수입신고	수입신고는 목록통관이 되지 않는 건을 대상으로 세관장에게 수입신고하고 통관되는 제도
반품 시 환급 "해외직구 여기로"	해외 직구 물품을 반품하는 경우 수입신고 수리 후 6개월 이내에 수입신고한 상태 그대로 해외 판매자에게 반송하고, 관세 환급신청을 하면 수입할 때 납부하였던 관세를 환급받을 수 있음

위 사례에서 돌직구 개인이 해외 플랫폼을 통해 인터넷으로 구입한 의류가 150달러를 초과하여 수입신고를 통해 관세 및 부가가치세를 납부하였다. 하지만 의류가 마음에 들지 않아 6개월 내 반품하는 경우에는 관세 및 부가가치세를 환급받을 수 있다. 다만, 6개월이 지나서 반품하는 경우에는 환급받을 수 없으므로 주의하여야 한다.

핵심정리

<table>
<tr><th>구 분</th><th>내 용</th></tr>
<tr><td>재화의
수출 범위</td><td>• 일반적인 수출은 내국물품(대한민국 선박에 의하여 채집되거나 잡힌 수산물 포함)을 외국으로 반출하는 것을 말하며, 그 내용은 다음과 같다(부집 21-31-1 ①).
<table>
<tr><th>구 분</th><th>거래형태</th></tr>
<tr><td>직수출</td><td>자기 명의로 내국물품을 외국으로 반출(보세창고인도조건 수출 포함)</td></tr>
<tr><td>무상수출</td><td>물품에 대한 외환결제가 이루어지지 않고 외국으로 반출</td></tr>
<tr><td>수입신고 수리 전
보세구역 반출</td><td>보세공장의 설영특허를 받아 무환수탁가공무역을 하는 사업자가 보세공장에서 수탁가공한 물품을 국외로 반출</td></tr>
</table></td></tr>
<tr><td>수입재화의
반품</td><td>• 수입신고 수리되어 국내 반입된 물품을 반품하는 경우 → 수출로 봄(위약물품 제외)
일반적으로 사업자가 수입한 재화를 반품하는 경우 대가를 수령하지 아니함에도 수출하는 재화에 해당되어 영세율을 적용한다. 다만, 관세법에 따른 위약물품에 해당되는 경우 수출로 보지 아니한다.

• 수입신고 수리되지 않은 물품을 반품하는 경우 → 수출로 보지 아니함
수입재화란 수입신고 수리된 재화를 말하는 것으로 재화가 국외에서 국내 보세구역으로 반입되었으나 수입통관절차를 거치지 않아 수입신고 수리 전에 하자를 발견하여 반품하는 경우에는 수입된 재화가 아니므로 수출로도 보지 아니한다.
* 재화가 국외에서 국내로 반입되면 30일 이내에 수입통관절차를 거쳐야 함</td></tr>
<tr><td>수입재화
반환에 따른
관세 및
부가가치세의
환급</td><td>• 관세법에 따른 위약물품의 반품에 대한 관세 및 부가가치세 환급
일반적으로 수입재화의 반품은 수출로 보아 관세 및 부가가치세를 환급하지 아니하나, 관세법에 따라 다음의 요건을 갖춘 위약물품에 해당하는 경우 수출로 보지 아니하여 관세 및 부가가치세를 환급받을 수 있다(관세법 §106, 부령 §72 ②).
① 수입신고가 수리되어 물품이 국내로 반입된 물품이 계약내용과 상이할 것
② 수입신고 당시의 성질 또는 형태가 변경되지 아니할 것
③ 당해 물품을 수입신고 수리일부터 1년 내에 보세구역 등에 반입하여 수출할 것

• 해외직구로 구입한 물품을 반품하는 경우 관세 및 부가가치세를 환급함
개인이 온라인 플랫폼을 통해 해외직구로 구입한 자가사용 상품에 대하여 관세 및 부가가치세를 납부한 후 상품이 마음에 들지 않아 6개월 이내에 반품하는 경우에는 반품 사유에 관계없이 관세 및 부가가치세를 환급받을 수 있다(관세법 §106의 2).</td></tr>
</table>

Chapter 29

공급시기 후에 개설된 내국신용장, 영세율이 적용되나?

내용 Summary

기본사항 Check

- **내국신용장 개설 또는 구매확인서 발급** → 영세율 적용
  사업자가 국내에서 수출용 원자재, 수출용 완제품 또는 수출재화임가공용역을 공급받으려는 경우 내국신용장을 개설하거나 "구매확인서 통합정보서비스(utradehub.or.kr)"에서 구매확인서를 발급하면 부가가치세 영세율이 적용됨

- **공급시기 후에 개설된 내국신용장** → 과세기간 종료 후 25일 내 개설하면 영세율 적용
  ① 재화의 공급시기가 속하는 과세기간 종료 후 **25일* 이내에 내국신용장 개설 → 영세율 적용**
  ② 재화의 공급시기가 속한 과세기간이 종료된 후 25일*이 지나서 내국신용장이 개설된 경우 → 10% 세율 적용
  * 과세기간 종료 후 25일이 되는 날이 토요일, 일요일, 공휴일, 대체공휴일, 근로자의 날인 경우에는 바로 다음 영업일을 말함

- **내국신용장 등이 공급시기 후에 개설된 세금계산서 발급 방법**
  ① 공급시기 이전에 개설된 경우 → 공급시기인 재화의 인도일에 영세율 세금계산서 발급
  ② 공급시기의 다음 달 10일까지 개설 → 영세율 세금계산서 1장 발급
  ③ 공급시기가 속하는 과세기간 종료 후 25일 개설된 경우
  ㉠ 공급시기에 10% 세금계산서 발급
  ㉡ 과세기간 종료 후 25일에 (–)10% 세금계산서 발급 및 영세율 세금계산서 발급

핵심 Point

- **내국신용장 등이 재화의 공급시기가 속하는 과세기간 종료 후 25일 내에 개설되었는지 여부**
  ① 25일 내에 개설된 경우 → 영세율 적용
  ② 25일이 지나서 개설된 경우 → 10% 세율 적용

- 영세율 적용이 되지 않음에도 영세율세금계산서 발급한 경우
  → 내국신용장에 의한 공급자 : 매출액의 10%를 부가가치세로 부과

질문 »

㈜한국은 내국신용장을 개설하여 수출용 원자재를 수출업자에게 공급하고 있으며, 3.10.에 1억 원의 재화를 공급하고, 그에 대한 내국신용장을 다음과 같이 사후 개설한 경우 영세율 적용, (수정)세금계산서 발급시기 및 부가가치세 신고시기는?

1. 4.10. 내국신용장이 개설된 경우
2. 7.25. 내국신용장이 개설된 경우
3. 7.28. 내국신용장이 개설된 경우
4. 내국신용장이 50,000,000원은 6.30.에 개설되고, 나머지 50,000,000원은 7.28.에 개설된 경우

답변 및 해설 »

1. 4.10. 내국신용장 개설 → 영세율 적용, 영세율세금계산서 발급, 4.25. 부가가치세 예정신고

공급시기 다음 달 10일까지 내국신용장이 개설되었으므로 영세율이 적용되고, 세금계산서는 재화의 공급시기인 3.10.을 작성일자로 하여 4.10.에 1장의 영세율 세금계산서를 발급하며, 이에 대한 부가가치세 신고는 4.25. 예정신고에 포함한다.

원칙적으로 공급시기(3.10.)에 세금계산서를 발급하나 월합계는 다음 달 10일까지 발급할 수 있으므로 그 기간 내에 내국신용장이 개설되면 영세율 세금계산서 1장만 발급할 수 있다.

2. 7.25. 내국신용장 개설 → 영세율 적용, 수정세금계산서 발급, 7.25. 부가가치세 확정신고

(1) 3.10.이 속하는 과세기간 종료일은 6.30.이므로 7.25.까지 개설된 내국신용장을 근거로 3.10.에 공급한 재화는 영세율이 적용된다.

(2) 세금계산서 발급은 3.10.에 일반세율(10%) 세금계산서를 발급한 후 7.25.에 (−)수정세금계산서 및 영세율(0%) 세금계산서를 발급한다.

(3) 부가가치세 신고는 7.25. 확정신고 시 수정세금계산서와 영세율세금계산서를 반영하여 신고한다. 세금계산서를 발급한 3.10.의 매출을 빼는 수정세금계산서를 발급하였으므로 당초 예정신고분에 대하여 경정청구를 하여야 하나 실무적으로는 예규에 따라 확정신고에 포함하여 신고한다.

다만, 세금계산서 발급에 있어서 3.10. 재화를 공급하고 10% 세금계산서가 아닌 영세율세금계산서를 발급한 후 7.25. 내국신용장을 개설한 경우 세금계산서기재불성실가산세를 적용하지 아니한다고 국세청에서는 해석하고 있다.

3. 7.28. 내국신용장 개설 → 영세율 적용되지 아니함(10% 세율 적용)

공급시기인 3.10.이 속하는 과세기간의 종료일부터 25일이 되는 7.25. 이후인 7.28.에 내국신용장을 개설하였으므로 일반세율(10%)을 적용하고 세금계산서는 3.10.에 10% 세율 세금계산서를 발급하며, 4.25. 부가가치세 예정신고를 하여야 한다.

4. 내국신용장 6.30. 개설분 영세율 적용, 7.28. 개설분 10% 세율 적용

3.10. 재화의 공급가액 1억원 중 5,000만원에 대하여 6.30.에 내국신용장 개설된 것에 대하여는 영세율이 적용되고, 나머지 5,000만원에 대하여 7.28.에 내국신용장이 개설되었으므로 이 부분에 대하여는 10%의 세율을 적용한다.

따라서 재화의 공급가액 1억원에 대하여 3.10. 10% 세율로 1억원의 세금계산서를 발급하고, 내국신용장이 개설된 6.30.에 3.10.을 작성일자로 하여 50,000,000원에 대해 (−) 수정세금계산서 및 영세율(0%) 세금계산서를 발급하며, 7.25. 부가가치세 확정신고 시 이를 반영하여 신고하면 된다.

핵심정리

<table>
<tr><th>구 분</th><th>내 용</th></tr>
<tr><td>내국신용장의 용도</td><td>• 내국신용장(Local L/C)이란 수출업자가 수출물품을 제조 · 가공하는 데 소요되는 수출용 원자재나 완제품을 국내에서 원활하게 조달하기 위하여 은행이 지급 보증한 국내용 신용장을 말한다.
<table>
<tr><th>개설의뢰인(구매자 : 수출업자)</th><th>수혜자(국내 공급자)</th></tr>
<tr><td>• 수출용 구매자금 대출 등 무역금융 수혜
• 은행의 지급 보증
• 수출용 원자재의 확실한 조달 보장
• 관세환급 신청 가능</td><td>• 대외무역법상 수출실적으로 인정
• 부가가치세 영세율 적용
• 은행의 지급보증으로 물품공급대금의 안전한 회수 보장
• 무역금융 융자대상 증빙으로 인정</td></tr>
</table></td></tr>
<tr><td>영세율이 적용되는 내국신용장의 범위</td><td>• 사업자가 국내에서 수출용 원자재 등의 재화(금지금은 제외)를 내국신용장을 개설하거나 구매확인서를 발급하여 수출업자에게 공급하는 경우에는 영세율을 적용한다(부령 31 ②). 다만, 재화의 공급시기가 속하는 과세기간이 끝난 후 25일이 지나서 개설하는 내국신용장이나 구매확인서에 대하여는 영세율을 적용하지 아니한다.
* 과세기간 종료 후 25일이 되는 날이 토요일, 일요일, 공휴일, 대체공휴일, 근로자의 날인 경우에는 바로 다음 영업일을 말함</td></tr>
<tr><td>공급시기와 과세표준</td><td>• 공급시기 : 내국신용장 또는 구매확인서에 의하여 공급하는 재화의 공급시기는 재화를 인도하는 때이다(부기통 15-28…6).
• 과세표준 : 국내거래이므로 재화 또는 용역의 공급에 대한 대가를 과세표준으로 한다(부법 §29). 또한, 재화 또는 용역을 공급하고 대가를 외국통화나 그 밖의 외국환으로 받은 경우에는 다음 금액을 공급가액으로 한다(부령 §59).
<table>
<tr><th>구 분</th><th>공급가액</th></tr>
<tr><td>① 공급시기가 되기 전에 원화로 환가한 경우</td><td>환가한 금액</td></tr>
<tr><td>② 공급시기 이후에 외국통화나 그 밖의 외국환의 상태로 보유하거나 지급받는 경우</td><td>공급시기의 「외국환거래법」에 따른 기준환율 또는 재정환율에 따라 계산한 금액</td></tr>
</table></td></tr>
</table>

구 분	내 용
내국신용장 사후개설에 따른 수정세금계산서 발급	• 공급시기 전 내국신용장 개설 : 재화의 공급시기에 세금계산서를 발급하고 내국신용장이 개설된 경우 영세율이 적용되므로 영세율세금계산서를 발급한다.
	• 공급시기 다음 달 10일 내국신용장 개설 : 재화 또는 용역을 공급하고 세금계산서는 월 합계로 하여 다음 달 10일까지 발급할 수 있으므로 세금계산서 발급 당시 내국신용장이 개설되었으므로 영세율세금계산서 1장을 발급한다.
	• 공급시기가 속하는 과세기간 종료일부터 25일 내 내국신용장 개설 : 재화의 공급시기에 10%세금계산서를 발급하고 내국신용장이 개설된 때에 이를 취소하는 (−)수정세금계산서를 발급하고 영세율 세금계산서를 발급한다. 다만, 당초 공급시기에 영세율세금계산서를 발급한 경우에도 단순착오에 따른 세금계산서로 보아 세금계산서기재불성실가산세를 적용하지 아니한다.[15)

15) 조심2012서1279, 2012.5.14.

Chapter 30

관세환급금도 부가가치세 과세대상인가?

내용 Summary

기본사항 Check

- 관세는 국외에서 국내로 반입되는 수입 제품에 부과함
- 재화의 수입에 대한 공급시기는 수입신고 수리일이며 세관장은 수입세금계산서를 발급함
- 관세환급금이란 원재료 등의 수입 시 관세를 납부하고 2년 내 완성품을 수출하는 경우 환급되는 관세를 말함
  ① 원재료 등을 수입 시 납부한 관세를 수출업자가 환급받는 경우 → 부가가치세 과세대상 아님
  ② 원재료 등을 수입 시 납부한 관세를 수출업자가 환급받아 거래처에 재화 또는 용역의 공급에 대한 대가로 지급하는 경우 → 부가가치세 과세 대상임
  ③ 수출업자가 수령할 관세를 거래처에 재화 또는 용역의 공급에 대한 대가의 일부로 양도하여 거래처가 세관장으로부터 관세를 환급받는 경우 → 부가가치세 과세 대상임
- 관세환급금이 내국신용장의 계약금액에 포함되지 아니한 경우에도 영세율을 적용함

핵심 Point

- **원재료를 수입한 수출업자가 관세를 환급받았는지 여부**
  ① 원재료 수입한 수출업자나 임가공업자가 관세 환급받음 → 부가가치세 과세 대상이 아님
  ② 원재료 수입한 수출업자가 관세환급금을 원재료 가공업자에게 양도 → 부가가치세 과세됨

질문 »

㈜한국은 전자부품을 외국에 수출하는 법인으로 중국으로부터 원재료를 수입하여 해당 원재료를 국내의 ㈜대한에 내국신용장 개설을 통해 완성품을 납품받아 외국에 수출하고 있다. 거래내역이 다음과 같은 경우 물음에 답하시오.

① 7.10. ㈜한국은 100억원의 원재료를 중국으로부터 수입하고 관세 등 10억원, 부가가치세 11억원 납부함
② 8.31. ㈜한국은 내국신용장을 개설하여 ㈜대한으로부터 해당 원재료를 가공 후 완제품을 납품받음
③ 9.30. ㈜한국은 해당 제품을 외국으로 수출함

1. ㈜한국이 10.30. 제품 수출에 따른 관세환급금 10억원을 세관장으로부터 받은 경우 부가가치세 과세대상 및 영세율 적용은?

2. ㈜한국이 10.31. 세관장으로부터 받은 관세환급금을 ㈜대한에 대가의 일부로 지급하는 경우 부가가치세 과세대상 및 영세율 적용은? 다만, 내국신용장상 계약금액에는 관세환급금이 포함되지 아니하였다.

3. ㈜한국이 10.02. 세관장으로부터 받을 관세환급금을 ㈜대한에 양도하고 ㈜대한이 세관장으로부터 관세환급금을 직접 수령하는 경우 부가가치세 과세대상 및 영세율 적용은?

답변 및 해설 »

1. **수출업자가 외국에 수출할 목적으로 원재료를 수입하는 경우 수입신고 수리일에 관세 등*을 납부한다. 이러한 관세 등이 부과된 물품이 수출에 제공된 경우 수출업자는 수출신고 수리일이 속하는 달의 말일부터 소급하여 2년 이내에 수입된 해당 물품의 수출용 원재료에 대한 관세 등을 세관장으로부터 환급받는다**(관세환급특례법 §9 ①).

* "관세 등"이란 관세, 임시수입부가세, 개별소비세, 주세, 교통 · 에너지 · 환경세, 농어촌특별세 및 교육세를 말한다(관세환급특례법 §2 (1)).

위 사례에서 수출업자인 ㈜한국이 외국에 수출할 목적으로 원재료를 중국으로부터 7.10. 수입하면서 관세 등 10억원과 부가가치세 1억원을 납부하였다. 이러한 원재료를 가공한 완제품을 10.30. 수출하게 되면 원재료를 수입하고 2년 이내에 수출이 이루어졌으므로 수입 시 납부한 관세 등을 환급받을 수 있고 이에 따라 관세 환급신청을 통해 10억원의

관세 등을 직접 환급받는다. 이러한 관세 등의 환급은 국내 제품의 수출 경쟁력을 확보하기 위한 조세정책적 목적에 따라 환급하는 것으로 부가가치세 과세대상이 아니다. 주의하여야 할 것은 관세 등만 환급되고 부가가치세는 환급되지 않는다는 것이다.

이러한 관세환급금에 대한 회계처리는 다음과 같다.

① 원재료 수입 시 관세 납부(수입가격 100억원, 관세 등 10억원, 부가가치세 11억원)

(차) 원 재 료	110억원	(대) 현 금	121억원
부가세대급금	11억원		

② 원재료로 제조한 제품을 수출하고 관세 10억원 환급(통장 입금)

(차) 예 금	10억원	(대) 매출원가	10억원

* 사업자가 내국신용장에 의하여 재화를 수출업자 또는 수출품생산업자에게 공급하고 해당 수출업자 또는 수출품생산업자로부터 대가의 일부로 받는 경우에는 세금계산서를 발급하고 영세율 과세표준에는 포함하지만 기업회계기준에 따른 매출액은 아니다.

2. 수출업자가 수출할 목적으로 수입한 원재료에 대한 관세를 납부하고 수출 시 관세를 환급받는 경우에는 부가가치세 과세대상이 아니지만 세관장으로부터 수령한 관세환급금을 거래처에 대가의 일부로 지급하는 경우에는 부가가치세 과세대상이 된다. 또한, 내국신용장의 계약금액에 포함하지 않은 경우에도 영세율이 적용된다.

위 사례에서 수출업자인 ㈜한국이 관세환급금을 거래처인 ㈜대한에 대가의 일부로 지급하는 경우에는 부가가치세 과세대상이 된다. 또한, 내국신용장 개설 시 계약금액으로 관세환급금 10억원이 포함되지 아니한 경우에도 영세율이 적용된다.

3. 세관장으로부터 받을 관세환급금은 양도가 가능하므로 수출업자가 받을 관세환급금을 거래처에 양도하고 거래처가 세관장으로부터 관세환급금을 수령하는 경우에는 대가의 일부로 보아 부가가치세 과세대상이 된다.

위 사례에서 ㈜한국이 받을 관세환급금을 거래처인 ㈜대한에 양도하고 ㈜대한이 세관장으로부터 관세환급금 10억원을 수령하는 경우에는 대가의 일부로 보아 부가가치세가 과세되고, 내국신용장 개설금액에 포함되지 아니한 경우에도 영세율을 적용한다.

핵심정리

구 분	내 용
관세제도 및 수입통관절차	• 관세란 국외에서 국내로 반입되는 수입 제품에 부과되는 세금으로 관세를 부과하는 목적은 수입품과 국산품 사이의 공정한 경쟁을 유지하기 위함이다. * 관세청의 '관세율표'에 따라 수입품목의 세율이 다양함
	• 수입통관절차 : 수입하고자 하는 물품을 세관장에게 신고하고, 세관장은 관세법 및 기타 법령에 따라 적법하고 정당하게 이루어진 경우에 이를 신고수리하고 신고인에게 수입신고필증을 교부하여 수입물품이 반출될 수 있도록 하는 일련의 과정을 말한다.
	• 수입시기 : 관세청의 UNI-PASS 전자통관시스템을 통하여 수입신고하면 수입검사 및 서류심사에서 이상이 없는 경우 신고를 수리하는데 이러한 수입신고 수리일이 재화의 공급시기이며 세관장은 수입세금계산서를 발급한다.
관세환급금의 부가가치세 과세 여부	• 관세환급이란 수출물품 제조에 소요된 원재료의 수입 시 납부한 관세 등을 수출에 제공한 때에 「수출용 원재료에 대한 관세 등 환급에 관한 특례법」에 따라 수출자 등에게 되돌려 주는 제도를 말한다.
	• 관세환급금의 부가가치세 과세 여부[16)] ① 세관장으로부터 받는 관세환급금 : 수출업자 또는 내국신용장에 의하여 완제품을 수출업자에게 공급한 자가 **세관장으로부터 직접 받는** 관세환급금은 재화의 공급으로 보지 아니한다. 다만, 수출업자가 관세환급금을 대가의 일부로 거래처에 양도하는 경우에는 재화의 공급으로 본다. ② 수출업자로부터 받는 관세환급금 : **대행위탁수출의 경우 수출품생산업자가 수출업자로부터 받는** 관세환급금은 **대가의 일부로 보아 부가가치세 과세대상이며 영세율을 적용**한다.
관세환급금의 공급시기와 손익의 귀속시기	• 관세환급금 공급시기 : 관세환급금은 재화의 선적일이 공급시기이나, 그 금액 중 **일부가 확정되지 아니한 경우**에는 세관으로부터 관세 **환급금이 통지되었을 때를 공급시기로 본다.**[17)]
	• 법인세법상 손익귀속시기 : 수출과 동시에 환급받을 관세 등이 확정되는 경우에는 수출 완료일, 수출과 동시에 환급받을 관세 등이 확정되지 아니하는 경우에는 환급금의 결정통지일 또는 환급일 중 빠른 날에 손익을 인식한다.[18)]

16) 부가가치세법 기본통칙 21－31…9
17) 부가 22601-2136, 1986.10.28.
18) 법인세법 기본통칙 40－71…6

Chapter 31

위탁가공을 위한 원료를 국외 무환반출, 세무처리는 어떻게?

내용 Summary

기본사항 Check

- **수출업자가 원자재를 국내에서 국외로 무환반출하여 가공한 완제품의 과세 여부**
  ① 국내에 들여오는 경우 → 과세대상이 아님
  ② 현지 또는 제3국에 판매하는 경우 → 영세율 적용(위탁가공무역 수출)
- **수출업자가 원자재를 국외에서 구입하여 가공한 완제품의 과세 여부**
  ① 국내에 들여오는 경우 → 과세대상으로 재화의 수입에 해당됨
  ② 현지 또는 제3국에 판매하는 경우 → 영세율 적용(외국인도수출)
- **수출업자가 원자재를 국외 반출하여 가공한 완제품을 판매 시 (세금)계산서 발급**
  ① 원자재를 국외 반출하여 국외에서 외국인 등에게 판매 시 총판매가액이 영세율 적용되고, 세금계산서 발급대상이 아님
  ② 국내 다른 사업자에게 판매하는 경우 → 원자재 반출가액 영세율세금계산서 발급함
  * 예 원자재 가액 1억원, 완제품 판매가액 2억원인 경우 → 영세율세금계산서 1억원, 계산서 2억원 발급
- **수출업자가 원자재를 국외에서 구입하여 가공한 완제품을 판매 시 (세금)계산서 발급**
  ① 국외에서 외국인 등에게 판매 → 총판매가액이 영세율 적용되나 거래상대방이 국내사업장이 없는 비거주자 또는 외국법인으로 세금계산서 발급대상 아님
  ② 국외에서 국내 다른 사업자에게 판매하거나 국내 다른 사업자가 지정하는 외국법인에 인도하는 경우 → 면세 적용되므로 계산서 발급하여야 함

핵심 Point

- 수출업자가 국외에서 국내 다른 사업자에게 판매 시 원자재의 국외로 무환반출 여부
  ① 국내에서 반출한 경우 → 원자재 반출가액에 대해 영세율 적용함
  ② 국외에서 구입한 경우 → 과세대상 아님
- 가공한 완제품을 국외에서 판매할 경우 외국인 등 판매 대상 여부
  ① 외국인에게 판매한 경우 → 영세율 적용되고 세금계산서는 발급대상이 아님
  ② 내국인에게 판매한 경우 → 원재료 무환반출 시 영세율 적용, 국외구입 시 과세대상 아님

질문 »

㈜한국은 원자재 A, B를 국내에서 구입한 후 중국으로 무환반출(수출 FOB가격 1억원)하여 가공한 후 완제품을 다음과 같이 처리한 경우 물음에 답하시오.

1. ㈜**한국은 원자재 A를 가공한 완제품을 국내에 반입(국내반입조건부 수출)하는 경우 부가가치세 과세 여부는?**
2. ㈜**한국은 원자재 B를 가공한 완제품을 중국 또는 제3국의 다른 사람에게 2억원에 판매하고 임가공비 0.5억원을 제외한 1.5억원을 수령하는 경우 부가가치세 과세 여부, 공급시기, 공급가액 및 세금계산서 발급 여부는?**

답변 및 해설 »

1. 수출업자가 원자재를 국내에서 국외로 무환반출하여 가공한 완제품을 국내로 들여오는 경우에는 소유권의 이전이 되지 않아 수입으로 보지 아니한다.

위 사례에서 ㈜한국이 국내의 인건비 상승으로 원가절감을 위해 해외에 공장을 설립하여 원자재 A를 해외 공장에 무환수출하여 가공한 후 국내에 반입하는 경우에는 소유권이 계속적으로 위탁자인 ㈜한국에 있으므로 재화의 공급에 해당하지 않는다.[19]

2. 수출업자가 가공임을 지급하는 조건으로 외국에서 가공(제조, 조립, 재생, 개조 포함)할 원료를 국외의 거래 상대방에게 수출하여 가공한 후 가공물품을 현지에서 판매하거나 제3국의 다른 사람에게 판매하고 국내사업장에서 계약과 대가수령 등 거래가 이루어지는 경우에는 대외무역법상 "위탁가공무역 수출"에 해당하여 영세율이 적용된다(부법 §21 ② (2)). 또한, 위탁가공무역 수출의 공급시기는 국외에서 거래되므로 국외에서 현지인이나 제3국의 다른 사람에게 인도하는 때를 말한다.

(1) ㈜한국이 원자재 B를 중국에서 가공한 후 중국 또는 제3국의 다른 사람에게 판매하는 경우 위탁가공무역 수출에 해당되어 영세율이 적용된다.

(2) 위탁가공무역 수출의 공급시기는 ㈜한국이 국외에서 수입자에게 완제품을 인도하는 때이다. 수출한 재화의 공급가액은 국외에서 현지인 등에게 판매한 2억원이 된다. 다만, 외화로 받은 경우에는 완제품이 인도하는 때의 기준환율 또는 재정환율로 환산한 원화를 공급가액으로 한다.
일반적으로 ㈜한국의 외화통장에는 총 판매금액인 2억원이 입금되는데 거래상대방과의 계약에 따라 임가공비 0.5억원을 제외한 1.5억원을 송금받는 경우에도 영세율 매출액은 2억원이므로 주의하여야 한다.

(3) 세금계산서는 거래상대방이 국내사업장이 없는 비거주자 또는 외국법인이므로 발급대상이 아니다.

---

19) 대법원 99두9247, 2001.3.13. : 원자재를 '임가공 목적'으로 외국으로 반출하는 경우에는 영세율 적용대상 거래로 볼 수 없어 그 선적일이 공급시기가 될 수 없고, 그 가공된 제품을 제3국으로 수출하기 위해 국외에서 직접 인도하는 시점이 당해 원자재의 공급시기(영세율)가 됨

핵심정리

<table>
<tr><th>구 분</th><th>내 용</th></tr>
<tr><td rowspan="2">위탁가공무역
수출</td><td>• 위탁가공무역 : 한 나라의 업체가 다른 나라 업체에 원자재를 제공, 생산을 위임하고 생산된 제품을 다시 들여오거나 제3국에 수출하는 무역거래 형태를 말한다.</td></tr>
<tr><td>• 위탁가공무역의 절차 : 해외공장과 위탁가공계약을 체결하고 가공품의 원료 등을 공급한 다음, 해외에서 제조 가공과정이 끝나면 가공품을 수입하거나 현지판매 또는 제3국으로 수출하고 가공임을 지급하는 순이다.
① 국외반출 후 반입 : 사업자가 임가공용 원자재를 반입조건부로 국외의 수탁가공 사업자에게 무환반출하는 경우 재화의 공급에 해당하지 아니한다.[20)] 다만, 가공 후 완제품을 국내반입할 때 반출 시 원자재 가액보다 증가한 통관금액에 대하여는 수입세금계산서를 발급한다.
<table><tr><th>국내반입조건부 국외반출</th><th>수출 · 수입에 해당 여부</th></tr><tr><td>원자재 국외반출</td><td>수출로 보지 않음</td></tr><tr><td>가공 후 완제품 국내반입</td><td>반출 원자재는 수입으로 보지 않음</td></tr><tr><td>가공 후 완제품이 반출 시 품목분류와 동일</td><td>가공부분만 수입세금계산서 발급</td></tr><tr><td>가공 후 완제품이 반출 시 품목분류와 상이</td><td>총액에 대하여 수입세금계산서 발급</td></tr></table>
② 현지판매 또는 제3국 수출 : 영세율 매출로 보며 공급가액은 국외에서 판매되는 금액을 수출 공급가액으로 한다.</td></tr>
<tr><td rowspan="3">공급시기,
공급가액,
세금계산서</td><td>• 위탁가공무역 수출의 공급시기는 국외에서 해당 재화가 인도되는 때로 한다.</td></tr>
<tr><td>• 위탁가공무역 수출의 공급가액은 완성된 제품의 인도가액으로 한다.[21)]</td></tr>
<tr><td>• 세금계산서는 거래상대방이 국내사업장이 없는 비거주자 또는 외국법인으로 발급대상이 아니다.</td></tr>
</table>

20) 서면인터넷방문상담3팀-2198, 2005.12.2.
21) 부령 §61 ② (8), 부집 29-61-1

Chapter 32

4자 간 무역거래의 세무처리는?

내용 Summary

기본사항 Check

- 수출업자가 원자재를 국내에서 국외로 무환반출하여 가공한 완제품의 과세 여부
  ① 국내 다른 사업자에게 국외에서 판매하는 경우 → 원자재 반출분 영세율 적용
  ② 국내 다른 사업자가 지정하는 외국법인에 인도하는 경우 → 원자재 반출분 영세율 적용
  * 부가가치세법상 원재료 반출분은 영세율을 적용하지만 국외거래로 법인세법상 면세 적용함

- 수출업자가 원자재를 국외에서 구입하여 가공한 완제품의 과세 여부
  ① 국내 다른 사업자에게 국외에서 판매하는 경우 → 면세 적용
  ② 국내 다른 사업자가 지정하는 외국법인에 인도하는 경우 → 면세 적용

- 수출업자가 원자재 반출하여 가공한 완성품을 국내 다른 사업자가 지정하는 외국법인 등에 인도하는 4자 간 무역거래의 세무처리
  ① 원자재 반출가액 영세율 적용되고 공급시기는 재화의 인도일임
  ② 원자재 반출가액 영세율세금계산서 발급, 총판매가액에 대해 계산서 발급
  * 예 원자재 가액 1억원, 완제품 판매가액 2억원인 경우 : 영세율세금계산서 1억원, 계산서 2억원 발급
  ③ 법인세 결산 시 영세율 매출 수입금액 제외하고, 계산서 발급분에 대하여 수입금액 산입함
  ④ 국내 다른 사업자가 외국법인에 인도한 매출은 외국인도수출에 해당되어 영세율 적용됨

핵심 Point

- 수출업자가 가공한 완제품을 국외에서 국내 다른 사업자에게 판매하는 경우
  ① 원자재를 국내에서 반출한 경우 → 원자재 반출가액 영세율 적용, 세금계산서 발급
  ② 원자재를 국외에서 구입한 경우 → 과세대상 아님, 계산서 발급

- 가공한 완제품을 국내 다른 사업자가 지정하는 외국인에게 인도하는 경우
  ① 원자재를 국내에서 반출한 경우 → 원자재 반출가액 영세율 적용, 세금계산서 발급
  ② 원자재를 국외에서 구입한 경우 → 과세대상 아님, 계산서 발급

- 계산서를 발급하지 아니한 경우 불이익 → 계산서미발급가산세 공급가액의 2% 부과
  * 예 착오로 영세율세금계산서를 발급한 경우에는 계산서미발급가산세가 적용되지 않음

질문 »

㈜한국은 중국에서 가공한 완제품을 국내의 다른 수출업자인 ㈜대한이 지정하는 외국법인에게 인도하고 ㈜대한으로부터 판매대금 2억원을 수령하였다. 원자재를 다음과 같이 구입하여 완성품을 제조하여 판매한 경우 물음에 답하시오.

1. **㈜한국이 원자재를 국내에서 구입하여 중국으로 무환반출**(수출 FOB가격 1억원)**하여 가공한 완제품을 ㈜대한이 지정하는 외국법인에 인도한 경우 부가가치세 과세 여부, 공급시기, 공급가액 및 세금계산서 발급 여부는?**
2. **㈜한국이 원자재를 중국에서 1억원에 구입하여 가공한 완제품을 ㈜대한이 지정하는 외국법인에 인도한 경우 부가가치세 과세 여부, 공급시기, 공급가액 및 세금계산서 발급 여부는?**

답변 및 해설 »

1. **국내수출업자 A가 원료를 대가 없이 국외의 수탁가공 사업자에게 반출하여 가공한 재화를 국내 수출업자 B에게 국외에서 양도하는 경우 그 원자재의 무환반출에 대해 영세율을 적용한다**(부령 §31 ① (5))**. 이 경우 공급시기는 해당 재화가 인도되는 때이고, 공급가액은 국내에서 원자재를 반출가액으로 한다. 세금계산서는 공급받는 자가 국내사업자이므로 총 공급가액 중 영세율이 적용되는 원자재 반출가액에 대하여 영세율세금계산서를 발급한다. 다만, 국내사업자 간 거래가 국외거래이므로 완제품 공급가액 전부에 대하여 계산서를 발급하여야 한다.**

   (1) ㈜한국은 원재료를 국외의 수탁가공업자에게 무상으로 반출하여 가공한 재화를 국내 수출업자 ㈜대한에 국외에서 양도하고 국내사업장에서 계약과 대가수령 등 거래가 이루어지는 경우 그 **원자재의 반출에는 영세율을 적용한다**.

   (2) 공급시기는 ㈜한국이 위탁가공 원자재를 중국 반출 후 국외에서 국내 해당 **재화를 인도하는 때**를 공급시기로 한다. 공급가액은 ㈜한국이 원자재를 국외반출 시 수출신고필증에 신고한 가격인 원자재 반출가액 1억원으로 한다.

   (3) 세금계산서는 공급받는 자가 국내사업자이므로 총 공급가액 중 영세율이 적용되는 **원자재 반출가액 1억원은 영세율세금계산서를 발급**한다(부령 §71 ① (4)). 하지만 ㈜한국과 ㈜대한의 거래는 재화가 국외에서 이동되므로 면세 거래에 해당되어 완제품 공급가액 2억원에 대한 계산서를 발급하여야 한다.

이 경우 법인세 결산서에는 세금계산서 발급분은 수입금액 제외로 처리하고 계산서 발급분에 대하여 법인세 수입금액에 반영하면 된다.

2. 수출업자가 국외에서 원재료를 구입하여 가공한 후 완제품을 국외에서 국내사업자가 지정하는 외국법인에 판매하는 경우 실질적으로 국외에서 국내사업자 간의 거래에 해당되어 부가가치세 과세대상이 되지 아니한다.

(1) ㈜한국이 원자재를 중국에서 구입하여 가공한 후 완제품을 국내 다른 사업자 ㈜대한이 지정하는 외국법인에 재화를 인도하는 경우에는 국내사업자 간의 국외거래로 부가가치세가 과세되지 아니한다.

(2) ㈜한국과 ㈜대한의 거래는 원자재를 국외에서 구입하여 가공한 완제품을 현지에서 판매하였으므로 부가가치세 과세대상에 해당되지 아니하여 면세거래로 보아 2억원에 대해 국외에서 재화를 ㈜대한이 지정하는 외국법인에 인도하는 때를 공급시기로 하여 계산서를 발급한다.

핵심정리

<table>
<tr><th>구 분</th><th>내 용</th></tr>
<tr><td rowspan="3">위탁가공 원재료 무환반출 후 국외양도</td><td>• 국내의 다른 사업자에게 국외양도
① 원자재 반출 : 국내수출업자(A)가 원료를 대가 없이 국외의 수탁가공 사업자에게 반출하여 가공한 재화를 국내수출업자(B)에게 국외에서 양도하는 경우 그 원자재의 무환반출에 대해 영세율을 적용한다(부령 §31 ① (5)).
② 원자재 국외구입 : 국내수출업자(A)가 원자재를 해외현지에서 직접 구입하여 임가공한 후 국내수출업자(B)에게 국외에서 양도하는 경우 국외거래이므로 영세율이 적용되지 않고, 면세대상이다.</td></tr>
<tr><td>• 공급시기와 매출액 : 국내사업자가 위탁가공 원재료를 국외반출 후 국외에서 양도하는 수출은 국외에서 해당 재화가 인도되는 때를 공급시기로 한다.[22] 매출액은 국내에서 원자재를 반출가액으로 한다(부령 §31 ① (5)).</td></tr>
<tr><td>• 세금계산서 발급 : 공급받는 자가 국내사업자이므로 총 공급가액 중 영세율이 적용되는 원자재 반출가액에 대하여 영세율세금계산서를 발급한다(부령 §71 ① (4)). 다만, 국내사업자 간 거래가 국외거래이므로 완제품 공급가액 전부에 대하여 계산서를 발급하여야 한다.[23]</td></tr>
<tr><td rowspan="3">가산세 쟁점</td><td>• 면세 거래를 세금계산서 발급한 경우 : 계산서 발급대상 거래에 대하여 영세율 세금계산서를 발급한 경우 계산서미발급가산세는 적용하지 않는다.[24]</td></tr>
<tr><td>• 영세율 거래를 10% 세금계산서 발급한 경우 : 세금계산서 발급 후 내국신용장 등 사후개설하였으나 영세율수정세금계산서를 발급하지 아니한 경우 거래상대방이 부가가치세를 신고·납부 시 미발급가산세를 적용하지 아니한다(부집 60-108…5).</td></tr>
<tr><td>• 과세거래를 계산서 발급한 경우 : 과세 재화를 공급하면서 공급시기에 계산서를 발급한 후 공급시기 이후 해당 공급시기가 속하는 과세기간에 대한 확정신고기한까지 세금계산서를 발급한 경우 공급자에게는 지연발급가산세가 적용되며, 확정신고기한 다음 날부터 1년(2022.2.14. 이전 6개월) 내에 공급받는 자는 매입세액을 매출세액에서 공제할 수 있으나, 매입세금계산서 지연수취가산세가 적용된다.[25]</td></tr>
</table>

22) 부령 §28 ⑥ (3), 서면-2015-법령해석부가-1372, 2015.12.15.
23) 서면-2019-법령해석부가-2631, 2019.12.31.
24) 서면-2020-법인-5509, 2021.2.23.; 기획재정부 법인세제과-893, 2018.7.23.
25) 부가가치세과-723, 2010.6.10.

Chapter 33

무상수출, 영세율 대상인가?

내용 Summary

기본사항 Check

- **수출업자가 내국물품을 대가를 받지 아니하고 국외반출**
  ① 일반적인 경우 영세율이 적용됨
  ② 대가를 받지 아니하고 국외의 사업자에게 다음의 물품을 반출하는 경우 과세대상이 아님
  견본품, 위탁가공무역을 위한 원자재, 관세법에 따른 위약물품, 전시물, 반환조건부 용기 등을 반출하는 경우
  ③ 수출물품의 하자(claim)로 인한 무상반출
  국외 수출한 재화의 하자로 인하여 반품된 재화를 수리하거나 동일제품으로 교환하는 경우 과세대상 여부는 다음과 같다.

반품 여부	하자제품에 대한 조치	과세대상
여	반품으로 완결	과세대상 아님
	수리 후 반출, 동종 교환	과세대상 아님
부	동종 또는 이종 변상	새로운 수출
	금전 변상	과세대상 아님

- **무상수출의 영세율 적용 시 공급가액** : 무상수출이 영세율 대상인 경우 공급가액은 수출재화의 시가이며 수출신고필증상의 과세가액으로 "㊺**총신고가액(FOB)**"임

핵심 Point

- 물품의 국외반출에 따른 대가를 받았는지 여부
  ① 대가를 받은 경우 → 견본품 등에 해당되어도 수출로 봄
  ② 대가를 받지 않은 경우 → 일반적으로 영세율 적용. 단, 물품의 하자 발생 등 사유 제외
- 무상으로 수출한 물품의 과세가액은 수출신고필증상의 과세가액임
- 영세율이 적용되는 무상수출을 신고누락하는 경우 불이익
  영세율 과세표준신고불성실가산세 부과 → 과소신고한 과세표준 × 0.5%

질문 »

1. ㈜한국은 미국에 자동차를 수출하였으나 제품의 하자로 인해 리콜(recall)을 실시하여 무상으로 자동차를 반출하였다. 다음 물음에 답하시오.
   (1) 미국에 수출한 자동차를 국내로 들여와서 수리 후 반출하고 수출신고필증상 무상수출로 신고한 경우 부가가치세 과세 대상인가?
   (2) 미국에 수출한 자동차를 국내로 들여오는 비용이 커서 현지에서 폐기하고 유사제품으로 무상반출하고 수출신고필증상 무상수출로 신고한 경우 부가가치세 과세 대상인가?
   (3) 자동차 리콜을 실시하였으나 미국에 수출한 자동차를 국내로 들여오지 않고 소비자에게 수리할 지원금을 지급한 경우 부가가치세 과세 대상인가?

2. ㈜한국은 고급의류를 미국 등에 수출하고 있다. **원재료를 국내에서 구입하여 중국으로 무환반출 후 가공한 제품을 국외에서 비거주자 등에게 판매하는 경우 국내에서 무환반출된 원재료의 영세율 적용 여부는?**

3. ㈜한국은 고급의류를 미국 등에 수출하고 있다. **미국의 수탁판매업자에게 제품을 무환반출하여 수탁자가 판매한 금액에서 수수료를 제외하고 송금받는 경우 국내에서 미국으로 무환반출된 제품의 영세율 적용 여부는?**

PART 03 영세율

답변 및 해설 »

1. 수출업자가 수출한 재화의 하자로 인하여 반품된 재화를 수리한 후 국외반출한 경우에는 재화의 공급으로 보지 아니하나, 국내에 반입하지 아니하고 유사제품으로 반출하여 보상하는 경우에는 새로운 수출로 보아 영세율이 적용된다.

(1) ㈜한국이 자동차를 수출한 후 하자로 인해 리콜 결정하여 자동차를 국내로 반입한 후 수리하여 무상으로 수출하는 경우에는 재화의 공급으로 보지 아니한다. 다만, 수출신고 필증상 무환수출로 관세청에서 국세청으로 수출실적은 통보되므로 과세관청이 수출누락 여부를 확인하는 경우 무상수리 후 국외반출이라는 사실을 소명하여야 한다.

(2) ㈜한국이 자동차를 수출한 후 하자로 인해 리콜 결정하였으나, 해당 자동차를 국내로 반입하지 아니하고 유사 자동차로 무상 수출하는 경우에는 새로운 수출로 보아 영세율을 적용한다.

(3) ㈜한국이 자동차를 수출한 후 하자로 인해 리콜 결정하였으나, 해당 자동차를 국내로 반입하지 아니하고 수리비 상당액을 지원한 경우에는 재화의 공급으로 보지 아니한다.

2. 수출업자가 원재료를 국내에서 구입하여 국외로 무환반출 후 가공한 완성품을 국외에서 비거주자 등에게 판매하는 경우 위탁가공무역 수출에 해당되어 완성품이 국외에서 인도되는 때를 공급시기로 하므로 국내에서 무환반출된 원재료는 과세대상이 아니다.

위 사례에서 ㈜한국이 원재료를 국내에서 구입하여 중국으로 무환반출 후 가공한 제품을 국외에서 비거주자 등에게 판매하는 경우 국내에서 무환반출된 원재료는 과세대상이 아니다.

3. 수출업자가 국외의 수탁판매업자에게 재화를 무환반출하여 수탁자가 판매한 금액에서 수수료를 제외하여 송금받는 경우 위탁판매수출에 해당되고 공급시기는 공급가액이 확정되는 때이므로 재화가 국내에서 국외로 무환반출되는 금액에 대하여는 과세되지 아니한다.

위 사례에서 ㈜한국이 재화를 국내에서 구입하여 위탁계약에서 따라 미국으로 무환반출 후 수탁자가 판매하는 경우 국내에서 미국으로 무환반출된 재화는 과세대상이 아니다.

핵심정리

<table>
<tr><th>구 분</th><th>내 용</th></tr>
<tr><td>재화의 국외 무상반출 과세범위</td><td>
• 원칙 : 내국물품을 외환결제 없이 국외로 무상으로 반출하여도 영세율 적용대상이다.

• 예외 : 자기사업을 위하여 대가를 받지 아니하고 다음의 물품을 국외반출하는 경우 재화의 공급으로 보지 아니한다. 다만, 대가를 받는 경우 영세율이 적용된다(부기통 21-31…4).
<table>
<tr><th>구 분</th><th>내 용</th></tr>
<tr><td>견본품 반출</td><td>사업자가 국외사업자에게 견본품을 무상으로 반출하는 경우에는 재화의 공급으로 보지 않으나 해당 견본품 생산 및 취득과 관련하여 부담한 매입세액은 자기의 매출세액에서 공제된다.[26]</td></tr>
<tr><td>위탁가공 무역을 위한 원자재 반출</td><td>위탁가공무역방식으로 원자재 등을 무환으로 외국에 반출하는 경우 재화의 공급으로 보지 아니하나 국외에서 가공한 재화를 양도하는 경우 그 원료의 반출에 대하여 영세율이 적용된다.</td></tr>
<tr><td>하자로 인한 반출</td><td>국외 수출한 재화의 하자로 인하여 반품된 재화를 수리하거나 동일제품으로 교환하는 등 사유에 따른 과세대상 여부는 다음과 같다.[27]
<table>
<tr><th>반품 여부</th><th>하자제품에 대한 조치</th><th>과세대상</th></tr>
<tr><td rowspan="2">여</td><td>반품으로 완결</td><td>과세대상 아님</td></tr>
<tr><td>수리 후 반출, 동종 교환</td><td>과세대상 아님</td></tr>
<tr><td rowspan="2">부</td><td>동종 또는 이종 변상</td><td>새로운 수출</td></tr>
<tr><td>금전 변상</td><td>과세대상 아님</td></tr>
</table>
</td></tr>
<tr><td>위약물품의 반출</td><td>사업자가 수입한 재화가 「관세법」 제106조에 규정하는 위약물품에 해당되어 세관장으로부터 (-)수정수입세금계산서를 교부받고 당해 재화의 반출하는 경우 수출로 보지 아니한다.[28]</td></tr>
<tr><td>전시물 반출</td><td>외국사업자 소유의 전시물을 무환으로 수입하여 전시한 후 반환하기 위하여 외국에 반출하는 경우 재화의 공급으로 보지 아니한다.[29]</td></tr>
<tr><td>용기의 반환</td><td>반환조건의 수입재화 용기를 반환하기 위하여 외국에 무상반출하는 경우 재화의 공급으로 보지 아니한다.[30]</td></tr>
</table>
</td></tr>
</table>

26) 부가 22601-1427, 1990.10.31.; 서면 2015법령해석부가-1700 [법령해석과-328], 2016.2.3.
27) 서면3팀-3425, 2007.12.27.; 부가 46015-2148, 1998.9.22.
28) 서삼 46015-10282, 2001.9.21.
29) 부집 21-31-5 (5)
30) 서삼 46015-10017, 2004.1.5.

구 분	내 용
무상반출 영세율 적용 시 공급가액	• 무상수출이 영세율 대상인 경우 공급가액은 수출재화의 시가이며 수출신고필증상의 과세가액으로 "㊺**총신고가액**(FOB)"이다.[31] • 「법인세법」의 수입금액은 아니므로 부가가치세 과세표준이 「법인세법」상 수입금액보다 무상수출액만큼 더 크므로 수입금액 (-)조정이 필요하다.

31) 서면3팀-373, 2005.3.17.

Chapter 34

국내에서 비거주자에게 공급하는 재화, 영세율 대상인가?

PART 03 영세율

내용 Summary

기본사항 Check

- **국내에서 비거주자나 외국법인에 공급하는 재화에 대한 영세율 적용 요건**
  ① 부가가치세법에서 열거하는 업종일 것 → 12가지
    ㉠ 재화 : 비거주자 등이 지정하는 국내사업자에게 인도하는 과세사업에 사용되는 재화
    ㉡ 용역 : 전문 · 과학 · 기술서비스업, 무형재산임대업, 통신업, 컨테이너수리업, 영상 · 오디오 영화배급업, 컴퓨터 프로그래밍업, 유튜버 등 정보통신업, 상품중개업, 사업시설관리 및 사업지원서비스업, 투자자문업, 교육서비스업, 임상시험용역, 보세운송용역 등
  ② 대가를 외국환은행에서 원화로 받을 것
  ③ 상호주의 적용 : 용역의 공급 중 전문서비스업, 사업시설관리 및 사업지원서비스업, 투자자문업 등은 상호 면세적용 국가에 해당하는 경우 영세율 적용
- **용역의 제공은 국내에서 수행** → 해당 용역 수행의 50% 이상을 국내에서 하여야 함
  국외에서 50% 이상 용역을 수행한 경우에는 "용역의 국외공급"에 해당되어 외화나 원화 등 대가 수령 여부와 관계없이 영세율이 적용됨
  * 영세율 검토순서 : 재화 · 용역 판단 → 국내 공급 여부 → 열거항목 → 대가 수령방법 → 상호주의 업종

핵심 Point

- 국내에서 비거주자나 외국법인에 공급한 재화 용역이 부가가치세법에서 열거하는 항목인지 여부
  ① 열거하는 항목인 경우 → 영세율 적용
  ② 열거하지 않은 항목인 경우 → 10% 세율 적용
- 용역의 수행지국이 국내인지 여부
  ① 국내인 경우 → 외국환은행을 통해 원화로 받는 경우 영세율 적용
  ② 국외인 경우 → 대가를 외화 또는 원화로 수령한 경우에도 영세율 적용
- 전문서비스업 등 상호주의 적용 업종에 해당하는지 여부
  ① 상호주의 적용대상 업종인 경우 → 영세율 적용(상호 면세국에 해당하여야 함)
  ② 상호주의 적용대상 업종이 아닌 경우 → 열거 항목이면 영세율 적용

질문 »

1. ㈜한국은 국내사업장이 없는 외국법인에 재화를 판매하는 사업자로서 외국법인이 지정하는 국내의 지정사업자 ㈜대한에 재화를 인도하고 대가를 외국환은행을 통하여 원화로 받았다. **㈜대한이 해당 재화를 다음과 같이 사용한 경우 영세율 적용 여부는?**
   (1) 과세사업에 사용하는 경우
   (2) 면세사업에 사용하는 경우
   (3) 재화를 가공하여 국외 반출하는 경우
2. 미국 소재 외국법인은 한국기업의 인수합병을 위하여 한국의 증권회사(갑)와 기업인수합병에 관한 자문용역 계약을 체결하고 대가를 원화로 받았다. **증권회사(갑)가 기업인수합병과 관련된 용역을 다음과 같이 수행한 경우 영세율 적용 여부는?**
   (1) 한국에서 60% 수행, 미국에서 40% 수행한 경우
   (2) 한국에서 40% 수행, 미국에서 60% 수행한 경우
3. 여행사가 외국인에게 국내관광에 대한 항공권, 숙박시설 이용권, 레포츠시설 이용권 등의 **구입에 대하여 편의를 제공하고 대가를 외국환은행에서 원화로 받은 경우 영세율 적용 여부는?**

답변 및 해설 »

1. **사업자가 국내에서 국내사업장이 없는 비거주자 또는 외국법인이 지정하는 국내 다른 과세사업자에게 재화를 인도하는 경우 대가를 외국환은행에서 원화로 받으면 영세율이 적용된다. 반면, 해당 재화가 가공 등을 거쳐 국외반출되는 경우에는 직수출이나 수탁가공무역에 해당되어 대가 수령방법에 관계없이 영세율이 적용된다.**
   (1) 영세율 적용 : ㈜한국은 외국법인이 지정하는 국내사업자 ㈜대한에 인도하고 ㈜대한은 해당 재화를 과세사업에 사용하고 외국법인은 재화의 대가를 외국환은행을 통하여 원화로 지급한 경우에는 외화 획득 목적으로 외국법인에 재화를 공급하여 영세율이 적용된다.

   (2) 10% 세율 적용 : ㈜한국은 외국법인이 지정하는 국내사업자 ㈜대한에 인도하였으나, ㈜대한이 해당 재화를 면세사업에 사용하는 경우에는 영세율을 적용하지 아니하고 일반적인 국내거래로 보아 10% 세율을 적용한다.

(3) 영세율 적용 : ㈜한국은 외국법인이 지정하는 국내사업자 ㈜대한에 인도하고 ㈜대한은 해당 재화를 그대로 국외로 반출하거나 가공을 거쳐 국외로 반출하는 경우에는 직수출이나 수탁가공무역에 해당되어 대가 수령방법에 관계없이 영세율을 적용한다.

2. 사업자가 국내에서 국내사업장이 없는 비거주자 또는 외국법인에 법률 자문 등 전문서비스 용역제공 시 대가를 외국환은행에서 원화로 수령하고 그 나라에서 대한민국 국민에게 동일한 용역제공에 대하여 면세하는 경우 영세율이 적용된다. 다만, 용역의 수행지국이 국외이면 용역의 국외공급에 해당되어 대가 수령방법에 관계없이 영세율이 적용된다.

(1) 10% 세율 적용 : 증권회사㈎가 기업인수합병에 관한 자문용역을 외국법인에 제공 시 국내에서 60%의 용역을 수행한 경우 주요 수행지국이 국내이므로 국내거래로 본다. 따라서 국내사업장이 없는 외국법인에 전문서비스업을 제공한 경우 영세율을 적용받기 위해서는 **대가를 외국환은행을 통하여 원화로 수령하고, 상호 면세국에 해당**하여야 한다. 그런데 미국은 상호 면세국이지만 대가를 원화로 수령하였으므로 영세율이 적용되지 아니한다.

(2) 영세율 적용 : 증권회사㈎가 기업인수합병에 관한 자문용역을 외국법인에 제공 시 국내에서 40%의 용역을 수행하여 주요 수행지국이 국외이므로 국외거래로 보아 용역의 국외공급에 해당되어 대가 수령방법에 관계없이 영세율이 적용된다.

3. 관광진흥법에 따른 여행사가 외국인 관광객에게 관광알선용역을 제공하고 외국환은행에서 원화로 받는 경우에는 영세율이 적용된다.

위 사례에서 항공권, 숙박시설 이용권 등 구입에 관한 알선용역을 제공하고 받은 대가는 관광알선용역이 아닌 "기타 여행보조 서비스업"에 해당되어 영세율이 적용되지 아니하고 10% 세율이 적용된다.

핵심정리

<table>
<tr><th>구 분</th><th>내 용</th></tr>
<tr><td>국내에서 비거주자 등에게 공급하는 재화 · 용역의 영세율 적용범위</td><td>
• 국내에서 국내사업장이 없는 비거주자나 외국법인에 공급하는 재화 · 용역 중 다음의 요건을 갖춘 경우에는 영세율을 적용한다.
① 부가가치세법에서 열거하는 업종일 것 → 12가지
<table>
<tr><th>구분</th><th>영세율 적용대상</th></tr>
<tr><td>재화</td><td>㉠ 비거주자 또는 외국법인이 지정하는 국내사업자에게 인도되는 재화로서 해당 사업자의 과세사업에 사용되는 재화</td></tr>
<tr><td>용역</td><td>㉡ 전문, 과학 및 기술 서비스업(수의업, 제조업 회사본부 및 기타 산업 회사본부는 제외)
* 전문서비스업은 상호 면세주의 적용
㉢ 사업지원 및 임대 서비스업 중 무형재산권 임대업
㉣ 통신업
㉤ 컨테이너수리업, 보세구역 내의 보관 및 창고업, 「해운법」에 따른 해운대리점업, 해운중개업 및 선박관리업
㉥ 정보통신업 중 뉴스제공업, 유튜버, 영상·오디오 기록물 제작 및 배급업(영화관 운영업과 비디오물 감상실 운영업은 제외), 소프트웨어 개발업, 컴퓨터 프로그래밍, 시스템 통합관리업, 자료처리, 호스팅, 포털 및 기타 인터넷 정보매개서비스업, 기타 정보 서비스업
㉦ 상품 중개업 및 전자상거래 소매 중개업
㉧ 사업시설관리 및 사업지원 서비스업(조경 관리 및 유지 서비스업, 여행사 및 기타 여행보조 서비스업 제외)
* 사업시설관리, 사업지원 서비스업은 상호 면세주의 적용
㉨ 「자본시장과 금융투자업에 관한 법률」에 따른 투자자문업
* 상호 면세주의 적용
㉩ 교육 서비스업(교육지원 서비스업으로 한정)
㉪ 보건업(임상시험용역을 공급하는 경우로 한정)
㉫ 「관세법」에 따른 보세운송업자가 제공하는 보세운송용역</td></tr>
</table>
② 외화획득 정책에 따라 영세율을 적용하므로 대가를 외국환은행에서 원화로 받을 것
③ 상호주의 적용대상 업종 : 전문서비스업, 사업시설관리 및 사업지원 서비스업, 투자자문업 등은 해당 국가에서 우리나라의 내국인에게 부가가치세를 부과하지 않는 경우에 한하여 영세율을 적용한다.
</td></tr>
</table>

구 분	내 용
용역제공 수행지국에 따른 과세쟁점	• 용역을 국내에서 주로 수행하는 경우 : 국내에서 용역을 공급한 것으로 보고 거래상대방이 국내사업장이 없는 비거주자나 외국법인이고 열거항목에 해당하며 대가를 외국환은행에서 원화로 받는 등 요건을 구비한 경우에 한하여 영세율을 적용한다.
	• 용역을 국외에서 주로 수행하는 경우 : 국외에서 제공하는 용역으로 보고 대가 수령방법 등에 관계없이 용역의 국외공급에 따른 영세율을 적용한다.

Chapter 35

수출재화 임가공용역, 영세율 적용 요건은?

내용 Summary

기본사항 Check

- **수출재화 "임가공용역" 제공 시 영세율 적용**
  ① 사업자가 내국신용장이나 구매확인서를 발급받아 수출업자에게 임가공용역 제공
  ② 사업자가 수출업자와 직접 도급계약에 의하여 수출재화 임가공용역 제공
  다만, 직접 도급계약을 체결하지 아니하고 하도급을 받은 경우 영세율이 적용 안 됨
  * 계약체결 당사자에 따른 영세율 적용 : 사업자 ↔ 수출업자 거래 시 영세율 적용, 사업자 ↔ 수출업자와 도급계약 체결한 로컬(Local) 수출업자 거래 시 10% 세율 적용

- **수출업자에게 "재화" 공급 시 영세율 적용 여부**
  ① 사업자가 내국신용장을 개설하여 수출업자에게 재화를 공급하는 경우 영세율이 적용됨
  ② 사업자가 수출업자와 직접 도급계약을 체결하여 재화를 공급하는 경우 10% 세율이 적용됨
  * 계약체결 내용에 따른 영세율 적용 : 임가공도급계약을 체결하였으나 주요 자재를 임가공업자가 제공하는 경우 실질적인 재화의 공급으로 보아 10% 세율이 적용됨

핵심 Point

- 사업자가 내국신용장 등에 따라 수출재화 임가공용역을 제공하였는지 여부
  ① 내국신용장을 개설한 경우 → 영세율 적용
  ② 내국신용장을 개설하지 않은 경우 → 수출업자와 직접 도급계약을 체결한 경우 영세율 적용
- 사업자가 수출업자에게 제공하는 것이 재화인지 용역인지 여부
  ① 재화인 경우 → 내국신용장 개설 시 영세율 적용, 직접 도급계약을 체결한 경우에도 10% 세율 적용
  ② 용역인 경우 → 내국신용장 개설 또는 직접 도급계약 체결 시 영세율 적용
- 임가공 도급계약 체결 시 주요자재를 어느 사업자가 부담하였는지 여부
  ① 수출업자가 부담한 경우 → 직접 도급계약에 따른 임가공용역 제공으로 영세율 적용
  ② 임가공업자가 부담한 경우 → 계약내용은 용역의 공급이지만 실질이 재화의 공급으로 10% 세율 적용

질문 »

수출재화 임가공업자 ㈜한국이 수출업자 ㈜대한과 로컬 수출업자 ㈜민국에 수출 관련 재화 또는 용역을 공급하고 대금을 원화로 수령한 경우 다음 물음에 답하시오.

1. 다음의 도급계약에 의한 임가공용역의 영세율 적용은?

(1) ㈜한국이 수출업자 ㈜대한과 직접 도급계약을 체결한 경우

(2) ㈜한국이 로컬 수출업자 ㈜민국과 하도급계약을 체결한 경우

2. 주요자재를 임가공업자가 제공한 경우 영세율 적용은?

(1) 수출업자 ㈜대한과의 직접 도급계약에 의해 임가공용역을 제공하면서 주요자재의 전부를 ㈜대한이 제공한 경우

(2) 수출업자 ㈜대한과의 직접 도급계약에 의해 임가공용역을 제공하면서 주요자재의 일부를 ㈜한국이 제공한 경우

3. 내국신용장을 개설하여 임가공용역을 제공한 경우 영세율 적용은?

(1) ㈜한국이 수출업자 ㈜대한과 내국신용장에 의해 임가공용역을 제공한 경우

(2) ㈜한국이 로컬 수출업자 ㈜민국과 내국신용장에 의해 임가공용역을 제공한 경우

(3) ㈜한국이 수출업자 ㈜대한과 내국신용장에 의해 임가공용역을 제공하면서 주요자재의 전부를 ㈜한국이 제공한 경우

답변 및 해설 »

1. 사업자가 국내에서 수출업자와 직접 도급계약을 체결하고 임가공용역을 제공한 경우 영세율 또는 10% 세율 중 선택하여 적용받을 수 있다.

(1) 수출업자 ㈜대한과 직접 도급계약을 체결하고 수출재화 임가공용역을 제공한 경우에는 영세율을 적용한다.

(2) 로컬 수출업자 ㈜민국과 하도급계약을 체결하고 수출재화 임가공용역을 제공한 경우에는 영세율을 적용하지 아니한다. 일반적인 국내거래로 보아 10% 세율을 적용한다.

2. 수출업자 ㈜대한과 직접 도급계약을 체결한 경우 임가공용역은 영세율이 적용되지만 재화는 영세율이 적용되지 아니한다.

(1) 수출업자 ㈜대한과 직접 도급계약을 체결하고 수출재화 임가공용역을 제공하면서 주요자재를 수출업자가 제공한 경우에는 임가공용역의 공급으로 보아 영세율이 적용된다.

(2) 수출업자 ㈜대한과 직접 도급계약을 체결하고 수출재화 임가공용역을 제공하면서 주요자재의 전부 또는 일부를 ㈜한국이 제공한 경우에는 재화의 공급으로 보아 10% 세율이 적용된다.

3. 수출업자에게 내국신용장에 의하여 공급하는 재화 또는 용역을 공급한 경우에는 영세율이 적용된다.

(1) 수출업자 ㈜대한과 내국신용장을 개설하여 수출재화 임가공용역을 제공하는 경우에는 영세율이 적용된다.

(2) 로컬 수출업자 ㈜민국과 내국신용장에 의해 임가공용역을 제공하는 경우에는 영세율이 적용된다. 내국신용장이나 구매확인서에 의하여 수출업자뿐만 아니라 로컬 수출업자와 하도급에 의해 제공하는 임가공용역은 영세율이 적용된다.

(3) 임가공용역을 제공하면서 주요자재의 전부 또는 일부를 임가공업자인 ㈜한국이 제공한 경우에도 내국신용장을 개설한 경우에는 영세율이 적용된다.

핵심정리

구 분	내 용
수출재화 임가공용역의 영세율 적용범위	(아래 내용)

• 국내에서 수출재화 **임가공용역을 제공**하는 경우 영세율 적용

① **수출업자와 직접 도급계약**에 의하여 수출재화를 임가공하는 수출재화 임가공용역을 제공하는 경우 영세율을 적용한다. 다만, 사업자가 부가가치세를 별도로 적은 세금계산서를 발급한 경우에는 그러하지 아니한다(부령 §33 ② (3)).

* 임가공이란 상대방으로부터 인도받은 재화에 주요자재를 전혀 부담하지 아니하고 단순히 가공만 하는 것을 말한다.

② 내국신용장 또는 구매확인서에 의하여 공급하는 수출재화 임가공용역은 영세율을 적용한다(부령 §33 ② (4)).

* 내국신용장 등에 의하여 공급하는 수출재화 임가공용역은 반드시 영세율이 적용되므로 10% 세율 세금계산서를 발급해서는 안 된다.

구 분	거래내용	영세율	10% 세율	비 고
임가공 용역	수출업자와 직접 도급	적용 가능	적용 가능	선택 가능
	내국신용장 개설	적용 가능	–	

③ **직수출업자와 도급계약을 체결한 로컬(Local) 수출업자와 하도급계약**에 의하여 수출재화를 임가공하는 경우 영세율이 적용되지 않으므로 주의하여야 한다.

• 수출업자에게 **재화를 공급**하는 경우 영세율 적용 여부

① **수출업자와 직접 도급계약**에 의하여 **수출재화**를 공급 시 수출을 지원하기 위하여 임가공용역에 대해서만 영세율을 적용하므로 재화의 공급은 10% 세율을 적용한다.

② 사업자가 내국신용장 또는 구매확인서에 의하여 수출재화를 공급하는 경우 영세율이 적용된다.

* 내국신용장 등에 의하여 공급하는 경우 수출하는 재화 또는 임가공용역에 관계없이 영세율이 적용된다.

<table>
<tr><th>구 분</th><th>내 용</th></tr>
<tr><td rowspan="3">재화 · 용역
구분에 따른
과세쟁점</td><td>• 로컬 수출업자와 하도급 계약을 체결한 경우
수출재화 임가공용역을 수출업자와 직접 도급계약으로 체결 시 영세율이 적용되지만, 로컬 수출업자와 하도급계약을 체결하는 경우에는 영세율이 적용되지 아니한다.</td></tr>
<tr><td>• 임가공업자가 주요자재의 전부 또는 일부를 부담한 경우
수출업자와 직접 도급계약을 체결하여 임가공용역을 제공하면서 주요자재를 임가공업자가 부담한 경우 실질적인 재화의 공급으로 보아 10%의 세율이 적용된다.[32)]</td></tr>
<tr><td>• 내국신용장을 개설하여 재화 또는 용역을 공급하는 경우
수출업자와 내국신용장에 의하여 공급하는 재화 또는 용역은 모두 영세율이 적용된다. 다만, 내국신용장을 개설하지 않은 경우에는 수출업자와 직접 계약을 체결하고 제공한 용역에 대해서만 영세율이 적용된다.</td></tr>
</table>

32) 부가 46015-4973, 1999.12.30. : 수출업자와의 도급계약에 따라 수출재화를 염색해 주는 경우에는 임가공용역으로 보므로 영세율 대상이나, 수출재화를 도급해 주는 경우에는 재화의 공급으로 보므로 영세율 대상이 아니다.

Chapter 36

유튜버, 부가가치세는?

내용 Summary

기본사항 Check

- **인적용역의 부가가치세 과세 대상 여부**
  ① 인적·물적시설 없이 개인방송 용역을 공급하고 받는 대가는 부가가치세를 면세함
  ② 인적·물적시설을 갖추고 개인방송 용역을 공급하는 경우 부가가치세를 과세함
- **대가 수령 방법에 따른 영세율 적용 여부**
  ① 대가를 구글 등 글로벌기업으로부터 외국환은행에서 원화로 받는 경우 외화획득 목적 영세율 적용 대상임
  ② 대가를 소속사인 MCN회사로부터 원화로 받는 경우 국외사업자로부터 직접 외국환은행에서 원화로 수령하지 않아 10% 세율이 적용됨

핵심 Point

- 유튜버가 인적·물적시설을 갖추고 있는지 여부
  ① 인적·물적시설이 있는 경우 → 제공하는 용역은 부가가치세 과세대상임
  ② 인적·물적시설이 없는 경우 → 제공하는 용역은 부가가치세 면세대상임
- 용역에 대한 대가를 외화로 받았는지 여부
  ① 구글 등으로부터 외화로 받는 경우 → 영세율 적용
  ② 국내 소속사로부터 원화로 받는 경우 → 10% 세율 적용
- 사업자등록을 하였는지 여부
  ① 시설이 없으나 과세 사업자등록한 경우 → 과세사업으로 대가 수령 방법에 따라 영세율 적용
  ② 사업자등록을 하지 않은 경우 → 인적·물적시설 유무에 따라 과세 또는 면세를 적용

질문 »

유튜브 채널 활동을 하는 유튜버 홍길동은 구글과 광고대행 계약을 체결하여 광고대행 수입이 발생하였다. 다음 물음에 답하시오.

1. 유튜버가 사업자등록을 하지 않고 다음과 같이 인적 · 물적시설을 구비한 경우 부가가치세 과세대상 여부는?

(1) 인터넷 방송을 할 수 있는 컴퓨터 주변기기 등이 있는 경우

(2) 방송을 위한 스튜디오 등 사무실이 있는 경우

(3) 유튜버가 매니저를 고용한 경우

2. 유튜버가 과세 사업자등록을 하고 광고대행 수수료를 다음과 같이 받은 경우 영세율 적용 여부는?

(1) 구글 등으로부터 광고수익 등에 대한 대금을 외국환은행에서 원화로 받는 경우

(2) 국내 MCN회사로부터 원화로 받는 경우

답변 및 해설 »

1. 개인이 물적시설 없이 고용계약이나 도급계약, 위임계약 등 그 명칭이나 형식에 관계없이 근로자 등을 고용하지 아니하고 독립된 자격으로 용역을 공급하고 대가를 받는 부가가치세법에 열거된 인적용역은 면세한다. 따라서 인적시설이 있거나 사업설비 등 물적시설을 갖춘 자가 공급하는 인적용역은 부가가치세를 과세한다(부령 §42).

(1) 유튜버가 인터넷 방송을 위한 컴퓨터 주변기기 외에 다른 물적시설이 없으며 근로자를 고용하지 아니하고 독립된 자격으로 방송용역을 제공하는 경우에는 인적 · 물적시설이 모두 없어 부가가치세가 면세된다.

(2) 유명 유튜버가 방송을 위한 스튜디오 등 사무실을 갖추었으며, 직원을 고용하지 않고 독립된 자격으로 방송용역을 제공하는 경우에는 인적시설은 없으나 물적시설이 있어 부가가치세가 과세된다.

(3) 유명 유튜버가 고정된 사무실은 없지만 방송용역 제공 관련 스케줄 관리를 하는 매니저를 고용한 경우에는 인적시설이 없는 것으로 보아 부가가치세가 면세된다(재부가-742, 2007.10.22.).

2. 유튜버가 시설을 갖추고 과세 사업자등록을 한 경우 구글 등 글로벌기업의 광고를 대행하여 주고 받은 대가는 외화로 받는 경우 영세율이 적용된다. 다만, 국내 소속사가 구글 등으로부터 광고대행 대가를 외화로 받고 이를 유튜버에게 정산하여 지급하는 경우에는 영세율이 적용되지 아니한다.

(1) 유튜버가 구글과 광고대행용역을 체결하고 그 대가를 구글로부터 외화로 받는 경우에는 영세율이 적용된다.

(2) MCN*이 구글로부터 광고수입을 외화로 지급받는 경우에는 용역제공자인 유튜버가 구글로부터 직접 송금받는 것으로 볼 수 없어 영세율 적용이 되지 아니한다. 따라서 유튜버 홍길동이 국내 소속사인 MCN회사로부터 받는 광고수입은 영세율이 적용되지 아니한다.

* Multi Channel Networks : 인터넷 방송 플랫폼에서 활동하는 인터넷 방송인이나 인플루언서들을 지원하며 수익을 공유하는 회사

핵심정리

구 분	내 용
유튜버 용역의 영세율 적용범위	• 유튜버의 최소 광고 수익 요건 : 유튜브에서 동영상에 붙는 광고 수익을 받으려면 아래의 요건을 충족해야 한다. ① 구독자 수 : 1,000명 이상 ② 동영상 기준 시청시간 : 1년에 4,000시간 이상 ③ 쇼츠(shorts) 기준 조회 수 : 90일 내에 1,000만 회 이상
	• 유튜버의 수익 종류 ① 광고 수익 : 가장 기본적인 수익으로 유튜브에서 동영상 전후 또는 중간에 붙이는 광고수익이다. * 광고수익의 종류는 RPM(동영상 조회당 수익), CPM(1,000회당 노출 비용)이 있음 ② 슈퍼 챗과 스티커 : 아프리카 TV의 별풍선과 비슷한 유튜브 슈퍼 챗과 슈퍼 스티커는 콘텐츠 구독자들이 실시간으로 후원금을 보내는 기능이다. ③ 채널 멤버십 : 구독자가 3만 명이 넘는 유튜브 채널은 월간, 연간 멤버십 같은 회원제 서비스를 제공하고, 수익을 얻을 수 있다. ④ 유튜브 프리미엄, PPL 등 : 유튜브 프리미엄 이용자가 동영상을 시청할 경우, 일정 금액이 수익으로 분배된다. 그리고 전문 채널은 외부에서 받는 PPL 광고 협찬 등으로 유튜브 수익을 올릴 수도 있다.
	• 유튜버의 용역 수익에 대한 부가가치세 과세 및 영세율 적용 ① 시설 : 물적 시설 없이 근로자를 고용하지 아니하고 인터넷 개인방송 용역을 공급하면서 광고수입을 받는 경우 부가가치세가 면제되고, 인적 · 물적시설이 있는 경우에는 과세된다. ② 대금 : 유튜버 등 외화를 획득하는 용역 공급에 대하여 영세율을 적용한다. 다만, 국내의 MCN(Multi Channel Network)회사가 구글로부터 외화를 송금받고, 유튜버 사업자가 MCN으로부터 원화로 지급받는 경우에는 영세율이 적용되지 않는다.[33]

33) 재부가-462, 2022.10.13. : 국내 제3자가 외국법인 등으로부터 외화를 송금받고, 사업자가 그 제3자로부터 원화로 지급받는 경우, 「부가가치세법 시행령」 제33조 제2항 제1호에 해당되지 않아 영세율이 적용되지 않음

구 분	내 용
유튜버 용역제공의 과세쟁점	• 인적 · 물적시설을 갖추고 있는지 여부 ① 인적 · 물적시설을 갖춘 경우 : 매니저 등을 고용하거나 유튜브 동영상을 제작하는 사무실을 갖추고 있는 경우에는 부가가치세가 과세된다. ② 인적 · 물적시설이 없는 경우 : 업무와 관련된 직원이 없고, 사무실을 갖추고 있지 않은 경우에는 부가가치세가 면제된다(부령 §42).
	• 대금을 외국환은행에서 원화로 받는지 여부 ① 유튜브 관리자인 구글 등 외국법인으로 외국환은행에서 원화로 받는 경우에는 영세율을 적용한다. ② 소속사인 MCN으로부터 원화로 받는 경우 10% 세율을 적용한다.

Chapter 37

해외역직구, 영세율 대상인가?

내용 Summary

기본사항 Check

- **해외역직구** : 인터넷쇼핑몰을 통해 비거주자로부터 주문을 받아 재화를 직접 수출함
- **구매대행업** : 국내외 상품판매를 전자상거래로 중개하고 수수료를 받는 경우 상품중개업 또는 전자상거래 소매중개업에 해당됨

  * 오퍼상, 소셜 커머스(할인 쿠폰 공동 구매형 전자상거래 중개), 전자상거래 소매중개(오픈마켓 사업자) 등

- **해외역직구와 구매대행업의 영세율 적용 여부**

  ① 해외역직구는 재화의 수출에 해당되어 영세율이 적용됨

  ② 구매대행업은 국내외 플랫폼에서 전자상거래를 중개하고 수수료를 받는 업종이며, 영세율 적용은 "상품중개업" 또는 "전자상거래 소매중개업"에 해당되어 대가를 외국환은행에서 원화로 수령하는 경우 적용됨

핵심 Point

- 플랫폼사업자가 직접 판매를 하였는지 여부

  ① 플랫폼사업자의 계산과 책임으로 재화를 반출 → 재화의 수출로 봄

  ② 해외 구매자와 국내의 재화 공급자를 중개 → 중개수수료에 대해 영세율 적용

  * 재화의 판매에 대한 매출은 재화의 공급자가 되고, 중개수수료는 플랫폼사업자의 매출로 봄

질문 »

개인사업자 돌직구 씨는 아마존, 이베이 등과 같은 해외수출 플랫폼을 통해 해외구매대행 사업을 하고 있다. 사업을 확장하면서 해외 고객들로부터 국내의 화장품을 주문받아 돌직구 씨의 계산과 책임으로 국내에서 상품을 구입하여 직접 해외고객에게 판매하고자 한다. 다음 물음에 답하시오.

1. 국내외 플랫폼을 통해 구매대행을 해주고 받은 대가는 영세율 대상인가?

2. 돌직구 씨가 국내에서 상품을 직접 구입하여 해외 고객에게 판매하는 경우 영세율 대상인가?

3. 개인사업자 돌직구 씨가 해외구매대행 또는 화장품의 수출을 다음과 같이 하는 경우 일반과세자가 유리한가? 다만, 매출 · 매입액은 부가가치세를 제외한 금액임

(1) 해외구매대행에 따라 예상되는 매출은 4,000만원이고, 매입액은 1,000만원임

(2) 화장품의 수출에 따라 예상되는 매출은 2억원이고, 매입액은 1억원임

답변 및 해설 »

1. 국외 소비자의 구매를 국내에서 대행하여 주고 받은 대가는 상품중개업이나 전자상거래 소매중개업에 해당되어 외국환은행에서 원화로 받아야 영세율이 적용된다.

이때 플랫폼이 아마존, 이베이 등 국외에 있거나 11번가, 다브(DAV) 등 국내에 있는 경우 모두 가능하며, 고객이 해외에 있는 비거주자 또는 외국법인이어야 한다.

2. 개인사업자 돌직구 씨가 해외의 고객으로부터 화장품 주문을 받아 본인의 계산과 책임으로 화장품을 구매하여 해외고객에게 판매하는 경우에는 재화의 수출에 해당되어 영세율이 적용된다.

3. 개인사업자 돌직구 씨가 사업자등록을 할 때 간이과세자나 일반과세자 중 어떤 과세자가 유리한지는 사업형태와 매출규모에 따라 다르다.

(1) 해외고객이 주문한 화장품의 구매를 대행해주고 받는 대가는 "전자상거래 소매중개업"으로 한국표준산업분류상 "무점포 소매업"에 해당되어 부가가치율이 15%이다.

위 사례에서 간이과세자일 경우 매출세액은 4,400만원의 15%인 660,000원이고, 매입세액은 1,100만원의 0.5%인 55,000원으로 납부할 세액은 605,000원이 된다.
일반과세자일 경우 매출세액은 400만원이고, 매입세액은 100만원으로 납부할 세액은 300만원이 된다. 따라서 간이과세자가 2,395,000원(3,000,000원－605,000원) 유리하다.

(2) 해외고객이 주문한 화장품을 직접 구매하여 판매하는 경우에는 영세율이 적용된다.

위 사례에서 간이과세자일 경우 매출세액은 0원이고, 매입세액은 11,000만원의 0.5%인 550,000원으로 납부할 세액은 －550,000원이나 간이과세자는 환급이 되지 않으므로 납부세액은 "0"원이 된다.
일반과세자일 경우 매출세액은 0원이고, 매입세액은 1,000만원으로 납부할 세액은 －1,000만원이 되어 1,000만원을 환급받을 수 있다. 따라서 일반과세자가 1,000만원 유리하다.

핵심정리

구 분	내 용
해외역직구의 영세율 적용범위	• 해외역직구 : 인터넷쇼핑몰을 통해 비거주자로부터 주문받아 재화를 국외 반출 ① 국내외 인터넷 쇼핑몰 운영사업자 : 인터넷 쇼핑몰을 통하여 해외 고객으로부터 주문받은 상품을 거래처로부터 상품거래표준계약에 따라 구입하여 자기의 계산과 책임하에 수출(해외 배송)하는 경우 영세율이 적용된다.[34)] ② 국내사업자 : 국내외 인터넷쇼핑몰을 통하여 비거주자로부터 과세재화를 주문받아 소포우편 또는 인편으로 수출하는 경우 영세율이 적용된다.[35)]
	• 상품종합중개업(46109) : 국내의 사업자가 타인을 대신하여 각종 상품의 거래와 관련된 경매 또는 중개를 수행하는 산업활동을 말한다. 국내사업자(오퍼상)가 전자상거래 플랫폼을 통해 외국법인의 상품을 중개하고 그 대가를 외국법인으로부터 외국환은행에서 원화로 받는 경우 영세율이 적용된다.
	• 전자상거래 소매중개업(47911) : 사회 관계망 서비스(소셜 네트워크 서비스, SNS)를 통하여 일반 대중을 대상으로 각종 상품을 소매할 수 있도록 중개하거나 개인 또는 소규모 업체가 온라인상에서 직접 상품을 등록해 판매할 수 있도록 만든 전자상거래 중개업무를 담당하는 산업활동을 말한다. 국내사업자가 이러한 소매중개를 통해 국외 비거주자로부터 그 대가를 외국환은행에서 원화로 받는 경우 영세율이 적용된다.
플랫폼 사업자의 과세쟁점	• 플랫폼 사업자의 계산과 책임으로 물품이 반출되었는지 여부 ① 플랫폼사업자의 계산과 책임으로 반출 : 재화의 수출로 보아 영세율이 적용된다. ② 상품의 중개 : 해외 고객으로부터 받은 수수료에 대해 외국환은행에서 원화로 받는 경우 영세율이 적용된다.
	• 재화 또는 용역을 제공받는 자가 해외 고객인지 여부 ① 해외 고객 : 해외 고객이 온라인 쇼핑몰에서 상품을 구매한 경우 플랫폼 사업자의 계산과 책임으로 판매를 하면 재화의 수출로 영세율 적용이 되고, 해외 고객과 상품 판매업자를 중개하는 경우 중개수수료에 대하여 외국환은행에서 원화로 받으면 영세율이 적용된다. ② 국내 고객 : 재화 또는 중개수수료에 대하여 10% 세율이 적용된다.

34) 사전 2015법령해석부가-0284, 2015.8.31.
35) 부집 21-31-6 ②

Chapter 38

영세율 첨부서류 미제출, 안타까운 가산세 부담

내용 Summary

기본사항 Check

- **영세율 첨부서류** : 수출실적명세서, 외화입금증명서, 수출계약서, 공급가액확정명세서, 납품증명서, 공급사실 증명서 등
- **영세율과세표준을 신고한 경우**
  ① 영세율과세표준을 과소신고한 경우 : 영세율과세표준불성실가산세* 부과
  * 영세율과세표준 과소신고가액 × 0.5%

  ② 영세유과세표준을 과다신고한 경우 : 가산세 없음
- **영세율첨부서류를 제출한 경우**
  ① 영세율첨부서류를 과소 제출한 경우 : 영세율과세표준불성실가산세 부과(0.5%)
  ② 영세율첨부서류를 과다 제출한 경우 : 가산세 없음

핵심 Point

- 영세율과세표준 신고와 영세율 첨부서류의 내용이 다른 경우 가산세 적용
  ① 영세율과세표준을 정상신고하였으나 영세율 첨부서류를 미제출(과소 제출)한 경우
  → 영세율과 세표준신고불성실가산세 부과(과소제출과제표준 × 0.5%)
  ② 영세율과세표준을 과소신고하였으나 영세율 첨부서류는 맞게 제출한 경우
  → 가산세 없음
  ③ 영세율과세표준을 과다신고하였으나 영세율 첨부서류는 맞게 제출한 경우
  → 가산세 없음
  ④ 영세율과세표준을 신고하지 않았으나 영세율 첨부서류는 맞게 제출한 경우
  → 가산세 없음

질문 »

㈜한국은 국내 매출 · 직수출 · 내국신용장에 의하여 의류를 거래처에 공급하고 있으며, 수출재화임가공용역을 제공하고 있다. 다음 물음에 답하시오.

1. ㈜한국이 2025.6.1. 미국법인에 직수출한 1억원과 수출업자 ㈜대한에 내국신용장 개설에 따라 영세율 매출한 1억원(세금계산서 미교부)에 대하여 2025년 1기 확정신고 시 신고누락하여 2025.12.5.에 수정신고 시 ㈜한국과 ㈜대한의 가산세는?

2. ㈜한국의 2025년 제1기 과세표준이 아래와 같을 때 각 사례별 가산세는?

기 간	영세율 과세표준			과세표준 (국내판매분)
	① 직수출	② 내국신용장	③ 수출재화임가공	
2025.4.1.~6.30.	3억원	2억원	1억원	4억원

(1) 2025년 제1기 확정신고 시 위 '①', '②', '③'의 영세율 과세표준을 신고누락하여 2026.1.25. 수정신고하는 경우(세금계산서합계표는 제출한 것으로 가정함)

(2) 2025년 제1기 확정신고 시 위 '①', '②', '③'의 영세율 과세표준을 신고누락하여 2026.7.25. 수정신고하는 경우(세금계산서합계표는 제출한 것으로 가정함)

(3) 2025년 제1기 확정신고 시 영세율 과세표준은 정상적으로 신고하였으나, 경리담당자의 착오로 수출실적명세서 및 수출재화임가공에 따른 계약서를 제출하지 않은 사실이 확인되어 2026.1.25. 수정신고하면서 첨부서류를 제출하는 경우(다른 영세율 첨부서류는 정상 제출)

(4) 경리담당자의 착오로 부가가치세신고서상 '①'의 직수출금액을 5억원으로 기재하여 신고한 경우

(5) '①'의 직수출 과세표준을 신고누락하여 2027.7.26. 이후 수정신고하는 경우

답변 및 해설 »

1. 직수출과 내국신용장을 개설하여 수출재화를 공급하는 경우에는 영세율이 적용된다. 직수출은 거래상대방이 국내 사업장이 없는 외국법인 등으로 세금계산서 발급의무가 없다. 하지만, 내국신용장에 의하여 재화를 공급하는 경우에는 영세율 세금계산서를 발급하여야 한다.

위 사례에서 매출자 ㈜한국은 직수출한 1억원과 내국신용장에 의한 1억원을 합한 2억원의 영세율 매출누락이 발생하였고, 이에 대한 가산세는 영세율세금계산서 미발급가산세 2백만원(1억원×2%)과 영세율과세표준 신고불성실가산세 500,000원*을 합한 250만원을 수정신고와 함께 납부하여야 한다.

* 영세율 과세표준 신고불성실가산세 : (1억원 + 1억원) × 0.5% × 50%(6개월 이내 가산세 감면) = 500,000원

2. 영세율 과세표준 신고불성실가산세는 2년 이내에 수정신고하면 10~90%까지 가산세를 감면받을 수 있다.

(1) 영세율 과세표준 신고를 누락한 건에 대하여 법정신고기한인 2025.7.25.부터 6개월 이내의 수정신고로 신고불성실가산세 150만원*을 적용하여 수정신고 · 납부한다.

* 영세율 과세표준 신고불성실가산세 : (3억원 + 2억원 + 1억원) × 0.5% × (1-50%) = 1,500,000원

(2) 영세율 과세표준 신고를 누락한 건에 대하여 법정신고기한인 2025.7.25.부터 1년 이내의 수정신고로 신고불성실가산세 210만원*을 적용하여 수정신고 · 납부한다.

* 영세율 과세표준 신고불성실가산세 : (3억원 + 2억원 + 1억원) × 0.5% × (1-30%) = 2,100,000원

(3) 내국신용장에 의한 영세율 첨부서류는 수출실적명세서 등을 필요로 하지 않으므로 적정하고, 직수출과 수출재화 임가공용역에 대한 첨부서류는 반드시 제출하여야 영세율이 적용되므로 이를 제출누락한 건에 대하여 법정신고기한인 2025.7.25.부터 6개월 이내의 수정신고로 신고불성실가산세 100만원*을 적용하여 수정신고 · 납부한다.

* 영세율 과세표준 신고불성실가산세 : (3억원 + 1억원) × 0.5% × (1-50%) = 1,000,000원

(4) 영세율 첨부서류는 적정하게 제출되었으나 영세율 과세표준 신고서에 직수출 금액을 중복으로 착오 계산하여 3억원을 5억원으로 신고한 건에 대하여 수정신고한 경우에는 가산세가 적용되지 아니한다.

(5) 직수출을 신고 누락하여 법정신고기한으로부터 2년이 지나서 수정신고하는 경우 가산세 감면은 받을 수 없어, 영세율 과세표준 신고불성실가산세 150만원*을 적용하여 수정신고 · 납부한다.

* 영세율 과세표준 신고불성실가산세 : 3억원 × 0.5% = 1,500,000원

핵심정리

<table>
<tr><th>구 분</th><th>내 용</th></tr>
<tr><td rowspan="7">영세율 첨부서류</td><td>• 재화의 국외반출에 의한 수출의 영세율 첨부서류

<table>
<tr><th>구 분</th><th>영세율 첨부서류</th></tr>
<tr><td>선박 · 항공기 직수출</td><td>수출실적명세서</td></tr>
<tr><td>소포우편 수출</td><td>소포수령증(부령 §101 ① (1))</td></tr>
<tr><td>국제특송 수출</td><td>특사수령증(courier receipt)을 제출</td></tr>
<tr><td>인편 수출</td><td>간이수출신고서</td></tr>
<tr><td>관세환급금</td><td>관세환급금 등 명세서</td></tr>
<tr><td>기 타</td><td>수출계약서 및 외화입금증명서</td></tr>
</table></td></tr>
<tr><td>• 중계무역방식 등을 통한 재화 수출 : 수출계약서 사본 또는 외화입금증명서</td></tr>
<tr><td>• 내국신용장 · 구매확인서에 의한 공급 : 내국신용장 또는 구매확인서</td></tr>
<tr><td>• 용역의 국외공급 : 외화입금증명서 또는 국외에서 제공하는 용역에 관한 계약서</td></tr>
<tr><td>• 외국항행용역 : 공급가액확정명세서, 운송용역공급가액일람표, 외화입금증명서</td></tr>
<tr><td>• 그 밖의 외화획득 재화 · 용역 공급 : 외화입금증명서, 국외사업자에게 제공하였음을 증명하는 서류, 용역공급계약서 사본 또는 대금청구서, 상호주의를 입증할 수 있는 관계 증명서류</td></tr>
<tr><td>• 조세특례제한법에 따른 영세율 : 납품증명서, 공급사실 증명서, 외교관면세 판매기록표, 외화입금증명서, 외화매입증명서, 월별 판매합계표, 숙박용역 공급확인서, 환급증명서 등</td></tr>
<tr><td rowspan="4">영세율 첨부서류 미제출가산세</td><td>• 영세율 과세표준 신고 누락한 경우 가산세를 부과한다(국기법 §47의 2 ①).</td></tr>
<tr><td>• 영세율 과세표준을 신고한 경우에도 수출실적명세서 등 첨부서류 미제출 시 신고하지 않은 것으로 보아 영세율 과세표준 신고불성실가산세를 부과한다.

영세율 과세표준 신고불성실가산세 : (실제 과세표준 − 신고 과세표준)×0.5%</td></tr>
<tr><td>• 영세율 첨부서류 과다제출 : 가산세 없음</td></tr>
<tr><td>• 영세율 첨부서류는 정상적으로 제출하였으나 부가가치세 신고서에 영세율 과세표준 신고란에 미기재 또는 과다기재한 경우 가산세 없음[36)]</td></tr>
</table>

36) 재부가-444, 2009.6.26., 부집 60-0-13

<table>
<tr><th>구 분</th><th>내 용</th></tr>
<tr><td>영세율 첨부서류 미제출가산세</td><td>• 수정신고 시 가산세 감면 : 과세기간이 지난 월수에 따라 감면
<table>
<tr><th>수정신고 내용</th><th>가산세 감면율</th></tr>
<tr><td>법정신고기한이 지난 후 1개월 이내 신고</td><td>90%</td></tr>
<tr><td>법정신고기한이 지난 후 1개월 초과 3개월 이내 신고</td><td>75%</td></tr>
<tr><td>법정신고기한이 지난 후 3개월 초과 6개월 이내 신고</td><td>50%</td></tr>
<tr><td>법정신고기한이 지난 후 6개월 초과 1년 이내 신고</td><td>30%</td></tr>
<tr><td>법정신고기한이 지난 후 1년 초과 1년 6개월 이내 신고</td><td>20%</td></tr>
<tr><td>법정신고기한이 지난 후 1년 6개월 초과 2년 이내 신고</td><td>10%</td></tr>
</table></td></tr>
</table>

PART 04

면세

QnA

Chapter 39

너무 어려운 식료품의 부가세 면세 판단

내용 Summary

기본사항 Check

- **면세식료품과 과세식료품의 구분**
  ① 미가공식료품은 부가가치세 면제대상이나 가공식료품은 과세대상임
  ② 식료품은 **성질의 변화 여부**로 가공 여부를 판단함
  열처리(삶기, 찌기, 굽기, 볶기, 튀기기 등), 발효 · 숙성, 조미 · 양념, 특정요소를 추출한 경우에는 가공된 것으로 봄

- **과세재화와 면세재화를 하나의 제품으로 공급하는 경우 과세 여부**
  ① 주된 재화와 부수재화를 함께 판매하는 경우 : 주된 재화가 과세대상이면 전체를 과세하고, 주된 재화가 면세대상이면 전체를 면세함
  ② 별개의 재화를 세트로 판매하는 경우 : 과세재화는 과세하고, 면세재화는 면세함. 이 경우 실지거래가액의 구분이 불분명한 경우에는 개별재화의 판매가액이나 원가구성비율에 따라 안분한 가액이 정상적인 거래 등에 비추어 합리적인 것으로 인정되는 경우 안분한 해당 재화의 가액을 공급가액으로 보는 것임

핵심 Point

- 면세식료품 비과세 여부 → 모양 변화에 관계없이 성질 변화로 판단
- 주된 재화와 부수재화를 함께 공급 → 주된 재화가 과세대상이면 전체 재화를 과세하고, 주된 재화가 면세대상이면 전체 재화를 면세함

질문 »

수산식품을 판매하는 ㈜바다는 다음 제품을 판매하고 있다.

구 분	내 용	
냉동 오징어	오징어를 급속냉동시킨 제품	
반건조 오징어	오징어를 자연상태에서 반 정도 건조한 제품(두툼하고 탱글탱글함)	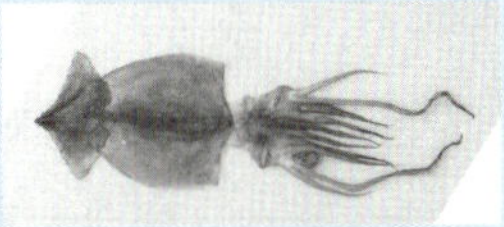
구운 오징어	마른 오징어 몸통에 열을 가한 후 로울러기계에 압착시켜 칼집을 낸 형태인 오징어 제품	
오징어채	오징어를 햇볕에 자연 건조하여 껍질을 제거한 후 가늘게 절단한 제품	
오징어채 무침	가늘게 절단한 오징어포에 양념(고추장, 깨, 마늘, 식용유 등)을 첨가하여 무침을 만들어 냉장한 제품	
오징어 분	어떤 첨가제도 사용하지 않고 마른 오징어를 그대로 분쇄하여 가루로 만든 제품(각종 반죽, 육수에 사용하거나 천연조미료로 사용)	
김밥용 생김	운송, 보관, 유통편의상 포장(비닐포장 등 포장방법 불문)하여 공급하는 김(단순히 건조한 해태) 제품(100매씩 비닐로 포장하여 판매)	
조미김	국내산 마른 김에 기름과 소금을 첨가하여 조미한 김	
김자반	구운 김을 잘게 부수고 통깨, 설탕, 소금 등으로 양념해 만든 밑반찬용 제품	

㈜바다가 판매하는 제품이 부가가치세 과세대상인가?

답변 및 해설 »

구 분	가공 여부	내 용
냉동 오징어	면세	오징어를 본래의 성질이 변하지 않는 정도의 1차 가공(냉동, 포장)을 한 것이므로 면세
반건조 오징어	면세	오징어를 본래의 성질이 변하지 않는 정도의 1차 가공(건조, 포장)을 한 것이므로 면세
구운 오징어	과세	오징어를 본래의 성질이 변하는 정도의 가공(열처리)을 하였으므로 과세
오징어채	면세	오징어를 본래의 성질이 변하지 않는 정도의 1차 가공(건조, 절단, 포장)을 한 것이므로 면세
오징어채 무침	과세	오징어를 본래의 성질이 변하는 정도의 가공(조미, 양념)을 한 것이므로 과세
오징어 분	면세	오징어를 본래의 성질이 변하지 않는 정도의 1차 가공(건조, 분쇄, 포장)을 한 것이므로 면세
김밥용 생김	면세	김을 본래의 성질이 변하지 않는 정도의 1차 가공(건조, 절단, 포장)을 한 것이므로 면세
조미김	과세	김을 본래의 성질이 변하는 정도의 가공(조미, 양념)을 한 것이므로 과세
김자반	과세	김을 본래의 성질이 변하는 정도의 가공(조미, 양념)을 한 것이므로 과세

핵심정리

<table>
<tr><th>구 분</th><th>내 용</th></tr>
<tr><td>미가공 식료품</td><td>1. 미가공식료품(국내산 · 외국산 불문)은 부가가치세 면세대상이다.
미가공식료품이란 식용으로 제공되는 농 · 축 · 수 · 임산물과 소금[식품의약품안전청장이 정한 식품의 기준 및 규격에 따른 천일염(天日鹽) 및 재제(再製)소금을 말함]으로서 전혀 가공되지 아니하거나 탈곡 · 정미 · 정맥 · 제분 · 정육 · 건조 · 냉동 · 염장 · 포장 기타 원생산물의 본래의 성질이 변하지 아니하는 정도의 1차 가공을 거쳐 식용으로 제공되는 것을 말한다(부법 §26 ① (1), 부령 §34 ①).
2. 성질이 변한 것(화학적 변화)은 가공된 것으로 보나, 모양이 변화된 것(물리적 변화)은 가공되지 않은 것으로 본다. 일반적으로 삶기, 찌기, 굽기, 볶기, 튀기기 등의 열처리를 한 것, 발효 · 숙성하거나 조미 · 양념한 것, 앙금 · 침전 · 엑기스와 같이 특정요소를 추출한 것은 가공된 것으로 본다. 다만, 운반, 신선도 유지, 저장 등을 위한 방부제 등을 첨가하는 것은 가공되지 않은 것으로 본다.

가공식료품 사례
<table><tr><th>구 분</th><th>과세재화 예</th></tr><tr><td>열처리(삶기, 찌기, 굽기, 볶기, 튀기기 등)</td><td>맛김, 구운 밤, 맥반석 구운 오징어,</td></tr><tr><td>발효, 숙성</td><td>치즈, 요구르트</td></tr><tr><td>조미, 양념</td><td>양념불고기, 양념돼지갈비</td></tr><tr><td>특정요소 추출(앙금, 침전, 엑기스 등)</td><td>들기름, 야채즙, 생과일을 압착하여 만든 주스</td></tr></table>
3. 식용으로 제공되는 미가공식료품인지는 「부가가치세법 시행규칙」 [별표 1] 면세하는 미가공식료품 분류표에 따라 판단하며, 미가공식료품 분류표를 적용할 때는 「관세법」 별표의 관세율표를 기준으로 한다(부칙 §24). "[별표 1] 면세하는 미가공식료품 분류표"에서는 미가공식료품을 곡류, 서류, 특용작물류, 과실류, 채소류, 수축류, 수육류, 유란류, 생선류, 패류, 해조류, 소금, 기타 식용으로 제공되는 농축수임산물과 단순가공식료품 등으로 분류한다. [별표 1]에 규정되어 있지 않은 것은 미가공식료품으로 보지 아니한다.</td></tr>
</table>

구 분	내 용
면세대상과 과세대상을 하나의 매매단위로 거래하는 경우	① 주된 재화와 부수재화를 함께 판매하는 경우의 사례 ㉮ 곱창전골 사업자가 면세재화인 곱창, 대창, 양 등과 과세재화인 양념장, 당면사리, 우동사리를 하나의 거래단위로 공급하는 경우로서 주된 재화가 면세재화인 경우에는 「부가가치세법」 제14조 제1항 제2호에 따라 부가가치세가 면제되는 것임(사전-2018-법령해석부가-0803 [법령해석과-3373], 2018.12.26.) ☞ 곱창전골의 주된 재화와 부수재화이므로 주된 재화에 따라 과세 · 면세를 판단하는 것임 ㉯ 바지락칼국수 사업자가 과세재화인 칼국수면, 소스 등과 면세재화인 애호박, 양파, 고추, 대파, 당근 등을 하나의 거래단위(팩)로 포장하여 판매하는 경우로서 주된 재화가 과세재화인 경우에는 「부가가치세법」 제14조 제1항에 따라 부가가치세가 과세되는 것임(사전-2018-법령해석부가-0239 [법령해석과-1018], 2018.4.17.) ☞ 바지락칼국수의 주된 재화와 부수재화이므로 주된 재화에 따라 과세 · 면세를 판단하는 것임 ㉰ 황태포 사업자가 면세재화인 황태포를 판매할 때 증정품인 소량의 고추장*을 각기 본래의 성질을 그대로 유지한 상태로 하나의 거래단위로 포장하여 판매하면서 가격 또는 원재료의 구성비율 등으로 볼 때 면세재화가 해당 포장재화의 주된 재화에 해당하는 경우에는 「부가가치세법」 제26조 제1항 제1호에 따라 부가가치세가 면제되는 것임(사전-2016-법령해석부가-0128 [법령해석과-1093], 2016.4.4.) * 질의 당시 규격 단위로 포장된 고추장은 과세재화였으나 2022.7.1.부터 2025.12.31.까지는 한시적 면세대상임 ☞ 황태포와 고추장은 별개로 판매될 수 있으나, 고추장은 소량의 증정품이므로 고추장을 부수재화로 본 것임

구 분	내 용
면세대상과 과세대상을 하나의 매매단위로 거래하는 경우	② 별개의 재화를 세트로 판매하는 경우의 사례 ㉮ 참외와 참외청 세트 사업자가 면세재화인 참외와 과세재화인 참외청세트 등을 혼합하여 하나의 거래단위로 포장하여 판매하는 경우 그 중 어느 재화가 주된 재화인지 구분이 어렵고 함께 공급되는 각 재화가 독립된 재화로 판매 가능하여 사실상 별개의 재화의 공급으로 간주될 수 있는 경우에는 각각 구분하여 과세재화는 부가가치세가 과세되는 것이고, 면세재화는 같은 법 제26조 제1항 제1호의 규정에 의하여 부가가치세가 면제되는 것임(사전-2021-법령해석부가-0911 [법령해석과-2410], 2021.7.7.) ☞ 참외와 참외청은 주된 재화와 부수재화로 구분되지 않는 별개의 재화이므로 각각 구분해서 과세 · 면세를 판단하는 것임 ㉯ 된장과 건버섯 세트 사업자가 과세재화인 된장*과 면세재화인 건버섯을 혼합하여 하나의 거래단위로 포장하여 판매하는 경우 그 중 어느 재화가 주된 재화인지 구분이 어렵고 함께 공급되는 각 재화가 독립된 재화로 판매 가능하여 사실상 별개의 재화의 공급으로 간주될 수 있는 경우에는 각각 구분하여 과세재화는 부가가치세가 과세되는 것이고, 면세재화는 부가가치세가 면제되는 것임. 이 경우 과세재화의 공급가액은 실지거래가액을 공급가액으로 하는 것이나 개별 재화의 실지거래가액이 불분명한 경우로서 개별재화의 판매가액이나 원가구성 비율에 따라 안분한 가액이 정상적인 거래 등에 비추어 합리적인 것으로 인정되는 경우 안분한 해당 과세재화의 가액은 공급가액으로 보는 것임(사전-2020-법령해석부가-0532 [법령해석과-1994], 2020.6.26.) * 2022.7.1.부터 2025.12.31.까지는 규격단위로 포장된 된장도 한시적으로 면세대상임 ☞ 된장과 건버섯은 주된 재화와 부수재화로 구분되지 않는 별개의 재화이므로 각각 구분해서 과세 · 면세를 판단하는 것임

Chapter 40

쌈무와 쌈장, 부가세 면세대상인가?

내용 Summary

기본사항 Check

- 단순가공식품
  ① 단순가공식품이란 「부가가치세법 시행규칙」 [별표 1]에 열거된 데친 채소류 · 김치 · 단무지 · 장아찌 · 젓갈류 · 게장 · 두부 · 메주 · 간장 · 된장 · 고추장을 말함

  ② 종전에는 제조시설을 갖추고 판매목적으로 독립된 거래단위로 관입 · 병입 또는 기타 이와 유사한 형태로 포장하여 공급하는 것(단순하게 운반편의를 위하여 일시적으로 관입 · 병입 등의 포장을 하는 것은 단순가공식품으로 보아 면세)은 과세하였으나, 2022.7.1.부터 **2025.12.31.까지**의 공급분은 **한시적으로 면세**로 전환함

핵심 Point

- 단순가공식품은 [별표 1]에 열거된 것만 면세대상이며, 2022.7.1.부터 2025.12.31.까지는 규격단위로 포장해도 면세됨

질문 »

대관령식품은 다음 제품을 판매하고 있다. 다음 중 부가가치세가 면세되는 것은?

구 분	내 용	
절임 배추	배추를 염수(소금물)에 절여 비닐로 진공포장한 제품	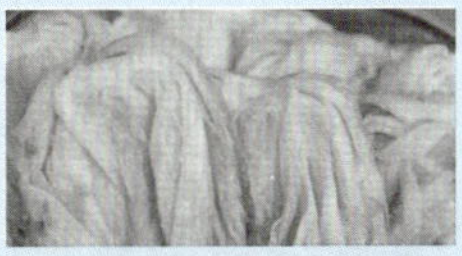
김치양념	고춧가루, 마늘, 생강, 양파, 새우젓, 멸치액젓, 전분풀, 설탕, 조미료를 단순 분쇄한 후 배합한 김치 속재료인 양념	
절임배추에 양념소를 혼합한 제품	절임배추(주된 재화)에 김치양념(부수재화)을 혼합(속넣기)한 제품	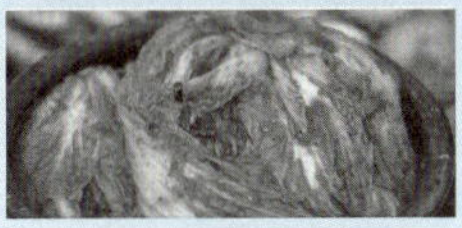
포기김치	김치를 운반편의상 비닐봉지에 담아 고무밴드로 묶은 제품	
포장김치	김치를 관입, 병입 또는 이와 유사한 형태로 포장하여 담은 제품	
명이절임	명이나물을 정제수, 물엿, 정제소금, 양조식초로 절여서 1kg 단위로 병에 담은 제품	
쌈무	무를 얇게 통썰기하여 식초와 소금에 절인 제품	
된장	대두, 쌀, 보리, 밀, 탈지대두 등을 원료로 누룩균 등을 배양한 후 식염을 혼합하여 발효·숙성시킨 제품	
청국장	두류를 주원료로 하여 바실러스(Bacillus) 속균으로 발효시켜 제조한 것이거나, 이를 고춧가루, 마늘 등으로 조미한 제품	
락교	락교를 포장한 제품	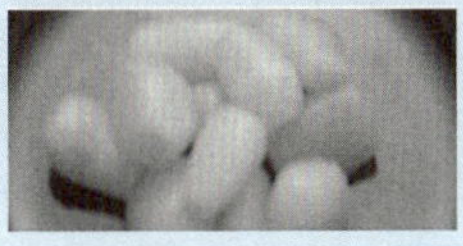

답변 및 해설 »

구 분	가공 여부	내 용
절임배추	면세	사업자가 염수(소금물)에 절인 배추를 씰링 또는 진공포장하여 공급하는 경우, 그 절임배추는 [별표 1] '미가공식료품 분류표'에 열거된 것으로서 본래의 성질이 변하지 아니하는 정도의 1차가공을 거쳐 식용에 공하는 것에 해당하여 면세됨(부가가치세과-3504, 2008.10.8.)
김치양념	과세	고춧가루, 마늘, 양파, 새우젓, 멸치액젓, 전분풀, 설탕 등을 배합하여 만든 김치제조에 필요한 양념을 제조하여 판매하는 경우는 부가가치세가 과세됨(부가46015-863, 2000.4.20.)
절임배추와 양념소를 혼합한 제품	면세	부가가치세가 면제되는 절임배추를 주된 재화로 하여 이에 부수하여 과세되는 김치양념을 단순하게 혼합하여 재화를 공급하는 경우 본래의 성질이 변하지 아니하는 정도의 단순 혼합재화에 대하여는 주된 재화가 면세이므로 전체가 면세됨(부가가치세과-84, 2014.1.28.)
포기김치	면세	김치는 단순가공식품이므로 면세됨
포장김치	면세	제조시설을 갖추고 김치를 판매목적으로 독립된 거래단위로 관입, 병입 또는 이와 유사한 형태로 포장하여 판매하는 경우 종전에는 부가가치세를 과세하였으나, 2022.7.1.부터 2025.12.31.까지의 공급분은 한시적으로 면세함(단순가공식품은 모두 동일함)
쌈무	면세	명이절임은 장아찌에 해당하므로 단순가공식품으로 부가가치세가 면세됨
된장	면세	된장은 단순가공식품으로 부가가치세가 면세됨
청국장	과세	청국장은 된장과 달리 조미된 장(혼합장)이므로 과세됨
락교	과세	• 락교는 우리나라 식품공전상 식염, 식초, 당류 또는 장류 등에 절인 후 가공한 식품으로 「부가가치세법 시행규칙」 [별표 1]의 미가공식료품 분류표에 열거되지 않았으므로 부가가치세 면제 대상이 아님(국심2005구1809, 2005.11.14.) • 락교는 부가가치세법 시행령 제28조의 규정에 의하여 부가가치세가 면제되는 미가공식료품 등의 범위에 해당하지 아니하므로 포장단위에 관계없이 부가가치세가 과세됨(서면3팀-512, 2005.4.19.)

핵심정리

1. 단순가공식품에 대한 부가가치세 면세

단순가공식품은 부가가치세 면세대상이다. 단순가공식품이란 데친 채소류 · 김치 · 단무지 · 장아찌 · 젓갈류 · 게장 · 두부 · 메주 · 간장 · 된장 · 고추장을 말한다. 이 경우 제조시설을 갖추고 판매목적으로 독립된 거래단위로 관입 · 병입 또는 기타 이와 유사한 형태로 포장하여 공급하는 것은 2022.7.1.부터 **2025.12.31.**까지의 공급분은 한시적으로 부가가치세를 면세하고, 2026.1.1. 이후 공급분은 과세한다. 다만, 단순하게 운반편의를 위하여 일시적으로 관입 · 병입 등의 포장을 하는 것은 단순가공식품으로 보아 면세한다.

포장김치 등에 대한 부가가치세 과세 여부

구 분	2022.6.30.까지 공급분	2022.7.1.~2025.12.31. 공급분	2026.1.1. 이후 공급분
부가가치세 과세 여부	과세	면세	과세

2. 단순가공식품의 면세 관련 사례

민생안정 지원 대책의 일환으로 부가가치세법 시행규칙 [별표 1]이 개정(2022.7.1. 시행)됨에 따라 단순가공식료품 주요 쟁점품목의 부가가치세 대상 분류를 안내해드립니다(기획재정부 부가가치세제과).

구분	쟁점 품목	면세	과세	비 고
김치	볶음김치		○	가열조리식품은 과세
단무지	쌈무	○		단순 절임식품 면세
	피클(오이, 무 등)	○		
	우엉(김밥용)		○	삶은 채소(김밥용 삶은 우엉)는 과세
장아찌	무말랭이	○		다만, 조미식품(양념과 혼합한 무말랭이 무침)은 과세
	연근조림		○	가열조리식품은 과세
	우엉절임	○		단순 절임식품 면세
	명이절임	○		

구분	쟁점 품목	면세	과세	비 고
두부	두류가공품 (양념두부, 밀키트 등)		△	• 양념두부 : 조미식품은 과세 • 밀키트 : 과세재화와 면세재화가 각기 본래의 성질을 유지한 상태로 혼합포장된 경우 주된 재화에 따라 과 · 면세 판단
	두부가 들어간 기타 가공식품		○	가공식품은 과세
간장		○		식품공전상 '한식간장', '양조간장', '산분해간장', '효소분해간장', '혼합간장'
된장	쌈장	○		된장, 고추장 주원료이며, 시장규모가 큰 점을 감안 예외적으로 면세
	청국장		○	식품공전에서 된장과 달리 조미된 장으로 분류(혼합장)
	간편양념류(된장찌개 등 간편양념류)		○	고추가루, 마늘, 액젓, 설탕 등을 배합한 양념류(추가적 가공품)는 과세
고추장	초장		○	식품공전에서 고추장과 다른 조미된 장으로 분류(혼합장)
기타	김밥 KIT(단무지 등 김밥재료 KIT), 묶음상품(면세+과세)		△	과세재화와 면세재화가 각기 본래의 성질을 유지한 상태로 혼합포장된 경우 주된 재화에 따라 과 · 면세 판단

Chapter 41

오피스텔 · 원룸 · 쉐어하우스 임대, 면세대상인가?

내용 Summary

기본사항 Check

- 세입자의 주거비 부담을 경감하기 위하여 주택임대용역은 면세함(부법 §26 ① ⑿)
- 주택이란 상시주거용(사업을 위한 주거용 제외) 건물과 그 부수토지를 말하며, 주택인지는 임차인이 실제 용도를 기준으로 판단함(서면3팀-177, 2004.2.5.)
- 오피스텔을 임대한 경우 임차인이 주거용으로 사용한 경우에는 주택임대이므로 면세되나, 업무용으로 사용한 경우에는 과세됨
- 쉐어하우스, 게스트하우스, 서비스드 레지던스로 주택을 빌려주는 경우에는 상시주거용이 아니므로 과세됨

핵심 Point

- 임차인이 상시주거용으로 사용하는 경우에는 면세됨

질문 »

주택의 임대용역은 부가가치세 면세대상이다. 다음 중 부가가치세가 면세되는 것은?

구 분	내 용
오피스텔 임대	임차인이 사업자등록을 하고 오피스텔을 사무실로 사용하고 있음
	임차인이 주민등록 전입신고하고 오피스텔을 상시주거용으로 사용하고 있음
원룸 임대	원룸에는 방마다 독립된 화장실, 싱크대, 세탁기, 에어컨 등이 있고, 원룸을 상시주거용으로 사용하고 있음
고시원 임대	고시원의 방은 개인공간으로 침대, 옷장, 책상을 갖추고 있고, 생활공간인 세면대, 샤워실, 화장실, 세탁기, 주방, 식당은 공동 사용함
쉐어하우스 임대	방은 독립적으로 사용하나, 공용공간인 라운지, 부엌, 샤워실, 화장실을 공유하고 있음. 월세가 저렴하고 입주자들 간의 교류가 장점임

구 분	내 용
게스트하우스 숙박용역	게스트하우스의 침실은 4인실, 6인실, 8인실로 여러 명이 함께 투숙하고, 샤워실과 화장실 등은 공동으로 사용함
서비스드 레지던스 용역	단기투숙객에 대하여는 택배서비스, 모닝콜서비스, 주차서비스, 세탁서비스, 룸서비스, 청소서비스(청소, 수건 및 시트교환 등) 등 호텔식 서비스를 제공하고, 30일 이상의 장기투숙객에 대하여는 임대차계약을 체결하되 별도의 비용을 부담하는 경우 단기투숙객과 같은 서비스를 제공하며 장 · 단기 구분 없이 객실에는 빌트인 시설인 PDP TV, 드럼세탁기, 냉장고 등의 각종 편의시설과 각종 침구류, 주방 및 욕실용품 등 기본적인 숙박시설이 제공되고, 단기숙박은 1일 기준요금을 선불로, 장기숙박은 보증금과 월세를 선불로 각각 받음. 건물의 1층 입구(프론트)에서 직원 2~3명이 객실안내 · 예약 · 결제업무 · 주차대행 등을 하고 있음

답변 및 해설 »

구 분	면세 여부	내 용
오피스텔 임대	과세	임차인이 오피스텔을 사무실로 사용하고 있으므로 과세대상임
	면세	임차인이 오피스텔을 상시주거용으로 사용하고 있으므로 주택임대로서 면세대상임
원룸 임대	면세	임차인이 원룸을 상시주거용으로 사용하고 있으므로 주택임대로서 면세대상임
고시원 임대	과세	고시원은 숙박시설이므로 고시원 임대는 부가가치세 과세대상임
쉐어하우스 임대	과세	쉐어하우스는 주방, 화장실 등이 공용이므로 상시주거용 건물로 볼 수 없음. 따라서 쉐어하우스 임대는 부가가치세 과세대상임(기획재정부 부가가치세제과-317, 2022.7.15.)
게스트하우스 숙박용역	과세	게스트하우스는 숙박시설이므로 부가가치세 과세대상임(기획재정부 부가가치세제과-317, 2022.7.15.)
서비스드 레지던스 용역	과세	서비스드 레지던스도 숙박시설이므로 부가가치세 과세대상임(조심-2010-서-1727, 2010.12.13.; 서울행정법원-2011-구합-8864, 2011.12.23.)

핵심정리

<table>
<tr><th>구 분</th><th>내 용</th></tr>
<tr><td>주택임대 면세 취지</td><td>주택임대용역을 면세하는 것은, 보통의 경우에 주택 임차인은 가난한 서민이고 주택임대용역이 임차인의 기초생활용역임에도 불구하고, 그러한 용역에까지 부가가치세를 과세하면 임차인의 경제생활을 압박하게 되므로, 후생복지 내지 사회정책적인 차원에서 임차인의 부가가치세의 부담을 경감시켜 주려는 데에 있고, 사업자인 임대인의 부가가치세 부담을 경감시켜 주려는 것은 아님(대법원-91-누-12707, 1992.7.24.)</td></tr>
<tr><td>면세대상 주택임대용역의 범위</td><td>부가가치세 면세대상인 주택임대용역의 범위는 다음과 같음(부법 §26 ① ⑿)
① 상시주거용(사업을 위한 주거용의 경우는 제외)으로 사용하는 건물(이하 "주택"이라 함)과 이에 부수되는 토지*의 임대 용역
② 주택법 §2 (9)에 따른 토지임대부 분양주택(국민주택규모로 한정함)에 부수되는 토지*의 임대 용역(이 규정은 2024.7.1. 이후 용역을 공급하는 경우부터 적용)
* 주택에 부수되는 토지 한도 : 토지의 면적이 다음 중 넓은 면적을 초과하는 경우 그 초과하는 부분의 임대용역은 부가가치세가 면제대상에서 제외함(부령 §41 ②)
㉮ 주택의 연면적(지하층의 면적, 지상층의 주차용으로 사용되는 면적 및 「주택건설기준 등에 관한 규정」 §2 (3)에 따른 주민공동시설의 면적은 제외함)
㉯ 건물이 정착된 면적에 5배(도시지역 밖의 토지는 10배)를 곱하여 산정한 면적</td></tr>
<tr><td>오피스텔 임대</td><td>• 임차인이 오피스텔을 상시주거용으로 사용한 경우에는 부가가치세를 면세하나, 오피스텔을 업무용으로 사용한 경우에는 부가가치세를 과세함
• 임차인이 오피스텔을 어떤 용도로 사용했는지는 오피스텔 구조와 내부 시설, 임차인의 주민등록전입 여부(전입신고한 경우 주택으로 사용하였을 가능성이 높음) 및 직업(근로자인 경우 주택으로 사용하였을 가능성이 높음), 사업자등록 여부(사업자등록을 하였다면 업무용으로 사용할 가능성이 높음) 등을 종합하여 사실판단함

임차인이 오피스텔을 기숙사로 사용하는 경우
임차인이 오피스텔을 종업원의 복지 및 근로의 편의를 위한 기숙사로 사용하는 경우에는 사업을 위한 주거용의 경우에 해당되어 오피스텔의 임대용역에 대하여는 부가가치세가 과세되나, 임차인이 오피스텔을 종업원의 상시주거용으로 사용하는 경우에는 오피스텔의 임대용역에는 부가가치세가 면제됨(서면3팀-2292, 2004.11.10.)</td></tr>
</table>

<table>
<tr><th>구 분</th><th colspan="3">내 용</th></tr>
<tr><td rowspan="5">부가가치세가 과세되는 경우와 면세되는 경우의 비교</td><td>구 분</td><td>임차인이 업무용으로 사용하는 경우(과세사업)</td><td>임차인이 주거용으로 사용하는 경우(면세사업)</td></tr>
<tr><td>사업자등록</td><td>부가가치세법에 따라 사업자등록</td><td>소득세법(법인은 법인세법)에 따라 사업자등록</td></tr>
<tr><td>건물 취득 시 부담한 매입세액</td><td>매입세액 공제</td><td>매입세액 불공제</td></tr>
<tr><td>임대료에 대한 부가가치세</td><td>과세</td><td>면세</td></tr>
<tr><td>임대료에 대한 증빙서류</td><td>세금계산서
(영수증발급기간 중인 간이과세자는 영수증)</td><td>영수증
(임차인이 사업자인 경우에는 계산서)
(서면-2021-전자세원-4117 [전자세원과-743], 2021.7.29.)</td></tr>
</table>

Chapter 42

겸용주택의 임대, 부가세 과세대상인가?

내용 Summary

기본사항 Check

- 겸용주택 임대 : 건물의 경우 주택의 연면적이 상가의 연면적보다 크면 건물 전부를 주택으로 보아 면세하고, 그 밖의 경우에는 주택만 주택으로 보아 면세함. 그러나 건물의 일부만 주택으로 보는 경우 부수토지는 건물 면적비율로 안분계산함

핵심 Point

- 겸용주택을 임대한 경우 면적을 비교하여 과세 · 면세 여부를 판단함

질문 »

정소희 씨는 다음과 같이 도시지역에 소재하고 있는 겸용주택 두 채를 2024.1.1.부터 2025.12.31.까지 임대하였다.

구 분	내 용	
겸용주택 A	주택 180㎡, 상가 90㎡, 부수토지 600㎡인 단층 상가주택을 1인에게 임대함	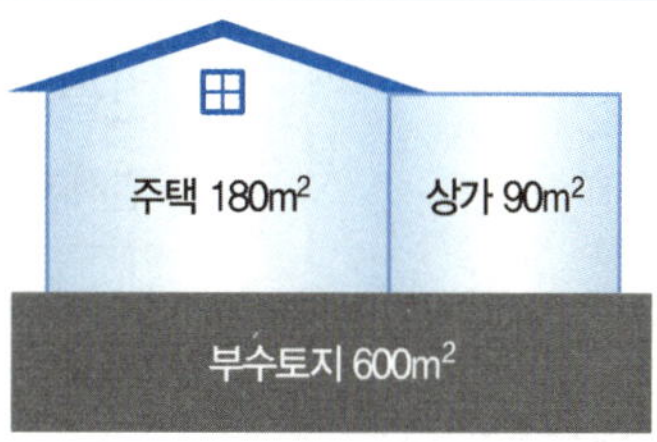
겸용주택 B	상가 180㎡, 주택부분 90㎡, 부수토지 600㎡인 3층 겸용주택을 1인에게 임대함	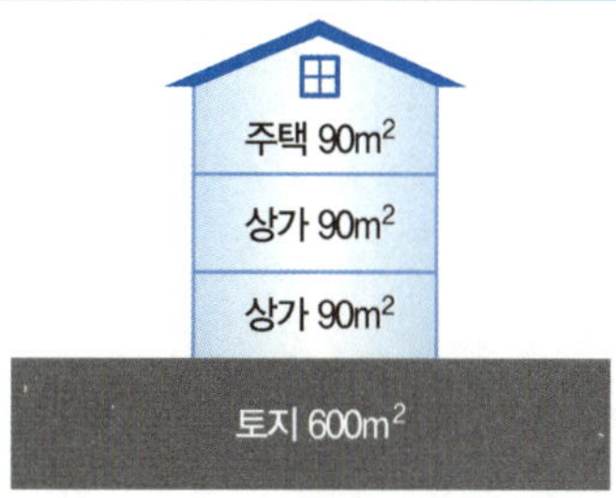

겸용주택의 임대료와 기준시가는 다음과 같다. 주택과 상가의 임대료의 구분은 불분명하다.

구 분		겸용주택 A	겸용주택 B
2025년 제1기 과세기간의 임대료 (간주임대료 포함)		4천 5백만원	4천 5백만원
2025.6.30. 현재 기준시가	건 물	6억원	6억원
	토 지	3억원	3억원
	합 계	9억원	9억원

2025년 제1기 과세기간(2025.1.1.~2025.6.30.)에 신고하여야 할 부가가치세 공급가액은 얼마인가?

답변 및 해설 »

구 분	공급가액
겸용주택 A	–
겸용주택 B	31,250,000원

계산근거

구 분	내 용
겸용주택 A	1. 면세·과세 면적 구분 (1) 건물의 면세 판단 : 주택면적이 180㎡로 상가면적 90㎡보다 크므로 건물 270㎡ 전부를 주택으로 봄. 주택임대이므로 건물의 임대용역은 면세대상임 구 분 / 면 세 / 과 세 / 합 계 건물임대 / 270㎡ / 0㎡ / 270㎡ (2) 토지의 면세 판단 : 건물이 과세대상과 면세대상이 함께 있으므로 주택부수토지는 건물연면적비율로 안분계산한 후 한도 내인지 검토함 ① 주택토지면적 : 600㎡ ② 한도 = Max[건물정착면적 × 5(10배), 건물연면적] = Max[270㎡ × 5, 270㎡] = 1,350㎡

<table>
<tr><th>구 분</th><th>내 용</th></tr>
<tr><td>겸용주택 A</td><td>

③ 면세대상 : Min[①, ②] = 600㎡

(3) 결론 : 겸용주택 전체의 임대용역이 면세대상임

2. 부가가치세 공급가액 : 0

</td></tr>
<tr><td>겸용주택 B</td><td>

1. 면세 · 과세 면적 구분

(1) 건물의 면세 판단주택면적이 90㎡로 상가면적 180㎡보다 크지 않으므로 주택은 주택, 상가는 상가로 봄. 따라서 주택임대용역은 면세, 상가임대용역은 과세대상임

<table>
<tr><th>구 분</th><th>면 세</th><th>과 세</th><th>합 계</th></tr>
<tr><td>건물임대</td><td>90㎡</td><td>180㎡</td><td>270㎡</td></tr>
</table>

(2) 토지의 면세 판단

건물이 과세분과 면세분으로 구분되므로 부수토지는 건물면적비율로 안분계산함

① 주택토지면적 : $600㎡ \times \frac{90㎡}{270㎡} = 200㎡$

② 한도 = Max[건물정착면적 × 5(10배), 건물연면적]
= Max[30㎡* × 5, 90㎡]
= 150㎡

* 주택정착면적 = 건물정착면적 × $\frac{주택연면적}{건물연면적}$
= $90㎡ \times \frac{90㎡}{270㎡}$
= 30㎡

③ 면세대상 : Min[①, ②] = 150㎡

(3) 결론

<table>
<tr><th>구 분</th><th>면 세</th><th>과 세</th><th>합 계</th></tr>
<tr><td>건물임대</td><td>90㎡</td><td>180㎡</td><td>270㎡</td></tr>
<tr><td>토지임대</td><td>150㎡</td><td>450㎡</td><td>600㎡</td></tr>
</table>

</td></tr>
</table>

<table>
<tr><th>구 분</th><th>내 용</th></tr>
<tr><td>겸용주택 B</td><td>
2. 공급가액
(1) 토지임대료와 건물임대료의 안분계산
과세기간 종료일 현재의 기준시가에 의하여 안분계산
① $\text{건물임대료} = \text{임대료} \times \dfrac{\text{건물의 기준시가}}{\text{토지의 기준시가} + \text{건물의 기준시가}}$
$= 45{,}000{,}000 \times \dfrac{6\text{억원}}{9\text{억원}}$
$= 30{,}000{,}000$
② $\text{토지임대료} = \text{임대료} \times \dfrac{\text{토지의 기준시가}}{\text{토지의 기준시가} + \text{건물의 기준시가}}$
$= 45{,}000{,}000 \times \dfrac{3\text{억원}}{9\text{억원}}$
$= 15{,}000{,}000$
(2) 면적에 의한 안분계산
① $\text{과세건물 임대료} = \text{토지 임대료} \times \dfrac{\text{과세건물 임대면적}}{\text{총건물 임대면적}}$
$= 30{,}000{,}000 \times \dfrac{180㎡}{270㎡}$
$= 20{,}000{,}000$
② $\text{과세토지 임대료} = \text{토지 임대료} \times \dfrac{\text{과세토지 임대면적}}{\text{총토지 임대면적}}$
$= 15{,}000{,}000 \times \dfrac{450㎡}{600㎡}$
$= 11{,}250{,}000$
(3) 공급가액 = 과세건물 임대료 + 과세토지 임대료
= 20,000,000 + 11,250,000
= 31,250,000
</td></tr>
</table>

핵심정리

<table>
<tr><th>구 분</th><th>내 용</th></tr>
<tr><td>겸용주택 임대</td><td>

[Step 1] 과세면적과 면세면적의 계산

주택임대용역은 부가가치세 면세대상이고, 상가임대용역은 부가가치세 과세대상이다. 주택과 상가가 함께 설치되어 있는 겸용주택을 임대한 경우에는 다음과 같이 면세 여부를 판단한다. 부동산을 2인 이상에게 임대한 경우에는 **임차인별로 판단**한다(부기통 26-41…1).

① 주택부분의 연면적이 사업용 건물 부분의 연면적보다 큰 경우 : 건물 전부를 주택으로 본다. 토지는 전부 주택부수토지로 보되, 주택부분과 사업용 건물면적을 합하여 주택부수토지의 한도를 계산한다(재소비 46015-259, 2003.8.18.).

② 주택부분의 연면적이 사업용 건물 부분의 연면적과 같거나 작은 경우 : 건물은 주택만 주택으로 본다. 토지면적을 주택면적과 사업용 건물면적의 비율로 안분계산하여 주택부수토지를 계산하되, 주택부수토지의 한도는 주택면적을 기준으로 계산한다.

겸용주택 임대용역의 과세와 면세 구분

구 분	면세건물	면세토지
주택연면적이 사업용 건물 연면적보다 큰 경우	건물 전체	Min [①, ②] ① 주택토지면적 : 전체 토지면적 ② 한도 = Max [건물정착면적 × 5(10배), 건물연면적]
주택연면적이 사업용 건물 연면적과 같거나 작은 경우	주택 부분	Min [①, ②] ① 주택토지면적 : 토지면적 $\times \frac{\text{주택연면적}}{\text{건물연면적}}$ ② 한도 = Max [건물정착면적* × 5(10배), 주택연면적]

* 주택정착면적 = 건물정착면적 $\times \frac{\text{주택연면적}}{\text{건물연면적}}$

[Step 2] 임대료와 간주임대료의 계산

</td></tr>
</table>

구 분	내 용
겸용주택 임대	**[Step 3] 공급가액의 계산** ⑴ 토지임대료와 건물임대료의 안분계산 : 예정신고기간 또는 과세기간 종료일 현재의 기준시가에 의하여 안분계산 ① 토지 임대료 = (임대료 + 간주임대료) × $\frac{\text{토지의 기준시가}}{\text{토지의 기준시가}+\text{건물의 기준시가}}$ ② 건물 임대료 = (임대료 + 간주임대료) × $\frac{\text{건물의 기준시가}}{\text{토지의 기준시가}+\text{건물의 기준시가}}$ * 감정가액이 있어도 무조건 기준시가로 안분계산하는 점에 유의할 것 ⑵ 면적에 의한 안분계산 ① 과세토지 임대료 = 토지 임대료 × $\frac{\text{과세토지 임대면적}^{*}}{\text{총토지 임대면적}^{*}}$ ② 과세건물 임대료 = 건물 임대료 × $\frac{\text{과세건물 임대면적}^{*}}{\text{총건물 임대면적}^{*}}$ * 토지임대면적과 건물임대면적이 예정신고기간 또는 과세기간 중에 변동된 경우에는 그 예정신고기간 또는 과세기간 중의 해당 면적의 적수(積數)에 따라 계산한 면적으로 한다(부칙 §48 ②). ⑶ 공급가액 = 과세토지 임대료 + 과세건물 임대료

Chapter 43

생선회 포장 판매, 부가세 면세인가?

PART 04 면세

내용 Summary

기본사항 Check

- 생선회 판매 : 사업자가 탁자, 의자 등 음용할 수 있는 시설(접객시설)을 갖추지 아니하고 관세율표상 제0304호에 분류되는 어류의 피레트와 기타 어육 및 관세율표상 제0307호에 분류되는 연체동물을 판매하는 경우에는 부가가치세 면세대상임
- 음식점에서 회 판매 : 탁자, 의자, 룸 등 접객시설을 갖춘 장소에서 직접 음용 · 소비할 수 있도록 음식용역으로 생선회 등을 제공하는 경우에는 부가가치세 과세대상임. 또한 일식음식점에서 초밥, 생선회 등을 별도로 포장하여 판매하거나 배달 판매하는 경우 음식용역을 제공하는 것이므로 부가가치세 과세대상임

핵심 Point

- 접객시설을 갖추고 생선회를 판매하는 경우에는 음식점이므로 부가가치세가 과세되나, 접객시설 없이 생선회를 판매하는 경우에는 부가가치세가 면세됨

질문 »

다음과 같이 생선회를 판매하는 경우 부가가치세가 과세되는가?

1. 백화점 내에 판매대를 설치하고 접객시설 없이 어류를 종류별로 진열하고, 소비자가 구입하려는 생선회를 선택하여 용기에 직접 담으면 중량을 체크하여 판매하는 경우[백화점 내에서 생선회를 먹기를 원하는 고객은 판매장에서 약 10m 정도 떨어진 장소에 백화점에서 설치한 범용시식대(가로 58cm, 세로 150cm, 높이 110cm)에서 시식할 수 있음]
2. 구내에서 직접 소비할 수 있도록 탁자, 의자 등 접객시설을 갖춘 일식음식점에서 초밥, 생선회 등을 별도로 포장하여 판매하거나 배달 판매하는 경우

답변 및 해설 »

1. 접객시설 없이 생선회를 판매하는 경우

생선회는 부가가치세법 시행규칙 [별표 1] 면세하는 미가공식료품 분류표에 열거되어 있으므로 부가가치세 면세대상이다. 그러나 음식점에서 생선회를 판매하는 경우에는 주된 음식용역에 부수되는 재화이므로 주된 용역에 따라 부가가치세가 과세된다.

이 사례에서는 접객시설 없이 생선회만 판매한 경우이므로 부가가치세가 면세된다(부가 46015- 2307, 1995.12.6.).

[별표 1] 면세하는 미가공식료품 분류표

구 분	관세율표 번호	품 명
9. 생선류	0301	① **활어(관상용은 제외한다)**
	0302	② 신선하거나 냉장한 어류[관세율표 제0304호의 어류의 필레(fillet)와 그밖의 어육은 제외한다]
	0303	③ 냉동어류[기름치(Oilfish, 학명 Ruvettus pretiosus)]와 관세율표 제0304호의 어류의 필레(fillet)와 기타 어육은 제외한다]
	0304	④ **어류의 필레(fillet)와 그밖의 어육(잘게 썰었는지에 상관없으며 신선한 것, 냉장 · 냉동한 것으로 한정한다)**
	0305	⑤ 건조한 어류, 염장이나 염수장한 어류, 훈제한 어류(훈제과정 중이나 훈제 전에 조리한 것인지에 상관없다)
	0306	⑥ 갑각류(껍데기가 붙어 있는 것인지에 상관없으며 살아 있는 것과 신선한 것, 냉장이나 냉동한 것, 건조한 것, 염장이나 염수장한 것으로 한정하며, 껍데기가 붙어 있는 상태로 물에 찌거나 삶아서 냉장이나 냉동한 것, 건조한 것, 염장이나 염수장한 것을 포함한다)
	0307	⑦ 연체동물(껍데기가 붙어 있는지에 상관없으며 살아 있는 것과 신선한 것, 냉장이나 냉동한 것, 건조한 것, 염장이나 염수장한 것을 포함한다)
	0308	⑧ 수생(水生) 무척추동물(갑각류와 연체동물은 제외하며, 살아 있는 것과 신선한 것, 냉장이나 냉동한 것, 건조한 것, 염장이나 염수장한 것을 포함한다)
	0309	⑨ 어류 · 연체동물 및 수생(水生) 무척추동물(갑각류는 제외한다)의 고운 가루 및 거친 가루와 펠릿(pellet)(식용에 적합한 것으로 한정한다)

구 분	관세율표 번호	품 명
9. 생선류	0511	⑩ 관세율표 제0511호에 해당하는 물품 중 어류의 웨이스트(waste)(식용에 적합한 것으로 한정한다)

2. 구내에서 직접 소비할 수 있도록 탁자, 의자 등 접객시설을 갖춘 일식음식점에서 초밥, 생선회 등을 별도로 포장하여 판매하거나 배달 판매하는 경우

음식용역의 공급이므로 부가가치세가 과세된다(기획재정부 부가가치세제과-191, 2018.3.20.).

PART 04 면세

핵심정리

구 분	내 용
음식점에서 생선회를 포장하여 배달 판매하는 경우	사업자가 구내에서 직접 소비할 수 있도록 탁자, 의자 등 접객시설을 갖춘 일식음식점에서 초밥, 생선회 등을 별도로 포장하여 판매하거나 배달 판매하는 경우, 해당 초밥, 생선회 등을 음식용역으로 제공되는 것이므로 부가가치세가 과세됨(기획재정부 부가가치세제과-191, 2018.3.20.)
접객시설 없이 생선회를 판매하는 경우	[질의] 휴게음식점으로 허가를 받아 판매대를 설치하고 어류의 종류별로 진열하고, 소비자가 구입하고자 하는 생선회를 취사선택하여 용기에 직접 담으면 중량을 체크하여 판매함. 일부 고객은 판매장에서 약 10m 정도 떨어진 장소에 백화점에서 설치한 범용시식대(가로 58cm, 세로 150cm, 높이 110cm)에서 시식함. 이와 같이 탈자, 의자 등 음용할 수 있는 시설(접대시설)을 갖추지 아니하고 생선회 등을 판매하는 경우 면세 여부 [회신] 탁자, 의자 등을 음용할 수 있는 시설(접객시설)을 갖추지 아니하고 관세율표상 제0304호에 분류되는 어류의 필레와 기타 어육 및 관세율표상 제0307호에 분류되는 연체동물을 판매하는 경우에는 부가가치세가 면제됨(부가46015-2307, 1995.12.6.)
접객시설 없이 생선회와 초고추장, 와사비, 매운탕거리, 야채 등을 포장하여 배달 판매하는 경우	[질의] 사업자가 수산물을 가공하여 소비자에게 공급함에 있어 선어를 어두분리, 필레, 탈피과정을 거쳐 횟감용으로 세절작업 후 1차포장을 하고 초고추장, 와사비, 매운탕거리, 야채 등을 별도 포장하여 1차포장품과 함께 2차 포장하여 택배 등에 의하여 배달하는 경우 부가가치세 면제 여부 ※ 주문단위는 활어기준 1kg, 1.5kg, 2kg, 2.5kg이며 주 어종은 넙치(광어)임 [답변] 귀 질의의 경우 붙임 관련 참고자료의 유사사례[부가22601-66(1992.6.2.)]를 보내드리니 참고하기 바람 부가가치세가 과세되는 재화와 면제되는 재화를 각기 본래의 성질을 그대로 유지한 상태로 하나의 거래단위로 판매될 수 있도록 함께 포장하여 공급하는 경우에는 주된 재화의 과세재화 해당 여부에 따라 과세 또는 면세하는 것임. 이 경우 어느 것을 주된 재화로 볼 것인가 하는 것은 사실판단할 사항임(부가22601-66, 1992.6.2.; 서면3팀-1203, 2004.6.23.)

Chapter 44

정육식당의 정육판매, 넘지 말아야 할 선?

내용 Summary

기본사항 Check

- **정육매장에서의 정육판매** : 미가공식료품으로 면세대상임
- **음식점에서 정육판매** : 음식용역의 부수재화이므로 주된 음식용역에 따라 과세됨
- **정육매장과 음식점을 함께 하는 경우** : 정육매장과 음식점이 하나의 사업장인 경우에는 정육을 판매한 경우에도 음식점에서 조리해 먹으면 부가가치세 과세대상이나, 정육매장과 음식점이 별개의 사업장인 경우에는 정육매장의 정육판매는 면세됨

핵심 Point

- 정육매장과 음식점을 함께 경영하는 경우 별개의 사업장인지 여부에 따라 부가가치세 과세 또는 면세되는 점에 유의할 것

질문 »

A법인은 농민들을 조합원으로 하여 설립되어 농업경영의 합리화로 농업생산성의 향상 및 조합원의 소득증대를 도모함을 목적으로 농 · 축산업의 경영, 축산물의 가공 및 판매, 음식점 경영 등의 사업을 영위하는 법인이다.

A법인은 건물 1층에서는 조합원들이 직접 사육 · 도축한 한우의 정육과 부산물들을 판매하는 정육매장을, 2층에서는 고객들이 음식 부재료를 구입하여 직접 가져온 정육을 조리하여 먹을 수 있는 식당을 운영하려고 한다.

1층 정육매장에서 정육을 구입한 고객은 집에 가서 조리해 먹을 수도 있고, 바로 먹기를 원하면 2층 식당에서 상차림비를 내고 조리해 먹을 수도 있다. 2층 식당의 메뉴는 기본 상차림비, 양념비, 된장찌개, 공기밥, 냉면류, 주류 및 음료 등으로 정육을 제외한 음식부재료 등으로만 이루어져 있다. 1층 정육점과 2층 식당은 출입문, 계산대가 별도이고 직원도 별도로 운영되고 있다.

정육매장에서 판매한 정육을 2층 식당에서 상차림비를 내고 조리해 먹는 경우 정육에도 부가가치세가 과세되는가?

답변 및 해설 »

1. 정육점에서 판매하는 쇠고기는 부가가치세법 시행규칙 [별표 1] 면세하는 미가공식료품 분류표에 열거되어 있으므로 부가가치세 면세대상이다. 그러나 음식점에서 쇠고기를 판매하는 경우에는 음식용역에 부수재화이므로 주된 용역에 따라 부가가치세가 과세된다.

[별표 1] 면세하는 미가공식료품 분류표

구 분	관세율표 번호	품 명
7. 수육류	0201	① 쇠고기(신선한 것이나 냉장한 것으로 한정한다)
	0202	② 쇠고기(냉동한 것으로 한정한다)
	0203	③ 돼지고기(신선한 것, 냉장하거나 냉동한 것으로 한정한다)
	0204	④ 면양과 산양의 고기(신선한 것, 냉장하거나 냉동한 것으로 한정한다)
	0205	⑤ 말 · 당나귀 · 노새 · 버새의 고기(신선한 것, 냉장하거나 냉동한 것으로 한정한다)
	0206	⑥ 소 · 돼지 · 면양 · 산양 · 말 · 당나귀 · 노새 · 버새의 식용 설육(屑肉)(신선한 것, 냉장하거나 냉동한 것으로 한정한다)
	0207	⑦ 관세율표 제0105호의 가금(家禽)류의 육과 식용 설육(屑肉)(신선한 것, 냉장하거나 냉동한 것으로 한정한다)
	0208	⑧ 그밖의 육과 식용 설육(屑肉)(신선한 것, 냉장하거나 냉동한 것으로 한정한다)
	0209	⑨ 살코기가 없는 돼지 비계와 가금(家禽)의 비계(기름을 빼지 않은 것이나 그밖의 방법으로 추출하지 않은 것으로서 신선한 것, 냉장하거나 냉동한 것, 염장하거나 염수장한 것, 건조하거나 훈제한 것으로 한정한다)
	0210	⑩ 육과 식용 설육(屑肉)(염장하거나 염수장한 것이나 건조하거나 훈제한 것으로 한정한다), 육이나 설육(屑肉)의 식용 고운 가루 및 거친 가루
	0504	⑪ 동물(어류는 제외한다)의 장 · 방광 · 위의 전체나 부분(식용에 적합한 것으로 한정한다)

구 분	관세율표 번호	품 명
7. 수육류	0511	⑫ 관세율표 제0511호에 해당하는 물품 중 건(腱)·근(筋)과 원피의 웨이스트(waste) 및 누에가루(식용에 적합한 것으로 한정한다)
	0506	⑬ 뼈와 혼코어(horn-core)[가공하지 않은 것, 탈지(脫脂)한 것, 단순히 정리한 것(특정한 형상으로 깎은 것은 제외한다), 산(酸)처리를 하거나 탈교한(degelatinised) 것], 이들의 가루와 웨이스트(waste)

2. 국세청은 동일 건물 1층에 정육점, 3층에 식당을 설치하고 개별 포스를 설치하고, 별도로 임대차계약을 체결하고 종업원을 명확히 구분하고 3층에서는 식육구입처를 불문하고 식당에서 추가로 제공하는 채소류 등 부재료를 추가하여 반입한 육류를 소비하는 경우, 즉 개별사업장으로 운영하는 경우에도 부가가치세가 과세된다고 해석하고 있다(부가가치세과-1788, 2009.12.9.).

부가가치세과-1788, 2009.12.9.

【질의】

회사는 프랜차이즈업을 영위하는 본사로서 각각의 사업장별로 사업자등록을 하여 직영점인 정육점(도소매, 축산물)과 식당(음식점업)을 운영하고 있으며, 회사가 운영하는 직영점의 현황은 다음과 같음

- 동일 건물 내 지점형태로 1층-정육점, 3층-식당
- 포스설치현황 : 1층과 3층에 각각 개별 포스 설치(신용카드 각각 설치)
- 대금결제 : 층별로 설치된 개별 포스를 통해 육류구매금액은 구매시점에 1층에서 결제되며, 식당이용금액은 별도로 3층에서 결제됨
- 임대차계약 : 사업장별로 임대차계약 체결
- 매출 및 제 경비의 구분 : 사업장에서 발생되는 매출 및 제 경비는 층별로 설치된 포스시스템에 의해 명확히 구분되어 각 사업장으로 귀속되며, 종업원의 소속 또한 사업장별로 명확히 구분되어 있음
- 식당이용의 제한 : 3층 식당은 육류구입처를 불문하고 식당에서 제공하는 채소류 등 부재료를 추가하여 반입한 육류를 제한없이 소비할 수 있음

- 상기 사실관계의 경우 1층 정육점의 매출을 3층 음식점의 매출로 보아야 하는지 여부

【회신】

귀 질의의 경우에는 기 질의회신(서면3팀-1168, 2008.6.10.)을 참고하기 바람(참고 : 서면3팀-1168, 2008.6.10.)

귀 질의의 사례와 같이 육류소매업을 영위하는 자가 구내에 접객시설을 갖추고 소비자에게 육류와 음식부재료 등을 각각 판매하여 동 소비자가 당해 접객시설에서 함께 소비하도록 하는 경우, 당해 육류 및 음식부재료 등의 공급에 대하여는 부가가치세가 과세되는 것임

그러나 대법원은 1층 정육매장과 2층 식당은 출입문이 별도로 구분되어 있고 각 층마다 별도의 계산대를 설치하여 계산이 이루어지고 있으며 2층 식당의 메뉴는 기본 상차림비, 양념비, 된장찌개, 공기밥, 냉면류, 주류 및 음료 등으로 정육을 제외한 음식부재료 등으로만 이루어져 있고, 1층 정육매장과 2층 식당을 구분하여 운영하였다면 1층의 정육매장에서 정육을 판매하면 그 거래는 종료되며, 소비자가 구입한 정육을 집에 가서 구워 먹든, 2층 식당에 가서 구워 먹든 그것은 소비자의 선택에 달려 있으므로 2층에서 소비될 정육에 대하여 부가가치세 상당을 더 징수하는 것은 불합리하다고 판결한 바 있다(대법원 2012두28636, 2015.1.29.).

이 사례에서는 **1층 정육점과 2층 식당은 출입문, 계산대가 별도이고 직원도 별도로 운영되고 있는 점에서 대법원 판례와 같이 1층의 정육매장의 정육판매는 면세로 보는 것이 타당할 것으로 보인다.**

핵심정리

동일한 건물에서 정육점과 식당을 함께 운영하는 경우에도 식당에서 고기를 주문하거나, 정육점과 식당의 출입문이 동일하거나 계산대를 같이 사용하는 경우 또는 종업원이 구별되지 않는 경우라면 식당에서 소비한 정육은 부가가치세가 과세된다. 그러나 정육매장과 식당을 출입문, 계산대, 직원이 구분되는 **별개의 매장으로 운영**하였다면 정육매장의 정육판매는 면세대상으로 해석하는 것이 타당할 것으로 보인다.

한국농정 2023-7-17

정육식당 부가가치세, 꺼지지 않은 논란의 불씨

세무공무원에 맡겨져 지역마다 기준 달라 … 당장 문제없어도 안심은 금물

명확한 기준 마련하지 못한 채 농식품부 '직거래 활성화 지원사업' 확대

한국농정신문 배정은 기자

정부가 산지 · 도매가격과 소비지가격의 괴리를 줄이고자 정육식당, 로컬푸드 등 직거래활성화에 대한 지원을 확대한다. 그러나 정육점과 식당, 두 매장이 합쳐진 형태의 정육식당에 간헐적으로 문제를 일으켜왔던 부가가치세 문제는 아직까지 명확한 기준을 두지 못하고 있어 논란 재발이 우려되고 있다.

2015년 2월, 강원도의 한 한우영농조합법인이 1층 정육점에서 판매한 금액 중 2층 식당에서 소비된 정육에 대해 추가 부가세를 통보한 세무서장에 소송을 제기해 승소했다. 그러나 법원은 '해당 법인은 건물구조, 영업시설, 판매 · 종업원 관리 등에 국한해 판결받은 사항이기 때문에 다른 정육식당에는 일률적으로 적용할 수 없다'는 판단을 밝혔다.
이에 전국한우협회는 농식품부에 명확한 기준 마련을 촉구했으나 국세청 등 정부부처 간 조율이 쉽지 않은 모양새다. 정육식당의 부가가치세 문제는 2015년 영농조합법인의 승소로 일단락된 이후 각 지역 세무사들의 손에 맡겨지고 있다. 따라서 지역마다 부가가치세 부과 기준이 다르고, 지금 당장은 부가가치세가 부과되지 않더라도 이 같은 상황이 재발하지 않을 것이라는 확신이 없다.

실제 정육식당 운영자들 사이에서도 부가가치세 문제에 대한 인식 차이가 나타난다. 강원 홍천의 사랑말한우영농조합법인 관계자는 "정육점과 식당을 분리하고 이 두 곳의 고용인이 겹치지 않으면 된다. 정육점과 식당의 계산대를 따로 쓰는 것까지 하면 문제가 없는 것으로 안다"고 말했다. 반면, 서울 마장동 정육식당들은 대부분 '세무사무소에서 처리해주고 있다'고 답했다. 마장동에서 정육식당을 운영하는 권병기씨는 "우리는 인력을 고용하지 않아 고용분리 문제는 해당이 없고, 정육점과 식당에 계산대를 따로 두고 있긴 하다. 부가가치세 부과 관련 내용을 어렴풋이 알고는 있지만 세금문제는 세무사무소에 맡긴다"고 답했다.

전국한우협회도 유통비용을 줄이기 위해 직거래매장 확대가 필요하다는 입장이어서 직거래매장의 한 형태인 정육식당의 증가는 필연적이다. 여기에 농식품부도 지난해 11월 2015년 기준 400개소였던 농협계통 정육식당을 2020년까지 600개소로 늘리겠다는 방침을 밝혔다. 부가가치세 부과 기준을 정립하지 않은 채로 정육식당을 확충한 후의 혼란을 충분히 우려할 수 있는 상황이다.

김영원 전국한우협회 정책지도홍보국장은 "처음부터 무엇이 문제인지 분석하거나 기준을 마련하지도 않고 활성화만 하고 있다"며 "규제개혁의 큰 틀에서 처리해야 할 문제지만 몇 년에 한군데씩 소급해서 문제가 발생하니 문제제기만 되풀이되고 있다"고 토로했다.

출처 : 한국농정신문(http://www.ikpnews.net)

Chapter 45

병원 구내식당의 음식용역, 부가세 면세되나?

내용 Summary

기본사항 Check

- 의료보건용역은 국민후생을 높이기 위하여 부가가치세를 면제함(부법 §26 ① (5), 부령 §35). 그러나 「국민건강보험법」에 따라 요양급여의 대상에서 제외되는 미용을 위한 성형수술과 시술에는 부가가치세를 과세함(부령 §35 (1))
- 의료보건용역을 공급하는 사업자가 직영 구내식당에서 입원환자에게 직접 공급하는 음식물은 의료보건용역에 필수적으로 부수되는 것으로 부가가치세가 면제되나, 외래환자 및 환자의 보호자에게 제공하는 음식물은 부가가치세가 과세됨(부가46015-1626, 2000.7.10.)
- 병원의 시설을 임차하여 식당을 운영하는 사업자가 병원의 입원환자 및 직원에게 음식용역을 공급하고 그 대가를 받는 경우에는 의료보건용역의 부수용역이 아니므로 부가가치세가 과세됨(부가46015-4000, 1999.9.30.)

핵심 Point

- 병원의 구내식당의 음식용역은 직영인지 여부, 입원환자인지 여부에 따라 면세 여부가 달라짐

질문 »

병원의 구내식당에서 다음과 같이 음식용역을 제공한 경우 부가가치세가 면세되는 것은?

구 분	내 용
병원 직영식당	병원이 직영하는 식당에서 병원직원, 입원환자, 외래환자, 환자보호자에게 제공한 음식용역
임차하여 식당을 운영하는 사업자	병원 시설을 임차하여 식당을 운영하는 사업자가 병원직원, 입원환자, 외래환자, 환자보호자에게 제공한 음식용역

답변 및 해설 »

구 분	대 상	면세여부	내 용
병원 직영식당의 음식용역	병원직원	과세	의료보건용역의 공급에 부수하여 공급하는 것이 아니므로 음식용역은 부가가치세 과세대상임
	입원환자	면세	의료보건용역의 공급에 부수하여 공급하는 것이므로 음식용역은 의료보건용역에 포함되어 부가가치세 면세대상임
	외래환자	과세	외래환자는 외부식당에서도 식사를 할 수 있으므로 음식용역은 외래진료용역의 부수용역이 아님. 따라서 외래환자에게 제공한 음식용역은 부가가치세 과세대상임
	환자보호자	과세	환자보호자에게 의료용역을 공급한 것이 아니므로 환자보호자에게 공급하는 음식용역은 부가가치세가 과세됨
임차하여 식당을 경영하는 사업자의 음식용역	병원직원	과세	의료보건용역의 공급에 부수하여 공급하는 것이 아니므로 음식용역은 부가가치세 과세대상임
	입원환자		
	외래환자		
	환자보호자		

핵심정리

<table>
<tr><th>구 분</th><th>내 용</th></tr>
<tr><td>의료보건용역</td><td>「의료법」에 따른 의사 · 치과의사 · 한의사 · 조산사 또는 간호사가 제공하는 용역은 면세한다(부령 §35 (1)). 다만, 다음의 경우에는 부가가치세를 과세한다.
① 국민건강보험법에 따라 요양급여의 대상에서 제외되는 미용을 위한 성형수술 및 시술
② 의료법에 따른 면허나 자격이 없는 자가 제공하거나 「의료법」상 업무를 벗어나는 의료용역(부집 26-35-2 ①)
③ 피부과의원에 부설된 피부관리실에서 제공하는 피부관리용역(부집 26-35-2 ②)
④ 의료보건용역을 제공하는 사업자가 외래환자, 환자보호자 및 일반인에게 제공하는 음식용역(단, 입원환자에게 제공하는 음식용역은 의료용역의 부수용역으로서 면세됨)(부집 26-35-2 ③)
⑤ 의사가 아닌 자가 의사면허가 있는 자와 병원을 공동사업으로 운영하는 경우 해당 의료용역(부집 26-35-2 ④)</td></tr>
<tr><td>병원 구내식당의 음식용역</td><td><table>
<tr><th>제공받은 자 / 병원운영</th><th>입원환자</th><th>직원, 외래환자, 환자보호자</th></tr>
<tr><td>병원직영식당</td><td>면세</td><td>과세</td></tr>
<tr><td>외부인이 운영하는 식당</td><td>과세</td><td>과세</td></tr>
</table></td></tr>
<tr><td>병원주차장 이용료</td><td>병원주차용역이 의료보건용역에 부수하여 공급하는 것이 아니므로 주차장 이용료는 부가가치세 과세대상이다(대전고등법원-2017-누-14531, 2018.10.11.)</td></tr>
</table>

Chapter 46

반려동물 진료용역, 부가세 면세되나?

내용 Summary

기본사항 Check

- 수의사가 제공하는 반려동물 진료용역은 부가가치세 과세대상이나, 장애인보조견과 수급자가 기르는 동물에 대한 진료용역은 면세하고, 그 밖의 반려동물 진료는 농림축산식품부장관 또는 해양수산부장관이 기획재정부장관과 협의하여 고시하는 100여 개의 진료에 대하여 면세함(부령 §35 (5))

핵심 Point

- 반려동물을 진료하는 경우에는 부가가치세 면제대상인 동물의 진료용역에 대한 고시(농림축산식품부고시 제2023-68호, 2023.9.27.)에 열거되어 있는지 확인해야 함

질문 »

한도현 씨는 강아지(이름 : 모모, 장애인보조견 아님)와 고양이(이름 : 코코)를 기르고 있는데 2025년 5월에 다음과 같이 동물병원에서 진료를 받았다.

1. 모모 진료내역

   모모는 제대탈장*으로 동물병원에서 수술을 한 후 5일간 입원하였다.

   * 제대탈장 : 탯줄이 통과하던 구멍이 제대로 닫히지 않아 그 구멍으로 지방조직이나 일부 장기가 튀어 나온 상태

2. 코코 진료내역

   코코는 예방접종과 중성화수술을 하였다.

수의사의 모모와 코코에 대한 진료용역에 부가가치세가 면제되는가? 한도현 씨는 「국민기초생활 보장법」 제2조 제2호에 따른 수급자에 해당하지 아니한다.

답변 및 해설 »

1. 모모 진료내역

제대탈장은 부가가치세 면제대상인 동물의 진료용역 고시(농림축산식품부고시 제2023-68호, 2023.9.27.)에 면세로 열거되어 있으므로 부가가치세가 면제된다.

2. 코코 진료내역

예방접종과 중성화수술도 부가가치세 면제대상인 동물의 진료용역 고시(농림축산식품부고시 제2023-68호, 2023.9.27.)에 면세로 열거되어 있으므로 부가가치세가 면제된다.

핵심정리

수의사가 제공하는 진료용역은 부가가치세를 과세한다. 다만, 다음 중 어느 하나에 해당하는 진료용역은 부가가치세를 면세한다(부령 §35 (5)).

① 「축산물 위생관리법」에 따른 가축*에 대한 진료용역

* 가축 : 소, 말, 양(염소 등 산양을 포함), 돼지(사육하는 멧돼지를 포함), 닭, 오리와 식용 목적 사슴, 토끼, 칠면조, 거위, 메추리, 꿩, 당나귀

② 「수산생물질병 관리법」에 따른 수산동물*에 대한 진료용역

* 수산동물 : 살아 있는 어류, 패류, 갑각류와 연체동물 중 두족류, 극피동물 중 성게류, 해삼류, 척색동물 중 미색류, 갯지렁이류 · 개불류 · 양서류 · 자라류 · 고래류 등과 그 정액 또는 알

③ 「장애인복지법」 제40조 제2항에 따른 장애인 보조견표지를 발급받은 장애인 보조견에 대한 진료용역

④ 「국민기초생활 보장법」 제2조 제2호에 따른 수급자가 기르는 동물의 진료용역

⑤ '①'부터 '④'까지의 규정에 따른 진료용역 외에 질병 예방 및 치료를 목적으로 하는 동물의 진료용역으로서 농림축산식품부장관 또는 해양수산부장관이 기획재정부장관과 협의하여 고시하는 용역(개정 : 질병 예방 목적만 면세하였으나, 100여 개의 다빈도 질병도 면세대상에 추가하여 2023.10.1. 이후 공급분부터 적용함)

부가가치세 면제대상인 동물의 진료용역

[시행 2023.10.1.] [농림축산식품부고시 제2023-68호, 2023.9.27., 일부개정]

농림축산식품부(반려산업동물의료팀), 044-201-2653

제1조【목적】 이 규정은 「부가가치세법 시행령」 제35조 제5호 마목에 따른 부가가치세 면제대상인 동물의 진료용역을 규정함을 목적으로 한다.

제2조【부가가치세 면제대상 동물의 진료용역】

① 부가가치세 면제대상인 동물의 진료용역은 질병의 예방 및 치료 목적의 진료용역으로서 다음 각 호와 같다.

1. 진찰 및 입원관리
2. 접종 및 투약(완제품 형태의 제제를 동물병원 내 단순 구입하는 경우는 제외한다)
3. 검사
4. 증상에 따른 처치
5. 질병의 예방 및 치료행위(「수의사법」 제20조의 3에 따라 표준화된 분류체계가 작성 · 고시된 질병에 대해서는 해당 예방 및 치료행위에 대해 적용한다)

② 제1항에 따른 부가가치세 면제대상 세부 진료용역은 별표와 같다.

제3조【재검토기한】 농림축산식품부장관은 이 고시에 대하여 「훈령 · 예규 등의 발령 및 관리에 관한 규정」에 따라 2024년 1월 1일을 기준으로 매 3년이 되는 시점(매 3년째의 12월 31일까지를 말한다)마다 그 타당성을 검토하여 개선 등의 조치를 하여야 한다.

부 칙〈제2023-68호, 2023.9.27.〉

이 고시는 2023년 10월 1일부터 시행한다.

[별표] 부가가치세 면제대상 동물 질병의 예방 및 치료 목적의 진료용역(제2조 제2항 관련)

연번	분 류		세부 진료용역
1	진찰 및 입원		진찰
2			입원관리
3	접종 및 투약		예방접종
4			조제/투약 (완제품 형태의 제제를 동물병원 내 단순 구입하는 경우는 제외)
5	검사		병리학적 검사 (혈액, 조직, 세포, 뇨, 분변, 항생제감수성, 전염병키트검사 등)
6			영상진단의학적 검사 (X-ray, 초음파, CT, MRI 등)
7			계통별 기능검사 (순환기계, 신경계, 안과계, 근골격계 등)
8			내시경검사 (내시경, 검이경 등)
9	증상에 따른 처치		구토 증상에 따른 처치
10			설사 증상에 따른 처치
11			기침 증상에 따른 처치
12			소양증 증상에 따른 처치
13			발작 증상에 따른 처치
14			황달 증상에 따른 처치
15			파행 증상에 따른 처치
16			호흡곤란 증상에 따른 처치
17			혈변 증상에 따른 처치
18			혈뇨 증상에 따른 처치
19			마비 증상에 따른 처치
20	질병의 예방 및 치료	내과/피부과	외이염
21			아토피성 피부염
22			위장염
23			식이 알러지
24			기관지염
25			방광염

연번	분 류		세부 진료용역
26	질병의 예방 및 치료	내과/피부과	췌장염
27			피부사상균증
28			점액성 이첨판막변성
29			만성신부전
30			비심인성 폐수종
31			부신피질기능항진증
32			고혈압
33			당뇨병
34			단두종증후군
35			간질
36			폐렴
37			급성신부전
38			심장사상충증
39		안과	결막염
40			유루증
41			고양이 허피스 각막염
42			각막궤양
43			백내장
44			건성각결막염
45			안검염
46			각막염(비궤양성)
47			포도막염
48			녹내장
49			각막이상증
50			제3안검 탈출증
51			고양이 호산구성 각결막염
52			첩모중생
53			초자체변성
54			상공막염
55			안검종양

연번	분류		세부 진료용역
56	질병의 예방 및 치료	안과	첩모난생
57			안검내번 · 외번
58		외과	**중성화 수술**
59			무릎뼈 탈구
60			고양이 회음 요도루 창냄술
61			유선 종양
62			추간판 질환
63			위내 이물
64			**제대 탈장**
65			자궁축농증
66			전방십자인대 파열
67			항문낭염
68			고관절 이형성증
69			장내 이물
70			담낭점액낭종
71			비장종양
72			골절
73			방광결석
74			식도 이물
75			담석증
76			드레싱
77		응급 중환자 의학과	위장관 출혈(혈토, 혈변)
78			심인성 폐수종
79			빈혈
80			백혈구 이상
81			고양이 비대성 심근병증
82			고혈당
83			복막염
84			흉수
85			혈소판 감소증

연번	분 류		세부 진료용역
86	질병의 예방 및 치료	응급 중환자 의학과	중독
87			저혈당
88			위장관 폐색
89			핍뇨
90			부정맥
91			급성호흡곤란증후군
92			응고장애
93			혈전질환
94			심폐소생술
95			쇼크처치
96			산소공급
97		치과	구내염
98			치은염
99			고양이치아흡수성병변
100			치근단농양
101			발치
102			스케일링

* 위의 과세대상 동물진료용역을 공급하는 사업자는 예정신고 또는 확정신고를 할 때(부가가치세가 면제되는 용역만을 공급하는 경우에는 「소득세법」 제78조에 따른 사업장 현황신고를 할 때)에 매출명세서를 첨부하여 제출하여야 한다(부령 §90 ⑨).

Chapter 47

장례식장의 음식 제공, 장례용품 판매, 부가세 과세되나?

내용 Summary

기본사항 Check

- 장의업자가 제공하는 장의용역은 면세대상임
- 장의용역에 포함되어 공급되는 장의용품(관, 수의, 상복 등), 장의업자가 장례식장에서 조문객에게 제공하는 음식용역은 주된 장의용역에 포함되므로 면세대상임
- 장의용품만 별도로 판매하는 경우에는 장례용역의 부수된 것이 아니므로 부가가치세 과세대상임

핵심 Point

- 장의용역과 장의용역에 부수되어 공급하는 장의용품이나 조문객에게 제공하는 음식용역은 면세대상임

PART 04 면세

질문 »

김평안 씨는 2025년 초에 병원의 장례식장을 임차하여 운영을 시작하였다. 김평안 씨는 다음과 같은 세무문제에 대하여 고심하고 있다. 이에 대한 답변은?

1. 장례용역과 상주와 문상객에게 제공하는 음식용역이 부가가치세가 면세되는지 여부? 면세된다면 음식과 함께 제공하는 음료, 주류, 1회용기도 면세되는지 여부는?
2. 장의용역을 제공하지 않고 관이나 수의와 같은 장의용품을 별도로 판매하는 경우에도 부가가치세가 면세되는지 여부는?
3. 상주로부터 장례와 관련하여 건당 10만원 이상 되는 돈을 받을 때 현금영수증을 의무적으로 발급해야 하는지 여부는? 만일, 의무적으로 발급해야 한다면 상주가 현금영수증의 발급을 요구하지 않는 경우 현금영수증 발급 시 전화번호를 어떻게 입력해야 하는지?

답변 및 해설 »

1. 상주와 문상객에게 제공하는 음식용역

장례용역의 부수된 용역이므로 주된 용역에 따라 부수용역도 면세된다. 음식과 함께 제공하는 음료, 주류, 1회용기도 부수재화이므로 면세대상이다.

2. 장의용품 별도 판매

장례용품을 별도로 판매하는 것은 장의용역에 부수된 것이 아니므로 부가가치세 과세대상이다.

3. 현금영수증

장례식장 및 장의 관련 서비스업은 현금영수증 의무발행업종으로 소득세법 시행령이다(소령 [별표 3의 3]). 따라서 장례식장을 운영하는 사업자는 건당 거래금액이 10만원 이상인 재화 또는 용역을 공급하고 그 대금을 현금으로 받은 경우에는 상대방이 현금영수증 발급을 요청하지 아니하더라도 재화·용역을 공급하고 그 대금을 현금으로 받은 날부터 5일 이내에 무기명 번호(010-0000-1234)로 현금영수증을 발급하여야 한다.

핵심정리

1. 장의용역에 대한 부가가치세 면세

장의업자가 제공하는 장의용역은 면세대상이다(부령 §35 (6)). 장의용역이란 빈소 설치 임대, 장의 차량 임대, 시신의 보관 및 염습 등을 말하며, 장의용역 제공에 필수적으로 부수되는 공급되는 재화나 용역도 포함한다.

2. 장례식장 관련 사례

부가가치세 면세대상	부가가치세 과세대상
① 장의용역에 포함되어 공급되는 장의용품(관, 수의, 상복 등)(부가 46015-463, 2000.3.4.) ② 장례식장을 운영하는 사업자가 자기의 계산하에 장례의식을 거행하거나 장례의식을 거행하기 위하여 식장을 임대하고 임대료 및 수수료를 받는 경우(부가 1265.1-2202, 1983.10.17.) ③ 장의업자가 장례식장에서 조문객에게 제공하는 음식용역(재부가-92, 2015.1.26.; 대법원 2013두932, 2013.6.28.) 및 장례식장을 방문한 문상객에게 음식용역을 공급하면서 거래의 관행으로 보아 통상적으로 부수하여 공급되는 1회용기, 음료, 주류 등을 제공하는 경우(서면 2019법령해석부가- 1623 [법령해석과-1740], 2019.7.3.) ④ 공원묘지 합장용역(부가 22601-2561, 1986.12.18.) ⑤ 장의자동차 운송사업자가 제공하는 시신 운반용역(부가 1265.1-2248, 1981.8.25.)	① 장의용품만 별도로 판매하는 경우(서삼 46015-11143, 2002.7.9.) ② 장의업을 영위하는 자가 장의용역의 공급에 필수적으로 부수되지 아니하는 부가가치세가 과세되는 "잡화, 과자, 담배, 커피 등"을 장의용역을 공급받는 자 및 일반인에게 공급하는 경우(부가 46015-1070, 1999.5.27.; 서면-2019-부가-2933 [부가가치세과-17 67], 2020.10.8.) ③ 장의용역에 대한 거래를 단순히 주선·알선하는 경우(서면3팀-1014, 2008.5.20.; 서면-2017-부가-0540 [부가가치세과-1388], 2017.5.31.) ④ 장의업자가 아닌 사업자가 대학병원 및 종합병원 내 장례식장으로부터 위탁을 받아 음식(안주, 과일류 및 육개장 등)을 제공하는 장례식장에서의 음식용역(부가가치세과-944, 2013.10.16.) ⑤ 장례식장을 운영하는 사업자가 주차장을 직접 운영하면서 받는 주차료(법규부가2013-518, 2013.12.9.)

3. 장례식장에서 건당 10만원 이상인 재화 또는 용역 공급 시 현금영수증 의무발급

구 분	내 용
현금영수증 의무발급	장례식장 및 장의 관련 서비스업은 현금영수증 의무발행업종이다(소령 [별표 3의 3]). 따라서 장례식장을 운영하는 사업자는 건당 거래금액이 10만원 이상인 재화 또는 용역을 공급하고 그 대금을 현금으로 받은 경우 상대방이 현금영수증 발급을 요청하지 아니하더라도 현금영수증을 발급하여야 한다. 이 경우 현금영수증을 발급하는 경우에는 재화 또는 용역을 공급하고 그 대금을 현금으로 받은 날부터 5일 이내에(국세청장이 지정하는) 무기명 번호인 '010-0000-1234'로 발급할 수 있다.
현금영수증 발급의무 면제	사업자등록을 한 자에게 재화 또는 용역을 공급하고 계산서 또는 세금계산서를 교부한 경우에는 현금영수증을 발급하지 아니할 수 있다(소법 §162의 3 ④).
의무위반 시 가산세	이 규정을 위반하여 현금영수증을 발급하지 아니한 경우에는 현금영수증 미발급금액의 20%(착오나 누락으로 인하여 거래대금을 받은 날부터 10일 이내에 관할 세무서에 자진 신고하거나 현금영수증을 자진 발급한 경우에는 10%)의 가산세를 종합소득 결정세액에 더하여 납부하여야 한다(소법 §81의 9 ② (3)).

Chapter
48 국가, 지방자치단체에 대한 기부채납, 부가세 과세대상인가?

내용 Summary

기본사항 Check

- 사업자가 국가 또는 지방자치단체에 시설물을 기부채납하고 일정기간 관리운영권을 부여받는 경우
  ① 국가 : 기부채납된 가액을 선불임대료로 보아 과세
  ② 사업자 : 시설물 취득 시 부담한 매입세액은 공제받고, 기부채납 시 시설물을 공급한 것으로 보아 과세
- 국가 또는 지방자치단체가 「사회기반시설에 대한 민간투자법」에 따른 사업시행자로부터 같은 법 제4조 제1호(BTO) 및 제2호(BTL)의 방식에 따라 사회기반시설 또는 사회기반시설의 건설용역을 기부채납받고 그 대가로 부여하는 시설관리운영권은 부가가치세 면세대상임
- 「사회기반시설에 대한 민간투자법」 제2조 제8호에 따른 사업시행자가 부가가치세가 과세되는 사업을 할 목적으로 같은 법 제4조 제1호부터 제3호까지의 규정(BTO, BTL, BOT)에 따른 방식으로 국가 또는 지방자치단체에 공급하는 같은 법 제2조 제1호에 따른 사회기반시설 또는 사회기반시설의 건설용역은 영세율 대상임

핵심 Point

- 국가 등에 시설물을 기부채납하고 무상사용권을 취득한 경우 교환거래이므로 사업자와 국가 모두 부가가치세가 과세됨. 그러나 사회기반시설인 경우 국가 또는 지방자치단체에 면세가 적용되는 경우도 있고, 사업자에게 영세율이 적용되는 경우도 있는 점에 유의할 것

질문 »

A법인이 지방자치단체 B의 토지에 2024년 10월 초부터 12월 말까지 건물을 건설(건설회사에 도급을 주었으며 도급금액 100억원, 부가가치세 10억원 별도)하여 2025.1.1. 해당 지방자치단체에 그 건물(사회기반시설은 아님)을 기부(기부채납가액 120억원으로 가정)하고 10년간 무상사용하기로 하였다.

A법인과 지방자치단체의 건설과 2025년 부가가치세 및 법인세 관련 회계처리는? 다만, A법인은 「사회기반시설에 대한 민간투자법」에 따른 사업시행자가 아니다.

답변 및 해설 »

(단위 : 억원)

구 분	기부채납 사업자	지방자치단체
건설단계	(차)건 물 100 (대)현 금 110 부가세대급금 10 ※ 해당 A법인이 매입세액 공제	–
기부채납절차 완료(1.1.)	(차)무형자산 100 (대)건 물 100 현 금 12 부가세예수금 12 ※ 기부채납자산의 장부가액을 무형자산으로 대체하나, 부가가치세 공급가액은 기부채납가액으로 하는 점에 주의할 것	(차)건 물 120 (대)선수임대료 120 부가세대급금 12 현 금 12 ※ 지방자치단체가 매입세액 공제
1기 예정신고 (3.31.)	(차)부가세대급금 0.3* (대)현 금 0.3 * 지방자치단체에서 발급한 세금계산서상 매입세액 $120 \times \frac{3개월}{120개월} \times 10\% = 0.3$	(차)현 금 0.3* (대)부가세예수금 0.3 * $120 \times \frac{3개월}{120개월} \times 10\% = 0.3$
1기 확정신고, 2기 예정신고 및 확정신고	제1기 예정신고와 동일함.	제1기 예정신고와 동일함
결산기말 12.31.	(차)감가상각비 10* (대)무형자산 10 * 100 × 0.1 = 10	(차)선수임대료 12 (대)임대료수익 12 * 120 × 0.1 = 12

핵심정리

기부채납이란 사업자가 국가 또는 지방자치단체 등의 토지에 지하도, 민자역사, 여객터미널, 컨벤션센터, 도로 등을 건설하여 국가 또는 지방자치단체 등에 무상으로 기부하는 것을 말한다. 기부채납의 경우에는 해당 사업자가 기부채납의 대가로 그 시설을 일정한 기간 동안 무상으로 사용하거나 그 자산에서 수익을 얻는 경우가 많다. 이와 같이 기부채납의 대가로 무상사용 · 수익권을 취득하는 것은 **교환거래**에 해당하므로 부가가치세 과세대상이다. 기부채납에 대한 부가가치세와 법인세 관련규정은 다음과 같다.

구 분		내 용
건설 단계		사업자가 **과세사업을 위하여** 시설 등을 신축하여 지방자치단체에 기부채납하는 조건으로 인 · 허가를 얻은 경우, 해당 기반시설의 건설과 관련된 매입세액은 매출세액에서 공제할 수 있다. 다만, 해당 매입세액이 토지의 조성 등을 위한 자본적 지출과 관련된 매입세액에 해당하는 경우에는 매출세액에서 공제하지 아니한다(부집 38-0-1 ⑧).
기부채납 단계	부가가치세	기부채납 시 국유재산법이나 지방재정법 등에 따라 감정하여 기부채납된 재산가액을 결정하는데, 과세사업과 관련된 기부채납 시 결정된 **기부채납된 가액(부가가치세가 포함된 경우에는 이를 제외함)을 부가가치세 공급가액**으로 하고, **기부채납절차가 완료된 때를 공급시기**로 하여 국가 등에 세금계산서를 발급해야 한다(부령 §61 ② (3), 재소비 46015-347, 2002.12.12.). 다만, 「사회기반시설에 대한 민간투자법」 제2조 제8호에 따른 사업시행자가 부가가치세가 과세되는 사업을 할 목적으로 같은 법 제4조 제1호부터 제3호까지의 규정에 따른 방식으로 국가 또는 지방자치단체에 공급하는 같은 법 제2조 제1호에 따른 사회기반시설 또는 사회기반시설의 건설용역은 영세율대상이다(조특법 §105 ① (3)의 2).
	법인세	기부채납자산의 **장부가액을 무형자산으로 대체**하여 해당 자산의 사용수익기간(그 기간에 관한 특약이 없는 경우 신고내용연수)에 따라 균등하게 안분한 금액(그 기간 중에 당해 기부자산이 멸실되거나 계약이 해지된 경우 그 잔액을 말함)을 상각범위액으로 하여 감가상각비를 손금에 산입할 수 있다(법령 §26 ① (7)).

구 분	내 용
사용수익단계	국가가 토지의 임대료를 사회기반시설로 일시에 받은 것이므로 기부채납된 가액을 무상사용기간으로 안분계산하여 임대료에 대한 부가가치세를 신고해야 한다(부법 §29 ⑩ (3)). 다만, 국가 또는 지방자치단체가 「사회기반시설에 대한 민간투자법」에 따른 사업시행자로부터 같은 법 제4조 제1호(BTO) 및 제2호(BTL)의 방식에 따라 사회기반시설 또는 사회기반시설의 건설용역을 기부채납받고 그 대가로 부여하는 시설관리운영권은 부가가치세 면세대상이다(부령 §46 (3)).

Chapter
49 운전기사를 둔 프로운동선수의 인적용역, 부가세 과세대상인가?

내용 Summary

기본사항 Check

- 개인이 물적 시설 없이 근로자를 고용(고용 외의 형태로 해당 용역의 주된 업무에 대해 타인으로부터 노무 등을 제공받는 경우를 포함한다)하지 아니하고 독립된 자격으로 용역을 공급하고 대가를 받는 일정한 인적 용역은 과세대상임. 개인이 업무보조원을 고용한 경우 그 업무보조원의 업무가 주된 용역업무에 직접적으로 관련있는 용역제공 또는 주된 용역제공에 필수적으로 부수되는 업무인 경우 인적용역은 부가가치세 과세대상이나, 업무보조원이 수행하는 업무가 주된 용역제공에 필수적으로 부수되는 업무에 해당하지 않는 경우에는 인적용역은 부가가치세 면세대상임

핵심 Point

- 업무보조원의 업무에 따라 인적용역의 과세 여부가 달라지는 점에 유의할 것

질문 »

다음의 용역공급에 대하여 부가가치세가 과세되는가?

1. 프로골프선수 박인지 씨가 운전기사를 둔 경우 박인지 씨의 프로골프용역
2. 김진화 씨는 '번역써비스'라는 상호로 경기도 성남시 분당구 수내동 00-1 분당팰리스 오피스텔을 사무실로 사용하면서 통·번역 서비스업을 영위하는 개인사업자이다. 김진화 씨가 혼자 힘으로 할 수 없는 규모의 통역·번역 업무를 수주하여 다른 통역·번역사들을 비롯한 근로자들을 고용하여 그들의 노동력으로 통역·번역 용역을 제공한 경우
3. 법인이 운영하는 찜질방에서 마사지사로 일하는 시원해 씨가 법인의 마사지실과 마사지대(시원해 씨가 임차한 시설이 아님)를 이용하여 제공한 마시지용역

답변 및 해설 »

1. 프로운동선수

독립적인 용역제공자가 업무보조원을 고용한 경우, **주된 용역업무에 직접적으로 관련있는 용역제공 또는 주된 용역제공에 필수적으로 부수되는 업무보조를 하는 경우** 인적용역은 부가가치세 과세대상이나, 업무보조원이 수행하는 업무가 주된 용역제공에 필수적으로 부수되는 업무에 해당하지 않는 경우 인적용역은 부가가치세 면세대상이다. 이 사례의 경우에 **프로운동선수의 운전기사는 주된 업무에 필수적으로 부수되는 업무를 하지 않으므로 이 프로운동선수의 용역은 부가가치세 면세대상**으로 보인다.

2. 통·번역용역

물적시설과 인적시설을 구비하고 통·번역 업무를 하였으므로 **부가가치세 과세대상**이다(대법원-2012-두-15913, 2012.11.15.).

3. 마사지용역

마사지실과 마사지대는 시원해 씨의 것이 아니며, 그 시설을 임차한 것도 아니므로 시원해 씨의 마사지용역은 **부가가치세 면세대상**이다(감심 2012-55, 2015.5.3.; 감심 2012-59, 2012.5.3.).

핵심정리

인적용역이란 독립적인 인적용역 사업자가 고용관계가 없이 독립된 자격으로, 직업적으로 용역을 제공하고 대가를 받는 것을 말한다. 면세대상 인적(人的)용역은 독립된 사업(여러 개의 사업을 겸영하는 사업자가 과세사업에 필수적으로 부수되지 아니하는 용역을 독립하여 공급하는 경우 포함)으로 공급하는 다음에 해당하는 용역으로 한다(부령 §42). 부가가치세가 면제되는 인적용역 중 독립된 사업으로 공급하는 용역이란 「부가가치세법 시행령」 제42조에 규정하는 용역만을 별도로 공급하는 것을 말한다. 따라서 부가가치세 과세사업을 겸영하더라도 부가가치세가 과세되는 사업과 관련하여 공급하지 아니하고 별도로 공급되는 인적용역은 부가가치세가 면제된다(간세 1265.1-763, 1980.3.18.).

(1) 개인이 공급하는 인적용역

개인이 **물적시설 없이 근로자를 고용(고용 외의 형태로 해당 용역의 주된 업무에 대해 타인으로부터 노무 등을 제공받는 경우를 포함함)하지 아니하고** 독립된 자격으로 용역을 공급하고 대가를 받는 열거된 인적용역은 면세한다. 따라서 사업설비 등 물적시설이 있거나 근로자를 고용한 자가 공급하는 인적용역은 부가가치세를 과세한다.

1) 물적시설이 없을 것

물적시설이란 계속적 · 반복적으로 사업에만 이용되는 건축물 · 기계장치 등의 사업설비(임차한 것 포함)를 말하며, 인적용역의 실현에 있어 보조적 수단에 불과한 것이라면 물적시설을 갖춘 것으로 보지 아니한다(부칙 §29). 차량이나 오토바이는 인적용역 실현에 보조적인 것으로 보므로 다음의 경우에는 면세대상이다.

① 개인이 방문판매업자와의 계약을 통하여 근로자를 고용하지 아니하고 본인 소유의 승합차량을 이용하여 독립적으로 상품을 배달, 설치 사후관리, 판매대행의 대가로 수당을 받는 경우(부가가치세과-2221, 2008.7.24.)

② 개인이 독립된 자격으로 근로자를 고용하지 아니하고 본인 소유의 오토바이를 이용하여 운송용역을 제공하고 수당 등을 받는 경우(상담3팀-693, 2008.4.1.)

그러나 위의 수당을 지급하는 방문판매업자와 운송업체는 물적시설이 있으므로 과세한다.

2) 근로자를 고용하지 아니하였을 것

근로자를 고용하지 아니하였다는 의미는 **인적용역 실현을 위한 본질적인 업무를 수행하는 근로자**(일용근로자를 포함)를 고용한 경우를 말하므로 인적용역 제공과 직접 관련 없이 보조역할만 수행하는 업무보조원을 고용한 경우는 제외한다(부집 26-42-1 ⑥). 따라서 독립적인 용역제공자가 업무보조원을 고용한 경우, 주된 용역업무에 직접적으로 관련 있는 용역제공 또는 주된 용역제공에 필수적으로 부수되는 업무보조는 인적시설이 있는 것으로 보아 부가가치세를 과세하나, 업무보조원이 수행하는 업무가 주된 용역제공에 필수적으로 부수되는 업무에 해당하지 않는 경우에는 인적시설이 없는 것으로 보아 면세한다(재부가-472, 2007.6.20.).

3) 면세되는 인적용역의 범위 : 개인이 물적시설 없이 근로자를 고용하지 아니하고 독립된 자격으로 용역을 공급하고 대가를 받는 다음의 인적 용역

① 저술 · 서화 · 도안 · 조각 · 작곡 · 음악 · 무용 · 만화 · 삽화 · 만담 · 배우 · 성우 · 가수 또는 이와 유사한 용역

② 연예에 관한 감독 · 각색 · 연출 · 촬영 · 녹음 · 장치 · 조명 또는 이와 유사한 용역

③ 건축감독 · 학술용역 또는 이와 유사한 용역

④ 음악 · 재단 · 무용(사교무용 포함) · 요리 · 바둑의 교수 또는 이와 유사한 용역

⑤ 직업운동가 · 역사 · 기수 · 운동지도가(심판 포함) 또는 이와 유사한 용역

⑥ 접대부 · 댄서 또는 이와 유사한 용역

⑦ 보험가입자의 모집, 저축의 장려 또는 집금 등을 하고 실적에 따라 보험회사 또는 금융기관으로부터 모집수당 · 장려수당 · 집금수당 또는 이와 유사한 성질의 대가를 받는 용역과 서적 · 음반 등의 외판원이 판매실적에 따라 대가를 받는 용역. 이 경우 외판원이 판매실적에 따라 대가를 받는 용역은 「방문판매 등에 관한 법률」에 따른 다음에 해당하는 자가 판매실적에 따라 대가를 받는 용역으로 한다. 다만, '㉰'의 경우에는 후원수당을 지급받는 부분으로 한정한다(부칙 §30).

㉮ 방문판매원 또는 후원방문판매원

㉯ 방문판매업자 또는 후원방문판매업자로부터 사업장 관리 · 운영의 위탁을 받은 자

㉰ 다단계판매원

⑧ 저작자가 저작권에 의하여 사용료를 받는 용역

⑨ 교정 · 번역 · 고증 · 속기 · 필경 · 타자 · 음반취입 또는 이와 유사한 용역

⑩ 고용관계 없는 자가 다수인에게 강연을 하고 강연료 · 강사료 등의 대가를 받는 용역

⑪ 라디오 · 텔레비전 방송 등을 통하여 해설 · 계몽 또는 연기를 하거나 심사를 하고 사례금 또는 이와 유사한 성질의 대가를 받는 용역

⑫ 작명 · 관상 · 점술 또는 이와 유사한 용역

⑬ 개인이 일의 성과에 따라 수당 또는 이와 유사한 성질의 대가를 받는 용역

㉮ 방문판매원 또는 후원방문판매원

㉯ 방문판매업자 또는 후원방문판매업자로부터 사업장 관리 · 운영의 위탁을 받은 자

㉰ 다단계판매원

(2) 개인 · 법인 또는 법인격 없는 사단 · 재단, 그 밖의 단체가 독립된 자격으로 공급하는 인적용역

개인, 법인 또는 법인격 없는 사단 · 재단, 그 밖의 단체가 독립된 자격으로 용역을 공급하고 대가를 받는 다음의 인적 용역은 면세대상이다.

① 「형사소송법」 및 「군사법원법」 등에 따른 국선변호인의 국선변호, 「국세기본법」에 따른 국선대리인의 국선대리 및 「법률구조법」에 따른 법률구조 및 「변호사법」에 따른 법률구조사업(부칙 §31)

② **학술연구용역과 기술연구용역** : 학술연구용역과 기술연구용역이란 새로운 학술 또는 기술개발을 위하여 수행하는 새로운 이론 · 방법 · 공법 또는 공식 등에 관한 연구용역을 말한다(부칙 §32). 따라서 새로운 사업의 타당성 조사, 실시설계 또는 이들을 포함한 종합계획을 작성하는 용역과 지역맞춤일자리 창출지원사업으로 지역별 고용문제 실태분석 및 대안제시 등을 위한 연구사업(컨설팅사업)은 면세되는 학술 · 기술연구용역에 해당하지 아니한다(부기통 26-42…2; 서면 2015부가-22363, 2015.6.28.).

③ 직업소개소가 제공하는 용역 및 직업소개소, 인생상담 · 직업재활상담 및 그 밖에 이와 유사한 상담용역(결혼상담 제외), 「중소기업창업 지원법」에 따른 중소기업상담회사가 제공하는 창업상담용역

④ 「장애인복지법」 제40조에 따른 장애인보조견 훈련 용역

⑤ 외국 공공기관 또는 「국제금융기구에의 가입조치에 관한 법률」 제2조에 따른 국제금융기구로부터 받은 차관자금으로 국가 또는 지방자치단체가 시행하는 국내사업을 위하여 공급하는 용역(국내사업장이 없는 외국법인 또는 비거주자가 공급하는 것 포함)

⑥ 「민법」에 따른 후견인과 후견감독인이 제공하는 후견사무 용역

⑦ 「가사근로자의 고용개선 등에 관한 법률」에 따른 가사서비스 제공기관이 가사서비스 이용자에게 제공하는 가사서비스 용역*

* 가사서비스 : 가정 내에서 이루어지는 청소, 세탁, 주방일과 가구 구성원의 보호 · 양육 등 가정생활의 유지 및 관리에 필요한 업무를 수행하는 것(「가사근로자의 고용개선 등에 관한 법률」 §2 (1))

⑧ **「직업안정법」에 따른 근로자공급 용역**(2025.1.1. 이후 공급하는 경우부터 적용)

⑨ **다른 사업자의 사업장**(다른 사업자가 제공하거나 지정한 경우로서 그 사업자가 지배·관리하는 장소를 포함함)**에서 그 사업자의 시설 또는 설비를 이용하여 물건의 제조·수리, 건설, 그 밖에 이와 유사한 것으로서 기획재정부령으로 정하는 작업을 수행하기 위한 단순 인력 공급용역**(「파견근로자 보호 등에 관한 법률」에 따른 근로자파견 용역은 제외함. 이 규정은 2025.1.1. 이후 공급하는 경우부터 적용)

Chapter 50

고용알선업과 인력공급업, 부가세 과세대상인가?

내용 Summary

기본사항 Check

- 직업소개소는 계약에 의하여 고용자와 구직자를 대리하여 인력고용에 관련된 인력조사, 선발, 조회, 알선 등의 서비스를 제공하는 사업활동임
- 노동력을 확보하고 계약에 의하여 타 사업체에 임시로 수요인력을 수시로 제공하는 사업은 인력공급업으로 부가가치세가 과세됨. 다만, 직업안정법에 따른 인력공급업은 2025.1.1.부터 면세대상임
- 「파견근로자 보호 등에 관한 법률」에 따른 근로자파견 용역은 부가가치세 과세대상임

핵심 Point

- 직업소개소는 면세, 인력공급업(직업안정법상 인력공급업은 2025.1.1.부터 면세)은 과세, 근로자파견용역은 과세인 점에 유의할 것

질문 »

A법인은 직업소개소로 사업자등록을 하고 사업을 영위하고 있다. A법인은 건설업체의 요청에 따라 건설인력(일용노무자)을 '인력시장'을 통하여 모집한 후 인력을 요청한 건설업체의 현장에 취업시키고 건설업체로부터 소개수수료를 받고 있다.

또한, 음식점 종업원이나 파출부 등에 취업을 희망하는 사람들을 회원으로 등록하고 음식점 또는 가정으로부터 요청이 있을 경우 필요한 인원을 취업시키고 취업하는 사람과 인원을 요청한 상대방으로부터 소개수수료를 받고 있다. A법인이 받는 소개수수료가 부가가치세 과세대상인가?

답변 및 해설 »

사업자가 계약에 의하여 고용자와 구직자를 대리하여 인력고용에 관련된 인력조사, 선발, 조회, 알선 등의 서비스를 제공하는 것은 직업소개소이므로 부가가치세가 면제되는 용역에 해당한다. 그러나 노동력을 확보하고 계약에 의하여 타 사업체에 임시로 수요인력을 수시로 제공하는 사업은 인력공급업이므로 부가가치세가 과세된다.

A법인은 인력을 취업시키고 수수료를 받고 있으므로 부가가치세 면세대상으로 보인다.

핵심정리

(1) 한국표준산업분류(11차)상 고용알선업과 인력공급업의 비교

① **고용알선업**(업종코드 7511) : 고용주 또는 고용 알선업체의 직원이 아닌 구직자를 대리하여 일자리 및 구직자 정보를 기초로 인력을 선발, 알선 및 배치하는 산업활동. 헤드헌터나 직업소개소가 고용알선업에 해당한다.

② **인력공급업**(업종코드 7512) : 자기관리하에 있는 노동자를 계약에 의하여 타인 또는 타사업체에 일정 기간 공급하는 산업활동. 이 경우 노동자들은 인력공급업체의 직원이지만 고객 사업체의 지시 및 감독을 받아 업무를 수행한다.

(2) 부가가치세 면세 여부

개인, 법인 또는 법인격 없는 사단 · 재단, 그 밖의 단체가 독립된 자격으로 직업소개소에서 용역을 공급하고 대가를 받는 경우에는 부가가치세 면세대상이다(부법 §42 (2) 다목).

그러나 인력공급업을 영위하는 사업자가 직원을 파견하고 대가를 받는 경우에는 부가가치세 과세대상이다.

고용알선업과 인력공급업의 비교

구 분	고용알선업	인력공급업
사업내용	고용주 또는 고용 알선업체의 직원이 아닌 구직자를 대리하여 일자리 및 구직자 정보를 기초로 인력을 선발, 알선 및 배치하는 산업활동(예 직업소개소 또는 헤드헌팅)	자기관리하에 있는 노동인력을 인력을 제공하고 그 대가를 직접 받아 피고용자에게 자기가 인건비를 지급하는 형태의 산업활동

구 분	고용알선업	인력공급업
대가수령	소개수수료만 받음	공급한 인력에 대한 대가를 받아 자신의 계산으로 인건비 지급
부가가치세 과세 여부	면세	과세(직업안정법에 따른 근로자공급 용역* 은 2025.1.1. 이후 공급분부터 면세)

* "근로자공급사업"이란 공급계약에 따라 근로자를 타인에게 사용하게 하는 사업을 말한다. 다만, 「파견근로자 보호 등에 관한 법률」 제2조 제2호에 따른 근로자파견사업[1)]은 제외한다(직업안정법 제2조의 2).

※ 노동조합이 조합원으로 하여금 노무를 제공하게 하고 받은 대가를 조합원에게 배분하는 경우에는 부가가치세 과세대상이 아님(부가 46015-1507, 2000.6.29.; 서면3팀-2676, 2004.12.30.; 서면-2017-부가-3186 [부가가치세과-679], 2018.3.29.) → 노동조합은 노임을 받아 조합원에게 배분한 역할만 하였으므로 인력공급사업을 한 것이 아니라고 본 것임

PART 04 면세

근로자파견사업과 근로자공급사업의 비교

① 근로자파견사업과 근로자공급사업은 근로자를 타인에게 보내어 타인이 지위를 받아 사용하게 하는 사업이고 허가제인 점에서는 같으나 근로자파견사업은 파견사업주와 파견근로자 사이에 고용계약이 성립되어야 하고, 근로자공급사업은 공급사업자와 근로자 사이에 계약상 또는 사실상 지배관계만 있으면 되고 고용계약이 성립되어야 하는 것은 아닌 점에서 차이가 있다.

② 2024.6.3. 기준 고용노동부의 허가를 받은 근로자파견업체는 2,372개이다.

연번	사업체명	허가번호	허가기한	청	지방관서
1	프리머스에이치알㈜	Nov-98	2022-08-04 ~ 2025-08-03	서울청	서울동부
2	㈜서울커뮤니케이션	1998-19	2022-08-13 ~ 2025-08-12	중부청	안양
3	㈜경북안전	Feb-98	2022-10-01 ~ 2025-09-30	대구청	안동
4	삼보엠피㈜	1998-22	2022-08-17 ~ 2025-08-16	서울청	서울청
5	㈜유니에스	1998-26	2022-08-21 ~ 2025-08-20	서울청	서울강남
			⋮		
2370	㈜삼우이에스	2024-97	2024-02-22 ~ 2027-02-21	서울청	서울관악
2371	주식회사여행친구들	2024-98	2024-02-22 ~ 2027-02-21	서울청	서울남부
2372	수찬개발주식회사	2024-99	2024-02-22 ~ 2027-02-21	부산청	부산청

1) "근로자파견"이란 파견사업주가 근로자를 고용한 후 그 고용관계를 유지하면서 근로자파견계약의 내용에 따라 사용사업주의 지휘·명령을 받아 사용사업주를 위한 근로에 종사하게 하는 것을 말하며, "근로자파견사업"이란 근로자파견을 업(業)으로 하는 것을 말한다(「파견근로자 보호 등에 관한 법률」 §2 (1)·(2)).

③ 근로자공급사업의 허가를 받을 수 있는 자의 범위는 다음과 같다.

㈎ 국내 근로자공급사업의 경우는 「노동조합 및 노동관계조정법」에 따른 노동조합

㈏ 국외 근로자공급사업의 경우는 국내에서 제조업 · 건설업 · 용역업, 그 밖의 서비스업을 하고 있는 자. 다만, 연예인을 대상으로 하는 국외 근로자공급사업의 허가를 받을 수 있는 자는 「민법」 제32조에 따른 비영리법인으로 한다.

2024.5.7. 기준 고용노동부의 허가를 받은 근로자공급사업자는 44개 노동조합이 있다.

직업안정법에 따른 근로자공급업체 현황(발췌)

번호	사업장명	허가 지역	공급분야
1	충북세종항운노동조합	충북, 세종특별자치시 부강면 8개리* 일대 * 산수리 · 행산리 · 갈산리 · 부강리 · 문곡리 · 금호리 · 등곡리 · 노호리	항만육상하역, 운송, 기타대부
2	전국예능인노동조합연맹	전국	예능인
3	서울농수산항운노동조합	동작구 노량진 수산	농수산물 상하차
4	서울경기항운종합노동조합	– 서울특별시 – 경기도(인천시는 대상 아님)	상, 하역 작업
5	동부지역시장노동조합	경동시장㈜	농수산물 하역, 배송
		⋮	
42	제주특별자치도항만노동조합	제주특별자치도 제주항 일원	항만하역
43	제주도항운노동조합	제주특별자치도 일원 – 제주시, 서귀포(강정지구), 한림, 성산, 화순, 애월, 추자	항만하역
44	부산시항만노동조합	부산광역시 서구	수산물 하역, 선별, 상차 및 부대작업

Chapter 51

그룹 내 계열사 간 직원 파견, 부가세 과세대상인가?

내용 Summary

기본사항 Check

- 그룹 내 계열사에 직원을 파견하여 근무하게 하고, 그 계열사로부터 파견 직원의 인건비를 지급받는 경우 해당 인건비는 부가가치세 과세대상에 해당하지 아니함

핵심 Point

- 그룹 내 계열사에 직원을 파견하고 인건비를 받는 것은 부가가치세 과세대상이 아닌 점에 유의할 것

질문 »

갑법인은 금융지주회사로서 그룹 계열사 간에 체결한 '관리협약서' 및 갑법인의 '자회사 경영관리규정'에 따라 그룹사 경영의 효율성 등을 위하여 갑법인은 자회사(이하 "계열사")에 직원을 파견하여 근무하게 하고 파견 직원에게 지급할 급여 등에 부가가치세를 포함한 금액을 계열사에 청구하여 인건비를 지급받고 이를 용역의 공급대가로 보아 부가가치세를 신고 · 납부하였다. 반면에, 자회사들은 대부분 은행, 보험회사 등의 금융업을 하고 있어서 매입세액공제를 받지 못하였다.

갑법인이 그룹 내 계열사 간 인력파견은 용역의 공급에 해당하지 아니하는 것으로 보아 당초 신고 · 납부한 부가가치세액을 환급해 줄 것을 경정청구할 경우 수용될 가능성이 있는가?

답변 및 해설 »

사업자가 지주회사와 체결한 '관리협약서' 및 지주회사의 '자회사 경영관리규정'에 근거하여 그룹의 실익증진 및 경영의 효율성 등을 위해 직원을 그룹 내 계열사에 파견하여 근무하게 하고, 계열사로부터 파견 직원의 인건비를 지급받는 경우 해당 인건비는 부가가치세 과세대상에 해당하지 아니한다(기준-2020-법령해석부가-0044 [법령해석과-1567], 2020.5.26.). 갑법인은 부가가치세 과세대상이 아닌 용역에 대하여 부가가치세를 신고 · 납부하였으므로 경정청구하면 부가가치세를 환급받을 수 있다.

핵심정리

모회사가 자회사에 직원을 파견하여 자회사의 업무를 지원하고 자회사 파견 직원의 급여를 자회사로부터 보전받는 경우가 있다. 이와 같이 모회사가 자회사에 직원을 파견하고 급여를 보전받는 것이 부가가치세 과세대상인 인력공급업에 해당하는가?

국세청은 처음에 "사업자가 자기와 고용관계에 있는 직원을 다른 사업자의 사업장에 파견하여 근무하게 하고 사업자가 자기가 부담하여야 할 파견직원에 대한 인건비 및 경비를 다른 사업자가 직접 파견직원에게 지급하게 하는 경우에는 부가가치세가 과세되는 용역의 공급에 해당한다"고 해석(제도46015-11304, 2001.6.1.; 제도46015-10279, 2001.3.27.; 부가가치세과-682, 2010.6.1.)하였다.

그러나 조세심판원은 **"그룹 내 관계회사 간 파견제도는 그룹 인력교류 활성화를 통해 우수인재의 적재적소 활용 및 인재육성을 도모하고 관계회사 간 업무협조 및 이해증진을 바탕으로 그룹사 모두의 시너지 극대화를 목적으로 하고 있을 뿐 영리목적이 없고, 원 소속회사로서는 파견회사가 파견자에게 직접 급여를 지급하므로 파견에 따른 부가가치를 창출하지 않으며, 직원을 파견한 목적이 영리를 목적이 아닌 그룹사 간의 업무효율화를 도모하기 위하여 한 것이라는 점과 파견직원에 대한 부담금을 파견회사(자회사)에서 종국적으로 부담한다는 점에서 사실상 파견직원으로서 지급받는 급여 등에 해당하는 것으로 보이므로, 그룹 계열 간 인력교류를 인력공급업을 영위하고 있는 것으로 본 것은 잘못이 있다"고 결정**하였다(조심 2012서696, 2014.1.10.; 조심 2016중2517, 2016.12.12.; 조심 2014서4772, 2015.1.23.; 조심 2014서4842, 2015.1.23.).

조세심판원에서 계열사 간에 직원 파견을 부가가치세 과세대상이 아니라고 계속 결정하고 있는 점을 고려하여 2020.5.6. 국세청은 사업자가 지주회사와 체결한 '관리협약서' 및 지주회사의 '자회사 경영관리규정'에 근거하여 그룹의 실익증진 및 경영의 효율성 등을 위해 직원을 그룹 내 계열사에 파견하여 근무하게 하고, 해당 계열사로부터 파견 직원의 인건비를 지급받는 경우 해당 인건비는 부가가치세 과세대상에 해당하지 아니한다고 종전 해석을 변경하고(기준 2020법령해석부가-0044 [법령해석과-1567], 2020.5.26.), 2020.5.26. 계열사 간의 직원 파견을 부가가치세 과세대상이라고 해석한 종전의 예규(부가가치세과-682, 2010.6.1. 외 2건)를 국세법령정보시스템에서 삭제하였다.

기준-2020-법령해석부가-0044 [법령해석과-1567], 2020.5.26.

> 사업자가 지주회사와 체결한 '관리협약서' 및 지주회사의 '자회사 경영관리규정'에 근거하여 그룹의 실익증진 및 경영의 효율성 등을 위해 직원을 그룹 내 계열사에 파견하여 근무하게 하고, 해당 계열사로부터 파견 직원의 인건비를 지급받는 경우 해당 <u>인건비는 「부가가치세법」 제4조에 따른 부가가치세 과세대상에 해당하지 아니하는 것임</u>

주의 모회사가 자회사에 인력을 파견하고 인건비에 이익을 가산해서 공급대가를 받는 경우에 부가가치세 과세대상이 아닌가?

조세심판례, 국세청의 예규는 모두 계열사에 직원을 파견하고 그 직원의 인건비를 받는 경우에 대한 내용이다. 모회사가 계열사에 직원을 파견하고 인건비에 이익을 가산하여 대가를 받는 경우에는 영리목적으로 원 소속회사가 직원을 파견하고 지급받는 대가를 받는 경우이므로 인력공급업으로 볼 수도 있다.

PART 04 면세

Chapter 52

다중주택, 면세대상 국민주택 판단기준은?

내용 Summary

기본사항 Check

- 국민주택의 공급은 부가가치세 면세대상임
- '국민주택규모'란 주거의 용도로만 쓰이는 주거전용면적이 1가구당 85㎡(수도권을 제외한 도시지역이 아닌 읍 · 면 지역은 1가구당 주거전용면적이 100㎡) 이하인 주택을 말함
- 다중주택은 전체 주거전용면적이 85㎡를 초과하는 경우 국민주택에 해당하지 아니함

핵심 Point

- 다중주택이 국민주택인지 판단할 때 전체 주거전용면적으로 판단해야 하므로 각 호실별 면적으로 판단하지 않도록 유의할 것

질문 »

A는 주택신축판매업 사업자등록을 하고 다중주택의 건축 허가를 받았으며 건축 개요는 다음과 같다.

용 도	규 모	연면적	세대별 면적
단독주택(다중주택 18실)	지상 3층	285.47㎡	9.84~14.45㎡

다중주택 신축 시 매입세액을 공제받았다. A는 허가를 받지 않고 다중주택을 원룸 형태로 개조하여 건물 각 호실을 주택으로 사용할 수 있도록 출입문, 전기, 수도, 욕실, 싱크대 등을 설치하였다. A는 다중주택이 판매되지 않아 일시적으로 임대하다가 해당 건물 전체를 하나의 매매단위로 양도하였다. **A가 판매목적으로 신축한 다중주택을 일시적으로 임대하다가 주택 전체를 하나의 매매단위로 양도하는 경우 부가가치세가 면세되는가?**

답변 및 해설 »

신축판매업을 영위하는 사업자가 다중주택(단독주택)으로 건축허가를 받아 신축한 건물을 용도변경의 허가를 받지 아니하고 원룸(공동주택) 형태로 개조하는 경우로서 해당 **다중주택의 전체 주거전용면적이 85㎡(수도권을 제외한 도시지역이 아닌 읍·면 지역은 1가구당 주거전용면적이 100㎡)를 초과하는 경우 국민주택에 해당하지 아니한다.** 사업자가 당초 매매목적으로 신축하여 매입세액이 공제된 다중주택을 주택임대사업에 사용하다 양도하는 경우 해당 주택의 양도는 부가가치세가 면제되나, 매매가 되지 아니하여 일시적·잠정적으로 임대하다 양도하는 경우에는 부가가치세가 과세된다.

핵심정리

(1) 국민주택규모의 판단

국민주택의 공급은 공급자가 누구인지 여부 및 완공 정도에도 불구하고 부가가치세가 면제된다. 국민주택이란 국민주택기금의 지원 여부에 불구하고 「주택법」 제2조 제1호에 따른 단독·공동주택으로서, 주거전용면적이 1호(戶) 또는 1세대당 85㎡(수도권을 제외한 도시지역이 아닌 읍 또는 면 지역은 1호 또는 1세대당 주거전용면적이 100㎡) 이하인 주택을 말한다(조특법 §106 ① (4), 조특령 §106 ④ (1)). 다가구주택은 1세대당 전용면적을 기준으로 국민주택인지 판단하나, 단독주택과 다중주택[2]은 1동 전체의 면적을 기준으로 국민주택인지 판단한다(서면3팀-2078, 2006.9.8.). 종전에는 「주택법」에 따른 국민주택 규모 이하의 주택이었으나, 2021. 2.17. 이후 공급분부터는 「주택법」 제2조 제1호에 따른 단독·공동주택으로서, 그 규모가 국민주택규모 이하인 주택으로 개정하였다(조특령 §106 ④ (1)).

2) 다중주택이란 다음의 요건을 모두 갖춘 주택을 말한다(건축법시행령 [별표 1]).
① 학생 또는 직장인 등 여러 사람이 장기간 거주할 수 있는 구조로 되어 있는 것
② 독립된 주거의 형태를 갖추지 아니한 것(각 실별로 욕실은 설치할 수 있으나, 취사시설은 설치하지 아니한 것을 말함)
③ 1개 동의 주택으로 쓰이는 바닥면적의 합계가 330제곱미터 이하이고 주택으로 쓰는 층수(지하층 제외)가 3개층 이하일 것

(2) 가구별 국민주택규모 이하 다중주택 신축판매의 과세쟁점

'국민주택규모'란 주거의 용도로만 쓰이는 주거전용면적이 1가구당 85㎡(수도권을 제외한 도시지역이 아닌 읍·면 지역은 1가구당 주거전용면적이 100㎡) 이하인 주택을 말한다(주택법 §2 (5)~(7)). 아파트·연립·다세대 등 공동주택은 부동산 등기부등본에 각 소유자별 구분등기가 되어 있으므로 이를 기준으로 국민주택인지 판단해야 한다. 그러나 단독주택의 경우에는 거주생활 공간에 관계없이 전체 건물에 대하여 소유자 1인의 명의로 부동산등기가 이루어지므로 전체 면적으로 국민주택인지 판단하되, 다가구주택의 경우에는 가구당 전용면적을 기준으로 국민주택규모를 판단한다(조특령 §51의 2 ③).

단독주택의 용도별 구분(건축법 시행령 [별표 1])

구 분	다중주택	다가구주택
건축법상 용도	단독주택	단독주택
건축허가요건	• 3층 이하 및 330㎡ 이하 • 학생·직장인 등이 장기간 거주 가능 구조 • 욕실은 설치가능, 취사시설 불가능	• 주택만 3층 이하 및 660㎡ 이하 • **1층 주차장**(필로티 구조) • 19세대 이하 • 욕실 및 취사시설 설치됨
가구별 거주형태	가구당 취사를 제외한 독립 주거생활 가능	가구당 독립 주거생활 가능
등기	하나의 건물에 단독 등기	하나의 건물에 단독 등기
과세여부	전체 면적 기준으로 판단	가구당 면적으로 판단

Chapter 53

국민주택규모의 주거형 오피스텔의 분양, 면세대상인가?

내용 Summary

기본사항 Check

- 부가가치세가 면제되는 국민주택은 「주택법」 제2조 제1호에 따른 주택인 단독주택과 공동주택으로서 국민주택규모(다가구주택은 가구당 전용면적을 기준) 이하인 주택을 말함
- 오피스텔은 준주택이므로 부가가치세가 면제되는 국민주택에 해당하지 아니함

핵심 Point

- 오피스텔은 국민주택에 해당하지 않으므로 오피스텔을 분양하는 경우 면세대상이 아닌 점에 유의하여야 함

질문 »

변이상 씨와 이초이 씨는 2024.2.27. 주택신축판매업 사업자등록을 하고, 지하 1층, 지상 14층 규모의 집합건물(공동주택 48세대, 오피스텔 24호)을 신축하여 오피스텔을 분양하였다. 분양한 오피스텔은 1세대당 주거전용면적이 85㎡ 이하이다. **분양한 오피스텔이 국민주택으로서 부가가치세가 면세되는가?**

답변 및 해설 »

국민주택이란 「주택법」 제2조 제1호에 따른 주택인 단독주택과 공동주택으로서 국민주택규모(다가구주택은 가구당 전용면적을 기준) 이하인 주택이다. 오피스텔은 준주택에 해당하므로 국민주택으로 보지 아니한다. 따라서 분양한 오피스텔은 국민주택이 아니므로 부가가치세가 과세된다.

핵심정리

「주택법」 제2조 제1호에서 주택을 '세대 구성원이 장기간 독립된 주거생활을 할 수 있는 구조로 된 건축물'로 정의하면서 이를 단독주택과 공동주택으로 구분하고, 「주택법」 제2조 제1의 2호에서 준주택은 주택 이외의 건축물로서 오피스텔을 들고 있다. 공부상 업무시설로 등재되었다면 주거용도로 사용될 수 있는 구조와 기능을 갖추었다고 하더라도 면세되는 국민주택에 해당되지 아니한다(대법원 2020두44725, 2021.1.28.; 대법원2020두44749, 2021.1.28.).

Chapter

54 국민주택 발코니 확장용역, 부가세는?

내용 Summary

기본사항 Check

- 국민주택의 부대설비 및 복리시설을 주택공급과 별도로 공급하는 경우에는 부가가치세가 과세되나, 국민주택의 공급에 부수하여 공급하고 그 대가를 주택의 분양가격에 포함하여 받는 경우에는 부가가치세가 면제됨
- 국민주택의 발코니 확장용역은 아파트 수분양자의 선택에 따라 그 공급 여부가 결정되는 것이므로 아파트의 공급에 부수하여 공급된다고 보기 어려우므로 부가가치세 과세대상으로 봄

핵심 Point

- 국민주택의 발코니확장용역은 국민주택에 부수된 것으로 보지 않으므로 부가가치세가 과세되는 점에 유의할 것

질문 »

A법인은 주택의 건설 · 공급 등 사업을 영위하고 있는 법인으로서, 국민주택규모(전용면적 85㎡ 이하)의 아파트(이하 "국민주택아파트"라 한다)를 공급하면서 일부 국민주택아파트에 대하여는 분양받는 사람("수분양자"라 함)이 선택하는 품목인 발코니확장공사용역(이하 "발코니확장"이라 한다)을 함께 공급하였다. **국민주택의 발코니확장용역은 국민주택아파트에 필수적으로 부수되는 용역의 공급으로서 부가가치세 면제대상에 해당하는가?**

답변 및 해설 »

국민주택의 발코니확장용역은 국민주택에 부수되는 것으로 보지 않으므로 부가가치세가 과세된다.

핵심정리

부가가치세 면세대상 국민주택에 해당하는 집단주택의 부대설비 및 복리시설을 주택공급과 별도로 공급하는 경우에는 부가가치세를 면제하지 아니하나 동 설비시설을 주택의 공급에 부수하여 공급하고 그 대가를 주택의 분양가격에 포함하여 받는 경우에는 부가가치세를 면제한다고 해석하고 있다(조특통 106-0…1). 여기에서 **아파트 발코니 확장공사가 부가가치세 면세대상인지 여부**가 과세쟁점이다.

아파트 발코니확장용역은 아파트 수분양자의 선택에 따라 그 공급 여부가 결정되는 것이므로 아파트의 공급에 부수하여 공급된다고 보기는 어려워 부가가치세를 과세함이 타당하다(대법원 2014두40036, 2014.12.11.). 이에 따라 **기획재정부와 국세청에서는** 국민주택규모 이하의 공동주택을 신축하여 임대하고자 하는 사업자가 **전체 세대를 발코니 확장형으로 공급받기로 시공사와 일괄도급계약을 체결하여 발코니를 거실 등으로 변경**하기 위해 공급받는 용역은 주택건설 용역과 구분되는 별도의 용역으로서 주택건설 용역에 부수되어 공급되는 용역의 공급에 포함되지 아니하므로 **부가가치세를 과세함이 타당하다고 해석**하였다(기재부 부가-54, 2019.1.15.; 국세청 서면 2017법령해석부가-3484 [법령해석과-142], 2019.1.22.).

국민주택 분양계약서에 '발코니 확장비용은 추가로 받지 않음'이라고 기재하고 국민주택을 분양하면서 발코니확장용역을 무상으로 공급한 것으로 한 사건에 대한 재판에서 법원은 발코니확장용역을 무상 제공하는 것처럼 외관을 형성하였더라도, 사업자가 당사자들의 거래가액에 실질적으로 용역 공급의 대가를 포함시킨 것으로 볼 수 있고, 또한 전체 거래가액에서 용역의 공급대가를 합리적으로 구분할 수 있는 경우에 해당 발코니확장용역을 무상 공급에 해당한다고 볼 수 없으므로 부가가치세 과세대상이라고 판결한 바 있다.

인전지방법원2021구하53317, 2022.2.17.	서울고등법원 2022누38900, 2022.11.29.	대법원2022두69056, 2023.3.30.
국승	국승	국승(심리불속행)

Chapter 55

헷갈리는 지방공단과 지방공사의 정부업무대행사업, 부가세는?

내용 Summary

기본사항 Check

- 「지방공기업법」 제76조에 따라 설립된 지방공단이 「지방공기업법」 제71조 제1항 및 제76조 제2항의 규정에 의하여 국가 또는 지방자치단체의 사업을 대행하는 경우 그 사업은 부가가치세 면세대상임
- 「지방공기업법」 제49조에 따라 설립된 지방공사는 다음에 요건을 갖추고 「지방공기업법」 제71조 제1항 및 제76조 제2항의 규정에 의하여 국가 또는 지방자치단체의 사업을 대행하는 경우 그 사업은 면세대상임
  ① 시 · 군 또는 자치구인 지방자치단체가 설립하였을 것
  ② 「지방공기업법」에 의하여 농수산물도매시장사업을 수행하기 위하여 지방자치단체가 설립한 지방공사를 제외할 경우 해당 지방자치단체가 설립한 유일한 지방공사일 것
  ③ 해당 지방자치단체에 지방공단이 없을 것

핵심 Point

- 지방공단과 지방공사의 정부업무대행사업의 면세요건이 다른 점에 유의할 것

질문 »

A는 지방자치단체로부터 다음의 사업을 위탁받아 운영하고 있다.

① 의류 제조업
② 부동산임대업
③ 테마파크 운영업
④ 예식장 운영업

다음 사례별로 부가가치세 과세 여부는?

사례 1. 지방공사가 지방자치단체의 명의와 계산으로 해당 사업을 하는 경우

사례 2. 지방공단이 자기의 명의와 계산으로 위탁받은 사업을 하는 경우

사례 3. 지방공사가 자기의 명의와 계산으로 위탁받은 사업을 하는 경우. 지방공사는 해당 지방자치단체의 유일한 공사이며, 지방공단이 없다.

사례 4. 지방공사가 자기의 명의와 계산으로 하는 경우. 해당 지방자치단체에는 지방공단이 별도로 있다.

답변 및 해설 »

구 분	공급자	철강제조업	부동산임대업	테마파크운영업	예식장운영업
사례 1	지방자치단체	면세	과세	면세	면세
사례 2	지방공단	면세	과세	과세	과세
사례 3	지방공사	면세	과세	과세	과세
사례 4	지방공사	과세	과세	과세	과세

① 의류제조업 : 지방자치단체가 제조업을 직접 운영하는 경우 제조업을 과세대상으로 열거되어 있지 않으므로 부가가치세를 면세한다. 또한, 지방공단(해당 지방자치단체의 유일한 지방공사 포함)의 책임과 계산으로 제조업을 대행하는 경우에도 부가가치세를 면세한다.

② 부동산임대업 : 지방자치단체, 지방공단, 지방공사가 공급하는 경우 부동산임대업은 과세대상으로 열거되어 있으므로 부가가치세를 과세한다.

③ 동굴 운영사업 등 테마파크 : 지방자치단체가 직접 운영하는 경우에는 부가가치세를 면세하지만, 지방공사(해당지방자치단체의 유일한 지방공사 포함)의 책임과 계산으로 테마파크 사업을 대신하여 운영하는 경우에는 부가가치세를 과세한다(사전 2017법령해석부가-0776, 2018. 1.25.).

④ 예식장 운영업 : 지방자치단체가 직접 운영하는 경우에는 부가가치세를 면세하지만, 지방공단, 지방공사의 책임과 계산으로 예식장을 대신하여 운영하는 경우에는 부가가치세를 과세한다.

핵심정리

1. 지방공단과 지방공사의 비교

구 분	지방공단	지방공사
성격	지방자치단체 업무대행기관	일종의 회사
설립	지방자치단체 단독 설립 (민관합작 불가)	지방자치단체가 50% 이상 출자 (민관합작 가능)
업무	지방자치단체의 특정사업을 위탁받아 수행	단독사업 가능
경영자	이사장, 부이사장, 이사	사장, 부사장, 이사
이익발생 시 처리	결산 결과 이익 발생 시 처리규정이 없으므로 이익을 지방자치단체에 반납해야 함	결산 결과 이익 발생 시 자체 처리
해산 시 잔여재산 처리	지방자치단체에 귀속	출자자에 귀속
예시	시설관리공단, 주차장관리공단, 환경공단 등	도시교통공사, 도시개발공사 등

종전에는 지방공단과 지방공사가 정부업무대행사업을 하는 경우 지방공단만 부가가치세를 면세하고 지방공사는 부가가치세를 과세하였다. 이는 지방공단은 지방자치단체의 업무대행기관이나 지방공사는 일종의 회사인 점을 고려한 것이다. 그러나 지방자치단체에 지방공단이 없고 지방공사만 있는 경우에는 지방공사가 지방자치단체의 업무를 대행할 수밖에 없고, 이 경우 지방자치단체의 대행사업이 모두 부가가치세가 과세되는 문제가 발생하였다. 지방자치단체 간에 과세불형평을 해소하기 위하여 지방공사가 다음 요건을 모두 충족하는 경우에는 지방공사의 정부업무대행사업도 부가가치세를 면제하도록 「조세특례제한법 시행령」을 개정하여 2017.2.7. 이후 공급분부터 적용하도록 하였다(조특령 §106 ⑦ (22)·(22의 2)).

① 시·군 또는 자치구인 지방자치단체가 설립하였을 것
② 농수산물도매시장사업을 수행하기 위하여 지방자치단체가 설립한 지방공사를 제외할 경우 해당 지방자치단체가 설립한 유일한 지방공사일 것
③ 해당 지방자치단체에 지방공단이 없을 것

2. 지방공단과 지방공사의 면세대상인 정부업무대행사업

단체명	면세사업
22. 「지방공기업법」 제76조의 규정에 의하여 설립된 지방공단	「지방공기업법」 제71조 제1항 및 제76조 제2항의 규정에 의하여 국가 또는 지방자치단체의 사업을 대행하는 경우 그 사업
22의 2. 다음 각 목의 요건을 모두 갖춘 「지방공기업법」 제49조에 따라 설립된 지방공사 가. 시 · 군 또는 자치구인 지방자치단체가 설립하였을 것(2017.2.7. 신설) 나. 「지방공기업법」에 의하여 농수산물도매시장사업을 수행하기 위하여 지방자치단체가 설립한 지방공사를 제외할 경우 해당 지방자치단체가 설립한 유일한 지방공사일 것(2017.2.7. 신설) 다. 해당 지방자치단체에 제22호에 따른 지방공단이 없을 것	「지방공기업법」 제71조 제1항 및 제76조 제2항의 규정에 의하여 국가 또는 지방자치단체의 사업을 대행하는 경우 그 사업

3. 부가가치세가 과세되는 정부업무대행사업

정부업무대행사업 중 어느 하나에 해당하는 사업은 부가가치세 면세대상에서 제외하며, 제7호의 규정은 「부가가치세법 시행령」 제45조 제1호 규정[3]에도 불구하고 적용한다.

① 소매업 · 음식점업 · 숙박업 · 욕탕업 및 예식장업

② 부동산매매업

③ 부동산임대업

④ 골프장 · 스키장 및 기타 운동시설 운영업

⑤ 수상오락서비스업

⑥ 유원지 · 테마파크운영업

⑦ 주차장운영업 및 자동차견인업

3) 주무관청의 허가 또는 인가를 받거나 주무관청에 등록된 단체(종교단체의 경우에는 그 소속단체를 포함한다)로서 「상속세 및 증여세법 시행령」 제12조 각 호의 어느 하나에 따른 사업 또는 기획재정부령으로 정하는 사업을 하는 단체가 그 고유의 사업목적을 위하여 일시적으로 공급하거나 실비(實費) 또는 무상으로 공급하는 재화 또는 용역은 면세한다(부령 §45).

국가 등과 정부업무대행단체가 공급하는 재화 용역의 과세대상 비교

국가 · 지방자치단체 등이 공급 (부령 §46)	정부대행업체인 공단 · 공사가 공급 (조특법 §106 ⑧)
〈원칙〉 면세	〈원칙〉 [별표 10]에 해당하는 경우에는 면세
〈예외〉 다음의 것은 과세	〈예외〉 다음의 것은 과세
① 부동산임대업	① 부동산임대업
② 소매업, 음식점업 · 숙박업	② 소매업 · 음식점업 · 숙박업
③ 골프장 및 스키장 운영업, 기타 스포츠 시설 운영업	③ 골프장 · 스키장 및 기타 운동시설 운영업
④ 도매업	④ 욕탕업 및 예식장업
⑤ 우체국 택배용역, 상품 등 우편주문판매 대행용역	⑤ 부동산 매매업(주거용 · 비거주용 건축물 신축 분양 · 판매 포함), 부동산 중개업
⑥ 고속철도에 의한 여객운송용역	⑥ 유원지 · 테마파크운영업, 수상오락서비스업
⑦ 성형수술 등 병원 진료용역, 동물 진료용역	⑦ 주차장운영업 및 자동차견인업

Chapter

56 정부 위수탁사업, 부가세 면세되나?

내용 Summary

기본사항 Check

- 사업자가 국가, 지방자치단체 또는 지방자치단체조합과의 위 · 수탁계약에 따라 국가 등으로부터 업무를 위탁받아 국가 등의 명의와 계산으로 재화나 용역을 공급하는 경우에는 국가 등의 사업으로 보아 부가가치세를 면세하되, 부가가치세법 시행령 제46조에 과세대상으로 열거된 것만 과세함. 이 경우 사업자가 국가 등으로부터 받는 대행수수료는 부가가치세가 과세됨
- 정부업무대행단체가 국가 등으로부터 위탁받은 업무를 정부업무대행단체의 명의와 계산으로 수행하는 경우 「조세특례제한법」 제106조 제1항 제6호의 정부업무대행단체가 공급하는 재화 또는 용역으로서 면세대상으로 열거된 것은 부가가치세가 면세됨
- 정부업무대행단체 외의 사업자가 국가 등으로부터 위탁받은 업무를 수행하고 받은 대가는 위탁용역의 제공대가이므로 부가가치세가 과세됨

핵심 Point

- 정부 위수탁사업은 누구의 명의와 계산으로 재화 · 용역을 공급하였는지에 따라 부가가치세 과세방법이 달라지는 점에 유의하여야 함

질문 »

A법인은 2025.1.2. 지방자치단체와 "환경기초시설 운영 · 관리 위 · 수탁계약"을 체결하여 2025.2.1.부터 2025.5.31.까지 환경기초시설 운영 · 관리용역을 제공하고 위탁관리비 8억원을 받았다. 위탁관리비는 인건비, 경비, 일반관리비, 이윤으로 구성되어 있으며, A법인은 부가가치세가 면제되는 정부업무대행단체에 해당하지 아니한다.

A법인이 제공한 환경기초시설운영 · 관리용역이 부가가치세 면세대상인가?

답변 및 해설 »

위탁관리비는 지방자치단체에 용역을 제공하고 받은 대가이므로 전액 부가가치세의 과세대상이 된다. 또한 위탁관리비는 용역을 공급한 데 대한 직접적인 대가로 지급받은 것이므로 재화 또는 용역의 공급과 직접 관련되지 아니하는 공공보조금으로 볼 수 없다. 따라서 A법인이 제공한 환경기초시설운영 · 관리용역은 부가가치세 면세대상이 아니다.

핵심정리

국가 등으로부터 위탁받은 사업을 대행하는 경우 부가가치세

구 분	내 용
국가 등의 명의와 계산으로 재화 또는 용역을 공급하는 경우	(1) 사업자가 국가 등으로부터 위탁받은 업무를 국가의 명의와 계산으로 수행하는 경우 사업자가 받은 사업비 중 대행수수료만 부가가치세 과세대상이다. (2) 사업자가 국가의 명의와 계산으로 공급한 재화 또는 용역은 국가가 공급한 것이므로 부가가치세를 면세하되, 다음에 열거된 것만 과세한다(부령 §46). ① 우정사업조직이 제공하는 다음의 용역 ㉮ 「우편법」 제1조의 2 제3호의 소포우편물을 방문접수하여 배달하는 용역 ㉯ 「우편법」 제15조 제1항에 따른 선택적 우편역무 중 「우편법 시행규칙」 제25조 제1항 제10호에 따른 우편주문판매 ② 고속철도에 의한 여객운송용역 ③ 부동산임대업, 도매 및 소매업, 음식점업 · 숙박업, 골프장 및 스키장 운영업, 기타 스포츠시설 운영업. 다만, 다음 중 어느 하나에 해당하는 경우는 제외한다. ㉮ 국방부 또는 국군이 군인, 일반군무원, 그 밖에 이들의 직계존속 · 비속 등 기획재정부령으로 정하는 사람에게 제공하는 소매업, 음식점업 · 숙박업, 기타 스포츠시설 운영업(골프 연습장 운영업 제외) 관련 재화 또는 용역

구 분	내 용
국가 등의 명의와 계산으로 재화 또는 용역을 공급하는 경우	㉯ 국가, 지방자치단체 또는 지방자치단체조합이 그 소속 직원의 복리후생을 위하여 구내에서 식당을 직접 경영하여 음식을 공급하는 용역 ㉰ 국가 또는 지방자치단체가 「사회기반시설에 대한 민간투자법」에 따른 사업시행자로부터 같은 법 제4조 제1호(BTO) 및 제2호(BTL)의 방식에 따라 사회기반시설 또는 사회기반시설의 건설용역을 기부채납받고 그 대가로 부여하는 시설관리운영권 ④ 다음 중 어느 하나에 해당하는 의료보건 용역 ㉮ 「부가가치세법 시행령」 제35조 제1호 단서에 따른 진료용역 ㉯ 「부가가치세법 시행령」 제35조 제5호에 해당하지 아니하는 동물의 진료용역
정부업무대행단체의 명의로 재화 또는 용역을 공급하는 경우	정부업무대행단체가 국가 등으로부터 위탁받은 업무를 정부업무대행단체의 명의와 계산으로 수행하는 경우 「조세특례제한법」 제106조 제1항 제6호의 정부업무대행단체가 공급하는 재화 또는 용역으로서 조특칙 [별표 10]에 열거된 사업은 부가가치세 면세대상이다(조특법 §106 ① (6), 조특령 §106 ⑦). 다만, 다음의 사업은 부가가치세 과세대상이다. ① 소매업 · 음식점업 · 숙박업 · 욕탕업 및 예식장업 ② 다음에 해당하는 부동산매매업(부령 §3 ②) ㉮ 부동산 매매(주거용 또는 비거주용 건축물 및 그 밖의 건축물을 자영건설하여 분양 · 판매하는 경우를 포함한다) 또는 그 중개를 사업목적으로 나타내어 부동산을 판매하는 사업 ㉯ 사업상 목적으로 1과세기간 중에 1회 이상 부동산을 취득하고 2회 이상 판매하는 사업 ③ 부동산임대업 ④ 골프장 · 스키장 및 기타 운동시설 운영업 ⑤ 수상오락서비스업 ⑥ 유원지 · 테마파크운영업 ⑦ 주차장운영업 및 자동차견인업
사업자가 국가 등으로부터 위탁받은 업무를 자기의 명의와 계산으로 수행하는 경우	사업자가 국가 또는 지방자치단체로부터 위탁받은 업무를 자기의 명의와 계산으로 수행하는 경우 국가 또는 지방자치단체로부터 지급받는 대가 전체를 공급가액으로 한다(법규부가 2014-134, 2014.4.28.).

PART 05

과세표준

QnA

57 국고보조금, 부가세 과세대상인가?

58 외화로 받은 대가, 환산방법은?

59 헷갈리는 매출에누리와 판매장려금

60 신용카드 청구할인과 캐시백, 매출에누리인가?

61 마일리지 결제액, 부가세 공급가액에 포함하나?

62 중도금 조기납부할인, 공급가액에서 차감하나?

63 토지와 건물의 일괄양도, 가액의 구분이 왜 중요한가?

64 토지와 건물을 일괄매입하여 건물 철거 시 공급가액 구분은?

65 공익법인에 대한 부담부증여, 부가세는?

66 임차인이 대신 부담한 취득세 중과분, 부가세 과세대상인가?

67 부동산 전대 시 사업자등록과 공급가액 계산은?

68 BOT방식을 준용한 임대, 공급가액은?

69 보세구역에서 보세구역 외의 국내에 수입재화 공급, 부가세는?

Chapter

57 국고보조금, 부가세 과세대상인가?

내용 Summary

기본사항 Check

- **국고보조금과 공공보조금**
  ① 재화 또는 용역의 공급과 **직접 관련된** 국고보조금과 공공보조금 : 부가가치세 과세대상
  ② 재화 또는 용역의 공급과 **직접 관련되지 아니하는** 국고보조금과 공공보조금 : 부가가치세 과세대상이 아님

핵심 Point

- 국고보조금과 공공보조금은 재화 또는 용역을 공급하고 받은 경우 부가가치세 과세대상임

질문 »

1. 손실 보상 목적의 국고보조금
   A법인은 민자도로를 준공하여 지방자치단체에 기부채납하고 30년간 도로의 관리운영권을 부여받아 도로를 운영하고 있다. A법인은 지방자치단체의 요청에 따라 설날 · 추석 연휴 등에는 무료 통행을 실시하고 그로 인해 발생한 손실을 지방자치단체로부터 전액 보상받고 있다. **A법인이 지방자치단체로부터 받는 손실보상금은 부가가치세 과세대상인가?**

2. 국고보조금이 사용되어 도출되는 결과물이 사업자에게 귀속되는 경우
   B법인은 국가연구개발의 시행기관으로 정부로부터 연구개발에 필요한 출연금을 받아 연구개발과제를 수행하고 연구개발기간이 종료된 날로부터 3개월 이내에 사용실적을 정부에 보고해야 한다. B법인의 수행한 연구개발과제의 성과물은 B법인 소유로 하되, 연구개발사업의 수행으로 발생된 유 · 무형적 성과물을 활용하는 경우 정부에 일정액의 기술료를 납부해야 한다. **B법인이 정부로부터 수령하는 정부출연금은 부가가치세 과세대상인가?**

3. 사업자가 재화 또는 용역을 공급하고 그 대가로 국고보조금을 받은 경우
C법인은 지방자치단체와 협약을 체결하여 데이터허브 센터 및 메가스테이션 구축사업을 수행하기로 하였다. C법인이 수행한 사업성과물은 지방자치단체에 귀속된다. **C법인이 데이터허브 센터 및 메가스테이션 구축사업과 관련하여 받는 보조금은 부가가치세가 과세대상인가?**

답변 및 해설 »

1. 손실 보상 목적의 국고보조금

사업자가 손실 보상목적의 국고보조금을 받는 경우에는 국고보조금(공공보조금 포함)은 재화 또는 용역의 공급대가가 아니므로 부가가치세 과세대상이 아니다.

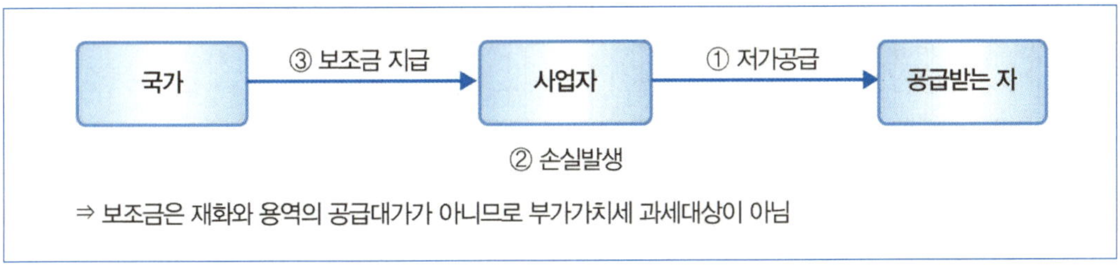

2. 국고보조금이 사용되어 도출되는 결과물이 사업자에게 귀속되는 경우

사업자가 국가 등에 재화 또는 용역을 공급하고 그 대가로 국고보조금을 받은 경우 그 국고보조금은 재화 또는 용역의 공급대가이므로 부가가치세 과세대상이 된다.

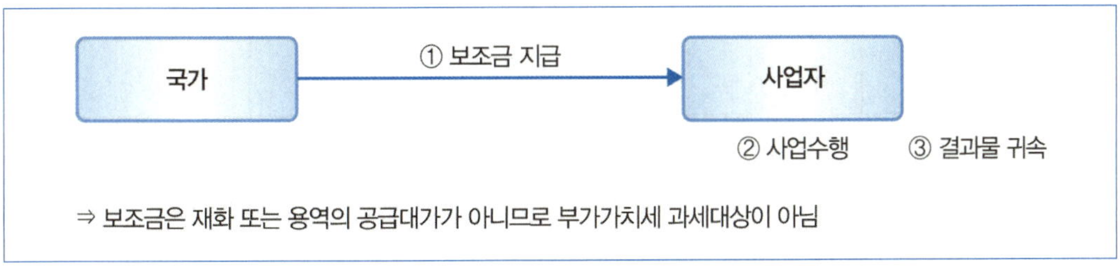

B법인이 기술연구개발을 수행하고 그 연구개발의 결과물(지적재산권, 실시권 등)을 B법인에 귀속시키는 경우 당해 기술연구개발과 관련하여 정부로부터 받는 정부출연금은 부가가치세 과세표준에 포함하지 아니한다(법규부가 2008-0010, 2008.11.10.).

3. 사업자가 재화 또는 용역을 공급하고 그 대가로 국고보조금을 받은 경우

사업자가 국고보조금을 받아 사업을 수행하고 그 사업의 결과물이 국고보조금 지급기관에 귀속되는 경우 사업자가 그 결과물을 국가 등에 제공하고 그 대가로 국고보조금을 받은 것이므로 그 국고보조금은 부가가치세 과세대상에 해당한다.

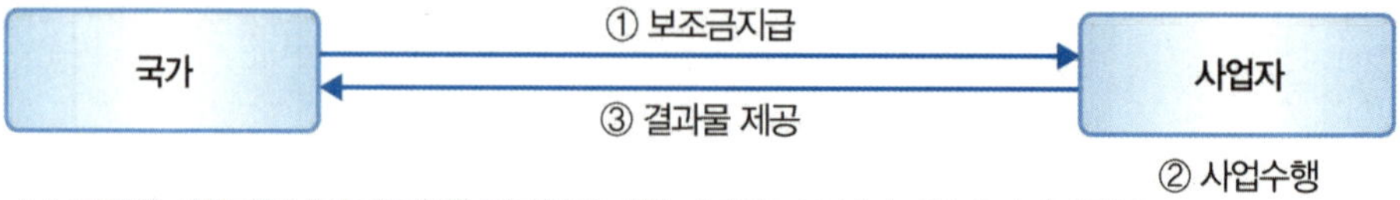

⇒ 보조금은 사업자로부터 제공받은 결과물에 대한 대가이므로 부가가치세 과세대상임

핵심정리

구 분	내 용	
국고보조금 등에 대한 부가가치세 과세 여부	재화 또는 용역의 공급과 직접 관련된 국고보조금과 공공보조금	부가가치세 과세대상
	재화 또는 용역의 공급과 직접 관련되지 아니하는 국고보조금과 공공보조금	부가가치세 과세대상이 아님
부가가치세 과세대상에 해당하는 국고보조금 등	① 사업자가 재화 또는 용역을 공급하고 그 대가로 국고보조금 등을 받은 경우 예 정부가 「온실가스배출 감축실적 정부구매 및 거래기준」에 따라 기업의 온실가스 감축실적에 대하여 지급한 국고보조금(부가-433, 2016.9.8.; 대법원 2017두65524, 2018.4.12.)	
	② 국고보조금이 사용되어 도출되는 결과물이 국가 등에 귀속되는 경우 예 민간참여기관이 협약사업에 대한 단위사업을 수행하고 보조금이 사용되어 도출되는 사업성과물은 ○○시에 귀속되는 경우의 보조금(사전-2022-법규부가-1001, 2023.1.19.)	
	③ 공급받는 자가 재화 또는 용역을 공급받고 국고보조금 등을 재원으로 그 대가를 지급하는 경우 예 사업자가 농경지복구추진위원회에게 농경지복구공사용역을 제공하였는데, 농경기복구추진위원회가 국고보조금을 받아 공사대금을 지급한 경우(대법원 2000두369, 2001.10.9.)	
부가가치세 과세대상에 해당하지 아니하는 국고보조금 등	① 손실 보상 목적의 국고보조금 예 지방자치단체의 요청으로 설날 및 추석 연휴에 도로를 이용하는 차량에 대하여 통행료를 감면하고 지방자치단체로부터 받는 감면손실에 대한 보상금(서면-2020-부가-1679 [부가가치세과-816], 2020.5.8.)	
	② 국고보조금이 사용되어 도출되는 결과물이 사업자에게 귀속되는 경우 예 사업자가 정부 또는 정부의 위임을 받은 기관과 기술개발협약서를 체결한 후 정부 또는 정부의 위임을 받은 기관으로부터 국가연구개발사업출연금을 받아 기술개발을 수행하고 그 결과 개발된 지적소유권 등을 사업자에게 귀속시키는 경우에 있어서 당해 기술개발과 관련하여 지원되는 국가연구개발사업출연금(재소비-232, 2003.12.17.)	
	③ 사업자가 보조사업의 수행자로서 보조금의 교부대상이 되는 보조사업을 수행하고 받는 국고보조금 등 예 사업자가 지방자치단체와 체결한 교통약자를 위한 특별교통수단 사업의 위탁운영계약에 의하여 동 위탁사업을 운영하고 보조사업의 수행자로서 지급받는 보조금(부가가치세과-347, 2009.3.17.)	

Chapter

58 외화로 받은 대가, 환산방법은?

내용 Summary

기본사항 Check

- 재화 또는 용역의 대가를 외국통화나 그 밖의 외국환으로 받은 경우의 공급가액
  ① 공급시기가 되기 전에 원화로 환가한 경우 : 환가한 금액
  ② 공급시기가 되기 전에 외화를 사용한 경우 : 사용한 날의 기준환율 또는 재정환율에 따라 계산한 금액
  ③ 공급시기 이후에도 외국통화나 그 밖의 외국환상태로 보유하거나 지급받는 경우 : 공급시기의 기준환율 또는 재정환율에 따라 계산한 금액
- 고정환율을 적용한 원화가액으로 확정하고 확정된 원화가액에 상당하는 외국통화를 받는 경우 : 확정된 원화가액을 공급가액으로 함

핵심 Point

- 외화로 대가를 받는 경우 외화환산을 잘못해서 영세율 과세표준을 과소신고하면 가산세가 부과되므로 외화환산에 유의해야 함

질문 »

㈜한국의 2025년 제1기 예정신고기간의 거래내역은 다음과 같다. 이 자료로 ㈜한국이 예정신고 시 신고하여야 할 부가가치세 공급가액을 구하시오.

1. 외화로 대가를 받는 경우
   ㈜한국은 미국에 전자제품을 직수출하고 US$ 10,000을 받기로 하였다. 제품은 2025.3.20.에 선적하였으며, 수출대금의 회수 · 환가 · 사용내역은 다음과 같다.

선수금	환가	사용	선적	잔금
US$ 3,000	US$ 1,000 (환가액 1,300,000)	US$ 1,000 (기준환율 1,350)	(기준환율1,400원)	US$ 7,000

2. 외화대가에 대한 환율을 당사자 간 사전약정을 하는 경우

㈜한국은 다른 제조업체에 LOCAL L/C에 의하여 2025.3.18. 제품을 인도하고 1개월 후에 US$20,000을 받기로 하였다. 다만, 국내외환시장의 불안정으로 인한 수출가액과 국내 공급가액과의 괴리로 인한 당사자 간 일방의 손해를 방지하기 위하여 제품공급가액을 환율상승 또는 하락에 관계없이 고정환율 1,300원을 적용한 원화 26,000,000원을 받기로 하였다. 인도일의 기준환율은 1,350원이다.

3. 수출재화의 공급대가가 선적일 이후 변경되어 외화로 지급받은 경우

㈜한국은 일본에 제품을 수출하고 확정 금액이 아닌 가계약금액으로 받은 후 수입처에서 제품 분석 후 정산하기로 하였다. 제품은 2025.3.30.에 선적하였으며, 계약 시 가계약금액 US$10,000을 받고 2025.4.20.에 정산에 따른 US$3,000을 추가지급받았다. 수출대금 US$13,000은 2025.4.24.에 ₩18,200,000에 환가하였다.

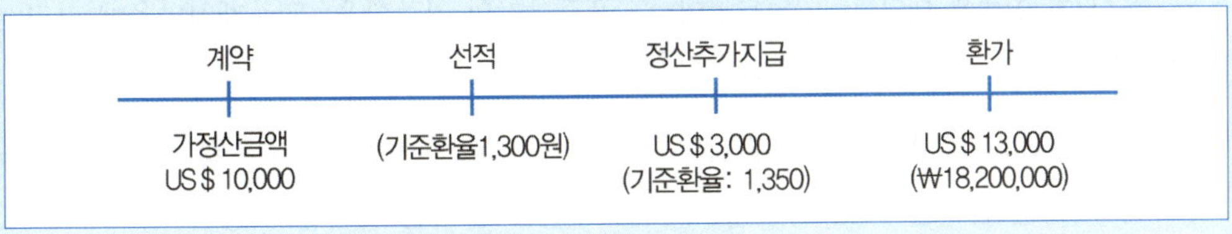

답변 및 해설 »

구분	계산내역	공급가액
1	1,300,000 + 1,000×1,350 + 8,000×1,400	13,850,000*1
2	20,000×1,300	26,000,000*2
3	10,000×1,300 + 3,000×1,350	17,050,000*3

*1 공급시기가 되기 전에 외화를 원화로 환가한 경우에는 환가한 금액, 공급시기가 되기 전에 외화로 사용한 경우에는 사용한 날의 기준환율 또는 재정환율로 계산한 금액, 공급시기 이후에 외국통화나 그 밖의 외국환상태로 보유하거나 지급받는 경우에는 공급시기의 기준환율 또는 재정환율에 따라 계산한 금액을 공급가액으로 한다.

*2 공급계약 시 사전약정에 의하여 고정환율을 적용한 원화가액으로 그 대가를 확정하고 당해 공급에 대한 대가를 당초 확정된 원화가액에 상당하는 외국통화로 지급받는 경우 당초 확정된 원화가액을 공급가액으로 한다.

*3 사전 합의한 단가에 따라 수출가액을 잠정하여 수출재화를 선적한 후, 국외수입업체가 제품을 측정한 결과에 따라 공급가액을 확정하는 경우 추가 또는 차감되는 외화의 환산은 공급가액이 확정되는 때의 기준환율 또는 재정환율로 계산한 금액을 당해 과세기간의 과세표준에 차가감하여 신고하여야 한다.

핵심정리

1. 외화로 대가를 받는 경우

재화 또는 용역의 대가를 외국통화나 그 밖의 외국환으로 받은 경우에는 다음의 구분에 따른 금액을 공급가액으로 한다(부령 §59). 재화 또는 용역의 공급시기 이후에 그 대가를 외국통화 또는 외국환으로 지급받는 경우 공급시기 이후에 환율변동으로 인하여 증감되는 환차손익 금액은 공급가액에 영향이 없다(부기통 29-59…1).

구 분	공급가액
공급시기가 되기 전에 원화로 환가한 경우	그 환가한 금액
공급시기가 되기 전에 외화로 사용한 경우	그 사용한 날의 기준환율 또는 재정환율로 계산한 금액(부가가치세과-1122, 2009.8.11.)
공급시기 이후에 외국통화나 그 밖의 외국환 상태로 보유하거나 지급받는 경우	공급시기의 기준환율 또는 재정환율에 따라 계산한 금액

공급시기가 토요일, 일요일, 공휴일인 경우에는 공급시기가 토요일, 일요일, 공휴일인 경우에는 그날은 환율을 고시하지 않으므로 그 전날 고시된 환율을 적용함(서삼 46015-11986, 2002.11.19.).

2. 고정환율을 적용한 원화가액으로 확정하고 외국통화를 지급받는 경우

사업자가 발주자와 재화 또는 용역의 공급계약 시 사전약정에 의하여 고정환율을 적용한 원화가액으로 그 대가를 확정하고 당해 공급에 대한 대가를 당초 확정된 원화가액에 상당하는 외국통화로 지급받는 경우 당초 확정된 원화가액을 공급가액으로 하여 세금계산서를 교부하여야 한다(부가46015-2320, 1999.8.5.).

3. 수출재화의 공급대가가 선적일 이후 변경되어 외화로 지급받은 경우

사업자가 국외수입업체와 사전 합의한 단가에 따라 수출가액을 잠정하여 수출재화를 선적한 후, 국외수입업체가 당해 재화에 대하여 측정한 비철금속 함유량에 따라 공급가액을 확정하는 경우 추가 또는 차감되는 외화의 환산은 공급가액이 확정되는 때의 기준환율 또는 재정환율로 계산한 금액을 당해 과세기간의 과세표준에 차가감하여 신고하여야 한다(부가가치세과-1020, 2009.7.20.).

Chapter

59 헷갈리는 매출에누리와 판매장려금

내용 Summary

기본사항 Check

- 매출에누리란 재화나 용역을 공급할 때 그 품질이나 수량, 인도조건 또는 공급대가의 결제방법이나 그 밖의 조건에 따라 통상의 대가에서 일정액을 직접 깎아 주는 금액을 말함. 매출에누리는 공급가액에 포함하지 아니함
- 판매장려금은 판매촉진을 위하여 거래수량 또는 거래금액에 따라 지급하는 금액을 말함. 판매장려금 지급액은 공급가액에서 공제하지 아니함
- 매출에누리를 공급가액에 포함하지 않아야 함에도 불구하고 거래 당사자 간 계약에 따라 해당 금액을 판매장려금이나 이와 유사한 금액으로 보고 이를 공급가액에 포함하여 세금계산서를 발급받은 경우에는 매입세액을 공제받을 수 있음

핵심 Point

- 매출에누리는 공급가액에서 차감하나, 판매장려금은 공급가액에서 차감하지 않으므로 매출에누리와 판매장려금을 구분해야 함

질문 »

1. 컴퓨터를 판매하는 A회사는 홈쇼핑업체와 위탁판매계약을 체결하고 컴퓨터를 판매하였다. 홈쇼핑업체는 A회사의 약정에 따라 10% 할인쿠폰을 발행하여 당초 가격 2,000,000원에서 200,000원을 할인된 가격인 1,800,000원에 상품을 판매하였다. A회사는 상품구매자로부터는 1,800,000원만 지급받고, 홈쇼핑은 약정에 따라 판매수수료 600,000원에서 상품할인액 200,000원을 차감된 400,000원의 수수료를 지급받았다.

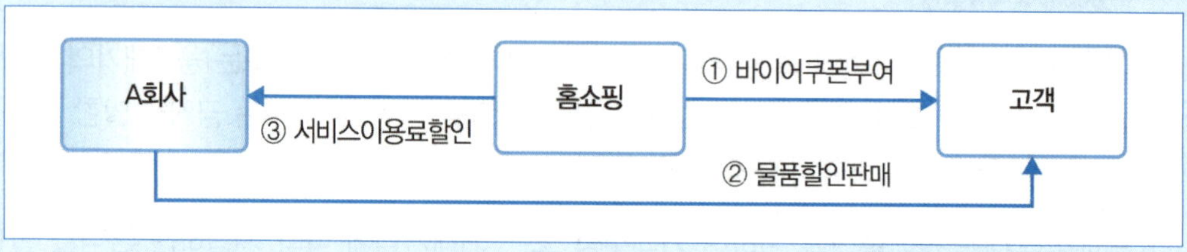

2. B회사는 거래처와 제품 판매 시 분기별 매출액의 5%를 그 다음 달 15일에 판매장려금으로 지급하기로 하였다. B회사는 2025년 제1기분에 거래처에 1억원을 판매하였고, 2025.4.15.에 판매장려금으로 5,000,000원을 송금하였다.

다음 각 사례의 경우 A회사와 B회사의 공급가액은 얼마인가?

답변 및 해설 »

구분	공급가액	비 고
1	1,800,000	고객이 컴퓨터 판매로 고객으로부터 받은 1,800,000원이 공급가액임. 홈쇼핑이 깎아 준 200,000원을 홈쇼핑의 서비스이용료에 대한 매출에누리임
2	100,000,000	판매장려금은 공급가액에서 차감하지 않음

핵심정리

1. 매출에누리

매출에누리란 재화나 용역을 공급할 때 그 품질이나 수량, 인도조건 또는 공급대가의 결제방법이나 그 밖의 조건에 따라 통상의 대가에서 일정액을 직접 깎아 주는 금액을 말한다. 매출에누리는 공급가액에 포함하지 아니한다(부법 §29 ⑤ (1)).

대법원은 매출에누리를 재화나 용역의 공급과 관련하여 그 품질 · 수량이나 인도 · 공급대가의 결제 등의 공급조건이 원인이 되어 통상의 공급가액에서 직접 공제 · 차감되는 것으로서 거래상대방으로부터 실제로 받은 금액이 아니므로 부가가치세의 과세표준에서 제외되며, **그 공제 · 차감의 방법에 특별한 제한은 없다**(대법원 2011두8178, 2013.4.11.; 대법원 2001두6586, 6593, 6609, 6616, 6623, 6630, 6647, 6654, 6661, 2003.4.25.)고 보고 있다.

매출에누리에는 공급계약 등에서 정한 품질 · 수량이나 인도 등에 관한 공급조건에 따라 공급이 이루어지지 아니하였음을 이유로 재화 또는 용역의 **공급 후에 당초의 공급가액에서 차감되는 금액도 포함된다**(대법원 2013두19615, 2015.12.23.).

2. 판매장려금

판매장려금은 판매촉진을 위하여 거래수량 또는 거래금액에 따라 지급하는 금액을 말한다. 판매장려금 지급액은 과세표준에서 공제하지 아니하며, 현물로 지급하는 경우에는 사업상 증여이므로 현물의 시가를 과세표준에 포함한다(부기통 10-0…5).

판매장려금 지급액에 대한 규정 비교

구 분	기업회계	부가가치세	법인세
판매장려금	매출액 차감 (K-IFRS 제1115호 문단 51, GKQA13-015, 2013.11.12.)	과세표준에서 차감하지 않음(부법 §29 ⑥)	판매부대비용 (법규법인 2014-55, 2014.4.29.)

법인이 매출액에서 뺄 판매장려금을 비용으로 회계처리한 경우에도 결산상 매출액과 비용이 동시에 과대계상되므로 당기순이익은 적정하게 표시된다. 따라서 법인세 세무조정 시 세무조정은 할 필요가 없다. 그러나 결산상 매출액이 과대계상되었으므로 결산상 매출액으로 기업업무추진비 한도액을 계산하면 기업업무추진비 한도액이 과대계산된다. 따라서 기업업무추진비 한도액 계산 시 결산상 매출액에서 과대계상된 매출액을 빼서 수입금액을 계산하여야 한다.

3. 매출에누리를 판매장려금으로 보아 공급가액에 포함한 경우 매입세액 공제 여부

매출에누리를 공급가액에 포함하지 않아야 함에도 불구하고 거래 당사자 간 계약에 따라 해당 금액을 판매장려금이나 이와 유사한 금액으로 보고 이를 공급가액에 포함하여 세금계산서를 발급받은 경우에는 매입세액을 공제받을 수 있다(부령 §75 (9) 사.).

Chapter 60

신용카드 청구할인과 캐시백, 매출에누리인가?

내용 Summary

기본사항 Check

- 매출에누리는 재화나 용역의 공급과 관련하여 그 품질 · 수량이나 인도 · 공급대가의 결제 등의 공급조건이 원인이 되어 통상의 공급가액에서 직접 공제 · 차감되는 것으로서 거래상대방으로부터 실제로 받은 금액이 아니므로 부가가치세의 과세표준에서 제외됨
- 신용카드 청구할인제도와 캐시백제도로 인한 할인액도 매출에누리에 해당함

핵심 Point

- 신용카드 청구할인제도와 캐시백제도로 인한 할인액도 매출에누리이므로 부가가치세 공급가액에 포함하지 않는 점에 유의할 것

질문 »

1. 청구할인제도

A법인은 신용카드사와의 공동마케팅 약정에 따라 고객이 상품의 대가를 제휴 신용카드로 결제하는 경우 신용카드사는 고객에게 해당 상품의 결제대금에서 10%를 할인하여 신용카드 이용대금을 청구하되, 청구할인금액은 A법인과 신용카드사가 각각 50%씩 분담하기로 하였다. A법인은 고객에게 1,000,000원인 로봇청소기를 판매하고 대금청구 시 10%를 청구할인하여 고객으로부터 900,000원을 받고, 신용카드사로부터 분담금 50,000원을 받았다.

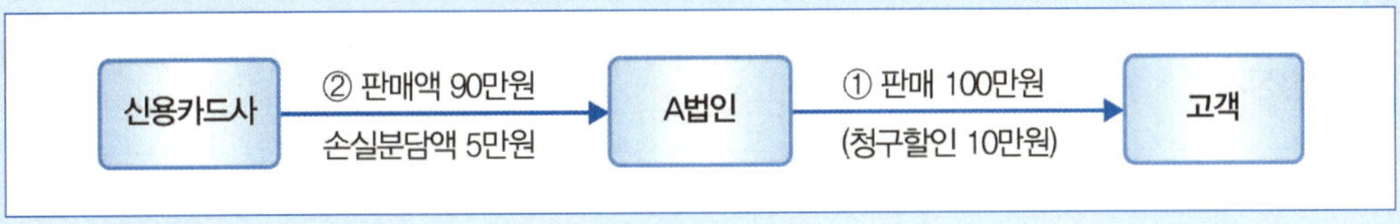

2. 캐시백제도

A법인은 신용카드 및 제조업체와의 업무제휴 등을 통해, 고객이 특정 재화를 구매하면서 그 대가를 제휴 신용카드로 결제하는 경우, '결제일이 속한 달의 다음달에 고객계좌로 카드사에서 직접 결제금액 중 9%를 입금(캐시백)'하는 방식의 할인제도를 운영하고 있다. 캐시백 금액은 A법인, 신용카드사와 제조업체가 각각 1/3씩 분담하기로 하였다. A법인은 고객에게 공기청정기를 1,000,000원에 판매하고 1,000,000원을 입금받았다. 신용카드사는 고객에서 9만원을 입금하였고, A법인과 제조업체는 신용카드사에 캐시백 분담액을 각각 30,000원씩을 입금하였다.

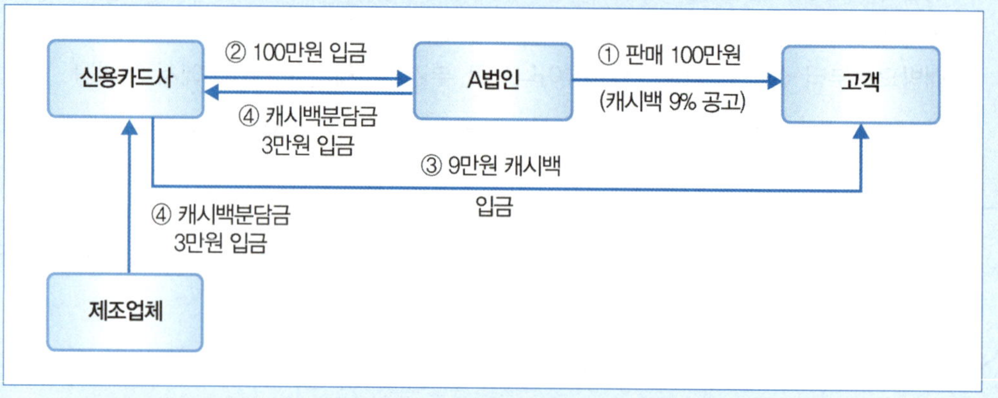

로봇청소기와 공기청정기에 대한 부가가치세 공급가액은 얼마인가?

답변 및 해설 »

구 분	공급가액	비 고
로봇청소기	900,000	청구할인액은 매출에누리이고, 신용카드로부터 받는 손실분담금은 공급가액이 아님
공기청정기	910,000	캐시백은 매출에누리이고, 신용카드사와 제조사의 분담액은 공급가액이 아님

핵심정리

1. 제3자로부터 금전 등을 받은 경우 과세표준 포함 여부

공급자가 어떠한 공급과 관련하여 재화나 용역을 공급받는 자가 아닌 제3자로부터 금전 또는 금전적 가치가 있는 것을 받는 경우에 그것이 그 공급과 대가관계에 있는 때에는 부가가치세의 과세표준에 포함될 수 있지만, 그것이 해당 공급과 구별되는, 제3자와 공급자 사이의 다른 공급과 관련되어 있을 뿐 해당 공급과 대가관계에 있다고 볼 수 없는 경우에는 그 공급에 관한 부가가치세의 과세표준에 포함되지 아니한다(대법원2014두144, 2016.6.23.).

2. 청구할인과 캐시백이 매출에누리인지 여부

어떤 법인이 신용카드사와 업무제휴계약 등을 체결하고, 고객이 상품 대가를 제휴 신용카드로 결제하는 경우, ① 해당 상품의 결제대금에서 일정비율을 할인하여 청구("청구할인")하거나, ② 결제일이 속한 월의 익월에 고객계좌로 카드사에서 직접 현금을 입금("캐시백")하는 방식의 할인제도를 운영하였다. 그 법인은 해당 과세기간에 발생한 할인액 상당액이 '에누리'에 해당하여 부가가치세 과세표준에서 제외하여야 한다는 취지의 경정청구를 제기하였으나, 과세당국은 할인액 중 그 법인이 분담한 금액만을 에누리로 인정하고 신용카드사와 제조회사가 분담한 금액은 에누리에 해당하지 않는다며 경정을 거부하였다. 그러나 조세심판원은 카드사나 제조사가 청구할인과 캐시백의 일부를 분담한 것은 비용의 분담이므로 카드사나 제조사가 고객들로부터 그 법인에게 지급할 물품대금채무를 인수하였다거나 고객들을 대신하여 지급한 상품의 공급대가라고 볼 수 없으므로 카드사 및 제조사가 부담한 할인액은 공급가액에 포함되지 않는 에누리액에 해당하는 것으로 보는 것이 타당하다고 결정한 바 있다(조심-2022-서-1815, 2023.9.12.; 조심-2023-서-3414, 2024.2.21.).

Chapter 61

마일리지 결제액, 부가세 공급가액에 포함하나?

내용 Summary

기본사항 Check

- 사업자가 재화나 용역을 공급하고 대금의 전부 또는 일부를 마일리지 등으로 결제받은 경우에는 다음 '①'과 '②'를 합한 금액을 공급가액으로 봄
  ① 마일리지 등 외의 수단으로 결제받은 금액
  ② 제3자적립마일리지 등으로 결제받은 부분에 대하여 재화 또는 용역을 공급받는 자 외의 자로부터 보전받았거나 보전받을 금액

- 제3자적립마일리지 등으로 대금의 전부 또는 일부를 결제받은 경우로서 다음 중 어느 하나에 해당하는 경우에는 공급한 재화 또는 용역의 시가를 공급가액으로 함
  ① 제3자적립마일리지 등으로 결제받은 금액에 대하여 제3자로부터 보전받지 아니하고 자기생산 · 취득재화를 공급한 경우
  ② 제3자적립마일리지 등과 관련하여 특수관계인으로부터 부당하게 낮은 금액을 보전받거나 아무런 금액을 받지 아니하여 조세의 부담을 부당하게 감소시킬 것으로 인정되는 경우

핵심 Point

- 자기적립마일리지 결제액은 공급가액에 포함하지 아니하나, 제3자적립마일리지 결제액에 대하여 보전받은 금액은 공급가액에 포함함

질문 »

갑법인의 2025년 제1기 예정신고기간의 거래내역은 다음과 같다.

(1) 2025.1.5. A고객에게 노트북컴퓨터를 300만원에 판매하고 마일리지 6만원을 적립해 주었다. 2025.2.11. 그 고객에게 무선키보드세트를 20만원에 판매하고 1차 거래 시 적립된 자기적립마일리지 6만원과 현금 14만원으로 결제받았다.

(2) 2025.2.14. B고객에게 마사지기를 10만원에 판매하였다. 고객이 통신사 마일리지 4만원을 사용함에 따라 갑법인은 6만원을 현금으로 결제받았다. 통신사는 갑법인과 특수관계가 없으며 갑법인과 통신사가 마일리지 결제액의 50%씩 각각 분담하여 2025.3.10.에 통신사로부터 마일리지보전액 2만원을 지급받았다.

(3) 2025.3.13. C고객에게 스마트폰을 150만원에 판매하였다. 고객이 자회사인 을법인이 적립해준 마일리지 50만원을 사용함에 따라 갑법인은 잔액 100만원을 신용카드로 결제받았다. 그런데 갑법인은 을법인이 적립해 준 마일리지 결제액을 보전받지 않았으며, 이러한 행위는 조세부담을 부당하게 감소시킨 경우로서 부당행위계산의 부인 적용대상에 해당한다.

〈요구사항〉

1. 갑법인의 2025년 제1기 예정신고기간의 공급가액은 일자별로 각각 얼마인가?

번호	일 자	품 목	공급가액
(1)	2025.1.5	노트북	
	2025.2.11.	무선키보드세트	
(2)	2015.2.14.	마사지기	
(3)	2025.3.13.	스마트폰	

2. 갑법인이 2025.2.14. 거래에 대하여 고객에게 현금영수증을 발급할 금액은 얼마인가?

3. 갑법인이 2025.3.10. 통신사로부터 받는 마일리지 보전액 2만원에 대하여 세금계산서를 발급해야 하는가?

답변 및 해설 »

1. 갑법인의 2025년 제1기 예정신고기간의 공급가액

번호	일 자	품 목	공급가액
(1)	2025.1.5	노트북	3,000,000원*1
	2025.2.11.	무선키보드세트	140,000원*2
(2)	2015.2.14.	마사지기	80,000원*3
(3)	2025.3.13.	스마트폰	1,500,000원*4

*1. 마일리지 적립액은 공급가액에서 공제하지 아니한다.

*2. 자기적립마일리지 결제액은 공급가액에서 공제한다.

*3. 60,000+20,000=80,000
제3자적립마일리지 결제액에 대하여 제3자로부터 보전받은 금액은 공급가액에 포함한다.

*4. 제3자적립마일리지 등과 관련하여 특수관계인으로부터 부당하게 낮은 금액을 보전받거나 아무런 금액을 받지 아니하여 조세의 부담을 부당하게 감소시킬 것으로 인정되는 경우에는 시가를 공급가액으로 한다.

2. 2025.2.14. 거래에 대하여 고객에게 현금영수증을 발급할 금액

현금영수증을 발급할 금액 : 60,000원

고객에게 현금영수증 발급 시 기재하는 금액은 고객으로부터 '현금 영수한 금액'이다(법규부가 2011-31, 2011.2.11.).

3. 2025.3.10. 통신사로부터 받는 마일리지 보전액 2만원에 대한 세금계산서 발급 여부

세금계산서를 발급하지 않음

사업자가 제3자로부터 받는 분담금은 재화 또는 용역의 공급대가가 아니고 손실분담금이므로 세금계산서 발급대상이 아니다(부가가치세과-470, 2014.5.19. 참조).

핵심정리

1. 마일리지의 구분

<table>
<tr><th colspan="2">구 분</th><th>내 용</th></tr>
<tr><td colspan="2">마일리지 등의 범위</td><td>마일리지 등이란 재화 또는 용역의 구입실적에 따라 마일리지, 포인트 또는 그 밖에 이와 유사한 형태로 별도의 대가 없이 적립받은 후 다른 재화 또는 용역 구입 시 결제수단으로 사용할 수 있는 것과 재화 또는 용역의 구입실적에 따라 별도의 대가 없이 교부받으며 전산시스템 등을 통하여 그 밖의 상품권과 구분 관리되는 상품권("증정상품권")을 말한다.</td></tr>
<tr><td rowspan="2">마일리지 등의 구분</td><td>자기적립 마일리지 등</td><td>자기적립마일리지 등이란 당초 재화 또는 용역을 공급하고 마일리지 등을 적립하여 준 사업자에게 사용한 마일리지 등을 말한다. 여러 사업자가 적립하여 줄 수 있거나 여러 사업자를 대상으로 사용할 수 있는 마일리지 등(예 H포인트, L포인트, S포인트)의 경우 다음의 요건을 모두 충족하면 자기적립마일리지 등으로 본다.
① 고객별 · 사업자별로 마일리지 등의 적립 및 사용 실적을 구분하여 관리하는 등의 방법으로 당초 공급자와 이후 공급자가 같다는 사실이 확인될 것
② 사업자가 마일리지 등으로 결제받은 부분에 대하여 재화 또는 용역을 공급받는 자 외의 자로부터 보전받지 아니할 것</td></tr>
<tr><td>제3자적립 마일리지 등</td><td>자기적립마일리지 등이 아닌 마일리지</td></tr>
<tr><td rowspan="2">공급가액 계산방법</td><td>마일리지 등의 적립</td><td>사업자가 재화 또는 용역을 공급하고 마일리지 등을 적립한 경우 마일리지 등의 적립액은 공급가액에서 차감하지 아니한다.</td></tr>
<tr><td>마일리지 등으로 결제</td><td>사업자가 재화나 용역을 공급하고 대금의 전부 또는 일부를 마일리지 등으로 결제받은 경우에는 다음 '①'과 '②'를 합한 금액을 공급가액으로 본다(부령 §61 ② (9)).
① 마일리지 등 외의 수단으로 결제받은 금액
② 제3자적립마일리지 등으로 결제받은 부분에 대하여 재화 또는 용역을 공급받는 자 외의 자로부터 보전받았거나 보전받을 금액</td></tr>
</table>

<table>
<tr><th colspan="2">구 분</th><th colspan="3">내 용</th></tr>
<tr><td>공급가액 계산방법</td><td>제3자적립 마일리지 등으로 결제한 경우 특례</td><td colspan="3">제3자적립마일리지 등으로 대금의 전부 또는 일부를 결제받은 경우로서 다음 중 어느 하나에 해당하는 경우에는 공급한 재화 또는 용역의 시가를 공급가액으로 한다(부령 §61 ② ⑽).
① 제3자적립마일리지 등으로 결제받은 금액에 대하여 제3자로부터 보전받지 아니하고 자기생산 · 취득재화를 공급한 경우
② 제3자적립마일리지 등과 관련하여 특수관계인으로부터 부당하게 낮은 금액을 보전받거나 아무런 금액을 받지 아니하여 조세의 부담을 부당하게 감소시킬 것으로 인정되는 경우</td></tr>
<tr><td colspan="2" rowspan="3">제3자적립마일리지 등의 결제 시 세금계산서, 현금영수증 발급 여부</td><td rowspan="2">고객</td><td>세금계산서 또는 영수증</td><td>사업자는 자기의 판매가격에서 고객에게 할인하여 준 금액을 뺀 후 제3자로부터 지급받기로 한 금액을 더한 가액을 공급가액으로 하여 해당 고객에게 세금계산서 또는 영수증을 발급함(법규부가 2011-31, 2011.2.11.)
세금계산서 공급가액
= 판매가격 - 할인액 + 제3자로부터 지급받기로 한 금액</td></tr>
<tr><td>현금영수증</td><td>고객에게 현금영수증 발급 시 기재하는 금액은 고객으로부터 '현금 영수한 금액'임(법규부가 2011-31, 2011.2.11.)</td></tr>
<tr><td>제3자</td><td>세금계산서</td><td>사업자가 제3자로부터 받는 분담금에 대해서는 세금계산서를 발급하지 아니함(부가가치세과-470, 2014.5.19.)</td></tr>
</table>

Chapter 62

중도금 조기납부할인, 공급가액에서 차감하나?

내용 Summary

기본사항 Check

- 매출할인이란 공급에 대한 대가를 약정기일 전에 받았다는 이유로 사업자가 당초의 공급가액에서 할인해 준 금액을 말함. 매출할인은 공급가액에 포함하지 아니함
- 판매금액에 대하여 세금계산서를 발급한 후 매출할인이 발생하면 매출할인이 발생한 날을 작성일자로 하여 차감되는 금액을 붉은색 글씨로 쓰거나 음의 표시를 하여 수정세금계산서를 발급하여야 함
- 중간지급 조건부로 재화를 공급함에 있어서 지급일 이전 납부에 대한 차감액 내용을 계약서상에 명시하고 당해 금액을 차감해 준 경우에는 그 차감된 금액을 공급가액으로 하여 그 대금을 지급받는 때에 세금계산서를 발급해야 함

핵심 Point

- 매출할인은 공급가액에 포함하지 아니하는 점에 유의하여야 함

PART 05 과세표준

질문 »

갑법인의 2025년 제1기 예정신고기간의 거래내역은 다음과 같다.

(1) 갑법인은 2025.1.25. 철근을 10,000,000원에 외상판매(인도)하고 대금을 2개월 후에 받기로 하되, 1개월 이내 변제하면 2%를 깎아 주기로 하였다. 매입자는 2025.2.25.에 대금을 지급하면서 200,000원을 할인받고 9,800,000원을 지급하였다.

(2) 갑법인은 2025.12.1.에 본사건물을 300,000,000원에 중간지급조건부로 양도하고 대금을 다음과 같이 받기로 하였다. 중도금을 지급기일부터 30일 전에 지급하면 2%를 할인하기로 하였다.

일 자	내 용	금 액	비 고
2025.12.1.	계약금	60,000,000원	
2025.3.31.	1차 중도금	60,000,000원	
2025.5.31.	2차 중도금	60,000,000원	
2025.8.31.	3차 중도금	60,000,000원	
2025.11.31.	잔금	60,000,000원	건물 등기이전 및 사용개시

갑법인은 거래처에서 1차 중도금을 2025.2.28.에 지급함에 따라 1차 중도금의 2%를 할인해주고 58,800,000원을 지급받았다.

〈 요구사항 〉

갑법인의 위의 거래에 대하여 2025년 제1기 예정신고기간에 공급시기가 속하는 거래에 대하여 세금계산서를 발급하는 경우 세금계산서에 기재할 작성연월일과 공급가액을 제시하고 세금계산서의 발급기한을 쓰시오.

번호	세금계산서의 작성연월일	세금계산서의 공급가액	세금계산서 발급기한
(1)			
(2)			

답변 및 해설 »

번호	세금계산서의 작성연월일	세금계산서의 공급가액	세금계산서 발급기한
(1)	2025.1.25.	10,000,000원*1	2025.2.10.
	2025.2.25.	-200,000원*2	2025.3.10.
(2)	2025.2.28.*3	58,800,000원	2025.3.10.

*1 인도일의 다음 달 10일까지는 세금계산서를 발급하여야 한다. 세금계산서 발급기한까지는 매출할인이 발생하지 않았다.

*2 2025.2.25. 매출할인 200,000원이 발생하였으므로 마이너스(-) 세금계산서를 발급한다.

*3 중간지급 조건부로 재화를 공급하고 사전약정에 따라 계약서상의 지급일 이전에 대금을 지급하는 경우에는 일정액을 차감하여 준다는 내용을 명시하고 지급일 이전에 납부받음으로써 그 금액을 차감해 준 경우에는 그 차감된 금액을 공급가액으로 하여 그 대금을 지급받는 때에 세금계산서를 발급하여야 한다.

핵심정리

1. 매출할인

매출할인이란 공급에 대한 대가를 약정기일 전에 받았다는 이유로 사업자가 당초의 공급가액에서 할인해 준 금액을 말한다. 매출할인은 공급가액에 포함하지 아니한다(부법 §29 ⑤). 매출할인이 발생하면 매출할인이 발생한 날을 작성일자로 하여 차감되는 금액을 붉은색 글씨로 쓰거나 음(-, 陰)의 표시를 하여 수정세금계산서를 발급하여야 한다(부령 §70 ① (3)).

매출할인에 대한 규정 비교

구 분	기업회계	부가가치세	법인세
매출할인	매출액 차감 (K-IFRS 1115호 문단 51, 일반기준 2.46)	과세표준에서 차감 (부법 §29 ⑤ (6))	매출액 차감 (법령 §11 (1))

2. 중간지급 조건부로 공급한 경우 매출할인의 처리

사업자가 중간지급 조건부로 재화를 공급함에 있어서 계약 당사자 간의 사전약정에 의하여 대금의 각 부분을 계약서상의 지급일 이전에 납부하는 때에는 일정금액을 차감하여 준다는 내용을 계약서상에 명시하고 지급일 이전에 납부받음으로써 당해 금액을 차감해 준 경우에는 그 차감된 금액을 공급가액으로 하여 그 대금을 지급받는 때에 세금계산서를 교부하여야 한다(서면3팀-2038, 2007.7.23.).

Chapter 63

토지와 건물의 일괄양도, 가액의 구분이 왜 중요한가?

내용 Summary

기본사항 Check

- **사업자가 토지와 건물을 함께 공급하는 경우**
  ① 토지 : 면세
  ② 건물 : 과세(국민주택과 면세사업에 사용하던 건물은 면세)
- 계약서에 구분한 토지와 건물 가액이 법령에 따른 안분계산한 금액과 30% 이상 차이가 있는 경우 법령에 따라 안분계산한 금액으로 공급가액으로 함. 다만, 다음의 경우에는 구분한 실지거래가액을 그대로 것으로 인정함
  ① 다른 법령에서 정하는 바에 따라 토지와 건물 등의 가액을 구분한 경우
  ② 토지와 건물 등을 함께 공급받은 후 건물 등을 철거하고 토지만 사용하는 경우

핵심 Point

- 토지와 건물을 함께 양도하고 공급가액을 구분기재한 경우 실지거래가액의 적정성 확인
- 실지거래가액을 인정하지 않고 법령에 따라 안분계산하는 경우
  ① 과소신고 시 : 공급자에게 미달세액과 가산세 부과
  ② 과다신고 시 : 매출자는 공급가액 감액, 매입자는 매입세액 감액. 가산세 부과

질문 »

과세사업자인 ㈜서울은 본사 건물과 토지를 다음과 같이 매매하였다.

매매계약서

(1) 매매가액 : 토지 80억원, 건물 20억원(부가가치세 별도)
(2) 대금지급 : 계약금 2024년 11월 2일 30억원
잔 금 2024년 12월 2일 70억원
(3) 잔금지급 시 등기서류를 교부, 매수인이 부동산 사용개시

㈜서울의 토지의 건물의 장부가액, 기준시가와 감정평가법인의 감정가액은 다음과 같다.

구 분	토 지	건 물	비 고
장부가액	40억원	20억원	2024.12.2. 현재
기준시가	30억원	30억원	2024.11.2. 기준
감정가액	60억원	40억원	2024.4.1. 감정

㈜서울의 건물과 토지의 양도는 다른 법령에서 정하는 바에 따라 건물과 토지의 가액을 구분한 경우가 아니며 매수자가 토지와 건물 등을 함께 공급받은 후 건물 등을 철거하고 토지만 사용하는 경우도 아니다. **㈜서울이 2024.12.1.에 건물의 실지공급가액 20억원에 대하여 세금계산서를 발급할 경우 세무상 문제는?**

PART 05 과세표준

답변 및 해설 »

1. 법령에 따른 안분계산기준

토지는 면세대상이고 건물은 과세사업에 사용하던 것이므로 과세대상이다. 토지와 건물의 감정가액이 있는 경우 감정가액을 기준시가보다 우선 적용하여 공급가액을 안분계산한다. 이 경우 감정가액은 공급시기(중간지급조건부 또는 장기할부판매는 최초 공급시기)가 속하는 과세기간의 직전 과세기간 개시일부터 공급시기가 속하는 과세기간의 종료일까지의 감정평가가액을 말한다.

이 사례에서 2024.12.2.이 공급시기이므로 2024.1.1.부터 2024.12.31.까지의 감정가액을 인정한다. 2024.4.1. 감정가액은 2024.1.1.부터 2024.12.31.까지의 기간의 감정가액이므로 사용할 수 있다.

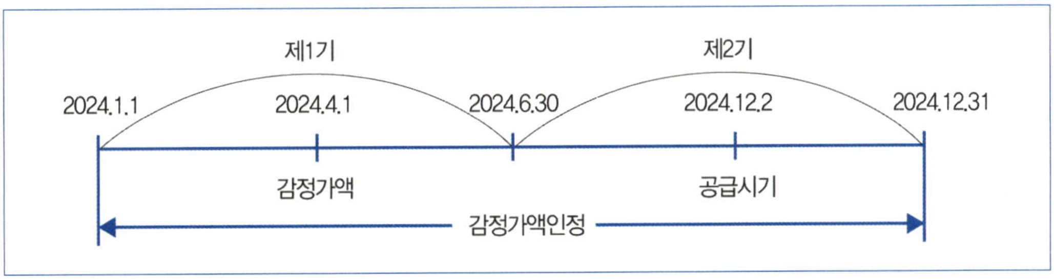

2. 법령에 따라 안분계산한 금액과 실지거래가액의 차이가 30% 이상인지 검토

구 분	① 실지거래가액	② 감정가액으로 안분계산한 금액	③ 차이	비율(③/②)
토 지	80억원	60억원	+20억원	+33%
건 물	20억원	40억원	−20억원	−50%
계	100억원	100억원	−	−

사업자가 실지거래가액으로 기재한 토지가액와 건물가액이 감정가액으로 안분계산한 금액과 30% 이상 차이가 있는 경우 감정가액으로 안분계산한 금액을 기준으로 과세한다.

3. 세무상 문제

건물에 대한 공급가액을 20억원으로 기재하여 세금계산서를 발급하고 그 금액으로 부가가치세를 신고·납부하는 사실이 적발될 경우 다음과 같이 세액을 추징당할 수 있다.

구 분	계산내역	추징금액
부가가치세	(40억원 - 20억원) × 10%	200,000,000원
세금계산서불성실가산세	2,000,000,000 × 1%[1]	20,000,000원
과소신고가산세	200,000,000 × 10%	20,000,000원
납부지연가산세	300,000,000 × 일수* × 0.022%	?

* 법정납부기한의 다음 날부터 납부일까지의 일수

1) 기획재정부 부가가치세제과−140, 2011.3.10.

핵심정리

<table>
<tr><th>구 분</th><th colspan="3">내 용</th></tr>
<tr><td>토지와 건물 등의 일괄공급</td><td colspan="3">사업자가 토지와 그 토지에 정착된 건물 또는 구축물을 함께 공급하는 경우에는 건물 또는 구축물의 실지거래가액을 공급가액으로 한다. 다만, 사업자가 실지거래가액으로 구분한 토지와 건물 등의 가액이 법령에 따라 안분계산한 금액과 30% 이상 차이가 있는 경우에는 법령에 따라 안분계산한 금액을 공급가액으로 한다. 다만, 다음 중 어느 하나에 해당하는 경우에는 구분 기재한 건물 등의 실지거래가액을 공급가액으로 한다(부법 §29 ⑨, 부령 §64 ②).
① 다른 법령에서 정하는 바에 따라 토지와 건물 등의 가액을 구분한 경우
② 토지와 건물 등을 함께 공급받은 후 건물 등을 철거하고 토지만 사용하는 경우</td></tr>
<tr><td rowspan="6">법령에 따른 안분계산방법</td><td colspan="3">법령에 따라 안분계산하는 경우 안분계산방법은 다음과 같다(부령 §64 ①).</td></tr>
<tr><td colspan="2">구 분</td><td>내 용</td></tr>
<tr><td colspan="2">감정가액이 모두 있는 경우</td><td>「감정평가 및 감정평가사에 관한 법률」에 따른 감정평가법인 등(2015.2.3. 이후 토지와 건물 등을 평가하는 분부터 감정평가사를 포함하도록 함)의 감정평가가액*에 비례하여 안분계산함
* 감정가액은 공급시기(중간지급조건부 또는 장기할부판매는 최초 공급시기)가 속하는 과세기간의 직전 과세기간 개시일부터 공급시기가 속하는 과세기간의 종료일까지의 감정평가가액을 말함</td></tr>
<tr><td rowspan="2">감정 가액이 없는 경우</td><td>기준시가가 모두 있는 경우</td><td>공급계약일의 기준시가에 비례하여 안분계산함</td></tr>
<tr><td>기준시가가 모두 없거나 일부가 없는 경우</td><td>먼저 장부가액*(장부가액이 없는 경우에는 취득가액)에 비례하여 안분계산한 후, 기준시가가 있는 자산은 안분계산된 합계액을 다시 기준시가에 비례하여 안분계산함
* 장부가액이란 세무회계상 장부가액을 말함(부가 46015-929, 1994.5.7.)</td></tr>
<tr><td colspan="2">위의 규정을 적용할 수 없거나 적용하기 곤란한 경우</td><td>국세청 고시 제2021-43호(2021.8.24.)에 따름</td></tr>
</table>

구 분	내 용
건물가액을 과소구분한 경우 세금계산서 기재 불성실 가산세 부과 여부	사업자가 다른 사업자에게 공장용지 및 건물을 매매계약에 따라 일괄공급하면서 구분하여 신고한 건물의 실지거래가액이 법령에 따라 안분계산한 금액과 30% 이상 차이가 나는 것으로서 기준시가 등에 따라 안분계산한 금액을 공급가액으로 하는 수정세금계산서를 발급하는 경우 과소기재한 공급가액에 대하여 같은 법 제60조 제2항 제5호에 따른 가산세(공급가액×1%)를 부과하는 것임[2)

2) 서면-2022-법규부가-2230 [법규과-1764], 2022.6.10.

Chapter 64

토지와 건물을 일괄매입하여 건물 철거 시 공급가액 구분은?

내용 Summary

기본사항 Check

- 사업자가 부가가치세 면세대상 토지와 부가가치세 과세대상인 건물을 일괄 양도하며 계약상 구분된 토지와 건물의 가액이 법령에 따라 안분계산한 금액과 30% 이상 차이가 있더라도 매수인이 매매특약사항에 의하여 토지와 건물을 함께 공급받은 후 건물을 철거하고 토지만 사용하는 경우 건물의 실지거래가액을 적합한 것으로 인정함

핵심 Point

- 매수인이 건물을 철거하고 토지만 사용하는 경우에는 계약서에 구분된 실지거래가액을 그대로 인정함. 매매특약에 철거에 관한 사항을 약정하고 매수인이 반드시 건물을 철거해야 함

PART 05 과세표준

질문 »

박은우 씨 고시원을 운영하던 중 2024.11.1.에 고시원으로 사용하던 토지와 건물(2007년 준공)을 37억원(부가가치세 포함)에 매매계약을 하였다. 매매대금은 계약일에 3억원, 잔금일인 2024.12.20.에 34억원을 받았다.

매매특약사항 주요내용

- 토지 및 건물의 일괄매각이나 매수인이 건물을 철거하여 토지만을 사용할 계획으로 건물가액을 1억 1천만원(부가가치세 포함), 토지 35억 9천만원으로 매매가액으로 함
- 건축허가는 잔금일 이전에 매도인의 명의로 신청하고 인감증명서, 건축허가동의서, 건축철거에 동의
- 매도인은 매수인이 철거에 필요한 서류를 협조하여 주기로 함
- 건물 철거 사유는 매수인*이 위 토지 위에 다세대빌라를 신축하기 위함으로 2024년 12월 건축허가서가 나왔으며(이때 다세대 신축공사 허가도면 제출), 2025년 1월 신청인 명의로 건축물 해체심의 신청함

* 매수인은 건설업(주택신축판매업)으로 사업자 등록

한편, 계약서상 구분된 토지와 건물의 가액은 기준시가로 안분계산한 금액과 30% 이상 차이가 있다.

위와 같이 계약한 경우 건물가액을 1억 1천만원(부가가치세 포함)으로 보아 부가가치세를 1천만 원만 납부해도 세무상 문제가 없는가?

답변 및 해설 »

고시원을 운영하던 사업자가 고시원(토지, 건물)을 매수인에게 일괄 양도하며 계약상 구분된 토지와 건물의 가액이 법령에 따라 안분계산한 금액과 30% 이상 차이가 있지만 매수인이 매매특약사항에 의하여 토지와 건물을 함께 공급받은 후 건물을 철거하고 토지만 사용하는 경우 건물의 공급가액은 실지거래가액으로 한다(사전-2022-법규부가-0299 [법규과-846], 2022.3.15.). 따라서 매수인이 건물을 철거하는 경우로 건물의 실지거래가액을 그대로 인정하므로 세무상 문제는 없다.

핵심정리

<table>
<tr><th>구 분</th><th colspan="2">내 용</th></tr>
<tr><td>부가가치세</td><td colspan="2">① 사업자가 실지거래가액으로 구분한 토지와 건물 또는 구축물 등의 가액이 법령에 따라 안분계산한 금액과 30% 이상 차이가 있는 경우에는 법령에 따라 안분계산한 금액을 공급가액으로 한다.
② 다음 중 어느 하나의 사유에 해당하는 경우는 건물 등의 실지거래가액을 공급가액으로 한다(부법 §29 ⑨, 부령 §64).
㉮ 토지와 건물 등을 함께 공급받은 후 건물 등을 철거하고 토지만 사용하는 경우
㉯ 다른 법령에서 정하는 바에 따라 토지와 건물 등의 가액을 구분한 경우</td></tr>
<tr><td rowspan="2">양도소득세</td><td>2024.12.31. 이전 양도분</td><td>2025.1.1. 이후 양도분</td></tr>
<tr><td>실지거래가액과 법령에 따라 안분계산한 금액이 30% 이상 차이가 있는 경우에는 법령에 따라 안분계산함</td><td>실지거래가액과 법령에 따라 안분계산한 금액이 30% 이상 차이가 있는 경우에도 다른 법령에서 정하는 바에 따라 가액을 구분한 경우 등 대통령령으로 정하는 사유에 해당하는 경우에는 실지거래가액을 적법한 것으로 인정함(소법 개정안 §100 ③)</td></tr>
</table>

Chapter 65

공익법인에 대한 부담부증여, 부가세는?

내용 Summary

기본사항 Check

- 주무관청의 허가 또는 인가를 받거나 주무관청에 등록된 단체로서 「상속세 및 증여세법 시행령」 제12조 각 호의 어느 하나에 해당하는 사업을 하는 공익단체에 무상(無償)으로 공급하는 재화 또는 용역은 면세대상임
- 사업자가 공익단체에 유상으로 공급하는 재화 또는 용역은 부가가치세 과세대상임
- 사업자가 공익단체에 부담부증여로 재화를 이전하는 경우
  ① 채무액에 상당하는 부분 : 유상양도이므로 부가가치세 과세대상
  토지와 건물 등을 함께 공급하는 경우에는 부가가치세법 시행령 제64조에 따라 공급가액을 계산함
  ② 증여재산 중 채무상당액을 초과하는 부분 : 증여에 해당하는 부분이므로 면세대상

핵심 Point

- 사업자가 공익법인에 부담부증여로 재화를 이전하는 경우 채무부분은 과세대상이나, 증여부분은 면세대상인 점에 유의하여야 함

질문 »

강대강 씨는 2025.3.31.에 A의료재단에 부담부증여로 임대사업에 사용하던 부동산의 소유권을 이전하였다. A의료재단은 「상속세 및 증여세법 시행령」 제12조에 의한 비영리공익법인이며, 부가가치세 면세사업자에 해당한다. 부담부증여로 A의료재단이 승계한 채무는 60억원이고, 증여한 부동산에 대한 2개 감정평가법인의 감정가액 평균액은 다음과 같다.

구 분	승계하는 채무액	감정가액 (2025.3.15. 감정)	기준시가 (2025.3.31. 현재)
토지	60억원	100억원	98억원
건물		50억원	42억원

강대강 씨가 부담부조건으로 이전하는 부동산에 대한 부가가치세 공급가액은 얼마인가?

답변 및 해설 »

1. 계산내역

구 분	승계하는 채무액	감정가액(2025.3.15. 감정)	공급가액
토 지	60억원	100억원	40억원*1(면세)
건 물		50억원	20억원*2(과세)
합 계	60억원	150억원	60억원

*1 승계하는 채무액 × $\dfrac{\text{토지의 감정가액}}{\text{토지의 감정가액 + 건물의 감정가액}}$

= 60억원 × $\dfrac{\text{100억원}}{\text{150억원}}$

= 40억원

*2 승계하는 채무액 × $\dfrac{\text{건물의 감정가액}}{\text{토지의 감정가액 + 건물의 감정가액}}$

= 60억원 × $\dfrac{\text{50억원}}{\text{150억원}}$

= 20억원

2. 공급가액 : 20억원

핵심정리

사업자가 의료법에 따른 의료법인에 임대사업용 부동산을 부담부증여한 경우 동 사업자의 부가가치세 공급가액은 해당 의료법인이 인수한 채무액 중 건물가액 상당액으로 한다(기획재정부 부가가치세제과-382, 2014.5.28.). 이 경우 토지와 건물 등을 함께 공급하는 경우에는 부가가치세법 시행령 제64조에 따라 공급가액을 계산한다(부가가치세과-1197, 2012.11.30.).

구 분	유상양도 여부	부가가치세 과세 여부
채무액	유상양도	과세 (토지와 건물을 함께 공급 시 안분계산하여 건물부분만 과세)
증여재산의 시가 중 채무를 초과하는 금액	무상양도	면세

Chapter 66

임차인이 대신 부담한 취득세 중과분, 부가세 과세대상인가?

내용 Summary

기본사항 Check

- 사업자가 부가가치세가 과세되는 부동산임대료와 관리비 등을 구분하지 아니하고 받는 경우에는 전체 금액을 과세하나, 임차인이 부담하여야 할 보험료 · 수도료 및 공공요금 등을 별도로 구분징수하여 납입을 대행하는 경우 해당 금액은 부동산임대관리에 따른 대가에 포함하지 아니함(부기통 29-61…3)
- 임대인이 부담해야 하는 재산세 · 종합부동산세 · 취득세중과분 · 교통유발부담금 · 환경개선부담금 등을 임대차계약에 의해 임차인으로부터 받는 경우 해당 금액은 부동산 임대대가에 포함되어 부가가치세가 과세됨(서삼 46015-11787, 2002.10.22.)

핵심 Point

- 임대인이 임차인이 납세의무자인 세금과 공과금을 징수대행한 경우에는 부가가치세 과세대상이 아니나, 임대인이 납세의무자인 세금과 공과금을 임차인이 부담한 경우에는 부가가치세 과세대상임

PART 05 과세표준

질문 »

1. 부동산임대업을 하는 일반과세자 김영광 씨는 유흥주점(상호 : 마돈나)을 하는 김흥청 씨에게 신축한 상가건물을 임대하면서 특약사항으로 유흥주점으로 인해 중과되는 취득세와 재산세를 임차인이 부담(부가가치세 별도)하기로 약정하였다. 2025년 6월 20일에 김흥청 씨는 취득세 중과분 10,000,000원을 대신 부담하였고, 2025년 7월 31일과 9월 30일에 재산세 중과분 500,000원과 400,000원을 부담하였다. **김영광 씨는 임차인에게 취득세 중과분과 재산세 중과분에 대하여 세금계산서를 발급해야 하는가?**

2. 김영광 씨는 2025년 10월분 관리비를 다음과 같이 구분하여 받았다.

관 리 비	1,000,000원	
전 기 료	300,000원	(징수하여 한국전력에 납부한 금액)
수 도 료	100,000원	(징수하여 지방자치단체에 납부한 금액)
화재보험료	20,000원	(징수하여 보험회사에 납부한 금액)
합 계	1,420,000원	

김영광 씨가 전기료에 대하여 세금계산서를 발급받지 않은 경우와 세금계산서를 발급받아 임차인에게 다시 세금계산서를 발급한 경우로 구분하여 김영광 씨가 받은 1,420,000원의 관리비에 대한 부가가치세 공급가액과 소득세법상 부동산임대업의 수입금액은 얼마인가?

답변 및 해설 »

1. 임차인이 대신 부담한 취득세와 재산세

구 분	공급시기	공급가액	세금계산서 발급 여부
취득세 중과분	2025.6.20.	10,000,000원	발급
재산세 중과분	2025.7.31.	500,000원	발급
재산세 중과분	2025.9.30.	400,000원	발급

취득세와 재산세는 임대인의 토지와 건물에 부과되는 세금이므로 임대인이 납세의무자인 세금이다. 임차인이 대납한 취득세와 재산세는 임대료에 해당하므로 임대인은 세금계산서를 발급하고 부가가치세를 거래징수하여야 한다. 특약사항으로 취득세중과분과 재산세중과분에 부가가치세를 별도로 하였으므로 취득세 10,000,000원, 재산세 500,000원과 400,000원을 공급가액으로 하여 세금계산서를 발급하여야 한다.

2. 10월분 관리비에 대한 부가가치세 공급가액과 소득세법상 부동산임대업의 총수입금액

구 분	부가가치세 공급가액	부동산임대업의 총수입금액
임대인의 명의로 세금계산서를 받지 않은 경우	1,000,000원*1	1,000,000원*3
임대인의 명의로 세금계산서를 발급받아 임차인에게 세금계산서를 발급한 경우	1,300,000원*2	1,000,000원*3

*1 임차인이 부담하여야 할 보험료 · 수도료 등의 공공요금을 별도로 구분 징수하여 납입을 대행하는 경우에는 이를 과세표준에 포함하지 아니한다(부기통 29-61…3).

*2 부동산 임대업자가 그 상가 입주자들을 위하여 재화 또는 용역을 공급받고 상가 입주자에게 발급한 세금계산서상의 공급가액은 과세표준에 포함하고, 해당 부동산 임대업체가 발급받은 세금계산서상의 매입세액에 대하여 공제받는다(서면 2017부가-1615 [부가가치세과-2129], 2017.9.28.). 수도료와 화재보험료는 면세이므로 공급가액에 포함하지 않았다.

*3 사업자가 부동산을 임대하고 임대료 외에 유지비나 관리비 등의 명목으로 지급받는 금액이 있는 경우에는 전기료 · 수도료 등의 공공요금을 제외한 청소비 · 난방비 등은 부동산임대업에서 발생하는 소득의 총수입금액에 산입한다(소기통 24-51…1).

핵심정리

1. 유흥주점용 토지와 건물에 대한 취득세와 재산세의 중과

⑴ 유흥주점용 토지와 건물에 대한 취득세와 재산세의 중과

일반적인 상가를 취득하면 취득가액의 4.6%(취득세 4%+농어촌특별세 0.2%+지방교육세 0.4%)의 세금이 과세된다. 그러나 유흥주점 영업장으로 사용되는 건축물과 그 부속토지에는 13.4%(취득세 12%+농어촌특별세 0.2%+지방교육세 1.2%)가 과세된다.

취득세 중과대상 유흥주점 영업장

「식품위생법」 제37조에 따른 허가 대상인 유흥주점 영업장으로서 다음 중 어느 하나에 해당하는 영업장소(공용면적을 포함한 영업장의 면적이 100㎡를 초과하는 것만 해당함)(지령 §28 ⑤)

가. 손님이 춤을 출 수 있도록 객석과 구분된 무도장을 설치한 영업장소(카바레 · 나이트클럽 · 디스코클럽 등을 말함)

나. 유흥접객원(남녀를 불문하며, 임시로 고용된 사람을 포함함)을 두는 경우로, 별도로 반영구적으로 구획된 객실의 면적이 영업장 전용면적의 50% 이상이거나 객실 수가 5개 이상인 영업장소(룸살롱, 요정 등을 말함)

유흥주점 영업장에 대한 취득세 중과 여부

영업허가	영업장 면적	객실과 구분된 무도장 설치	유흥접객원	객실면적 또는 객실 수	중과 여부
유흥주점영업	100㎡ 이상	○	고려할 필요 없음		중과○
		×	○	50% 이상 또는 5개 이상	중과○
		×	○	50% 미만 & 5개 미만	중과×
		×	×	고려할 필요 없음	중과×
	100㎡ 이하	고려할 필요 없음			중과×

유흥주점에 대한 재산세 중과

취득세 중과대상인 유흥주점용 토지와 건물에 대해서는 4%의 세율로 재산세를 과세한다.

⑵ 임차인이 취득세 중과분과 재산세 중과분을 부담한 경우 부가가치세 과세 여부

1) 취득세 중과분

부동산임대 사업자에게 부과되는 취득세 중과세분을 임대차계약에 의거 임차인이 부담하기로 약정하고 부동산임대용역을 제공하는 경우에 당해 취득세 중과세분은

부가가치세 공급가액에 포함하는 것이다. 취득세 중과세분에 부가가치세를 별도로 할지는 계약내용에 따라 결정해야 할 것으로 보인다. 만일, 취득세중과분에 부가가치세가 포함된 것으로 할 경우에는 취득세 중과분(공급대가)에 110분의 100을 곱한 금액을 공급가액으로 해야 한다(부가46015-742, 2000.4.3.).

2) 재산세 중과분

사업자가 부동산을 임대하고 지방세법에 의하여 임대인이 부담하여야 할 당해 임대부동산에 대한 재산세를 임차인에게 부담시킨 경우 당해 재산세 상당액은 임대용역에 대한 대가로서 부가가치세가 과세되는 것이며 부가가치세를 누가 부담하는지는 계약내용에 따라 당사자 간에 해결할 사항이다(서면3팀-705, 2005.5.21.).

(3) 회계처리

취득세와 재산세는 임대인의 토지와 건물에 부과되는 세금이므로 임대인이 납부하여야 할 세금이다. 따라서 임차인이 임대인 대신 취득세와 재산세를 부담하면 임차인과 임대인은 다음과 같이 회계처리하여야 한다.

구 분	임차인	임대인
임차인이 임대인에게 지급할 때	(차) 임 차 료 ××× 부가세대급금 ××× (대) 현 금 ×××	(차) 현 금 ××× (대) 임 대 료 ××× 부가세예수금 ×××
취득세 납부 시	해당 없음	(차) 유 형 자 산 ××× (대) 현 금 ×××
재산세 납부 시	해당 없음	(차) 비 용 ××× (대) 현 금 ×××

2. 징수대행한 전기료 등

(1) 부가가치세 공급가액

사업자가 부동산임대와 관련하여 받은 관리비는 과세표준에 포함된다. 다만, 임차인이 부담하여야 할 보험료 · 수도료 등의 공공요금을 별도로 구분 징수하여 납입을 대행하는 경우에는 이를 과세표준에 포함하지 아니한다(부기통 29-61…3). 이 경우 공공요금이란 당해 건물 입주자가 부담하여야 할 가스료, 수도료, 전기료, 화재보험료 등을 말한다(부가 46015-3512, 2000.10.18.).

부동산 임대업자가 그 상가 입주자들을 위하여 재화 또는 용역을 공급받고 상가 입주자에게 발급한 세금계산서상의 공급가액은 과세표준에 포함하고, 해당 부동산 임대업체가 발급받은 세금계산서상의 매입세액에 대하여 공제받는다(서면 2017부가-1615 [부가가치세과-2129], 2017.9.28.). 이 경우 징수대행하는 전기료는 부동산임대업자의 소득세법상 수입금액도 필요경비도 아니다. 부동산 임대업자가 부가가치세 신고서의 과세표준 명세 (31) 수입금액 제외란에 기재해야 한다.

⑤ 과 세 표 준 명 세									
업 태	종목	생산요소	업종 코드						금 액
(28)									
(29)									
(30)									
(31) 수입금액 제외									
(32) 합 계									

주의 전자세금계산서 의무발급대상 개인사업자의 공급가액 판정 시 전기료 등의 포함 여부

직전 연도의 사업장별 재화 및 용역의 공급가액(면세공급가액 포함)의 합계액이 8천만원 이상인 개인사업자는 전자세금계산서 의무발급 개인사업자이다. 전자세금계산서 의무발급대상 판정 기준 공급가액에는 부동산임대업자가 전기료에 대한 세금계산서를 발급받고, 발급받은 세금계산서에 적힌 공급가액의 범위에서 전력을 실제로 소비하는 자를 공급받는 자로 하여 발급한 세금계산서의 공급가액은 포함하지 아니한다(서면 2017법령해석부가-2489 [법령해석과-217], 2018. 1.25.).

(2) 소득세법상 부동산임대업의 총수입금액

사업자가 부동산을 임대하고 임대료 외에 유지비나 관리비 등의 명목으로 지급받는 금액이 있는 경우에는 전기료 · 수도료 등의 공공요금을 제외한 청소비 · 난방비 등은 부동산임대업에서 발생하는 소득의 총수입금액에 산입한다. 이 경우 전기료 · 수도료 등의 공공요금의 명목으로 지급받은 금액이 공공요금의 납부액을 초과할 때 그 초과하는 금액은 부동산임대업 소득의 총수입금액에 산입한다(소기통 24-51…1).

Chapter
67 부동산 전대 시 사업자등록과 공급가액 계산은?

내용 Summary

기본사항 Check

- 부동산을 전대한 경우에는 그 **사업에 관한 업무총괄장소**를 사업장으로 함
- **간주임대료 계산 시 임대보증금에서 임차 시 지급한 임차보증금 중 전대한 면적에 상당하는 금액을 차감함**

핵심 Point

- 부동산을 전대한 경우 간주임대료 계산 시 임차 시에 지급한 임차보증금 중 전대한 면적에 상당하는 금액을 차감하는 점에 유의해야 함

질문 »

부동산임대업을 하는 ㈜B(전대에 대한 업무총괄장소 : 화성시)는 ㈜A로부터 사무실(사무실 소재지 : 성남시)을 임차하여 그 중 일부를 ㈜C에게 전대하였다.

(1) 임대차계약과 전대내역은 다음과 같다.

구 분	㈜A로부터의 임차내역	㈜C에게의 전대내역
면적	100㎡	60㎡
기간	2025. 4. 1.~2026. 3. 31.	2025. 4. 1.~2026. 3. 31.
임대보증금	100,000,000	133,000,000
월임대료	1,000,000	800,000
임대료지급약정일	매월 15일 지급	매월 말 지급

(2) 기획재정부령으로 정하는 2025년 제2기 예정신고기간 말 1년 만기 정기예금 이자율은 3.5%라고 가정한다.

〈 요구사항 〉

1. ㈜B가 부동산전대에 대하여 사업자등록을 하는 경우 화성시 관할 세무서와 성남시 관할 세무서 중 어디에 사업자등록을 해야 하는가?

2. ㈜B의 2025년 제2기 예정신고기간(2025.7. 1.~2025.9. 30.)의 부가가치세 과세표준을 구하면 얼마인가?

답변 및 해설 »

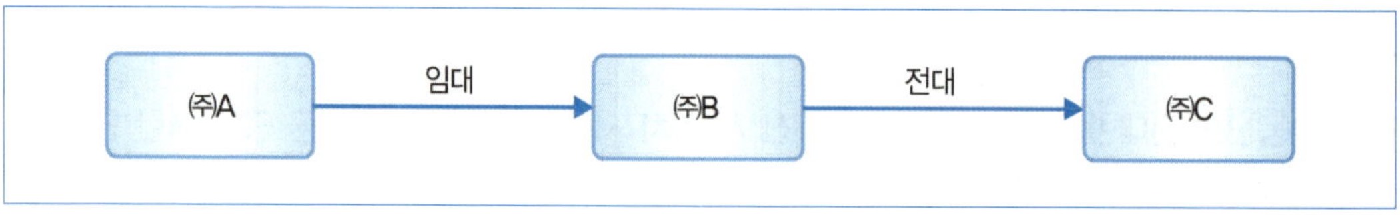

1. 부동산전대에 대한 사업자등록 관할 세무서

부동산을 전대하는 것은 부동산에 관한 권리를 대여한 것이므로 **업무총괄장소**를 사업장 소재지로 하므로(부령 §8 ②) 화성시 관할 세무서에 사업자등록을 하여야 한다.

2. 부동산 전대에 대한 부가가치세 공급가액

구 분	계산내역	과세표준
임대료*1	800,000×3	2,400,000
간주임대료*2	$(133{,}000{,}000 - 100{,}000{,}000 \times \frac{60m^2}{100m^2}) \times 3.5\% \times \frac{92}{365}$	644,000
합 계		3,044,000

*1 월세는 임대료에서 임차료를 차감하지 아니하고 전액 과세표준에 포함한다.

*2 전대의 경우 간주임대료 계산 시 임대보증금에서 임차 시 지급한 임차보증금 중 전대한 면적에 상당하는 금액을 차감한다.

핵심정리

1. 부동산을 전대한 경우 사업장 소재지

구 분	사업장 소재지
자기 소유 부동산을 임대한 경우	부동산의 등기부상 소재지
부동산을 전대한 경우	그 사업에 관한 업무총괄장소

관련 사례

① 부동산 전대업자의 사업장은 그 사업에 관한 업무를 총괄하는 장소이며, 당해 업무를 총괄하는 장소에서 전대업에 관련된 세금계산서를 교부하여야 하는 것임(제도46015-11971, 2001.7.6.)

② 부동산 전대업을 영위하는 사업자의 사업장은 그 사업에 관한 업무를 총괄하는 장소로 하는 것이므로 부동산 전대업에 관한 업무를 총괄하는 기존 사업장 명의로 수취한 세금계산서는 같은 법 제39조에 해당하는 경우를 제외하고는 자기의 매출세액에서 공제받을 수 있는 것임(서면-2016-부가-3004[부가가치세과-404], 2016.2.29.)

2. 부동산을 전대한 경우 부가가치세 공급가액

<table>
<tr><th>구 분</th><th>내 용</th></tr>
<tr><td>임대료</td><td>전차인으로부터 받은 임대료를 공급가액으로 함</td></tr>
<tr><td>간주임대료</td><td>사업자가 부동산을 임차하여 다시 임대용역을 제공하는 경우에는 해당 기간의 임대보증금(전세금 포함)에서 임차 시 지불한 임차보증금(전세금 포함)을 차감한 금액에 대하여 간주임대료를 계산한다. 임차한 부동산 중 직접 자기의 사업에 사용하는 부분이 있으면 다음과 같이 면적비율로 안분한 금액을 임대보증금으로 차감함(부령 §65 ②)
$$\text{차감할 임차보증금} = \text{임차보증금} \times \frac{\text{임차한 부동산의 총면적} - \text{자기사용면적}^{*}}{\text{임차한 부동산의 총면적}}$$
* 전대에 대한 간주임대료 계산 시 사업자가 전차인으로부터 수취한 보증금에서 차감할 임차보증금을 안분 계산함에 있어 직접 자기의 사업에 사용하는 면적에는 사업자가 직접 사용하는 사무실의 전용면적과 그에 대응하는 공용면적이 포함됨(법규부가2011-0518, 2011.12.29.)
임차한 부동산의 총면적과 자기사용면적은 예정신고기간이나 과세기간 종료일 현재의 면적을 기준으로 함</td></tr>
</table>

PART 05 과세표준

Chapter 68

BOT방식을 준용한 임대, 공급가액은?

내용 Summary

기본사항 Check

- 사업자가 BOT방식을 준용하여 설치한 시설을 둘 이상의 과세기간에 걸쳐 계속적으로 시설을 이용하게 하고 그 대가를 받는 경우
  ① 부가가치세 공급가액 : 용역제공기간 동안 지급받는 대가와 **그 시설의 설치가액**의 합계액을 그 용역제공기간의 개월 수로 나눈 금액의 각 과세대상기간의 합계액
  ② 법인세 익금 : 과세당국은 부가가치세와 같은 방식으로 계산하는 것으로 해석하고 있으나, 대법원은 용역제공기간 동안 지급받는 대가와 이전 시 시설물의 **시가**를 그 용역제공기간의 개월 수로 나눈 금액으로 익금을 계산한다고 해석하고 있음

핵심 Point

- BOT방식을 준용하여 설치한 시설을 둘 이상의 과세기간에 걸쳐 계속적으로 시설을 이용하게 하고 그 대가를 받는 경우 법인세 익금에 대하여 과세당국과 대법원 간에 이견이 있음
  ① 과세당국 : 시설물의 설치가액을 안분계산해야 함
  ② 대법원 : 시설물 이전 시의 시설물의 시가를 안분계산해야 함

  시설의 설치가액이 시설물 이전 시 시설물의 시가보다 크므로 과세당국의 견해에 따른 익금이 대법원의 견해에 따른 익금보다 큼. 따라서 과세당국 견해에 따라 신고를 한 후 대법원의 견해에 따른 익금이 신고한 금액보다 작으면 경정청구할 필요가 있음

질문 »

A법인은 B법인과 다음과 같은 내용의 협약을 체결하였다.

(1) A법인의 토지에 B법인이 건물을 건설하여 20년간(2025.7.1.~2045.6.30.) 사용하고 그 사용기간 만료 이후에는 건물들을 A법인에게 이전하며, 20년간 총 40억원의 임대료를 지급한다.

(2) B법인이 건설하는 건물의 신축가격은 200억원(감정평가법인이 20년 후의 건물의 가치를 100억원으로 평가함)이다.

〈요구사항〉

1. A법인의 2025년 제2기 예정신고기간(2025.7.1.~2025.9.30.)의 부가가치세 공급가액과 공급시기는?
2. A법인의 2025 사업연도(2025.1.1.~2025.12.31.) 법인세법상 익금은 얼마인가?

답변 및 해설 »

1. 부가가치세 공급가액과 공급시기

구 분	내 용
공급가액	(용역제공기간에 지급받는 대가+**시설의 설치가액**)×$\frac{\text{해당 과세대상 기간의 개월 수}}{\text{용역제공기간 개월 수}}$ = (40억원+200억원)×$\frac{3}{240}$ = 3억원
공급시기	2025.9.30.

2. 법인세법상 익금

BOT 방식으로 설치한 시설을 이용하게 한 경우 법인의 익금에 대해서는 다음과 같이 과세당국과 대법원의 견해가 다르다.

구 분	내 용
과세당국	(용역제공기간에 지급받는 대가+**시설의 설치가액**)×$\frac{\text{해당 과세대상 기간의 개월 수}}{\text{용역제공기간 개월 수}}$ = (40억원+200억원)×$\frac{6}{240}$ = 6억원
대 법 원	(용역제공기간에 지급받는 대가+**시설 이전 시 시가**)×$\frac{\text{해당 과세대상 기간의 개월 수}}{\text{용역제공기간 개월 수}}$ = (40억원+100억원)×$\frac{6}{240}$ = 3.5억원

핵심정리

1. 부가가치세 공급가액과 공급시기

사업자가 「사회기반시설에 대한 민간투자법」 제4조 제3호의 방식*을 준용하여 설치한 시설에 대하여 둘 이상의 과세기간에 걸쳐 계속적으로 시설을 이용하게 하고 그 대가를 받는 경우에는 다음과 같이 부가가치세 공급가액과 공급시기는 다음과 같다.

* 「사회기반시설에 대한 민간투자법」 제4조 제3호의 방식[BOT(Build-Operate-Transfer) 방식] : 사회기반시설의 준공 후 일정기간 동안 사업시행자에게 해당 시설의 소유권이 인정되나, 그 기간이 만료되면 시설의 소유권이 국가 또는 지방자치단체에 귀속되는 방식

구 분	내 용
공급가액	그 용역을 제공하는 기간 동안 지급받는 대가와 그 시설의 설치가액을 그 용역제공 기간의 개월 수로 나눈 금액의 각 과세대상기간의 합계액 $$\left\{ \text{용역제공 기간에 지급받는 대가} + \text{시설의 설치가액} \right\} \times \frac{\text{해당 과세대상 기간의 개월 수}^*}{\text{용역제공기간 개월 수}^*}$$ * 개월 수의 계산에 관하여는 해당 용역제공 기간의 개시일이 속하는 달이 1개월 미만이면 1개월로 하고, 해당 용역제공 기간의 종료일이 속하는 달이 1개월 미만이면 산입하지 아니함
공급시기	예정신고기간 또는 과세기간의 종료일

2. 법인세 익금

BOT방식으로 설치한 시설을 이용하게 한 경우 법인의 익금에 대해서는 다음과 같이 과세당국과 대법원의 견해가 다르다.

구 분	내 용
과세당국	사업시행자가 타인의 토지 위에 시설물을 신축하고 사업기간 동안 운영한 후 사업기간 종료 시에 해당 시설물을 토지소유자에게 무상이전하는 경우, 「부가가치세법 시행령」 제61조 제1항 제7호에 따라 토지소유자의 임대수입금액은 그 **시설물의 설치가액**을 사업기간 동안 안분하여 익금산입하는 것이나, 동 시행령 개정 전에 성립된 용역공급계약에 따라 공급하는 임대용역의 임대수입금액은 시설물의 소유권이 토지소유자에게 이전될 때의 시가를 안분하여 익금산입하는 것임(기획재정부 법인세제과-316, 2014.5.15.; 서면-2014-부가-21165 [부가가치세과-1552], 2015.9.22.)

구 분	내 용
대법원	임대료로 토지사용기간 만료 시에 건축물의 **소유권을 이전받기로 하는 경우에는 해당 시점에서 건축물의 시가**가 곧 후불로 받기로 한 임대료에 해당한다고 보아야 하고, 그 임대료 지급기간이 1년을 초과하므로 '이미 경과한 기간에 대응하는 임대료 상당액'으로서 각 사업연도의 익금에 산입할 금액은 토지사용기간 만료 시 건축물의 시가를 전체 토지사용기간 중 해당 사업연도에 속하는 기간의 비율로 안분한 금액이라고 보는 것이 타당하다(대법원 2018두39027, 2022.1.27.).

과세당국은 법인세에서도 부가가치세법 시행령을 준용한다는 견해이나, 법인세 법령에 규정이 없어서 법원에서 대법원의 판결과 다른 과세당국의 견해를 수용할지 의문이다.

Chapter 69

보세구역에서 보세구역 외의 국내에 수입재화 공급, 부가세는?

내용 Summary

기본사항 Check

- 보세구역에서 외국물품을 보세구역 외의 국내로 공급하는 경우 그 재화의 공급가액에서 수입세금계산서의 과세표준을 뺀 금액을 공급가액으로 하며, 그 금액이 음수인 경우에는 0으로 함
- 수입 시 부가가치세가 면제된 경우에는 그 재화의 공급가액에서 뺄 금액이 없으므로 공급가액 전액을 부가가치세 공급가액으로 함

핵심 Point

- 보세구역에서 보세구역 밖의 국내에 재화를 공급하는 경우에는 세관장이 수입재화로 과세한 금액을 뺀 금액을 공급가액으로 하는 점에 유의해야 함

질문 »

A법인은 보세구역에서 수입재화를 다음과 같이 공급한 경우 각 사례별로 A법인이 발급할 세금계산서의 공급가액과 부가가치세는 각각 얼마인가?

1. A법인은 보세구역 외의 국내에 B법인에게 부가가치세 과세대상 수입재화를 10,000,000원에 공급하였고, B법인이 수입신고 시 세관장으로부터 수입재화 과세표준인 7,000,000원에 대하여 부가가치세가 과세되었다.
2. A법인은 보세구역 외의 국내에 C법인에게 부가가치세 과세대상 수입재화를 10,000,000원에 공급하였고, B법인이 수입신고 시 세관장으로부터 수입재화 과세표준인 11,000,000원에 대하여 부가가치세가 과세되었다.
3. A법인은 보세구역 외의 국내에 D법인에게 부가가치세 과세대상 수입재화를 10,000,000원에 공급하였다. B법인이 수입신고 시 그 재화가 수입재화에 대한 부가가치세 면세대상이므로 세관장으로부터 수입재화에 대한 부가가치세가 면제되었다.

4. A법인은 보세구역 외의 국내에 E법인에게 내국신용장을 개설하여 부가가치세 과세대상 수입재화를 10,000,000원에 공급하였다. B법인이 수입신고 시 세관장으로부터 수입재화 과세표준인 7,000,000원에 대하여 부가가치세가 과세되었다.

답변 및 해설 »

구 분	세금계산서	
	공급가액	부가가치세
(사례 1)	그 재화의 공급가액－수입재화의 과세표준 = 10,000,000－7,000,000 = 3,000,000	3,000,000×10%＝300,000
(사례 2)	그 재화의 공급가액－수입재화의 과세표준 = 10,000,000－11,000,000 = △1,000,000 → 0	0
(사례 3)	그 재화의 공급가액－수입재화의 과세표준 = 10,000,000－0 = 10,000,000	10,000,000×10%＝1,000,000
(사례 4)	그 재화의 공급가액－수입재화의 과세표준 = 10,000,000－7,000,000 = 3,000,000	3,000,000×0%＝0

핵심정리

보세구역 관련 거래에 대한 취급

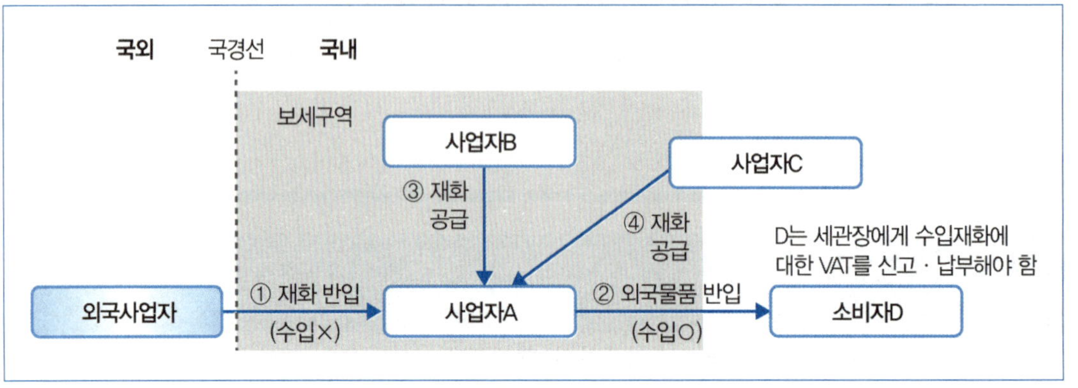

1. 외국에서 보세구역으로의 재화를 반입하는 경우

외국에서 보세구역으로 재화를 반입하는 것은 재화의 수입으로 보지 아니한다. 보세구역은 수입물품에 대하여 세금 부과를 유예하는 지역이기 때문이다.

2. 보세구역에서 국내로 외국물품을 반입하는 경우

① 수입 시 부가가치세가 과세된 경우

외국물품을 보세구역에서 보세구역 밖의 국내로 반입하는 것은 재화의 수입으로 본다. 보세구역 밖에서 재화를 반입한 자는 세관장에게 수입재화에 대한 부가가치세를 신고 · 납부해야 한다. 이 경우 재화의 공급가액에서 세관장이 부가가치세를 징수하고 발급한 수입세금계산서에 적힌 공급가액을 뺀 금액을 공급가액으로 하며, 수입신고수리일을 공급시기로 한다(부령 §61 ② (5) · §28 ②).

공급가액 = 그 재화의 공급가액 – 수입세금계산서에 적힌 공급가액 ↳ 이중과세 방지

공급가액에서 수입세금계산서에 적한 공급가액을 뺀 금액이 양수인 경우에는 그 금액을 공급가액으로 한다. 그러나 그 금액이 음수인 경우에는 공급가액은 없는 것으로 보므로 세금계산서 발급의무가 없다(서면3팀-2242, 2005.12.12.).

② 수입 시 부가가치세 면세된 경우

당해 보세구역 내에서 공급하는 재화가 수입 시 부가가치세가 면제되는 물품인 경우에는 재화의 공급가액 전액을 부가가치세 공급가액으로 한다(재소비46015-156, 2001.6.23.).

③ 내국신용장이 개설된 경우

사업자가 보세구역 내에서 보세구역 외의 국내로 내국신용장에 의하여 재화를 공급하는 경우에 공급가액에서 수입재화의 과세표준을 뺀 잔액에 대하여는 재화를 공급하는 사업자가 영세율 세금계산서를 발급하여야 한다(부기통 9-18…7 ① (1)).

3. 동일한 보세구역 내에서 재화 또는 용역을 공급하는 경우

동일한 보세구역 내에서 재화 또는 용역을 공급하는 것은 재화 또는 용역의 공급으로 본다(부기통 9-18…7 ① (2)). 예를 들어, 국내사업자가 외국법인으로부터 매입한 수입원자재를 미통관 상태로 보세구역 내 공장에서 가공하여 보세구역 내의 다른 국내사업자에게 판매하는 것은 재화의 공급으로 부가가치세를 과세한다. 이 경우 내국신용장 또는 구매확인서 없이 공급하는 것은 영세율이 적용되지 아니하며, 재화를 공급하는 국내사업자는 세금계산서를 발급하여야 한다(부가가치세과-1155, 2013.12.19.; 기획재정부 부가가치세제과-829, 2010.12.16.).

4. 보세구역 외의 장소에서 보세구역으로 재화 또는 용역을 공급하는 경우

보세구역 외의 장소에서 보세구역으로 재화 또는 용역을 공급하는 것은 재화 또는 용역의 공급으로 본다(부기통 9-18…7 ① (3)).

PART 06

거래징수와 세금계산서

Chapter 70

별도 약정이 없는 경우, 부가세 청구가 가능한가?

내용 Summary

기본사항 Check

- 부가가치세가 과세되는 재화 또는 용역을 공급하는 경우에는 공급자는 그 공급을 받는 자로부터 부가가치세를 징수하여야 함. 재화 또는 용역의 공급대가로 받은 금액에 공급가액과 부가가치세가 별도로 표시되어 있지 아니한 경우와 부가가치세가 포함되어 있는지 불분명한 경우에는 거래금액 또는 영수할 금액의 110분의 10에 상당하는 금액을 부가가치세로 봄
- 부가가치세를 별도로 구분하여 거래징수할 것인지 또는 거래금액에 포함하여 거래징수할 것인지는 계약당사자 간에 결정할 사항임

핵심 Point

- 부가가치세에 대한 약정이 없는 경우 공급받는 자가 공급자에게 부가가치세를 지급할 의무가 있는 것은 아니므로 공급자의 입장에서는 계약 시 부가가치세가 별도임을 명시하여야 함

질문 »

건설업을 하는 일반과세자 김영철 씨는 ㈜한국으로부터 건물의 방수공사를 30,000,000원에 도급받아 공사를 하였다. 그런데, 도급계약서에는 도급금액 30,000,000원으로 기재되어 있고 부가가치세가 명시되어 있지 않았다. ㈜한국은 김영철 씨에게 30,000,000원만 지급하고 부가가치세를 지급하지 않고 있다.

김영철 씨가 ㈜한국에게 청구하면 부가가치세를 받을 수 있는가?

답변 및 해설 »

부가가치세를 받을 수 없음

거래당사자 사이에 부가가치세를 부담하기로 하는 약정이 따로 있는 경우에는 사업자는 그 약정에 기하여 공급을 받는 자에게 부가가치세 상당액의 지급을 청구할 수 있지만(대법원 2002.11.22. 선고 2002다38828 판결), 도급계약을 체결하면서 그 공사대금과 별도로 도급인이 수급인에게 부가가치세를 추가 지급하기로 약정한 바 없다면, 특별한 사정이 없는 한 약정 공사대금에는 부가가치세가 포함된 것으로 보아야 하므로(대법원 2000.2.22. 선고 99다62821 판결), 김영철 씨는 부가가치세를 받을 수 없다.

핵심정리

1. 과세당국의 입장

부가가치세가 과세되는 재화 또는 용역을 공급하는 경우에는 공급을 받는 자로부터 부가가치세를 징수하여야 한다. 그러나 재화 또는 용역의 공급대가로 받은 금액에 공급가액과 부가가치세액이 별도 표시되어 있지 아니한 경우와 부가가치세가 포함되어 있는지 불분명한 경우에는 거래금액 또는 영수할 금액의 110분의 10에 상당하는 금액을 부가가치세로 본다. 다만, 부가가치세를 별도로 구분하여 거래징수할 것인지 또는 거래금액에 포함하여 거래징수할 것인지 여부는 계약당사자 간에 결정할 사항이다(서면3팀-1695, 2006.8.4.).

2. 대법원의 입장

(1) 부가가치세에 대하여 별도로 약정한 경우

사업자가 재화 또는 용역을 공급하는 때에는 부가가치세 상당액을 그 공급을 받는 자로부터 징수하여야 한다고 규정하고 있는 부가가치세법 규정은 사업자로부터 징수하는 부가가치세 상당액을 공급을 받는 자에게 차례로 전가시킴으로써 궁극적으로 최종소비자에게 이를 부담시키겠다는 취지를 선언한 것에 불과한 것이어서 사업자가 위 규정을 근거로 공급을 받는 자로부터 부가가치세 상당액을 직접 징수할 사법상의 권리는 없는 것이지만(대법원82다카500, 1984.3.27.; 대법원93다13780, 1993.8.13.; 대법원96다40677 · 40684, 1997.4.25. 참조), 거래당사자 사이에 부가가치세를 부담하기로 하는 약정이 따로 있는 경우 사업자는 그 약정에 기하여 공급을 받는 자에게 부가가치세 상당액의 지급을 직접 청구할 수 있는 것으로(대법원96다48930 · 48947, 1997.3.28. 참조), 부가가치세의 부담에 관한 위와 같은 약정은 반드시 재화 또는 용역의 공급 당시에 있어야 하는 것은 아니고 공급 후에 한 경우에도 유효하며, 또한 반드시 명시적이어야 하는 것은 아니고 묵시적인 형태로 이루어질 수도 있다.

(2) 부가가치세에 대하여 별도 약정을 하지 않은 경우

사업자가 재화 또는 용역을 공급하는 경우에는 공급가액에 세율을 적용하여 계산한 부가가치세를 재화 또는 용역을 공급받는 자로부터 징수하여야 한다(부법 §31). 이 규정은 사업자로부터 징수하고 있는 부가가치세 상당액을 공급을 받는 자에게 차례로 전가시킴으로써 궁극적으로 최종소비자에게 이를 부담시키겠다는 취지를 선언한 것으로, 이 규정이 있다 하여 공급을 받는 자가 거래의 상대방이나 국가에 대하여 직접 부가가치세를 지급하거나 납부할 의무가 있다고 볼 것은 아니다(대법원90누6958, 1991.2.22.; 90누10209, 1991.4.23.; 90누6873, 1991.7.12.).

원심이 이와 같은 취지에서, 원고가 피고로부터 이 사건 건축공사를 도급받아 위 공사를 완성한 후에 위 공사도급거래에 따른 부가가치세를 납부하였다 하더라도 이는 위 건축용역의 공급자로서 자기의 납세의무를 이행한 것일 뿐 거래 상대방인 피고가 납부하여야 할 부가가치세를 대위납부한 것으로는 볼 수 없으므로, 피고에 대하여 위 부가가치세 상당액을 구상하는 원고의 이 사건 청구는 허용될 수 없는 것이라고 판단한 조치는 옳고, 거기에 소론과 같은 부가가치세법상의 거래징수에 관한 법리오해의 잘못이 있다고 보이지 않는다(대법원99다33984, 1999.11.12.).

Chapter 71

면세대상을 과세대상으로 착오하여 지급받은 부가세, 반환할 금액은?

내용 Summary

기본사항 Check

- 구청에 입찰절차를 통하여 용역을 공급하였으나 부가가치세 면세대상을 과세대상으로 착오하여 부가가치세를 지급받은 경우 구청에 반환할 부가가치세가 거래징수한 금액인지, 과세관청으로부터의 부가가치세 환급액인지가 논란이 됨. 대법원은 과세관청으로부터 돌려받은 부가가치세 환급액을 구청에 반환하라는 입장임

핵심 Point

- 부가가치세 면세대상을 과세대상으로 착오하여 구청으로부터 부가가치세를 징수한 경우 반환할 금액은 환급받은 부가가치세임

질문 »

A구청은 입찰절차를 통하여 폐기물처리업체 B와 생활폐기물처리용역계약을 체결하였다. A구청과 폐기물처리업체 B는 쌍방 착오로 생활폐기물처리용역이 부가가치세 면세대상임에도 이를 과세대상으로 오인하였다.

부가가치세법 시행령 제35조【면세하는 의료보건 용역의 범위】

법 제26조 제1항 제5호에 따른 의료보건 용역은 다음 각 호의 용역(「의료법」 또는 「수의사법」에 따라 의료기관 또는 동물병원을 개설한 자가 제공하는 것을 포함한다)으로 한다.

12. 「폐기물관리법」 제25조에 따라 생활폐기물 또는 의료폐기물의 폐기물처리업 허가를 받은 사업자가 공급하는 생활폐기물 또는 의료폐기물의 수집 · 운반 및 처리용역과 같은 법 제29조에 따라 폐기물처리시설의 설치승인을 받거나 그 설치의 신고를 한 사업자가 공급하는 생활폐기물의 재활용용역

A구청은 폐기물처리업체 B에 용역대금 10억원과 부가가치세 1억원을 지급하였다. 폐기물처리업체 B는 매출세액 1억원에서 매입세액 4천만원을 공제하고 6천만원의 부가가치세를 납부하였다.

그 후 A구청은 국세청장에게 생활폐기물처리용역이 부가가치세 면세대상인지 여부에 대하여 질의하여 면세대상이라는 회신을 받은 후 폐기물처리업체 B에게 이미 지급한 부가가치세 1억원의 반환을 요구하였다. 폐기물처리업체 B는 관할 세무서에 부가가치세 경정청구를 하여 납부한 부가가치세 6천만원을 환급받고 A구청에 6천만원을 돌려주겠다고 하였다. 그러나 A구청은 거래징수당한 부가가치세 1억원보다 4천만원이 적으므로 4천만원을 추가로 반환하라는 소송을 제기하였다.

A구청이 반환받을 수 있는 부가가치세의 범위는 다음 중 어떤 것인가?

(1안) 과세관청으로부터 돌려받은 부가가치세 환급액 6천만원

(2안) 당초 거래징수당한 부가가치세 1억원

답변 및 해설 »

1안이 타당함

폐기물처리용역이 부가가치세 과세대상임을 전제로 용역예정금액의 추정가격과 부가가치세를 별도로 명시하여 각 용역전자입찰공고를 하였고, 이에 따라 폐기물처리업체들은 폐기물처리용역과 관련된 매입세액을 공제받을 수 있다는 계산하에 각 입찰에 참가하였고 A구청과 용역계약을 체결한 것으로 보인다. 따라서 과세관청으로부터 돌려받은 **부가가치세 환급액만 반환할 의무를 진다**(대법원2019다200126, 2023.8.18. 참조).

핵심정리

대법원2019다200126, 2023.8.18.

아래의 사정들을 위 법리에 비추어 살펴보면, 원고와 피고들이 이 사건 각 용역계약 체결 당시 이 사건 용역의 공급이 부가가치세 면세대상이라는 사정을 알았다면 원고가 피고들에게 부가가치세를 제외하고 기존 용역대금에 상당한 금액만을 지급하기로 약정하였을 것으로 보기 어렵다.

1) 이 사건 용역의 공급은 부가가치세 면세대상임에도, 원고와 피고들은 이를 부가가치세 과세대상이라고 착오하여 이 사건 각 용역계약을 체결하였다. 그로 인하여 이 사건 용역의 공급이 부가가치세 면세대상일 경우, 피고들이 공제받지 못하는 매입세액을 용역대금에 어떻게 반영할 것인지에 대하여 구체적 약정을 하지 않았다.

2) 일반적인 과세사업의 경우, 사업자는 용역을 공급받는 자로부터 매출에 관한 부가가치세를 수령한 다음 자신이 부담하였던 매입세액을 공제한 차액만을 국가에 납부함으로써 실질적으로 매입세액을 부담하지 않는다. 반면 면세사업의 경우, 부가가치세법 제39조 제1항 제7호가 면세사업에 관련된 매입세액은 매출세액에서 공제하지 않는다고 규정하고 있으므로, 사업자는 용역을 공급받는 자로부터 매출에 관한 부가가치세를 수령하지 못함에도 매입에 관한 부가가치세를 부담하게 되어 그만큼 원가가 증가하게 된다.

3) 이 사건 각 용역계약은 지방자치단체가 당사자인 계약으로서, 다른 법률에 특별한 규정이 있는 경우 외에는 「지방자치단체를 당사자로 하는 계약에 관한 법률」(2013.8.6. 법률 제12000호로 개정되기 전의 것, 이하 '구 지방계약법'이라고 한다)이 적용된다(제4조). 한편 지방자치단체의 장 또는 계약담당자는 입찰 또는 수의계약 등에 부칠 사항에 대하여 해당 규격서 및 설계서 등에 따라 예정가격을 작성하여야 하는데(구 지방계약법 제11조 제1항 본문), 예정가격의 결정기준에 관한 구 「지방자치단체를 당사자로 하는 계약에 관한 법률 시행령」(2011.9.15. 대통령령 제23134호로 개정되기 전의 것) 제10조, 그 위임에 따른 구 「지방자치단체를 당사자로 하는 계약에 관한 법률 시행규칙」(2011.12.26. 행정안전부령 제266호로 개정되기 전의 것) 제11조는 예정가격에 부가가치세법에 따른 부가가치세 등을 포함시켜야 하고(제1항), 원가계산에 의한 가격을 기준으로 예정가격을 결정하는 경우 해당 계약목적물의 공급가액에 부가가치세율을 곱하여 산출한 부가가치세를 가산하되(제2항), **부가가치세가 면제되는 재화 또는 용역을 공급하는 자와 계약을 체결할 때에는 해당 계약대상자가 부담할 비목별 원재료의 부가가치세 매입세액 해당액을 예정가격에 합산한다고 규정하고 있다**(제3항).

4) 원고는 이 사건 용역이 부가가치세 과세대상임을 전제로 용역예정금액의 추정가격과 부가가치세를 별도로 명시하여 각 용역전자입찰공고를 하였다. 이에 따라 **피고들은 이 사건 용역과 관련된 매입세액을 공제받을 수 있다는 계산하에 각 입찰에 참가하였고** 원고와 이 사건 각 용역계약을 체결한 것으로 보인다.

5) 그럼에도 원심은 피고들이 원고에 대하여 원고가 지급한 부가가치세 전액 상당의 부당이득반환의무를 부담한다고 판단하였다. 이러한 원심판결은 부당이득반환범위 및 부가가치세법상 세액 납부, 법률행위 보충적 해석 등에 관한 법리를 오해하여 판결에 영향을 미친 잘못이 있다. 이를 지적하는 상고이유 주장은 이유 있다.

Chapter 72

부가가치세 별도 계약, 간이과세자가 청구할 수 있는 부가세는?

내용 Summary

기본사항 Check

- 계약서에 "부가가치세 별도"로 적은 경우에도 간이과세자가 거래징수할 부가가치세는 공급가액의 10%가 아니고 간이과세자로서 납부할 부가가치세 상당액임

핵심 Point

- 간이과세자가 재화나 용역을 공급하는 경우 계약서에 "부가가치세 별도"로만 기재하는 경우 부가가치세 납부세액 상당액만 받을 수 있음

질문 »

간이과세자인 김한공 씨는 경기도 여주에서 음식점업을 하는 ㈜남한강으로부터 인테리어공사 도급계약을 체결하였다. 인테리어공사 도급계약서의 주요내용은 다음과 같다.

인테리어공사 도급계약서

1. 공사명 : 여주 남한강 음식점 인테리어공사
2. 공사기간 : 2024.2.1.~2024.3.31.
3. 도급금액 : 55,200,000원(부가가치세 별도)
4. 대금지급 : 계약금 10,000,000원
잔　금 45,200,000원
5. 하자보수 책임기간 : 준공완료 후 2년

김한공 씨는 2024.3.31.에 공사를 완료하였는데, ㈜남한강은 공사대금 55,200,000원만 지급하고 부가가치세를 지급하지 않았다. 김한공 씨는 ㈜남한강에게 부가가치세 5,520,000원을 달라고 요구했는데, ㈜남한강은 간이과세자는 "공급대가×부가가치세율×세율"로 세액을 계산하므로 부가가치율이 30%여서 실제 세율은 3%이므로 1,656,000원만 지급하겠다고 한다.

간이과세자인 김한공 씨는 부가가치세로 얼마를 받을 수 있는가?

답변 및 해설 »

부가가치세 별도의 거래에서 간이과세자가 청구할 부가가치세가 얼마인지 논란이 되는데, 법원의 판결상 청구할 수 있는 부가가치세는 다음과 같다.

의정부지법남양주지원 2022가소 3231, 2023.1.19.	의정부지방법원2023나204348, 2023.9.21.	대법원2023다290485, 2024.3.12.(파기 환송)
55,200,000원×30%×10% = 1,656,000원	55,200,000원×10% = 5,520,000원	부가가치세 계산방법에 대하여 약정이 없다면 부가가치세법령에 따른 납부세액 상당액임

대법원의 판결내용은 다음과 같다.

'거래당사자 사이에 부가가치세를 부담하기로 하는 약정이 따로 있는 경우에 간이과세자인 사업자가 그 약정에 기하여 공급받는 자에게 청구할 수 있는 부가가치세 상당액'에 관하여 아직 대법원 판례가 없고 하급심 판단이 엇갈리고 있는 상황이므로 이에 관한 법령의 해석 및 적용의 당부에 관하여 살펴본다.

원심은, 부가가치세법 제30조가 '부가가치세의 세율은 10%로 한다.'라고 규정하고 있는 점에 비추어 '부가가치세 별도'라고만 기재된 경우 특별한 사정이 없는 한 당사자 사이에 공사대금의 10%를 부가가치세로 지급하는 약정이 있었다고 해석함이 상당하다는 등의 이유로 간이과세자인 원고가 공급받는 자인 피고에게 약정 공사대금의 10%에 해당하는 부가가치세의 지급을 청구할 수 있다고 판단하고 간이과세자에게 적용되는 부가가치세 납부세액 계산방법에 따른 금액만을 지급할 의무가 있다는 피고의 주장을 배척하였다. 그러나 원심의 판단은 다음과 같은 이유로 받아들이기 어렵다.

1) 거래당사자 사이에 부가가치세를 부담하기로 하는 약정이 따로 있는 경우에는 사업자는 그 약정에 기하여 공급을 받는 자에게 부가가치세 상당액의 지급을 청구할 수 있다(대법원 2002.11.22. 선고 2002다38828 판결 등 참조). 이때 부가가치세 부담에 관한 약정이 '부가가치세 별도'의 형식으로 이루어진 경우에 사업자가 공급을 받는 자에게 청구할 수 있는 구체적인 부가가치세 상당액은, 거래당사자 사이에 명시적 또는 묵시적 형태의 약정이나 거래관행이 존재하는 때에는 그에 따른 금액을 의미하고, 그러한 약정이나 거래관행이 존재하지 않는 때에는 해당 거래에 적용되는 부가가치세법령에 따라 계산한 금액을 의미한다.

> 간이과세자인 사업자가 공급받는 자에게 재화 또는 용역을 공급하면서 부가가치세를 따로 지급받기로 약정한 경우 부가가치세 상당액의 계산방법에 대해서 명시적 또는 묵시적 형태의 약정이나 거래관행이 존재하지 아니하는 이상 간이과세자인 사업자는 공급을 받는 자에게 간이과세자의 납부세액 상당액의 지급을 청구할 수 있다고 봄이 타당하다. 따라서 원심으로서는 원고와 피고 사이에 부가가치세 상당액의 계산방법에 대한 명시적 또는 묵시적 약정이나 거래관행의 존부 및 간이과세자의 과세표준과 세액에 따른 납부세액을 심리하여 그 한도에서 부가가치세 청구의 인용 여부 및 범위를 판단하였어야 한다. 그럼에도 이와 관련하여 심리하지 아니한 채 '부가가치세 별도'라는 약정이 있다는 사정만으로 간이과세자인 사업자가 공급받는 자에게 공사대금의 10%를 부가가치세 상당액으로 청구할 수 있다고 판단한 원심판결에는 부가가치세 별도부담 약정과 간이과세자의 납부세액 등에 관한 법리를 오해하여 판결에 영향을 미친 잘못이 있다.

대법원은 간이과세자가 청구할 수 있는 부가가치세를 다음과 같이 판단하라는 것이다.

<table>
<tr><th colspan="2">구 분</th><th>청구할 부가가치세</th></tr>
<tr><td colspan="2">거래당사자 사이에 부가가치세를 부담하기로 하는 약정이 따로 있는 경우</td><td>지급하기로 약정한 금액</td></tr>
<tr><td rowspan="2">부가가치세 부담에 관한 약정이 '부가가치세 별도'의 형식으로 이루어진 경우</td><td>부가가치세 계산방법에 대하여 명시적 또는 묵시적 형태의 약정이나 거래관행이 존재하는 경우</td><td>명시적 또는 묵시적 형태의 약정이나 거래관행에 따른 금액</td></tr>
<tr><td>부가가치세 계산방법에 대하여 명시적 또는 묵시적 형태의 약정이나 거래관행이 존재하지 않는 경우</td><td>해당 거래에 적용되는 부가가치세 법령에 따라 계산한 납부세액</td></tr>
</table>

대법원은 '부가가치세 별도'의 형식으로 이루어진 거래이므로 부가가치세 계산방법에 대하여 명시적 또는 묵시적 형태의 약정이나 거래관행이 존재하는지 심리하고, 만일 그러한 약정이나 거래관행이 존재하지 않는다면 부가가치세법령에 따는 납부세액 상당액에 대하여 청구할 수 있다.

그러면 파기환송된 재판에서 원심법원은 간이과세자 납부세액 상당액을 어떻게 계산해야 하는가?
간이과세자는 공급대가에 부가가치율을 곱하고 세율을 곱하므로 납부세액 상당액은 다음과 같이 계산해야 할 것으로 보인다.

x = 간이과세자의 납부세액 상당액
공급대가 × 부가가치세율 × 세율 = 납부세액 상당액
(55,200,000 + x) × 30% × 10% = x
x = 1,707,216원

(검산)
공급대가 × 부가가치세율 × 세율
= (55,200,000 + **1,707,216**) × 30% × 10%
= **1,707,216원**

1심 법원의 판결인 1,656,000원은 공급가액을 기준으로 부가가치세를 계산한 것으로 그 금액을 공급가액에 더해서 납부세액 상당액을 계산하면 다음과 같이 1,705,680원이 된다.

(55,200,000 + 1,656,000) × 30% × 10% = 1,705,680

따라서 1심 판결대로 1,656,000원을 거래징수하면 간이과세자는 1,705,680원을 납부해야 하므로 차액 49,680원은 거래징수하지 못하고 간이과세자가 부담해야 하는 문제가 발생한다. 대법원 판결에 따른 하급심 판결은 1,707,216원이 되어야 한다. 고등법원의 후속 판결에 주목해야 할 것 같다.

간이과세자가 세금계산서를 발급하는 경우에도 일반과세자와 동일하게 부가가치세법 시행규칙 별지 제14호 서식을 사용한다. 세금계산서 서식에서는 공급가액을 적고 그 10%를 세액으로 적어야 하므로 대법원 판결에 따라 납부세액상당액을 세액란에 적어서 세금계산서를 발급할 수 없는 문제가 있다. 이에 대한 입법적 보완이 필요한 것으로 보인다.

핵심정리

1. 간이과세자의 세금계산서 발급 여부

종전에는 간이과세자는 세금계산서를 발급할 수 없었다. 그러나 2021.7.1.부터 간이과세 적용대상을 직전 연도의 공급대가의 합계액 4,800만원 미만에서 8천만원(2024.7.1.부터는 1억 400만원, 다만, 부동산임대업 및 과세유흥장소를 경영하는 사업자는 4,800만원으로 변동 없음) 미만으로 조정하였다. 간이과세자가 대폭 확대됨에 따라 간이과세자가 영수증을 발급하면 세금계산서를 통한 거래의 cross-check 기능이 약해져 세원 투명성이 저해될 수 있으므로 2021.7.1.부터는 간이과세자도 세금계산서를 발급하도록 하되, 직전 연도 공급대가가 4,800만원 미만이거나 신규사업자는 세금계산서 발급을 금지하고 영수증을 발급하도록 하였다.

[2021년 개정세법] 간이과세자에 대한 세금계산서 발급의무 부과(부법 §36 ①)

종 전	개 정
□ 간이과세자의 영수증 발급 ○ 간이과세자는 영수증만 발급 (세금계산서는 발급금지)	□ 간이과세자의 세금계산서 발급의무 ○ (원칙) 세금계산서 발급 ○ (예외) 영수증 발급 – 간이과세자 중 신규사업자 및 직전연도 공급대가 합계액이 4,800만원 미만인 사업자 – 주로 사업자가 아닌 자에게 재화 · 용역을 공급하는 사업자* * 소매업, 음식점업, 숙박업, 미용, 욕탕 및 유사 서비스업, 여객운송업 등(부령 §73 ① · ② 업종). 다만, 소매업, 음식점업, 숙박업 등은 공급받는 자가 요구하는 경우 세금계산서 발급

〈개정이유〉 일반과세자에서 간이과세자로 전환되는 경우 세금계산서 발급의무 유지를 통해 세원 투명성 강화

〈적용시기〉 2021.7.1. 이후 재화 또는 용역을 공급하는 분부터 적용

간이과세자로부터 일반과세자가 세금계산서를 발급하는 경우 일반과세자는 매입세액을 전액 공제받을 수 있다.

2. 간이과세자가 발급하는 세금계산서에 대한 입법상 보완

간이과세자가 발급하는 세금계산서도 일반과세자가 발급하는 세금계산서와 동일한 양식이다. 계약서에 부가가치세 별도로 기재하는 경우 대법원 판례를 적용하면 간이과세자는 세금계산서의 세액란에 "공급대가×부가가치율×세율"을 적어야 하므로 현행 세금계산서 양식과 맞지 않는다. 이에 대한 입법상 보완이 필요하다.

Chapter 73

전자세금계산서 의무발급대상자는?

내용 Summary

기본사항 Check

- 법인사업자는 영리법인과 비영리법인, 외국법인과 내국법인에 관계없이 모두 전자세금계산서 의무발급대상임
- 개인사업자는 직전 연도의 사업장별 공급가액(면세공급가액 포함)의 합계액이 8천만원 이상인 경우 전자세금계산서 의무발급대상임. 개인사업자가 2023.7.1. 이후 전자세금계산서 의무발급대상이 된 경우 그 후 공급가액이 줄어들어 8천만원 미만이 되더라도 계속 전자세금계산서를 발급해야 함
- 간이과세자 중 다음 중 어느 하나에 해당하는 자는 영수증 발급 적용기간 중인 간이과세자로서 영수증만 발급할 수 있고, 세금계산서는 발급할 수 없음

구 분	영수증 발급기간
① 직전 연도의 공급대가의 합계액(직전 과세기간에 신규로 사업을 시작한 개인사업자의 경우 환산한 금액)이 4천800만원 미만인 자	다음 해의 7월 1일부터 그 다음 해의 6월 30일까지
② 신규로 사업을 시작하는 개인사업자로서 간이과세자로 하는 최초의 과세기간 중에 있는 자	사업개시일부터 그 다음 해의 6월 30일까지

핵심 Point

- 전자세금계산서 의무발급대상 사업자는 반드시 전자세금계산서를 발급해야 함. 전자세금계산서 의무발급대상자가 종이세금계산서를 발급하면 공급가액의 1%의 가산세가 부과되는 점에 유의해야 함

질문 »

개인사업자 김진희 씨의 공급가액과 과세유형이 다음과 같은 경우 2024.7.1.부터 2027.6.30.까지 각 기간에 전자세금계산서 의무발급대상인지 판단하시오.

연 도	공급가액	기 간	과세유형
2023년	105,000,000원	2024.7.1.~2025.6.30.	일반과세자
2024년	79,000,000원	2025.7.1.~2026.6.30.	세금계산서 발급 간이과세자
2025년	47,000,000원	2026.7.1.~2027.6.30.	영수증 발급 적용기간 중인 간이과세자

답변 및 해설 »

기 간	전자세금계산서 의무발급	비 고
2024.7.1.~2025.6.30.	의무발급	직전 연도 공급가액이 8천만원 이상이므로 전자세금계산서 의무발급대상임
2025.7.1.~2026.6.30.	의무발급	2023.7.1. 이후 의무발급대상자가 되었으므로 계속 전자세금계산서 의무발급대상임
2026.7.1.~2027.6.30.	전자세금계산서 발급 불가	영수증 발급 적용기간 중인 간이과세자는 세금계산서를 발급할 수 없으므로 전자세금계산서도 발급할 수 없음

핵심정리

1. 전자세금계산서 의무발급대상자

<table>
<tr><th>구 분</th><th>내 용</th></tr>
<tr><td>법인사업자</td><td>법인사업자는 영리법인과 비영리법인, 외국법인과 내국법인에 관계없이, 공급가액의 규모에 상관없이 전자세금계산서 의무발급대상이다.</td></tr>
<tr><td>개인사업자</td><td>전자세금계산서 의무발급대상 개인사업자는 다음과 같이 계속 확대되었다.
<table>
<tr><th>구 분</th><th>2020년</th><th>2021년</th><th>2022년</th><th>2023년</th></tr>
<tr><td>사업장별 공급가액</td><td>3억원 이상</td><td>2억원 이상</td><td>1억원 이상</td><td>8천만원 이상</td></tr>
<tr><td>의무발급기간</td><td>2021.7.1.~
2022.6.30.</td><td>2022.7.1.~
2023.6.30.</td><td>2023.7.1.
부터 계속</td><td>2024.7.1.
부터 계속</td></tr>
</table>
직전 연도의 사업장별 공급가액(면세공급가액 포함)의 합계액이 8천만원 이상인 개인사업자(일반과세자와 간이과세자 모두 포함)가 전자세금계산서 의무발급 대상이다. 종전에는 개인사업자가 전자세금계산서 의무발급대상자가 되는 경우 그 다음 해 7월 1일부터 1년간 의무발급기간으로 보았으나, 2023. 7.1. 이후 전자세금계산서 의무발급대상에 해당하는 경우에는 최초로 요건을 충족한 이후 과세기간의 사업장별 공급가액이 8천만원 미만이 된 경우에도 계속 전자세금계산서 의무발급대상자로 본다.</td></tr>
</table>

2. 전자세금계산서 의무발급대상이 아닌 개인사업자

전자세금계산서 의무발급대상이 아닌 개인사업자(영수증 발급 적용기간 중인 간이과세자는 제외)는 종이세금계산서를 발급하는 것이 원칙이나, 사업자의 선택에 의하여 전자세금계산서를 발급할 수 있다.

3. 영수증 발급적용기간 중인 간이과세자

종전에는 간이과세자가 발급한 신용카드매출전표 등을 수취한 경우 매입세액을 공제하지 않았다. 2021.7.1.부터 간이과세자의 범위를 직전 연도 공급대가 합계액 4,800만원 미만에서 8,000만원* 미만으로 확대하되, 부동산임대업과 과세유흥장소를 경영하는 사업자는 종전과 같이 4,800만원 미만으로 하였다. 세원 투명성을 제고하기 위하여 직전연도의 공급대가가 4,800만원 이상인 간이과세자를 세금계산서 발급대상에 포함하였다. 다만, 직전 연도의 공급대가 합계액이 4,800만원 미만인 간이과세자와 신규사업자는 세금계산서 발급대상에서 제외하여 다음 기간 동안에는 영수증을 발급하도록 하였다(부법 §36의 2).

* 간이과세자를 공급대가의 합계액이 8천만원 미만에서 1억4백만원 미만으로 확대하여 2023년도 공급대가의 합계액을 기준으로 2024.7.1.부터 2025.6.30.까지의 기간에 간이과세규정의 적용 여부를 판단하는 경우부터 적용하도록 하였다(2024.2.29. 부령 개청부칙 §10).

구 분	영수증을 발급하여야 하는 기간
공급대가 합계액이 4,800만원 미만인 간이과세자	그 다음 해의 7월 1일부터 그 다음 해의 6월 30일까지
신규사업자 중 간이과세자	사업개시일부터 사업을 시작한 해의 다음 해 6월 30일까지

간이과세자로부터 세금계산서나 신용카드매출전표 등을 발급받은 경우에도 매입세액공제를 받을 수 있으나, 영수증 발급 적용기간 중에 있는 간이과세자로부터 세금계산서나 신용카드매출전표를 발급받은 경우에는 매입세액공제를 받을 수 없다(부법 §46 ③ (3)).

Chapter 74

전자세금계산서 의무발급대상자가 종이세금계산서를 발급한 경우, 제재는?

내용 Summary

기본사항 Check

- 전자세금계산서 의무발급대상자가 세금계산서의 발급시기에 종이세금계산서를 발급한 경우에는 공급가액의 1%의 가산세가 부과됨
- 전자세금계산서 의무발급대상자로부터 종이세금계산서를 받은 경우에도 공급받은 자는 매입세액공제를 받을 수 있음

핵심 Point

- 전자세금계산서 의무발급대상자가 종이세금계산서를 발급한 경우 공급자에게는 가산세가 부과되나, 공급받은 자는 매입세액을 공제받을 수 있음

질문 »

다음 각 사례별로 물음에 답하시오.

1. A법인은 2025.3.2.에 B법인에게 재화를 10,000,000원(부가가치세 1,000,000원 별도)에 공급하고 전자세금계산서를 발급하여야 하나 2025.4.10.에 종이세금계산서를 발급하였다. 2025.4.25. 제1기 부가가치세 예정신고시 A법인과 B법인은 종이세금계산서로 부가가치세를 신고하였다. **종이세금계산서를 발급한 것에 대한 A법인과 B법인의 불이익은?**

2. C법인은 D법인으로부터 2023.2.5.에 재화를 10,000,000원(부가가치세 1,000,000원 별도)에 공급받았으나 전자세금계산서를 발급받지 못한 것을 2025.3.5.에 발견하였다. 2025.3.5. C법인은 D법인으로부터 2023.2.5.을 작성연월일로 하는 종이세금계산서를 발급받아 세무서에 매입세액을 공제해 달라는 경정청구를 하려고 한다. **세무서에서 경정청구를 수용할 가능성은?**

답변 및 해설 »

1. 종이세금계산서를 발급하는 경우의 불이익

법인은 모두 전자세금계산서 의무발급대상이다. 전자세금계산서 의무발급대상인 법인이 종이세금계산서를 발급하는 경우 다음과 같이 처리한다.

공급자	공급받는 자
세금계산서 미발급 가산세 10,000,000 × 1% = 100,000	매입세액공제 가능 가산세 등의 불이익 없음

2. 경정청구 수용가능성

세무서에서 경정청구를 수용할 가능성이 거의 없음

전자세금계산서 발급의무자인 법인사업자로부터 공급시기에 종이세금계산서를 발급받았다면 부가가치세를 신고할 때 매입세액공제를 신청하는 것이 자연스럽다. 그런데, 종이세금계산서를 첨부하여 부가가치세를 신고하지 않다가 2년이나 지난 후 종이세금계산서로 경정청구를 하는 것은 소급작성된 세금계산서일 가능성이 높다. 법원에서도 이를 소급작성된 세금계산서로 보아 매입세액공제를 하지 않는 것이 타당하다는 입장이다(서울행정법원 2017구합79998, 2019.3.22.; 의정부지방법원2015구합7284, 2015.8.18.).

핵심정리

전자세금계산서 의무발급대상자가 종이세금계산서를 발급한 경우 불이익

공급자	공급받는 자
전자세금계산서를 발급하여야 할 의무가 있는 자가 전자세금계산서를 발급하지 아니하고 제34조에 따른 세금계산서의 발급시기에 전자세금계산서 외의 세금계산서를 발급한 경우에는 **공급가액의 1%의 세금계산서미발급 가산세를 부과**한다(부법 §60 ① (2)).	전자세금계산서 외의 세금계산서로서 재화 또는 용역의 공급시기가 속하는 과세기간에 대한 확정신고기한까지 발급받았고, 그 거래사실도 확인되는 경우에는 사실과 다른 세금계산서로 보지 않으므로 **매입세액공제**를 받을 수 있다(부령 §75 (5)).

Chapter 75

한 건 거래에 신용카드매출전표와 세금계산서 중복발급 시 처리?

내용 Summary

기본사항 Check

- 신용카드매출전표 등을 선발급한 경우 : 사업자가 신용카드매출전표 등을 발급한 경우에는 세금계산서를 발급하지 아니함
- 세금계산서를 선발급한 경우 : 사업자가 재화 또는 용역을 공급하면서 거래시기에 그 대가를 영수하지 아니하고 세금계산서를 발급한 후 당해 재화 또는 용역의 공급에 대한 외상대금을 신용카드로 결제받는 것은 가능하며, 이 경우 세금계산서를 기준으로 부가가치세 신고를 하여야 함

핵심 Point

- 신용카드매출전표를 먼저 발행한 경우에는 세금계산서는 발급할 수 없으나, 외상판매 시 세금계산서를 발급한 경우에는 결제 시 신용카드매출전표를 발급할 수 있음

질문 »

다음 각 사례별로 물음에 답하시오.

1. ㈜한국은 각 매장의 상품배송신청을 받아 화장품을 다음 날 배송하며, 매월 1일부터 말일까지의 매출을 합하여 다음 달 10일까지 월합계세금계산서를 발급한다. 상품을 공급받은 각 매장은 상품 수령 후 다음 달 말일까지 외상대금을 ㈜한국에 입금하는 것을 원칙으로 한다. 각 매장의 매입대금은 현금 30%, 신용카드 70%로 결제한다. **㈜한국이 월합계세금계산서 발급 후에 매출처에서 신용카드로 대금을 결제하는 경우 부가가치세를 신고하는 방법은?**

2. ㈜서울은 주유소에 유류를 공급하는데, 유류의 공급단가는 국제유가와 연동하여 변동되므로 공급시기(출하일)마다 그 가액을 확정할 수가 없다. 이에 따라 출하일에는 임의단가를 적용한 다음, 판매일이 속하는 달의 말일에 공급단가를 확정한다. ㈜서울은 공급시기 도래 전에 신용카드매출전표를 발행한 후 월말에 확정판매금액과의 차이분에 대해 정산세금계산서를 발행하려고 한다. **이렇게 신용카드매출전표를 발급한 후 월말에 정산하면서 차이분에 대하여 세금계산서를 발급해도 정상적인 세금계산서로 인정되는가?**

답변 및 해설 »

1. 부가가치세는 세금계산서를 기준으로 신고해야 한다.

일반과세자가 재화 또는 용역을 공급하고 거래처에게 월합계세금계산서를 발급한 후 대금결제 수단으로 신용카드매출전표를 발행하는 경우에는 월합계세금계산서를 기준으로 부가가치세를 신고 · 납부하여야 한다(법규부가 2010-122, 2010.5.17.).

2. 정산 차이분은 세금계산서를 발급할 수 있다.

사업자가 재화 또는 용역을 공급하고 그 대가의 일부를 신용카드로 지급받고 신용카드매출전표를 발급하는 경우, 세금계산서를 발급할 수 없으므로, 수정세금계산서 발급사유에 해당하더라도 수정세금계산서를 발급할 수 없다. 다만, 신용카드매출전표 발급분을 제외한 대가의 나머지 부분은 세금계산서를 발급할 수 있다(부가가치세과-1111, 2012.10.8.).

핵심정리

1. 신용카드매출전표 등을 먼저 발행한 경우 세금계산서 발급 금지

사업자(목욕 · 이발 · 미용업 등 세금계산서를 발급할 수 없는 사업자는 제외함)가 신용카드매출전표(결제 대행업체를 통한 신용카드매출전표 포함), 직불카드영수증, 기명식선불카드영수증, 현금영수증(부가통신사업자가 통신판매업자를 대신하여 발급하는 현금영수증 포함), 「전자금융거래법」에 따른 직불전자지급수단 영수증 · 기명식 선불전자지급수단 영수증, 전자지급결제대행에 관한 업무를 하는 금융회사 또는 전자금융업자를 통한 신용카드매출전표를 발급한 경우에는 세금계산서를 발급하지 아니한다(부법 §33 ②).

2. 외상판매 시 세금계산서를 발급하고 신용카드로 결제받는 경우 중복발행 가능

사업자가 재화 또는 용역을 공급하면서 거래시기에 그 대가를 영수하지 아니하고 세금계산서를 발급한 후 당해 재화 또는 용역의 공급에 대한 외상대금을 신용카드로 결제받는 것은 가능하며, 이 경우 세금계산서를 기준으로 부가가치세 신고를 하여야 한다(법규부가 2010-122, 2010.5.17.). 세금계산서를 발급한 후 재화 또는 용역의 공급에 대한 외상대금을 신용카드로 결제받을 때 신용카드매출전표의 여백 또는 이면에 "○○년 ○○월 ○○일 세금계산서 발행분"으로 기재하여 교부하고, 해당 매출전표는 그 거래사실이 속하는 과세기간에 대한 확정신고기한으로부터 5년간 보존하여야 한다(서면3팀-438, 2004.3.8.).

구 분	내 용	신고방법
공급시기에 신용카드매출전표 등을 먼저 발급한 후 세금계산서를 발급하려는 경우	세금계산서 발급 금지	신용카드매출전표 등으로 신고
공급시기에 세금계산서를 발급하고 신용카드매출전표로 결제받는 경우	신용카드매출전표 등 발급 가능	세금계산서로 신고하고, 신용카드매출전표 등은 별지 제23호 서식 '신용카드매출전표등 발행금액 집계표' ⑨에 세금계산서 발급금액으로 기재할 것

[별지 제23호 서식] (2019.3.20. 개정)

홈택스(www.hometax.go.kr)에서도 신청할 수 있습니다.

신용카드매출전표등 발행금액 집계표

년 제 기 (월 일 ~ 월 일)

※ 아래의 작성방법을 읽고 작성하시기 바랍니다.

1. 제출자 인적사항

① 상호(법인명)	② 성명(대표자)
③ 사업장 소재지	④ 사업자등록번호

2. 신용카드매출전표등 발행금액 현황

구분	⑤ 합계	⑥ 신용 · 직불 · 기명식 선불카드	⑦ 현금영수증	⑧ 직불전자지급 수단 및 기명식선불 전자지급수단
합계				
과세 매출분				
면세 매출분				
봉사료				

3. 신용카드매출전표등 발행금액(⑤ 합계) 중 세금계산서(계산서) 발급명세

⑨ 세금계산서 발급금액		⑩ 계산서 발급금액	

작 성 방 법

1. 신용카드매출전표등 발행금액 현황(⑤~⑧): 부가가치세 과세 매출분, 면세 매출분 및 봉사료로 각각 구분하여 적고, 과세 매출분란에는 공급대가(부가가치세 포함)를 적습니다.
2. 신용카드매출전표등 발행금액(⑤ 합계) 중 세금계산서(계산서) 발급명세(⑨ · ⑩): ⑨ 세금계산서 발급금액란에는 ⑤ 합계란의 과세 매출분 합계금액 중 세금계산서를 발급한 금액을 적고, ⑩ 계산서 발급금액란에는 ⑤ 합계란의 면세 매출분 합계금액 중 계산서를 발급한 금액을 각각 적습니다.

210㎜×297㎜[백상지 80g/㎡(재활용품)]

Chapter 76

위탁매매, 세금계산서 발급은 어떻게 하나?

내용 Summary

기본사항 Check

- 위탁판매
  ① 수탁자가 재화를 인도할 때에는 수탁자가 위탁자의 명의로 세금계산서를 발급하되, 위탁자가 직접 재화를 인도하는 때에는 위탁자가 세금계산서를 발급할 수 있음. 이 경우 수탁자의 등록번호를 덧붙여 적어야 함
  ② 거래 또는 재화의 특성상 또는 보관 · 관리상 위탁자를 알 수 없는 경우에는 위탁자가 수탁자에게, 수탁자가 구입자에게 각각 세금계산서를 발급함
- 위탁매입
  ① 위탁매입의 경우에는 공급자가 위탁자를 공급받는 자로 하여 세금계산서를 발급하되, 수탁자 또는 대리인의 등록번호를 덧붙여 적어야 함
  ② 해당 거래 또는 재화의 특성상 또는 보관 · 관리상 위탁자를 알 수 없는 경우에는 공급자가 수탁자에게, 수탁자가 위탁자에게 각각 세금계산서를 발급함

핵심 Point

- 위탁매매의 경우에는 직접 인도 여부, 위탁자를 알 수 있는지 여부에 따라 세금계산서 발급 방법이 달라지는 점에 유의할 것

질문 »

다음 각 사례별로 일자별 세금계산서 발급 여부 및 발급방법을 제시하시오.

사례 1. ㈜한국은 ㈜서울에 상품을 위탁판매하기로 하였으며, 거래내역은 다음과 같다.

일 자	내 용
2025.3.10.	㈜한국은 상품 10개를 ㈜서울에 적송하였다.
2025.4.5.	㈜서울은 지정된 판매가격(1개당 판매가격 1,000,000원)으로 5개를 ㈜종로에 판매하였다.
2025.4.30.	㈜서울은 ㈜한국에 판매내역서를 송부하고 판매대금 5,000,000원에서 판매수수료 1,500,000원을 제외한 잔액 3,500,000원을 입금하였다. 수탁자가 위탁자에게 판매내역서를 송부하고 판매대금을 입금하면 위탁판매용역의 제공이 완료된다.

사례 2. ㈜대한은 ㈜부산에 상품을 위탁판매하고 있으며 거래내역은 다음과 같다.

일 자	내 용
2025.3.10.	㈜대한은 상품 5개를 ㈜부산에 적송하였다. 1개당 위탁판매가격은 1,000,000원이고 판매수수료는 300,000원이다.
2025.4.5.	㈜부산은 ㈜대한으로부터 위탁받은 상품과 같은 종류의 상품 5개를 ㈜동래에 5,000,000원에 판매하였으며, 판매수수료는 1,500,000원이다. ㈜부산은 ㈜대한 외에도 3개 회사로부터 ㈜대한이 위탁한 것과 같은 상품을 판매하고 있는데 ㈜부산의 창고에서는 상품들이 뒤섞여서 판매된 상품의 위탁자를 확인할 수 없다.

사례 3. ㈜민국은 ㈜강원에 상품을 위탁판매하는 계약을 체결하였다.

일 자	내 용
2025.3.10.	㈜민국은 상품 5개를 ㈜강원에 적송하였다. ㈜강원은 매입자에게 판매하는 가격을 자기 마음대로 결정할 수 있고, 민국에게는 1개당 1,000,000원을 지급하면 된다. 위탁받은 상품이 부패 · 분실에 대한 책임은 ㈜강원이 진다.
2025.4.5.	㈜강원은 ㈜원주에 상품 5개를 개당 2,000,000원에 현금판매하고, 10,000,000원을 받아 ㈜민국에 5,000,000원을 송금하였다.

답변 및 해설 »

구 분	일 자	내 용
사례 1	2025.3.10.	위탁판매에서 상품의 적송은 과세거래가 아니므로 세금계산서를 발급하지 않음
	2025.4.5.	㈜서울은 ㈜한국의 명의로 ㈜종로에 공급가액 5,000,000원에 대한 세금계산서를 발급하고 ㈜서울의 등록번호를 비고란에 기재함
	2025.4.30.	㈜서울은 위탁판매용역 제공 완료 시 ㈜한국에게 위탁판매수수료 1,500,000원에 대한 세금계산서를 발급해야 함
사례 2	2025.3.10.	위탁자를 알 수 없는 익명거래이므로 ㈜대한은 ㈜부산에, ㈜부산은 ㈜동래에 각각 공급한 것으로 봄. 따라서 ㈜대한은 적송품 5개에 대하여 ㈜부산에 공급가액 3,500,000원*으로 세금계산서를 발급하여야 함 * 5,000,000원에서 판매수수료 1,500,000원을 차감한 금액임
	2025.4.5.	㈜부산은 ㈜동래에 공급가액 5,000,000원에 대한 세금계산서를 발급해야 함
사례 3	2025.3.10.	상품에 대한 책임과 계산이 ㈜강원에 있으므로 이 거래는 일반매매에 해당함. 따라서 ㈜대한은 ㈜강원에 5,000,000원을 공급가액으로 하여 세금계산서를 발급하여야 함
	2025.4.5.	㈜강원은 ㈜원주에 공급가액 10,000,000원에 대한 세금계산서를 발급하여야 함

핵심정리

구 분	내 용
위탁매매	• 위탁매매란 자기의 명의로 타인의 계산에 의하여 물품을 구입 또는 판매하고 보수를 받는 것을 말하며, 이는 재화의 공급이 아니고 위탁자에 대한 용역의 공급에 해당할 뿐이므로, 이러한 경우 위탁자가 직접 재화를 공급하거나 공급받는 것으로 본다(대법원97누20359, 1999.4.27.). • 상품공급자와 중간에 게제된 자와의 거래가 위탁매매에 대한 구별기준으로서 '**타인의 위험과 계산**'에 의한 것인지는 상품(재화)에 대한 가격결정권의 주체, 상품의 가격등락에 따른 손익, 멸실, 훼손 등에 대한 위험부담의 귀속주체, 거래에서 발생한 금전수수가 매매차익인지 수수료인지 여부, 관련 계약의 문언 및 거래관행 등을 종합적으로 고려하여 판단하여야 한다(인천지방법원2015구합52740, 2016.6.9.; 서울고등법원2016누51247, 2016.12.22.; 대법원2017두33077, 2017.5.31.). 예 수탁자의 책임과 계산으로 공급되는 경우 : 위탁매매가 아니라 일반매매임
위탁판매의 세금계산서 발급	• 위탁판매로서 **위탁자 등을 알 수 있는** 경우에는 수탁자가 재화를 인도할 때에 **수탁자가 위탁자 명의로 세금계산서를 발급**하되, 위탁자 직접 재화를 인도하는 때에는 위탁자가 세금계산서를 발급할 수 있음. 이 경우 수탁자의 등록번호를 덧붙여 적어야 함 • 위탁매매로서 해당 거래 또는 재화의 특성상, 보관·관리상 위탁자를 알 수 없는 경우에는 수탁자에게 재화를 공급한 것으로 보아 위탁자가 수탁자에게 세금계산서를 발급하고 수탁자가 매입자에게 세금계산서를 발급하여야 함
위탁매입의 세금계산서 발급	• 위탁매입의 경우 공급자가 위탁자를 공급받는 자로 하여 세금계산서를 발급하되, 수탁자의 등록번호를 덧붙여 적어야 함 • 해당 거래 또는 재화의 특성상 또는 보관·관리상 위탁자를 알 수 없는 경우에는 공급자가 수탁자에게, 수탁자가 위탁자에게 각각 세금계산서를 발급함

구 분	내 용
위탁매매를 일반매매로, 일반매매를 위탁매매로 보아 세금계산서를 발급한 경우 매입세액공제 여부	• 다음 중 어느 하나에 해당하는 경우로서 그 거래사실이 확인되고 거래 당사자가 예정신고 · 확정신고 또는 예정부과와 납부 · 간이과세자의 신고규정에 따라 납세지 관할 세무서장에게 해당 납부세액을 신고하고 납부한 경우에는 사실과 다른 세금계산서로 보지 않으므로 매입세액을 공제받을 수 있음 ① 거래의 실질이 위탁매매에 의한 매매에 해당함에도 불구하고 거래 당사자 간 계약에 따라 위탁매매에 의한 매매가 아닌 거래로 하여 세금계산서를 발급받은 경우 ② 거래의 실질이 위탁매매에 의한 매매에 해당하지 않음에도 불구하고 거래 당사자 간 계약에 따라 위탁매매에 의한 매매로 하여 세금계산서를 발급받은 경우

Chapter 77

공동매입, 세금계산서 수취 및 발급은?

내용 Summary

기본사항 Check

- 공동매입에 대하여 대표사가 세금계산서를 발급받은 경우 발급받은 범위에서 공급받은 날(세금계산서 발급특례 규정 적용 가능)에 실제 공급받은 자에게 세금계산서를 발급할 수 있음
- 부가가치세 납세의무가 있는 사업자가 공동매입에 대하여 입주자에게 발급한 세금계산서의 공급가액은 과세표준에 포함하고, 발급받은 세금계산서상의 매입세액은 공제받음. 그러나 발급한 세금계산서의 공급가액은 그 사업자의 수입금액이 아니므로 과세표준명세의 수입금액제외란에 기재하여 신고하여야 함
- 부가가치세 납세의무가 없는 자가 공동매입에 대하여 세금계산서를 수취하고 발급한 경우 부가가치세의 신고 · 납부의무가 없으나, 매출 · 매입처별 세금계산서합계표를 해당 과세기간이 끝난 후 25일 이내에 사업장 관할 세무서장에게 제출하여야 함

핵심 Point

- 공동매입에 대하여 대표사가 실제 공급받은 자에게 세금계산서를 발급하는 경우 세금계산서 발급시기에 유의해야 함

질문 »

1. A법인은 상가건물 관리단으로서 집합건물의 관리와 관련한 청소, 건물수리 등 모든 활동을 외부업체에 용역을 주고 있다. A법인은 수익사업과 관련해서 매출세금계산서를 발급하고 있으며, 외부 용역업체로부터 매입세금계산서를 받고 동일한 금액을 쇼핑몰 입점업체(사업자)들에게 일정한 기준에 따라 매출세금계산서를 발급하고 있다. A법인이 외부용역업체로부터 입점업체를 위하여 용역을 제공받고 2025.4.10.에 공급가액 5,000,000원(부가가치세 500,000원 별도)의 세금계산서를 발급받아 쇼핑몰 입점업체에게 면적비율로 매출세금계산서를 발급하려고 한다. **A법인이 입점업체에게 세금계산서를 발급하는 방법은?**

2. 상가 입주자들이 부가가치세의 납세의무가 없는 자치관리기구를 조직하여 고유번호를 부여받은 후 입주자들이 실지로 소비하는 재화 또는 용역에 대하여 자치관리기구가 세금계산서를 발급받았다. **자치관리기구가 발급받은 세금계산서에 기재된 공급가액의 범위 내에서 해당 재화 또는 용역을 실지로 소비하는 입주자들에게 세금계산서를 발급하는 경우 자치기구의 신고의무는?**

답변 및 해설 »

1. A법인이 입주업체를 위하여 용역을 공급받고 세금계산서를 발급받은 경우 공급받은 날을 **작성일자(부가가치세법 제34조 제3항에 규정된 세금계산서 발급특례규정 적용 가능)**로 하여 그 발급받은 세금계산서에 기재된 **공급가액의 범위 안에서** 당해 재화 또는 용역을 실지로 소비하는 입주업체에게 세금계산서를 발급할 수 있다.

   이 경우 부가가치세 신고 시 발급받은 세금계산서와 발급한 세금계산서는 과세사업과 관련된 매출·매입 금액과 합산하여 신고하고 매출·매입처별 세금계산서합계표를 제출하여야 한다. 그러나 입주자들을 위하여 발급한 세금계산서의 공급가액은 과세표준명세의 수입금액 제외란에 기재하여 신고하여야 한다.

2. 상가 입주자들이 부가가치세 납세의무가 없는 자치관리기구를 조직하여 고유번호를 부여받은 후 입주자들이 실지로 소비하는 재화 또는 용역에 대하여 명의자인 자치관리기구가 세금계산서를 발급받은 경우에는 그 발급받은 세금계산서에 기재된 공급가액의 범위 내에서 해당 재화 또는 용역을 실지로 소비하는 입주자들에게 세금계산서를 발급할 수 있으며, 해당 세금계산서를 발급받은 입주자들은 발급받은 세금계산서의 매입세액이 부가가치세법령상 불공제되는 경우를 제외하고는 자기의 매출세액에서 공제할 수 있다.

   이 경우 자치관리기구가 집합건물의 구분소유자 등에게 직접 재화 또는 용역을 공급하지 아니하고, 집합건물을 관리하고 그 관리에 소요된 비용만을 각 구분소유자 등에게 분배하여 징수하는 경우 **부가가치세의 신고·납부의무는 없으나, 매출·매입처별세금계산서합계표를 해당 과세기간이 끝난 후 25일 이내에 사업장 관할 세무서장에게 제출**하여야 한다.

핵심정리

구 분	내 용
부가가치세 납세의무가 있는 자의 공동매입 신고방법	건물관리업체가 상가관리 용역계약을 체결하여 그 상가 입주자들을 위하여 재화 또는 용역을 공급받고 「부가가치세법 시행령」 제69조에 따라 **상가 입주자에게 발급한 세금계산서상의 공급가액은 과세표준에 포함하고**, 해당 건물관리업체가 **발급받은 세금계산서상의 매입세액에 대하여 공제받는 것**이며, 상가 입주자에게 발급한 세금계산서의 공급가액은 해당 건물관리업체의 수입금액에 해당하지 아니하므로 과세표준명세의 **수입금액제외란에 기재**하여 신고하여야 하는 것이다(서면-2017-부가-0864 [부가가치세과-1376], 2017.5.31.).
부가가치세 납세의무가 없는 자치관리기구의 공동매입에 대한 세금계산서 수취 및 발급	상가 입주자들이 「부가가치세법」상 납세의무가 없는 자치관리기구를 조직하여 고유번호를 부여받은 후 입주자들이 실지로 소비하는 재화 또는 용역에 대하여 명의자인 자치관리기구가 세금계산서를 발급받은 경우에는 그 발급받은 세금계산서에 기재된 공급가액의 범위 내에서 해당 재화 또는 용역을 실지로 소비하는 입주자들에게 공동매입 등에 대한 세금계산서 발급규정(부칙 §51)에 따라 세금계산서를 발급할 수 있는 것이며, 해당 세금계산서를 발급받은 입주자들은 발급받은 세금계산서의 매입세액이 공제되지 아니하는 매입세액(부법 §39)에 따라 불공제되는 경우를 제외하고는 자기의 매출세액에서 공제할 수 있다. 이 경우 자치관리기구가 집합건물의 구분소유자 등에게 직접 재화 또는 용역을 공급하지 아니하고, 집합건물을 관리하고 그 관리에 소요된 비용만을 각 구분소유자 등에게 분배하여 징수하는 경우 **부가가치세의 신고·납부의무는 없는 것이나, 매출·매입처별세금계산서합계표를 해당 과세기간이 끝난 후 25일 이내에 사업장 관할 세무서장에게 제출**하여야 한다(서면-2016-부가-4097 [부가가치세과-2942], 2016.10.30.).
공동수급체 대표사가 부담한 인건비에 대하여 구성원에게 세금계산서 발급 여부	공동수급체를 결성하여 공동도급공사를 수행할 때 대표사가 해당공사에 소요되는 공동비용 중 **인건비 등을 선부담**하고 해당 공동수급체의 구성원으로부터 구성원 부담분을 지급받는 경우 해당 인건비 등 세금계산서 미수취분은 세금계산서 발급대상이 아니므로 **세금계산서를 발급할 수 없다**(기획재정부 부가가치세제과-394, 2020.9.10.).

구 분	내 용
공동매입에 대하여 세금계산서를 발급하지 않은 경우	공동도급계약에 의하여 건설용역을 공급하는 공동수급체가 공동도급공사에 소요되는 재화 또는 용역을 다른 사업자로부터 공동으로 공급받음에 있어 당해 재화 등에 대한 세금계산서를 대표자 명의로 교부받은 경우로서 그 대표자가 당해 교부받은 세금계산서에 기재된 공급가액의 범위 안에서 구성원에게 각각의 지분비율에 따라 세금계산서를 교부하는 때에는 당해 재화 등의 공급받은 날을 발행일자로 한 세금계산서를 교부하는 것이다. 다만, 이 경우 대표자가 구성원에게 세금계산서를 교부하지 아니하고 부가가치세 예정 또는 확정신고 시 자기의 지분을 초과하여 공제받은 매입세액에 대하여는 매출세액에서 불공제하고 '과소신고 · 초과환급신고가산세'와 납부지연가산세를 적용하나, 부가가치세법 제60조의 가산세는 적용하지 아니한다(부가가치세과-2165, 2008.7.22.).

Chapter 78

마이너스 매입세금계산서의 신고누락, 수정신고 시 가산세는?

내용 Summary

기본사항 Check

- 사업자가 재화나 용역을 매입하고 수취한 종이세금계산서는 홈택스에서 조회되지 않으므로 부가가치세 신고 시 누락되는 경우가 있음. 매입세금계산서를 신고누락하여 매입세액을 공제받지 못한 경우에는 부가가치세를 과다하게 신고납부한 것이므로 경정청구해도 가산세가 부과되지 않음
- 마이너스 매입세금계산서를 신고누락한 경우에는 매입세액에서 차감할 금액을 차감하지 않아서 과소신고 · 납부한 것에 해당하므로 과소신고 · 초과환급신고가산세, 납부지연가산세, 매입처별 세금계산서합계표 제출불성실가산세가 부과됨

핵심 Point

- 종이세금계산서를 수취한 경우 신고누락되는 사례가 많으므로 신고누락하지 않도록 주의해야 함

질문 »

㈜한국은 2024.3.30.에 비품을 매입하고 2024.4.10.에 세금계산서를 발급받아 2024년 제1기 예정신고 시 매입세액공제를 받았다. 그런데 ㈜한국은 그 비품을 2024.4.12.에 업체에 반품하고 종이로 된 마이너스 매입세금계산서를 발급받았는데 그 내용은 다음과 같다.

작성			공급가액														세액											
연	월	일	빈칸 수	조	천	백	십	억	천	백	십	만	천	백	십	일	천	백	십	억	천	백	십	만	천	백	십	일
24	4	12						–	1	0	0	0	0	0	0	0					–	1	0	0	0	0	0	0

㈜한국은 2024년 제1기 확정신고 시 이 마이너스 매입세금계산서를 신고누락하였다. **㈜한국이 2024.8.24.에 2024년 제1기 확정신고분 부가가치세(당초 신고납부세액 42,000,000원)를 수정신고하는 경우 납부할 세액과 가산세는 얼마인가?**

답변 및 해설 »

구 분	계산내역	금 액
납부세액		1,000,000
과소신고가산세	1,000,000×10%×(1−90%*1)	10,000
납부지연가산세	1,000,000×30*2×0.022%	6,600
매입처별 세금계산서합계표 제출불성실가산세	10,000,000×0.5%*3	50,000
납부세액과 가산세합계		1,066,600

*1 법정신고기한이 지난 후 1개월 이내에 수정신고하였으므로 과소신고가산세의 90%를 감면한다(국기법 §48 ② (1)).

*2 법정납부기한의 다음 날부터 납부일까지의 기간은 2024.7.26.부터 2024.8.24.까지이므로 30일이다.

*3 제출한 매입처별 세금계산서합계표의 기재사항 중 공급가액을 사실과 다르게 과다하게 적어 신고한 경우에는 제출한 매입처별 세금계산서합계표의 기재사항 중 사실과 다르게 과다하게 적어 신고한 공급가액의 0.5%를 가산세로 하여 납부세액에 더하거나 환급세액에서 뺀다(부법 §60 ⑦ (3)).

핵심정리

구 분	내 용
매입세금계산서를 신고누락하여 과다 신고납부한 경우	수정신고, 경정청구, 기한 후 신고 시 매입세액을 신고해도 매입세액은 공제되며, 가산세는 없음
마이너스 매입세금계산서를 신고누락하여 과소신고납부한 경우	수정신고 시 과소신고·초과환급신고가산세, 납부지연가산세, 매입처별 세금계산서합계표 제출불성실가산세가 부과됨

Chapter 79

공급받는 자 또는 공급자가 폐업한 후 반품 시 처리는?

내용 Summary

기본사항 Check

- 재화 또는 용역의 공급에 대하여 세금계산서를 발급하였으나 공급받는 자 또는 공급자가 폐업한 경우에는 거래상대방이 아닌 자로부터 반품받거나 반품한 것이므로 수정세금계산서를 발급할 수 없음
- 수정세금계산서를 발급하지는 않았으나 이미 공제받은 매입세액이나 납부한 매출세액은 납부세액에서 차가감하여야 함

핵심 Point

- 당초 세금계산서를 발급하였으나 공급받는 자 또는 공급자가 폐업한 경우에는 수정세금계산서를 발급할 수 없으나 이미 공제받은 매입세액이나 납부한 매출세액은 납부세액에서 차가감하여야 함

질문 »

다음 각 사례에서 반품 시 수정세금계산서 발급 및 부가가치세 신고 시 반품을 어떻게 처리해야 하는가?

1. 공급받는 자가 폐업한 경우

(1) 2025.9.5. ㈜甲은 ㈜乙에게 1,000,000원(VAT 100,000원 별도)의 상품을 공급함

(2) 2025.10.10.에 전자세금계산서를 발급함

(3) 2025.10.25. 제2기 부가가치세 예정신고 시 ㈜甲은 매출세액을 신고 · 납부하고 ㈜乙은 매입세액을 공제받음

(4) 2025.10.30.에 ㈜乙이 폐업함

(5) 2025.11.1. ㈜乙은 ㈜甲에게 상품을 반품함

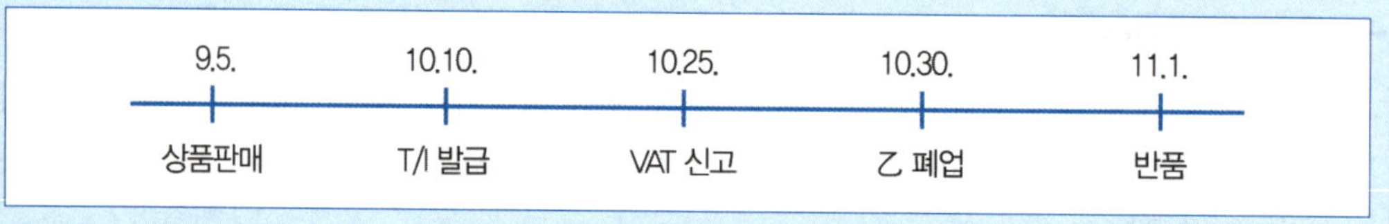

2. 공급자가 폐업한 경우

(1) 2025.9.5. ㈜甲은 ㈜乙에게 1,000,000원(VAT 100,000원 별도)의 상품을 공급함

(2) 2025.10.10.에 전자세금계산서를 발급함

(3) 2025.10.25. 제2기 부가가치세 예정신고 시 ㈜甲은 매출세액을 신고 · 납부하고 ㈜乙은 매입세액을 공제받음

(4) 2025.10.30.에 ㈜甲이 폐업함

(5) 2025.11.1. ㈜乙은 ㈜甲에게 상품을 반품함

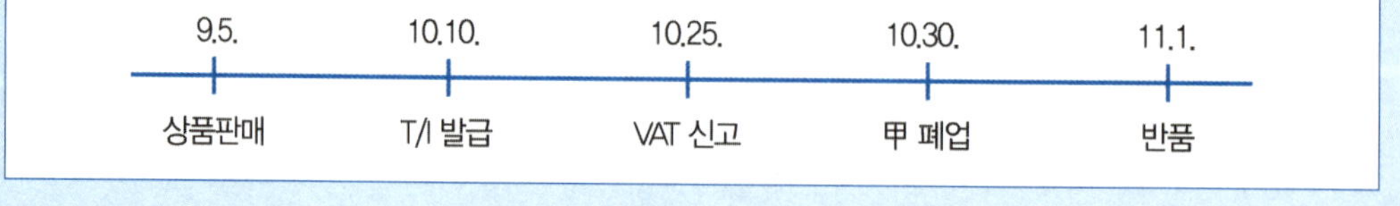

답변 및 해설 »

1. 공급받는 자가 폐업한 경우

(1) ㈜甲

① 수정세금계산서 발급 여부 : 수정세금계산서 발급사유가 발생한 때에 공급받은 자 ㈜乙이 폐업한 상태이므로 수정세금계산서를 발급할 수 없음

② VAT 신고 : ㈜甲은 반품일이 속하는 제2기 확정신고기간의 VAT신고서의 기타매출에서 마이너스(-)금액으로 과세표준에서 차감하여 신고함

① 신 고 내 용						
구 분				금 액	세 율	세 액
과세표준 및 매출세액	과세	세금계산서 발급분	(1)		10 / 100	
		매입자발행 세금계산서	(2)		10 / 100	
		신용카드 · 현금영수증 발행분	(3)		10 / 100	
		기타(정규영수증 외 매출분)	(4)	−1,000,000	10 / 100	−100,000
	영세율	세금계산서 발급분	(5)		0 / 100	
		기 타	(6)		0 / 100	
	예정신고누락분		(7)			
	대손세액가감		(8)			
	합 계		(9)		㉮	

(2) ㈜乙

① 수정세금계산서를 발급받을 수 없음

② 확정신고 : 10.1.~10.30.(폐업일)의 기간에 대하여 11.25.까지 부가가치세 확정신고를 해야 함. 이 때 폐업 시 잔존재화로 1,000,000원을 과세 기타란에 기재하고 매출세액 100,000원을 신고 · 납부하여야 함

2. 공급자가 폐업한 경우

(1) ㈜甲

① 수정세금계산서 발급 여부 : 수정세금계산서 발급사유가 발생한 때에 공급자 ㈜甲이 폐업한 상태이므로 수정세금계산서를 발급할 수 없음

② VAT 신고 : ㈜甲은 사업자가 아니므로 반품에 대하여 부가가치세 신고의무가 없음

(2) ㈜乙

① 수정세금계산서를 발급받을 수 없음

② 확정신고 : 11.1. 반품에 대하여 수정세금계산서를 발급받을 수 없으나, 확정신고 시 반품액에 대한 매입세액 100,000원을 매입세액 불공제로 처리하여야 함

핵심정리

구 분	내 용
반품에 대한 처리	공급한 재화가 환입된 경우에는 재화가 환입된 날을 작성일로 적고 비고란에 처음 세금계산서 작성일을 덧붙여 적은 후 붉은색 글씨로 쓰거나 음(陰)의 표시를 하여 발급한다(부령 §70 ① (1)).
공급자 또는 공급받는 자가 폐업한 후 반품 시 처리	재화 또는 용역의 공급에 대하여 세금계산서를 발급하였으나 공급받는 자 또는 공급자가 폐업한 경우에는 거래상대방이 아닌 자로부터 반품받거나 반품한 것이므로 수정세금계산서를 발급할 수 없다. 수정세금계산서를 발급하지는 않았으나 이미 공제받은 매입세액이나 납부한 매출세액은 납부세액에서 차가감하여야 한다(부집 32-70-2).

Chapter 80

계약의 해제, 수정세금계산서 발급 및 부가세 반환은?

내용 Summary

기본사항 Check

- 계약의 해제로 재화 또는 용역이 공급되지 아니한 경우에는 계약이 해제된 때에 그 작성일은 계약해제일로 적고 비고란에 처음 세금계산서 작성일을 덧붙여 적은 후 붉은색 글씨로 쓰거나 음(陰)의 표시를 하여 발급함
- 계약이 해제된 때에 수정세금계산서를 발급하였으면 거래상대방에게 당초 거래징수한 부가가치세를 반환해야 하나, 계약 해제 시 당사자 간에 부가가치세의 귀속에 관한 특약이 있는 경우 그 특약에 따름

핵심 Point

- 계약해제시 계약해제일을 작성일로 적어 수정세금계산서를 발급하여야 함

PART 06 거래징수와 세금계산서

질문 »

A법인은 2025.3.25.에 상가 건물에 대한 매매계약을 체결하고 계약금 1억 1천만원(부가가치세 포함)을 받고 세금계산서를 발급하였다. 그런데, 매수자의 사정으로 2025.5.25.에 계약을 해제하였다.

1. 계약해제에 따른 수정세금계산서 작성방법은?(다음 양식에 기재할 것)

세금계산서 기재사항(발췌)

작성일자	공급가액	세 액	수정사유	비 고

2. 계약금에 대한 부가가치세 1천만원을 거래상대방에게 반환해야 하는가?

답변 및 해설 »

1. 계약해제에 따른 수정세금계산서

계약의 해제로 재화 또는 용역이 공급되지 아니한 경우에는 계약이 해제된 때에 그 작성일은 계약해제일로 적고 비고란에 처음 세금계산서 작성일을 덧붙여 적은 후 붉은색 글씨로 쓰거나 음(陰)의 표시를 하여 발급한다.

세금계산서 기재사항(발췌)

작성일자	공급가액	세 액	수정사유	비 고
2025.5.25.	(−)100,000,000	(−)10,000,000	계약해제	2025.3.25.

2. 부가가치세 반환 여부

계약이 해제된 때에 수정세금계산서를 발급하였으면 거래상대방에게 당초 거래징수한 부가가치세를 되돌려 주어야 하나, 계약의 해제 시 당사자 간에 부가가치세의 귀속에 관한 특약이 있는 경우 그 특약에 따른다.

핵심정리

구 분	내 용
계약의 해제	계약의 해제란 이미 성립된 계약을 일방적 의사표시에 의해 소멸시켜 계약이 당초부터 존재하지 않았던 것과 같은 상태로 만드는 것을 말한다. 계약이 해제된 때에는 각 당사자는 그 상대방에 대하여 원상회복의 의무가 있다.
계약의 해제 시 수정세금계산서	계약의 해제로 재화 또는 용역이 공급되지 아니한 경우에는 계약이 해제된 때에 그 작성일은 계약해제일로 적고 비고란에 처음 세금계산서 작성일을 덧붙여 적은 후 붉은색 글씨로 쓰거나 음(陰)의 표시를 하여 발급한다(부령 §70 ① (2)).
부가가치세 반환	사업자가 공급계약을 체결하고 재화를 인도하기 전에 계약금 등을 지급받으며 부가가치세를 거래징수하고 세금계산서를 발급하였으나 부동산의 공급계약이 취소된 경우에는 「부가가치세법 시행령」 제70조의 규정에 의하여 계약이 취소된 때에 거래상대방에게 세금계산서를 수정하여 교부하고 당초 거래징수한 부가가치세를 되돌려 주어야 하는 것이나, 계약의 해제 시 당사자 간에 부가가치세의 귀속에 관한 특약이 있는 경우 그 특약에 따른다(서면-2017-부가-0777 [부가가치세과-800], 2017.3.30.).

Chapter 81

공급가액의 증감사유 발생, 수정세금계산서는?

내용 Summary

기본사항 Check

- 계약의 해지 등에 따라 공급가액에 추가되거나 차감되는 금액이 발생한 경우에는 증감사유가 발생한 날을 작성일자로 적고 추가되는 금액은 검은색 글씨로 쓰고, 차감되는 금액은 붉은색 글씨로 쓰거나 음(-)의 표시를 하여 발급함

핵심 Point

- 공급가액 증감사유 발생 시 당초 세금계산서를 취소하고 다시 발급하지 않는 점에 유의할 것

질문 »

다음 자료를 참고로 물음에 답하시오.

1. 납품단가의 인하 조정
   A법인은 자동차부품을 생산하여 B자동차에 공급하고 있다. 2025.1월부터 B자동차로부터 부품가격 인하조정 요구가 있었고, 3월부터 원가실사를 실시하여 수차례의 협의과정을 거치면서 납품단가를 인하조정하기로 하고, 2025.4.30. 부품가격합의서를 작성하였다. 2025년 1월부터 3월까지 공급한 물품의 대금 3억원을 소급하여 차감하기로 하였다.

2. 임대료의 증액 조정
   부동산임대업을 하는 A법인은 B법인과 사무실을 2025.1.1.부터 2년간 임대차계약을 체결하고 월 1,000,000원의 임대료를 받기로 하였다. 그런데, 2025.7.1. A법인은 지가상승 등의 이유로 임대료의 인상을 요구하였다. 2025.7.5.에 쌍방 합의로 2025.1.1.~2025.6.30.의 6개월분 임대료 인상분 1,200,000원을 추가로 지급하기로 합의하였다.

3. 광고계약의 해지

부동산중개업자가 부동산인터넷 광고업체와 1년간의 인터넷광고계약을 체결하고 연간 광고료 6,000,000원(부가가치세 별도)을 지급하고 세금계산서를 발급받았다. 부동산인터넷 광고업체의 일방적인 가격인상 요구에 대해 부동산중개업자가 거부하자 광고업체가 6개월간 광고한 후 2025.7.1.에 일방적으로 계약해지하였다. 부동산중개업자는 광고기간 미경과분 6개월분에 대해 환불을 요청하였고, 2025.7.7. 광고업체가 3,000,000원을 환불하였다.

위의 각 사례별로 수정세금계산서를 발급하는 경우 다음 양식에 빈칸에 기재할 내용은?

작성일자	공급가액	세액	수정사유

답변 및 해설 »

사례 1

증감사유가 생긴 2025.4.30.을 작성일로 적어서 수정세금계산서를 발급한다.

작성일자	공급가액	세액	수정사유
2025.4.30.	(−) 300,000,000	(−)30,000,000	공급가액 변동

사례 2

증금사유가 생긴 2025.7.1.을 작성일로 적어 수정세금계산서를 발급한다.

작성일자	공급가액	세액	수정사유
2025.7.5.	1,200,000	120,000	공급가액 변동

사례 3

증감사유가 생긴 2025.7.1.을 작성일로 적어 수정세금계산서를 발급한다.

작성일자	공급가액	세액	수정사유
2025.7.1.	(−) 3,000,000	(−)300,000	공급가액 변동

핵심정리

구 분	내 용
공급가액의 증감사유 발생 시 수정세금계산서	계약의 해지 등에 따라 공급가액에 추가되거나 차감되는 금액이 발생한 경우에는 증감사유가 발생한 날을 작성일자로 적고 추가되는 금액은 검은색 글씨로 쓰고, 차감되는 금액은 붉은색 글씨로 쓰거나 음(-, 陰)의 표시를 하여 발급한다(부령 §70 ① (3)).
수정세금계산서 미발급 시 가산세	사업자가 세금계산서를 발급한 후 당초의 공급가액에 더하거나 빼는 금액이 발생한 경우 수정세금계산서를 발급하지 아니하거나 발급한 분에 대한 매출처별 세금계산서합계표를 제출하지 아니한 때에는 법 제60조 제2항 및 제6항에 가산세를 적용한다(부기통 60-108…2).

Chapter 82

면세거래에 세금계산서 발급, 수정세금계산서와 계산서 발급 시 가산세는?

내용 Summary

기본사항 Check

- 면세 등 세금계산서 발급대상이 아닌 거래 등에 대하여 세금계산서를 발급한 경우에는 처음에 발급한 세금계산서의 내용대로 붉은색 글씨로 쓰거나 음(–, 陰)의 표시를 하여 수정세금계산서를 발급할 수 있음
- 부가가치세 과세대상거래에 해당하지 아니함에도 착오로 세금계산서를 교부한 경우 세금계산서 가공발급 가산세(부법 §60 ③ (1))를 적용하지 아니하며, 계산서 미발급 가산세도 적용하지 아니함
- 사업자가 부가가치세가 면제되는 재화를 공급받고 매입세금계산서를 발급받아 매입처별 세금계산서합계표에 제출한 후 공급자로부터 수정세금계산서를 발급받아 제출하는 경우 매입처별 세금계산서합계표 가산세 부과대상에 해당하지 않음

핵심 Point

- 면세 등 세금계산서 발급대상이 아닌 거래에 대하여 세금계산서를 발급한 경우 수정세금계산서를 발급할 수 있고, 세금계산서 가공발급 가산세와 계산서 미발급 가산세는 부과하지 아니하는 점에 유의할 것

질문 »

A법인은 2025.2.1. 부가가치세 면세대상인 미가공 농산물을 B법인에게 공급하고 담당자의 착오로 전자세금계산서를 발급하였다. 2025.3.30. 해당 농산물의 공급이 부가가치세가 면제되는 거래임을 확인하고 마이너스 수정세금계산서와 계산서를 발급하였다.

1. 부가가치세 면세대상 거래에 세금계산서를 발급한 것은 세금계산서 가공발급 가산세(공급가액의 3%)의 적용대상이 아닌가?

2. 부가가치세가 면제되는 용역을 공급하면서 세금계산서를 발급하였다가 발급기간이 지난 후에 계산서를 발급한 것은 계산서 지연발급 가산세(공급가액의 1%)의 적용대상이 아닌가?

답변 및 해설 »

1. 세금계산서 가공발급 가산세(공급가액의 3%) 대상 여부

부가가치세 과세대상거래에 해당하지 아니함에도 착오로 세금계산서를 교부한 경우 세금계산서 가공발급 가산세(부법 §60 ③ (1))를 적용하지 아니한다.

2. 계산서 지연발급 가산세 대상 여부

부가가치세법상 세금계산서를 교부한 경우에는 계산서를 작성 · 발급한 것으로 보므로 계산서 지연발급 가산세(또는 미발급 가산세)를 적용하지 아니한다.

핵심정리

면세 등 발급대상이 아닌 거래 등에 대하여 발급한 경우에는 처음에 발급한 세금계산서의 내용대로 붉은색 글씨로 쓰거나 음(-)의 표시를 하여 발급한다(부령 §70 ① (8)).

1. 면세거래에 대하여 세금계산서로 발급받은 후 수정세금계산서를 발급받은 경우

사업자가 부가가치세가 면제되는 재화를 공급받고 매입세금계산서를 발급받아 매입처별 세금계산서합계표에 제출한 후 공급자로부터 이를 수정한 세금계산서를 발급받아 제출하는 경우 매입처별 세금계산서합계표 가산세 부과대상에 해당하지 않는다(부가가치세과-875, 2013.9.26.).

2. 면세거래를 영세율 세금계산서로 발급받은 경우

부가가치세가 면제되는 재화를 공급받고 매입세금계산서(영세율)를 발급받아서 매입처별 세금계산서합계표에 제출하면 매입처별 세금계산서합계표 불성실가산세를 부과할 수 없다(재소비-139, 2005.9.5.).

3. 과세대상거래가 아닌데도 착오로 세금계산서를 발급한 경우 가산세 적용 여부

부가가치세 과세대상거래에 해당하지 아니함에도 착오로 세금계산서를 발급한 경우 세금계산서 가공발급 가산세(부법 §60 ③ (1))를 적용하지 아니한다(부가가치세과-698, 2014.8.12.).

4. 면세대상 거래에 세금계산서를 발급한 경우 계산서 미발급 가산세 적용 여부

① 의료업을 영위하는 비영리내국법인이 부가가치세가 면제되는 용역을 공급하면서 계산서를 교부하는 대신 부가가치세가 과세되는 것으로 착오하거나 부지로 부가가치세법상 세금계산서를 교부한 경우에는 「법인세법」(2018.12.24., 법률 제16008호로 개정되기 전의 것) 제121조 제6항에 따라 계산서를 작성·발급한 것으로 보아 계산서 미발급 가산세를 적용하지 않는다(기획재정부 법인세제과-1279, 2019.9.18.; 서면-2020-법인-5509 [법인세과-443], 2021.2.23.).

② 국외에서 내국법인 간에 재화의 공급이 이루어진 계산서 발급대상 거래에 대하여 공급자가 공급받는 자로부터 구매확인서를 교부받고 영세율세금계산서를 발급하였으나, 영세율세금계산서 매출과 관련한 매입세액을 공제받지 않는 등 제세 신고 시 과세표준 및 납부세액을 과소신고한 사실이 없어 조세회피목적이 있다고 보기 어려운 경우 계산서 미발급 가산세는 적용하지 않는다(기획재정부 법인세제과-893, 2018.7.23.).

Chapter 83

과세거래에 계산서 발급, 수정세금계산서 발급은 가능한가?

내용 Summary

기본사항 Check

• 부가가치세 과세대상 거래에 대하여 계산서를 발급한 경우 이에 대하여 수정계산서를 발급하고 세금계산서를 발급하는 것은 수정세금계산서로 인정되지 않으므로 지연발급에 대하여 가산세가 부과됨

핵심 Point

• 부가가치세 과세대상 거래에 대하여 계산서를 발급한 경우 이를 취소하고 발급기간이 지난 후 세금계산서를 발급하면 가산세가 부과되는 점에 유의해야 함

질문 »

㈜한국은 구매확인서에 의한 영세율 공급분(공급일 2025.2.1., 공급가액 100,000,000원)에 대하여 담당자가 착오로 전자계산서를 발급하였다. 담당자는 2025.3.20.에 당초 발급한 전자계산서에 대한 수정전자계산서를 발급하였다.

㈜한국이 2025.3.20.에 전자세금계산서(작성연월일 2025.2.1.)를 발급하는 경우 세금계산서 지연발급에 대하여 가산세가 부과되지 않는가?

답변 및 해설 »

발급기한(2025.3.10.)이 지난 후 발급한 세금계산서에는 지연발급가산세가 부과된다.

지연발급가산세	= 공급가액 × 1%
	= 100,000,000×1%
	= 1,000,000원

핵심정리

사업자가 부가가치세가 과세되는 재화 또는 용역을 공급하고 계산서를 교부한 경우에는 수정세금계산서를 발급할 수 없다. 따라서 발급기한이 지난 후 세금계산서를 발급한 것은 지연발급에 해당하므로 가산세가 부과된다(부가22601-794, 1985.4.30.; 서면-2017-전자세원-3432, 2017.12.22.).

구 분	그 후 수정 발급	지연발급에 대한 가산세
부가가치세 면세대상에 세금계산서를 발급한 경우	(-) 수정세금계산서 발급 (+) 계산서 발급	세금계산서를 발급하면 계산서를 발급한 것으로 보므로 계산서 지연발급 가산세는 부과하지 않음
부가가치세 과세대상에 계산서를 발급한 경우	(-) 수정계산서 발급 (+) 세금계산서 발급	계산서를 발급했다고 세금계산서를 발급한 것으로 보는 것은 아니므로 세금계산서지연발급 가산세 부과

Chapter 84

리스거래, 주의해야 할 세금계산서 발급방법

내용 Summary

기본사항 Check

- 납세의무가 있는 사업자가 시설대여업자로부터 시설 등을 임차하고 그 시설 등을 공급자 또는 세관장으로부터 직접 인도받은 경우에는 그 사업자가 공급자로부터 재화를 직접 공급받거나 외국으로부터 재화를 직접 수입한 것으로 보아 공급시기 규정을 적용함
- 리스로 재화를 공급하는 경우에는 공급자나 세관장이 리스회사에 세금계산서를 발급하는 것이 원칙임. 다만, 납세의무가 있는 사업자가 시설대여업자로부터 시설 등을 임차하고, 그 시설 등을 공급자 또는 세관장으로부터 직접 인도받는 경우에는 공급자 또는 세관장이 그 사업자에게 직접 세금계산서를 발급할 수 있음

핵심 Point

- 부가가치세 과세사업자가 재화를 리스하는 경우에는 리스이용자가 세금계산서를 발급받으면 매입세액공제를 받을 수 있는 점에 유의해야 함

질문 »

부가가치세 과세사업자인 C법인은 2024.5.6.에 기계장치에 대하여 B리스회사와 운용리스 계약을 체결하였다. B리스회사는 A법인으로부터 기계장치를 매입하여 C법인에게 리스로 제공하였으며, 2024.6.29.에 C법인은 A법인으로부터 기계장치를 직접 인도받았다. 이 기계장치의 리스와 관련하여 A법인은 B리스회사를 공급받는 자로 하여 작성연월일 2024.6.29., 공급가액 10억원(부가가치세 1억원 별도)으로 기재한 전자세금계산서를 2024.7.10.에 발급하였다.

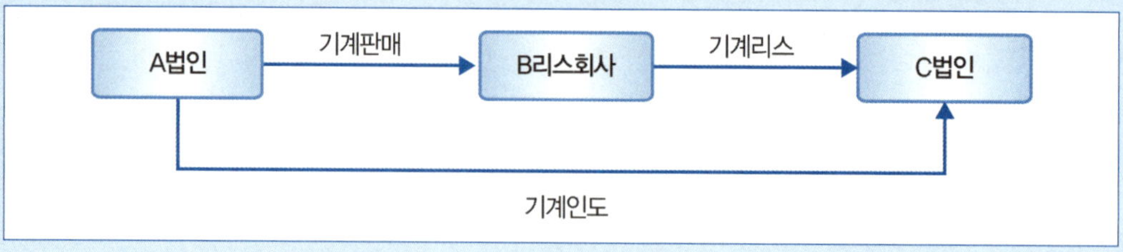

C법인은 A법인으로부터 자기가 세금계산서를 발급받았다면 매입세액공제를 받을 수 있었는데, B리스회사가 세금계산서를 발급받았으므로 매입세액을 공제받지 못한 것을 인지하였다. 2025.8.21.에 C법인은 A법인에 B리스회사로 발급한 전자세금계산서에 대한 마이너스 수정세금계산서를 발급하고, 자기에게 세금계산서를 발급해 달라고 요구하여 다음과 같이 세금계산서를 발급받았다. C법인이 발급받은 세금계산서로 경정청구를 하면 매입세액공제를 받을 수 있는가?

공급자	A법인
공급받는 자	C법인
작성연월일	2024.6.29.
공급가액	1,000,000,000원
부가가치세	100,000,000원
발급일	2025.8.21.

답변 및 해설 »

매입세액공제를 받기 어렵다.

부가가치세법 시행령 제69조 제8항은 납세의무가 있는 사업자가 여신전문금융업법 제3조에 따라 등록한 시설대여업자로부터 시설 등을 임차하고 그 시설 등을 공급자 또는 세관장으로부터 직접 인도받는 경우에 법 제32조 제6항에 따라 공급자 또는 세관장이 그 사업자에게 직접 세금계산서를 발급할 수 있다고 규정하고 있다. 따라서 **당초 세금계산서에 원고가 아닌 리스회사를 공급받는 자로 기재한 것은 그 의사에 따른 선택의 결과**라고 봄이 상당하므로 이 사건 공급과 관련하여 당초세금계산서에 원고가 아닌 리스회사를 공급받는 자로 기재한 것은 착오에 의한 것으로 볼 수 없고, 실제로 재화를 공급한 상대방을 사실에 맞게 기재하여 당초 세금계산서를 발급한 것으로 봄이 상당하다.

핵심정리

판매후리스가 아닌 리스를 하면서 공급자가 리스회사로 세금계산서를 발급하였다가 확정신고기한으로부터 1년(2022.2.14. 이전 공급분은 확정신고기한)이 지난 후 리스이용자에게 수정세금계산서를 발급하고, 리스이용자를 그 세금계산서로 경정청구를 하는 경우가 있다. 관할 세무서에서 경정을 거부하면 심판청구를 하는데, 조세심판원은 이러한 심판청구를 모두 기각하고 있다. 현재 행정소송이 진행 중인 사건이 여러 개가 있는데, 고등법원까지는 국세청이 승소하고 대법원에서 재판이 진행 중에 있다.

조세심판원	행정소송		
	1심(지방법원, 행정법원)	2심(고등법원)	3심(대법원)
조심2020서2146, 2021.1.25. 기각	서울행정법원2021구합56244, 2022.11.25.(국승)	서울고등법원2023누30071, 2023.9.15.(국승)	대법원2023두56552, 2024.1.25.(심리불속행)
조심 2019서4446, 2020.12.7. 기각	서울행정법원2021구합57537, 2022.11.25.(국승)	서울고등법원2022누72498, 2023.9.15.(국승)	진행 중
조심 2020부2145, 2021.1.25. 기각	부산지방법원2021구합21379, 2023.3.23.(국승)	부산고등법원2023누21112, 2023.12.13.(국승)	진행 중

위의 고등법원까지의 판결내용은 당초 세금계산서를 리스회사로 발급한 것은 선택의 문제이고 착오에 의해 발급한 것이 아니므로 확정신고기한으로부터 1년(2022.2.14. 이전 공급분은 확정신고기한)이 지난 후에는 수정세금계산서를 발급할 수 없다는 것이다. 서울행정법원의 판결을 요약하면 다음과 같다.

서울행정법원2021구합57537, 2022.11.25.

부가가치세법 시행령 제70조 제1항 제5호는 필요적 기재사항 등이 착오로 잘못 적힌 경우에는 처음에 발급한 세금계산서의 내용대로 세금계산서를 붉은색 글씨로 쓰거나 음(陰)의 표시를 하여 발급하고 수정하여 발급하는 세금계산서는 검은색 글씨로 작성하여 발급한다고 규정하고, 같은 항 제6호는 필요적 기재사항 등이 착오 외의 사유로 잘못 적힌 경우에는 작성방법은 위와 동일하되 다만 재화나 용역의 공급일이 속하는 과세기간에 대한 확정신고기한 다음날부터 1년 이내에 세금계산서를 작성하도록 규정하여 발급기한에 제한을 두고 있다.

부가가치세법 시행령 제69조 제8항은 납세의무가 있는 사업자가 여신전문금융업법 제3조에 따라 등록한 시설대여업자로부터 시설 등을 임차하고 그 시설 등을 공급자 또는 세관장으로부터 직접 인도받는 경우에는 법 제32조 제6항에 따라 공급자 또는 세관장이 그 사업자에게 직접 세금계산서를 발급할 수 있다고 규정하고 있다. **따라서 당초 세금계산서에 원고가 아닌 리스회사를 공급받는 자로 기재한 것은 그 의사에 따른 선택의 결과라고 봄이 상당하므로** 이 사건 공급과 관련하여 당초 세금계산서에 원고가 아닌 리스회사를 공급받는 자로 기재한 것은 착오에 의한 것으로 볼 수 없고, 실제로 재화를 공급한 상대방을 사실에 맞게 기재하여 당초 세금계산서를 발급한 것으로 봄이 상당하다. 결국 당초 세금계산서는 적법하게 발급된 것이고 달리 수정세금계산서 발급사유가 존재하지 않는다(착오 외 사유로 수정세금계산서를 발급할 수도 있으나, 그 발급기한에 제한이 있고 이 사건 수정세금계산서는 그 발급기한을 지나 발급된 것이어서 역시 수정세금계산서 발급 요건을 충족하지 않는다).

Chapter
85 판매후리스, 주의해야 할 세금계산서 발급방법

내용 Summary

기본사항 Check

- 납세의무가 있는 사업자가 신규로 제조하거나 구입한 시설 또는 사용하던 시설을 시설대여 회사에 판매한 후 그 시설을 리스하는 경우 당해 사업자는 **자기를 공급자 및 공급받는 자로 하여 세금계산서를 발급해야** 함
- 판매 후 리스거래의 경우에는 경정통지 이전에 공급자가 리스이용자인 자기에게 수정세금계산서를 발급한 경우에는 리스이용자는 매입세액을 공제받을 수 있음

핵심 Point

- 판매후리스 거래의 경우에는 공급자가 자기에게 세금계산서를 발급하는 점에 주의할 것

질문 »

수입자동차판매업을 하는 A법인은 2024.5.6.에 전시용 또는 시승용으로 사용할 자동차를 B리스회사에 매각하고 동시에 해당 자동차를 리스하여 사업에 사용하는 판매후리스계약을 체결하였다. A법인은 B리스회사를 공급받는 자로 하여 작성연월일 2024.6.29., 공급가액 1억원(부가가치세 1천만원 별도)으로 기재한 전자세금계산서를 2024.7.10.에 발급하였다.

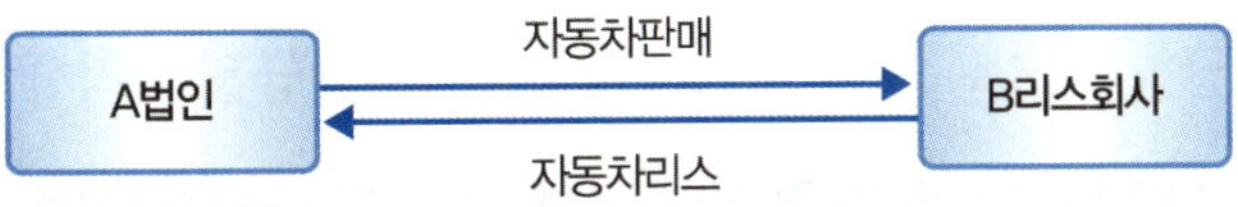

A법인은 자기에게 세금계산서를 발급하였다면 매입세액공제를 받을 수 있었는데, B리스회사에 세금계산서를 발급하여 매입세액을 공제받지 못한 것을 인지하였다. A법인은 2025.8. 21.에 B리스회사로 발급한 전자세금계산서에 대한 마이너스 수정세금계산서를 발급하고, 다음과 같이 세금계산서를 발급하였다. 이 세금계산서로 A법인이 경정청구를 하며 매입세액공제를 받을 수 있는가?

공급자	A법인
공급받는 자	A법인
작성연월일	2024.6.29.
공급가액	100,000,000원
부가가치세	10,000,000원

답변 및 해설 »

매입세액을 공제받을 수 있다.

당초 세금계산서상 재화 공급을 받는 자를 착오로 리스회사로 기재한 것이므로 기간에 구애됨 없이 수정세금계산서를 발급할 수 있으므로 **수정세금계산서를 발급하여 경정청구하면 매입세액공제를 받을 수 있다.**

핵심정리

판매후리스 거래에 대하여 리스회사로 세금계산서를 발급하였다가 확정신고기한으로부터 1년이 지난 후 리스이용자에게 수정세금계산서를 발급하고, 리스이용자를 그 세금계산서로 경정청구를 하는 경우가 있다. 관할 세무서에서 경정을 거부하면 심판청구를 하는데 조세심판원은 판매후리스의 경우 자기가 자기를 공급자와 공급받는 자로 적어 세금계산서를 발급하는 것은 매우 이례적인 것이므로 당초 세금계산서를 잘못 발행할 개연성이 높아 당초 세금계산서를 착오로 발급한 것으로 보아 **수정세금계산서의 발급을 인정**한 사례가 많다.

구 분	결 정
조심-2021-서-2571, 2022.5.3.	인용
조심-2021-광-0547, 2022.3.14.	인용
조심-2020-광-2780, 2022.1.10.	인용

조세심판원의 결정내용은 대부분 유사하므로 그 중 한 가지 사례를 살펴보자.

조심-2021-서-2571, 2022.5.3.

「부가가치세법 시행령」 제69조에 따른 리스거래에 대한 세금계산서 발급특례 제도는 리스이용자가 리스한 과세물품을 과세사업에 사용함에도 불구하고 부가가치세 매입세액을 공제받지 못하게 되는 불합리함을 해소하기 위한 것인 점, 판매후리스의 경우 일반적인 리스거래와 달리 자기가 자기 자신에게 세금계산서를 발행하는 매우 이례적인 형태로 일반 납세자는 단순히 재화의 소유권 이전 방향에 따라 세금계산서를 잘못 발행할 개연성이 높은 점, 경제적 합리성을 추구하는 영리법인의 특성상 본인에게 불리할 수 있는 당초 세금계산서 발급 행위는 본인의 의도와 다르게 착오로 발행되었을 여지가 큰 점, 이렇게 청구법인들에게 불리하게 착오로 발급한 세금계산서 내용을 수정하는 것은 제도 취지에 비추어 이를 용인할 여지가 충분한 점, 청구법인들이 쟁점차량을 매입할 때 이미 관련매입세액을 공제받았기 때문에 쟁점계약에 따라 쟁점차량을 리스회사에 공급하면서 부가가치세를 납부하고자 당초 세금계산서상 재화 공급을 받는 자를 착오로 리스회사로 기재한 것에 불과한 것으로 보이는 점, 청구법인들이 처분청의 경정통지 등 이전에 쟁점수정세금계산서를 작성 · 교부한 점 등에 비추어 이 건 쟁점수정세금계산서 발행은 당초 착오에 의해 잘못 발행한 당초 세금계산서를 수정한 행위로서 적법한 것으로 보이므로, 처분청이 청구법인들의 경정청구를 거부한 처분은 잘못이 있는 것으로 판단된다.

Chapter 86

잘못 기재한 세금계산서, 수정세금계산서 발급기한은?

내용 Summary

기본사항 Check

- 세금계산서의 필요적 기재사항 등이 착오로 잘못 적힌 경우(과세표준 또는 세액을 경정할 것을 미리 알고 있는 경우는 제외)에는 기간에 구애됨 없이 수정세금계산서를 발급할 수 있음
- 세금계산서의 필요적 기재사항 등이 착오 외의 사유로 잘못 적힌 경우(과세표준 또는 세액을 경정할 것을 미리 알고 있는 경우는 제외)에는 공급일이 속하는 과세기간에 대한 확정신고기한의 다음 날부터 1년 이내에 수정세금계산서를 발급하여야 함

핵심 Point

- 세금계산서의 필요적 기재사항 등이 잘못 기재된 경우에는 착오 여부에 따라 수정세금계산서 발급기간이 달라지는 점에 유의하여야 함

질문 »

다음은 건설업과 제조업을 영위하는 ㈜한국의 수정세금계산서와 관련된 내용이다.

1. 세금계산서 공급가액 과소기재

㈜한국은 2025.1.12. ㈜대한에 공사용역을 공급하고 공사대금을 정산하면서 ㈜한국으로부터 하도급을 받은 하도급업자가 발주자로부터 직접 받은 공사대금(이하 "직불금")을 포함한 금액을 공급가액으로 하는 세금계산서(공급가액 3억원)를 발급하였어야 하나 업무담당자의 착오로 인해 확정된 공사대금에서 직불금(1억원)을 제외한 공사가액만을 기재한 세금계산서(공급가액 2억원)를 발급한 사실이 발견되어 2025.3.12. 이를 시정하는 수정세금계산서(작성연월일 : 2025.1.12.)를 발급하려고 한다.

2. 세금계산서 공급가액 과다기재

㈜한국은 ㈜민국에 제품을 공급한 것에 대하여 2025.2.8. 공급가액이 57,000,000원인 세금계산서를 발급하였어야 하나, 담당자가 착오하여 공급가액 75,000,000원인 세금계산서를 2025.3.10.에 발급하였다. 2025.4.20. 담당자는 착오로 세금계산서를 발급한 사실을 확인하고 2025.4.20.에 수정세금계산서(작성연월일 : 2025.2.8.)를 발급하려고 한다.

㈜한국이 위와 같이 수정세금계산서를 발급하는 경우 ㈜한국에 지연발급가산세가, ㈜대한과 ㈜민국에 지연수취가산세가 부과되는가?

답변 및 해설 »

1. 세금계산서 과소기재

처음에 발급한 세금계산서의 공급가액이 업무담당자의 착오로 과소하게 기재되어 수정세금계산서를 발급하는 경우, 해당 수정세금계산서에 대하여 「부가가치세법」 제60조에 따른 가산세가 적용되지 아니한다(사전-2015-법령해석부가-0060 [법령해석과-], 2017.6.20.).

2. 세금계산서 과다기재

「부가가치세법」 제32조 및 제34조에 따라 발급한 세금계산서의 공급가액이 착오로 과다하게 기재되어 수정세금계산서를 발급한 경우, 같은 법 제60조 제2항 제1호에 따른 가산세를 적용하지 아니한다(사전-2023-법규부가-0236 [법규과-1142], 2023.5.2.).

핵심정리

1. 필요적 기재사항 등이 착오로 잘못 적힌 경우

필요적 기재사항 등이 착오로 잘못 적힌 경우에는 처음에 발급한 세금계산서의 내용대로 세금계산서를 붉은색 글씨로 쓰거나 음(−, 陰)의 표시를 하여 발급하고, 수정하여 발급하는 세금계산서는 검은색 글씨로 작성하여 발급한다. 다만, 다음 중 어느 하나에 해당하는 경우로서 과세표준 또는 세액을 경정할 것을 미리 알고 있는 경우는 수정세금계산서를 발급할 수 없다(부령 §70 ① (5)).

① 세무조사의 통지를 받은 경우

② 세무공무원이 과세자료의 수집 또는 민원 등을 처리하기 위하여 현지출장이나 확인업무에 착수한 경우

③ 세무서장으로부터 과세자료 해명안내 통지를 받은 경우

④ 그 밖에 위의 '①'부터 '③'까지에 따른 사항과 유사한 경우

2. 필요적 기재사항 등이 착오 외의 사유로 잘못 적힌 경우

필요적 기재사항 등이 착오 외의 사유로 잘못 적힌 경우에는 재화나 용역의 공급일이 속하는 과세기간에 대한 확정신고기한의 다음 날부터 1년 이내(2022.2.14. 이전 공급분은 확정신고기한까지) 세금계산서를 작성하되, 처음에 발급한 세금계산서의 내용대로 세금계산서를 붉은색 글씨로 쓰거나 음(陰)의 표시를 하여 발급하고, 수정하여 발급하는 세금계산서는 검은색 글씨로 작성하여 발급한다. 다만, 위의 단서와 같이 과세표준 또는 세액을 경정할 것을 미리 알고 있는 경우는 수정세금계산서를 발급할 수 없다(부령 §70 ① (6)).

필요적 기재사항이 잘못 적힌 경우 수정세금계산서 발급 비교

구 분	필요적 기재사항이 착오로 잘못 적힌 경우	필요적 기재사항이 착오 외의 사유로 잘못 적힌 경우
수정세금계산서 발급기한	제한 없음	확정신고기한의 다음 날부터 1년까지
발급방법	처음에 발급한 세금계산서의 내용대로 세금계산서를 붉은색 글씨로 쓰거나 음(-)의 표시를 하여 발급하고, 수정하여 발급하는 세금계산서는 검은색 글씨로 작성	좌 동
발급제한	경정할 것을 미리 알고 있는 경우에는 수정발급 금지	좌 동

Chapter 87

사고 차량 보험처리 시, 정비용역에 대한 세금계산서는 누구에게 발급하나?

내용 Summary

기본사항 Check

- 보험사고 자동차에 대한 수리용역을 제공하는 사업자는 해당 용역대가의 지급자 또는 차량의 소유자 여부에 관계없이 실제 자기 책임하에 자동차수리용역을 제공받는 자에게 세금계산서를 발급하여야 함
- 보험업을 영위하는 사업자가 보험계약자에게 보험금을 지급하는 경우 당해 보험금에 부가가치세를 포함할 것인지에 대하여는 거래 당사자 간에 결정할 사항임

핵심 Point

- 보험사고로 자동차를 수리하는 경우 자기 책임하에 수리용역을 제공받는 자에게 세금계산서를 발급해야 하는 점에 유의해야 함

질문 »

다음 각 사례별로 물음에 답하시오.

1. 보험회사가 사고차량 수리비를 지급하는 경우 부가가치세의 부담 여부

서울정비소는 ㈜종로에 차량수리용역을 제공하였다. 서울정비소는 차량 수리 완료 후 ㈜종로에 세금계산서를 발급하고 수리비를 보험회사에 청구하였으나, 보험회사는 ㈜종로는 과세사업자로서 발급받은 세금계산서로 매입세액 공제를 받을 수 있으므로 부가가치세 상당액은 ㈜종로로부터 받으라고 주장하고 있다. **보험회사가 사고차량 수리비를 가해차량 소유자를 대신하여 지급하는 경우 수리비에 대한 부가가치세를 누구로부터 받아야 하는가?**

2. 보험가입 차량 수리 시 세금계산서 발급 상대방

자동차대여업을 영위하는 한국렌트의 차량이 교통사고로 파손되어 한국렌트가 자기 책임하에 차량을 수리하였다. 가해자 보험사가 부담하여야 할 수리비인 550만원에 대하여 가해자 보험사는 500만원을 정비공장에 지급하고 한국렌트가 부가가치세 50만원을 정비공장에 지급하였다. 가해자 보험사는 일반적으로 보험약관에 따라 수리비를 피해자에게 지급하지 않고 정비공장에 직접 지급한다. **이 경우 정비업자는 정비용역에 대한 세금계산서를 누구에게 발급해야 하는가?**

답변 및 해설 »

1. 보험회사가 사고차량 수리비를 지급하는 경우 부가가치세의 부담 여부

보험업을 영위하는 사업자가 보험계약자에게 보험금을 지급하는 경우 당해 보험금에 부가가치세를 포함할 것인지에 대하여는 **거래 당사자 간에 결정할 사항**이다(부가46015-2221, 1999.7.30.).

2. 보험가입 차량 수리 시 세금계산서 발급 상대방

차량정비사업자가 보험사고차량에 대한 정비용역을 제공하는 경우 해당 용역대가의 지급자 또는 해당 차량의 소유자 여부에 관계없이 **실제로 자기 책임하에 차량수리용역을 제공받는 자**에게 세금계산서를 발급한다(서면-2017-부가-0432 [부가가치세과-784] 생산일자 : 2017.3.30.).

핵심정리

보험사고 자동차에 대한 수리용역

보험사고 자동차에 대한 수리용역을 제공하는 사업자는 해당 용역대가의 지급자 또는 해당 차량의 소유자에 관계없이 실제 자기의 책임으로 자동차 수리용역을 제공받는 자에게 세금계산서를 발급한다(부집 32-69-1 ②, 부가가치세과-868, 2013.9.23.).

차량정비 사업자가 자동차 수리용역을 공급하는 경우 그 공급시기는 수리용역의 제공이 완료되는 때로 하는 것이나, 수리용역에 대한 대가가 확정되지 아니한 경우에는 수리용역의 제공이 완료되고, 그 공급가액이 확정되는 때로 한다(부가가치세과-592, 2013.6.28.; 부가 22601-632, 1989.5.8.).

내 용	공급받는 자
피보험자 청구에 의하여 **보험회사의 책임하에 수리해 주는 경우**에는 정비사업자는 보험회사에 수리용역을 공급한 것이므로 정비사업자는 보험회사에게 세금계산서를 발급해야 한다(부가가치세과-855, 2014.10.24.).	보험회사
피보험자(가해자)가 피해자에게 원상복구해 주기로 하고 **피보험자 책임하에 수리용역을 제공받는 경우**에는 정비사업자는 피보험자에게 용역을 공급한 것이므로 정비사업자는 피보험자(가해자)에게 세금계산서를 발급하여야 한다(부가 46015-2221, 1999.7.30.).	피보험자 (가해자)
피해자가 자기 책임하에 수리용역을 제공받고 가해자(피보험자)로부터 배상금을 지급받는 경우에는 피해자가 본인의 사고차량을 자기 책임하에 수리하는 것이므로 정비업자는 피해자에게 세금계산서를 발급한다.	피해자

PART 07

납부세액

이슈별 부가가치세 실무사례

QnA

88 부가가치세 신고 시 공제받지 못한 매입세액 공제방법은?
89 구 건물 철거비용에 대한 매입세액, 공제되나?
90 도로개설비에 대한 매입세액의 처리방법은?
91 주의해야 할 타인 소유 토지의 자본적 지출에 대한 세무처리는?
92 임직원에게 무상임대하는 사택의 매입세액, 공제되나?
93 주식 취득 관련 매입세액은 공제대상인가?
94 골프회원권 매입세액도 공제되나?
95 임직원의 신용카드 사용분도 매입세액 공제되나?
96 주의해야 할 온라인 플랫폼사업자가 발급한 신용카드매출전표
97 간이과세자로부터 받은 세금계산서, 매입세액 불공제대상인가?
98 DDP(관세지급인도)조건 재화 수입, 매입세액 공제되나?
99 수탁자가 부가가치세 신고의무자인 신탁, 위탁자가 받은 세금계산서도 공제되나?
100 공급가액을 부풀려 적은 세금계산서, 매입세액 공제되나?
101 대형할인점의 베이커리류 제조, 음식점인가, 제조업인가?
102 제품의 폐기처분, 의제매입세액의 추징사유인가?
103 계산서나 신용카드매출전표가 없는 농어민 직거래, 의제매입세액 공제되나?
104 직매장 반출분이 있는 경우 의제매입세액 공제한도 계산방법은?
105 면세사업자가 건물의 일부를 임대한 경우 과세사업 전환 매입세액 공제방법은?
106 간이과세자가 일반과세자로 전환되는 경우 재고매입세액 공제방법은?
107 회수불능한 매출채권을 이용한 절세방법은?
108 회생계획인가결정에 따라 출자전환 후 무상소각, 대손세액 공제는?
109 매출처가 공제받은 대손세액 공제, 매입자에 대한 제재는?
110 매출채권의 소멸시효는 언제?

Chapter 88

부가가치세 신고 시 공제받지 못한 매입세액 공제방법은?

내용 Summary

기본사항 Check

- 제1기 신고기한 : 예정신고 4.25., 확정신고 7.25.
- 제2기 신고기한 : 예정신고 10.25., 확정신고 다음 해 1.25.
- 매입신고 누락분 환급신청기한 및 가산세

구 분	환급신청 기한	가산세
정기(수정)신고분	법정신고기한으로부터 5년 내	없음
과세관청 결정 · 경정분	해당 처분이 있음을 안 날부터 90일 이내	

- 과세관청의 결정기한 : 환급신청일부터 2개월 이내 결과통지
- 불복청구 : 과세관청으로부터 결과통지를 받지 않거나 거부통지 시 불복청구 가능함

핵심 Point

- 매입세금계산서 발급시기에 따른 매입세액 공제 여부
  ① 공급시기에 발급된 세금계산서 경정청구 → 환급결정됨
  ② 공급시기 전 발급된 세금계산서 경정청구 → 6개월 내 공급기 도래, 대금수수 등 공제요건 검토
  ③ 공급시기 후 발급(1년 내)된 세금계산서 경정청구 → 가산세 적용, 실질거래 여부 확인
- 매입 · 매출 세금계산서를 동시에 신고 누락하고 매입세액이 더 큰 경우 : 가산세 없음
  ① 매입세금계산서 누락분 가산세 → 없음
  ② 매출세금계산서 누락분 가산세 → 매출처별세금계산서합계표 미제출(0.5%) · 지연제출(0.3%) 가산세 부과됨. 다만, 전자세금계산서 발행분은 가산세 없음(부법 §54 ②)
  ③ 신고불성실 · 납부지연가산세 부과되지 아니함. 다만, 납부세액이 있는 경우 부과됨

질문 »

㈜한국은 의류 제조업을 경영하고 있으며, 2025.3.31. 거래처로부터 원자재를 공급받고 대가로 1억원(부가가치세 별도)을 지급하였다. 다음 물음에 답하시오.

1. 2025.4.10. 적법하게 세금계산서를 수령하였으나, 2025.1기 부가가치세 예정신고 시 누락하여 2025.7.25. 확정신고 시 이를 반영하여 신고한 경우 매입세액공제 여부 및 가산세는?
2. 2025.4.10. 적법하게 세금계산서를 수령하였으나, 2025.12.20. 경리직원이 원자재 대금과 세금계산서를 검토하던 중 매입세금계산서 신고누락을 발견하고 경정청구한 경우 매입세액공제 여부 및 가산세는?
3. 2025.3.31. 원자재 구입과 관련하여 거래처에서 세금계산서를 2025.12.20. 발급하여 주어 2025.12.21. 2025.1기분에 대한 부가가치세 경정청구를 한 경우 매입세액공제 여부 및 가산세는?
4. 2025.3.31. 원자재 구입과 관련하여 거래처의 부도로 매입세금계산서를 발급받지 못하여 2025.12.28. 관할 세무서에 거래사실확인 신청을 하여 매입자발행세금계산서를 발급하여 경정청구한 경우 매입세액공제 여부 및 가산세는?
5. 2025.3.31. 원자재 구입하고 제품을 50,000,000원에 판매하여 2025.4.10. 적법하게 전자세금계산서를 수수하였으나, 경리담당의 실수로 2025.1기 예정신고 시 누락하여 확정신고 시 예정신고누락분으로 기재하여 신고한 경우 매입세액공제 여부 및 가산세는?

PART 07 납부세액

답변 및 해설 »

1. **예정신고기간에 발급받은 세금계산서를 신고하지 못한 경우에는 일반적으로 확정신고 시 예정신고 누락분으로 반영하여 신고한다. 이때 주의할 사항은 매출 누락분은 납부를 지연하였으므로 가산세가 부과되지만 매입 누락분은 환급을 늦게 받으므로 가산세를 적용하지 아니한다.**

   위 사례에서 ㈜한국이 적법하게 발급받은 세금계산서를 예정신고 누락하여 확정신고 시 반영하는 경우에는 매입세액 공제가 되고 가산세는 없다.

2. **예정신고 누락분은 확정신고 이후에 발견한 경우 경정청구에 의하여 환급받을 수 있으며 가산세는 적용되지 아니한다.**

   위 사례에서 ㈜한국이 적법하게 발급받은 세금계산서를 확정신고 이후에 발견하여 경정청구한 것으로 매입세액공제가 가능하며, 가산세는 없다.

3. **공급시기에 세금계산서를 발급받지 못한 경우에는 공급시기가 속하는 확정신고기한 다음 날부터 1년 내에 발급받으면 매입세액공제가 가능하다. 다만, 매출자는 세금계산서미발급가산세(2%)가 적용되고 매입자는 지연수취에 따른 가산세로 공급가액의 0.5%를 부과한다.**

   위 사례에서 2025.3.31. 원자재를 공급받고 세금계산서를 2025.12.20.에 지연발급하여 경정청구한 경우 매입세액 공제를 받을 수 있다. 다만, 세금계산서 지연수취가산세(0.5%)가 부과된다.
   따라서 환급받을 금액은 매입세액 10,000,000원에서 가산세 500,000원을 제외한 9,500,000원이 된다.

   * 100,000,000원×10% − 100,000,000원×0.5%=9,500,000원

4. **거래처가 부도 등으로 세금계산서를 발급받지 못한 경우에는 공급시기가 속하는 과세기간 종료일부터 1년 내에 매입자 발행을 통해 환급신청할 수 있다. 주의할 점은 매출자는 세금계산서미발급가산세(2%)가 부과되고, 매입자는 가산세가 적용되지 아니한다는 것이다.**

   위 사례에서 2025.3.31. 원자재를 공급받고 세금계산서를 2025.12.28.에 관할 세무서에 거래사실확인 신청을 거쳐 매입자발행세금계산서를 발급하여 경정청구한 경우 매입세액을 공제받을 수 있고 가산세는 없다.
   따라서 환급받을 금액은 매입세액 10,000,000원이 된다.

5. 예정신고 시 매출 · 매입세금계산서 동시 누락으로 확정신고에 포함하여 신고 시 추가로 납부할 세액은 없고 환급이 발생하는 경우 국세기본법에 따른 신고불성실가산세와 납부불성실가산세는 부과되지 않으나, 매출처별 세금계산서합계표 지연제출가산세(0.3%)는 부과된다. 다만, 공급시기에 적법하게 전자세금계산서를 발행한 경우에는 지연제출가산세를 부과하지 아니한다.

위 사례에서 2025.3.31. 원자재를 공급받고 제품을 공급하여 전자세금계산서를 적법하게 수수하였으나, 예정신고 시 누락하여 확정신고 시 반영한 경우에는 매입세액을 공제받을 수 있고 가산세는 없다.

따라서 환급받을 금액은 매입세액 5,000,000원이 된다.

* 50,000,000원×10% – 100,000,000원×10%=–5,000,000원

PART 07 납부세액

핵심정리

<table>
<tr><th>구 분</th><th>내 용</th></tr>
<tr><td>부가가치세 신고기한</td><td>• 예정신고 기한 : 사업자는 예정신고기간이 끝난 후 25일 이내에 과세표준과 납부세액 또는 환급세액을 납세지 관할 세무서장에게 신고하여야 한다(부법 §48 ①).
• 확정신고 기한 : 사업자는 각 과세기간의 과세표준과 납부세액(또는 환급세액)을 그 과세기간이 끝난 후 25일 이내에 관할 세무서장에게 신고하여야 한다.
<table><tr><th>구 분</th><th>예정과세기간</th><th>예정신고기한</th><th>확정과세기간</th><th>확정신고기한</th></tr><tr><td>제1기</td><td>1.1~3.31</td><td>4.25</td><td>4.1~6.30</td><td>7.25</td></tr><tr><td>제2기</td><td>7.1~9.30</td><td>10.25</td><td>10.1~12.31</td><td>다음 해 1.25</td></tr></table></td></tr>
<tr><td>매입세액 환급청구</td><td>• 환급청구 기한 : 법정신고기한 내에 신고한 사업자는 법정신고기한이 지난 후 5년 이내에 관할 세무서장에게 환급을 청구할 수 있다(국기법 §45의 2 ①).
• 예정신고 누락분 : 경정청구하거나 확정신고에 포함하여 예정신고누락분으로 신고하면 매입세액을 공제하며, 가산세는 부과되지 아니한다.[1]
* 확정신고기한이 지나서 환급청구 시 확정신고기한이 경과된 날로부터 5년 이내 가능
• 수정신고분 : 수정신고를 한 경우에도 법정신고기한으로부터 5년 내에는 매입세액 누락에 따른 환급청구를 할 수 있다.[2]
• 과세관청의 결정·경정분 : 해당 처분이 있음을 안 날(처분의 통지를 받은 때에는 그 받은 날)부터 90일 이내(법정신고기한이 지난 후 5년 이내로 한정)에 경정청구할 수 있다.
• 지연수취 세금계산서 : 재화·용역의 공급시기에 세금계산서를 발급하여야 하나, 공급시기가 속하는 확정신고기한 다음 날부터 1년 내에 발급받은 세금계산서는 매입세액 공제 가능하다(부령 §75 (7)).
* 2025.3.31. 재화를 공급하고 2026.7.25.까지 세금계산서를 발급받은 경우 매입세액 공제
• 매입자 발행 세금계산서 : 재화·용역을 공급받고 대금을 지불하였으나 세금계산서를 발급받지 못한 경우 공급시기가 속하는 과세기간 종료일부터 1년 내에 매입자 발행을 통해 환급신청할 수 있다(부령 §71의 2).
* 2025.3.31. 재화를 공급하고 2026.6.30.까지 매입자발행 신청하여 발급한 세금계산서는 매입세액 공제</td></tr>
</table>

1) 서삼 46015-10673, 2003.4.21.; 서면법규-385, 2013.4.3.
2) 재조세 46019-135, 2003.4.7.

구 분	내 용
매입세액 환급청구	• 과세관청의 결과통지 : **청구를 받은 날부터 2개월 이내**에 결과**통지**하여야 하며 **2개월 이내 결정하지 못한 경우** 청구인은 그 **다음 날부터 불복청구**를 할 수 있다.
경정청구 환급쟁점	• 예정신고 누락분의 경정청구기한 경과 여부 : 확정신고기한으로부터 5년 내 * ㈜한국이 2025.3.31. 발급받은 세금계산서 신고누락 시 경정청구기한 : 2030.7.25.
	• 지연수취 세금계산서의 적정 여부 : 세금계산서를 지연수취하여 경정청구하는 경우 과세관청에서는 재화 · 용역을 실질적으로 공급받았는지, 대금수수는 적정하게 이루어졌는지 구체적인 확인을 거쳐 적정 여부를 판단한다.
	• 공제받지 못할 매입세액 여부 : 토지의 자본적 지출이나 과세 · 면세 안분계산의 적정 여부를 검토한다.

Chapter 89

구 건물 철거비용에 대한 매입세액, 공제되나?

내용 Summary

기본사항 Check

- **과세사업용 건물 철거비용 관련 매입세액 공제 여부**
  ① 리모델링 등 신축하기 위해 철거 : 건물을 철거하고 받은 세금계산서는 매입세액 공제
  ② 토지만 사용하기 위해 철거 : 토지만 사용하기 위해 건물을 철거하는 경우 매입세액 불공제
- **건물 취득 후 철거비용 관련 매입세액 공제 여부**
  ① 건물을 신축하기 위해 구 건물 철거 : 토지 관련 매입세액으로 매입세액 불공제
  ② 일시적 임대 후 구 건물 철거 : 일시적으로 과세사업에 사용 후 건물을 철거한 경우 토지만 사용하기 위한 것으로 보아 매입세액 불공제
  ③ 상당기간 과세사업에 사용한 후 구 건물 철거 : 과세사업에 사용한 후 건물을 철거한 경우 매입세액 공제 가능함

핵심 Point

- 건물을 취득하여 철거하는지 여부
  ① 건물을 취득하여 철거 → 토지 관련 매입세액으로 보아 매입세액 불공제
  ② 과세사업에 사용하던 건물을 철거 → 과세사업 관련으로 매입세액 공제
- 건물을 취득하여 일시적으로 임대하였는지 여부
  ① 일시적으로 임대 후 철거 → 토지 관련 매입세액으로 보아 매입세액 불공제
  ② 상당기간 임대 후 철거 → 과세사업에 사용하던 건물 철거비용으로 보아 매입세액 공제

질문 »

㈜한국은 상가 임대업과 부동산 신축판매업을 주업으로 사업을 경영하고 있다. 다음 물음에 답하시오.

1. ㈜한국은 상가 임대건물이 오래되어 철거하고 새롭게 리모델링하면서 건물 철거비용 3억원이 발생하였는데 발급받은 세금계산서에 대해 매입세액을 공제받을 수 있는가?

2. ㈜한국은 부동산을 신축판매하기 위하여 구 건물을 취득하여 철거하면서 발급받은 세금계산서 3억원에 대한 매입세액을 공제받을 수 있는가?

3. ㈜한국은 부동산을 신축판매하기 위하여 구 건물을 취득한 후 일정기간 임대하다가 건물을 철거하면서 발급받은 세금계산서 3억원에 대한 매입세액을 공제받을 수 있는가?

답변 및 해설 »

1. 사업자가 과세사업에 사용하던 건축물을 철거하고 주상복합건물을 신축 · 분양하는 경우 기존 건축물 철거비용 관련 매입세액은 매출세액에서 공제된다.[3)]

위 사례에서 기존 건물을 리모델링하기 위한 철거비용은 건물에 대한 자본적지출로 보아 매입세액 30,000,000원을 전액 공제받을 수 있다. 다만, 기존 건물을 철거하고 토지만 사용하는 경우에는 철거비용에 대한 매입세액은 토지 관련 매입세액으로 공제받을 수 없다.

2. 건물을 신축하여 판매할 목적으로 기존건축물을 매입하는 경우 철거비용에 대한 부가가치세 매입세액은 토지의 조성을 위한 자본적 지출에 해당되므로 공제받을 수 없다.[4)]

위 사례에서 건물을 신축하기 위해 기존건축물을 취득하여 철거비용하고 받은 세금계산서는 토지에 대한 자본적지출로 보아 매입세액을 공제받을 수 없다.

3. 부가가치세 과세사업을 영위할 목적으로 구건물을 취득하고 상당한 과세기간이 경과한 후에 건물 노후화로 구 건물을 철거한 경우에는 구건물의 취득과 철거관련 매입세액은 공제가 가능하다.[5)]

위 사례에서 건물을 신축하기 위해 기존건축물을 취득한 후 일정기간 건물을 임대에 사용하다가 철거하고 받은 세금계산서는 과세사업 관련 매입세액으로 공제받을 수 있다. 다만, 취득 건물을 일시적으로 임대에 사용하다가 철거하는 경우에도 매입세액을 공제받을 수 없다.

3) 서면-2019-법령해석부가-2319, 2020.3.3.; 부가-316, 2010.10.5.
4) 서삼46015-12176, 2002.12.17.
5) 서면-2015-부가-1303, 2015.7.29.

핵심정리

<table>
<tr><th>구 분</th><th>내 용</th></tr>
<tr><td rowspan="3">건물 철거비용의
매입세액
공제범위</td><td>• 토지 관련 매입세액 : 토지의 취득가액을 구성하는 지출과 관련된 매입세액은 공제받을 수 없다. 또한, 건물 신축용 토지인 경우 건축공사를 위한 굴착 이전단계에 발생한 지출은 모두 토지의 취득가액으로 매입세액이 공제되지 아니한다.
* 예 토지구입비용, 중개수수료, 토지 취득 관련 자문비용, 구 건물 철거비용 등</td></tr>
<tr><td>• 구 건물취득과 철거비용에 대한 매입세액 공제 여부
① 토지사용 목적 건물취득 : 건물을 신축하기 위해 구 건물을 취득하면서 받은 세금계산서와 이를 철거하면서 받은 세금계산서는 매입세액이 공제되지 않는다.
② 과세사업 사용 후 철거 : 과세사업에 사용하는 경우 건물취득분 세금계산서는 매입세액 공제받고, 이를 철거한 경우 철거비용에 대한 세금계산서도 매입세액 공제받을 수 있다.
③ 일시적 임대 후 건물철거 : 건물취득과 철거비용에 대한 세금계산서는 매입세액이 공제되지 아니한다. 다만, 상당기간 지나서 철거한 경우 매입세액을 공제받을 수 있다.[6)]</td></tr>
<tr><td>• 기존 건물 철거비용 : 건물이 오래되어 리모델링하기 위해 이를 철거하고 받은 세금계산서는 매입세액이 공제된다.

구 건물 철거 시 장부가액과 철거비용의 처리
<table><tr><th>구 분</th><th>구건물의 장부가액과 철거비용</th><th>매입세액</th></tr><tr><td>토지만 사용하거나
건물신축용으로 구입한 경우</td><td>토지의 취득가액</td><td>불공제</td></tr><tr><td>기존에 사용하던 건물인 경우</td><td>당기비용</td><td>공제</td></tr></table></td></tr>
<tr><td rowspan="2">건물 철거비용의
매입세액
공제 쟁점</td><td>• 기존 건물의 철거비용은 리모델링 등 건물을 위한 것으로 매입세액 공제한다.</td></tr>
<tr><td>• 취득한 건물의 철거비용은 새로운 건물 신축 등 토지만 사용하기 위한 비용인 경우에는 매입세액 불공제하나, 상당한 기간 임대 등 과세사업에 사용하다가 철거하는 경우에는 매입세액이 공제된다.</td></tr>
</table>

6) 서면-2021-법령해석부가-0080, 2021.4.29.

Chapter 90

도로개설비에 대한 매입세액의 처리방법은?

내용 Summary

기본사항 Check

- **사업장 내부의 도로개설** : 과세사업과 관련된 구축물로 보아 매입세액 공제됨
- **사업장 외부의 도로개설** : 인허가 조건으로 사업장 외부에 개설하는 도로는 토지 관련 매입세액으로 불공제됨
- **지하공공시설의 도로개설** : 지하공공시설을 설치하여 국가나 지방자치단체에 기부채납하는 경우 건물분은 매입세액 공제되고 토지분은 매입세액 불공제됨

핵심 Point

- 사업장 내부의 도로를 개설하는지 여부
  ① 내부의 도로개설 : 사업장의 구축물로 보아 매입세액 공제
  ② 외부의 도로개설 : 인허가 조건의 도로개설로 매입세액 불공제

질문 »

㈜한국은 오피스텔 신축판매과 골프장 운영업을 경영하고 있다. 다음 물음에 답하시오.

1. ㈜한국이 오피스텔을 신축하면서 울타리 내의 도로개설을 하면서 10억원(부가가치세 별도)의 공사비가 발생하여 2025.6.1. 대금을 지급하고 세금계산서를 발급받아 2025년 1기 확정신고 시 매입세액을 공제 신고한 경우 적정 여부는?

2. ㈜한국은 지방자치단체로부터 골프장 허가 조건으로 골프장 진입도로를 개설하여 지방자치단체에 기부하기로 하고, 10억원(부가가치세 별도)의 공사비가 발생하여 2025.6.1. 대금을 지급하고 세금계산서를 발급받아 2025년 1기 확정신고 시 매입세액을 공제 신고한 경우 적정 여부는?

답변 및 해설 »

1. 도로는 일정기간마다 포장공사를 다시 하여야 하므로 내용연수가 영구적인 것이 아니므로 사업장 내부의 도로공사비는 구축물로 보아 매입세액을 공제한다.

위 사례에서 오피스텔 신축과 관련하여 울타리 내의 도로를 개설하고 받은 세금계산서는 구축물로 보아 매입세액을 매출세액에서 공제하여 신고한 내용은 적법하다.

2. 공장이나 골프장 진입도로를 개설하여 국가나 지방자치단체에 기부하는 경우 토지 관련 자본적 지출로 보아 매입세액을 불공제한다.

위 사례에서 골프장 허가 조건으로 진입도로를 개설하여 지방자치단체에 기부하기로 하고 도로를 개설하는 경우 해당 사업장과 관련 없는 토지 관련 자본적 지출로 보아 매입세액을 불공제한다.

따라서 도로개설과 관련하여 받은 세금계산서의 매입세액을 매출세액에서 공제하여 신고한 내용은 적법하지 않아 매입세액 1억원에 대하여 불공제되고, 신고불성실 · 납부지연 가산세가 부과된다.

핵심정리

<table>
<tr><th>구 분</th><th>내 용</th></tr>
<tr><td rowspan="2">토지 관련
매입세액의 범위
(부집 39-80-1)</td><td>• 토지 관련 비용으로 보아 매입세액 불공제하는 사례
① 공장건물 신축을 위하여 임야에 대지 조성공사한 비용 관련 매입세액
② 토지의 취득을 위하여 지급한 중개수수료, 감정평가비, 컨설팅비, 명의이전비용에 관련된 매입세액
③ 과세사업을 하기 위한 사업계획 승인 또는 인·허가 조건으로 사업장 인근에 진입도로를 건설하여 지방자치단체에 무상으로 귀속시킨 경우 진입도로 건설비용 관련 매입세액(기재부 부가-801, 2011.11.23.)</td></tr>
<tr><td>• 토지 관련 비용으로 보지 않아 매입세액 공제되는 사례
① 공장 또는 건물을 신축하면서 건축물 주변에 한 조경공사 관련 매입세액
② 과세사업에 사용하기 위한 지하건물을 신축하기 위하여 지하실 터파기에 사용된 중기사용료, 버팀목 및 버팀 철근 등에 관련된 매입세액
③ 토지와 구분되는 감가상각자산인 구축물(옹벽, 석축, 하수도, 맨홀 등) 공사 관련 매입세액
④ 공장 구내의 토지 위에 콘크리트 포장공사를 하는 경우 관련 매입세액</td></tr>
<tr><td rowspan="3">도로개설비의
매입세액
공제범위</td><td>• 사업장 내부의 도로공사비 : 사업자가 부가가치세가 과세되는 건물을 신축·판매하기 위하여 건물주변에 포장공사를 한 경우 당해 공사와 관련된 매입세액은 자기의 매출세액에서 공제한다.[7]</td></tr>
<tr><td>• 사업장 외부의 도로공사비 : 공장이나 골프장 진입도로를 개설하여 국가나 지방자치단체에 기부하는 경우 토지 관련 자본적 지출로 보아 매입세액 불공제한다.[8]
<table><tr><th>구 분</th><th>내 용</th><th>매입세액</th></tr><tr><td>사업장 내부에 도로를 개설한 경우</td><td>구축물의 취득가액</td><td>공제</td></tr><tr><td>진입도로를 개설하여 국가 등에 기부하는 경우</td><td>토지의 취득가액</td><td>불공제</td></tr></table></td></tr>
<tr><td>• 지하공공시설 기부채납 : 「도시 및 주거환경정비법」에 의하여 인가받은 사업시행자가 인가 조건에 따라 지하공공보도시설을 설치하여 구청에 기부채납하는 경우 해당 시설 관련 매입세액 중 토지의 취득원가를 구성하는 비용에 관련된 매입세액은 매출세액에서 공제하지 아니한다.[9]</td></tr>
</table>

7) 서삼46015-10553, 2002.4.2.
8) 재부가-786, 2011.12.13.
9) 법규부가2013-427, 2013.10.31.

Chapter 91

주의해야 할 타인 소유 토지의 자본적 지출에 대한 세무처리는?

내용 Summary

기본사항 Check

- 토지 임차인이 토지조성공사를 하고 임대인에게 소유권 이전하는 경우 세무처리

① 임차인의 토지조성공사 등에 따른 공급시기 및 공급가액

구 분	공급시기	공급가액
토지조성공사	용역제공 완료일	시가
건물신축 후 양도	소유권이전등기일, 사용승인일 중 빠른 날	시가
토지·건물 기부채납	기부채납을 완료한 때	기부채납가액

② 토지조성공사 등에 따른 임차인·임대인이 발급받은 세금계산서 매입세액 공제 여부

구 분	토지조성공사	건물신축 후 양도
임차인	매입세액 공제(임대료 대가)	
임대인	매입세액 불공제(토지 자본적지출)	매입세액 공제(건물 자본적지출)

- 임대인이 제공한 토지 임대용역의 공급시기 및 공급가액

구 분	공급시기	공급가액
월 임대료	대가를 받기로 하는 때	그 대가
토지조성공사 등	예정신고·확정신고기간 종료일	시가를 임대기간으로 나눈 가액*
계		월 임대료 + 공사시가의 귀속분

* 「민간투자법」의 BOT방식으로 국가·지방자치단체에 기부채납하는 경우 시설물 설치가액

* 예 건물신축 시가 30억원으로 2025.1.1.부터 10년간 사용, 월 임대료 50만원인 경우 2025.1기 예정신고 시 임대료 신고가액 : 50만원×3+30억원×3/120개월 = 76,500,000원

핵심 Point

- 토지조성공사를 누가하였는지에 따른 매입세액 공제 여부

① 토지 소유자가 토지조성하고 받은 세금계산서 : 토지 관련 매입세액 불공제

② 토지 임차인이 토지조성하고 받은 세금계산서 : 토지 임대료에 대한 대가로 매입세액 공제됨

• 토지조성공사에 대한 임대료 상당액의 공급시기 → 예정신고기간 또는 확정신고기간의 종료일

* 공급시기 : 제1기는 3.31., 6.30.이고, 제2기는 9.30., 12.31.임

질문 »

1. ㈜한국은 건설업과 골프장 운영업을 경영하고 있고, ㈜대한은 부동산임대업을 경영하고 있다. ㈜한국은 ㈜대한 소유의 토지를 임차하여 골프장으로 조성한 후 20년간 사용하되, 조성한 골프장은 ㈜대한에 완공 시 소유권을 이전한다는 내용의 계약을 체결하고 토목공사와 토사매입 등의 토지 조성공사를 하였다. 다음 물음에 답하시오.
   (1) ㈜한국이 토지 조성과 관련된 매입세액 공제를 받을 수 있는가?
   (2) ㈜대한이 ㈜한국으로부터 발급받은 토지 조성 관련 세금계산서는 매입세액 공제 가능한가?
   (3) ㈜한국이 공급한 토지조성공사의 공급시기 및 공급가액은?
   (4) ㈜대한이 제공하는 토지의 임대와 관련된 부동산임대의 공급시기 및 공급가액은?

2. ㈜한국은 지방자치단체로부터 토지를 임차하여 BOT 방식으로 토지조성 등 시설물을 건설하여 2025.5.8.부터 5년간 사용 후 시설물(설치가액 500만원, 지방재정법상 기부채납가액 600만원)을 지방자치단체에 2030.5.8. 기부채납 절차를 완료하여 소유권을 이전하고 시설 이용기간 동안 100만원의 임대료를 지급하기로 하였다. 다음 물음에 답하시오.
   (1) ㈜한국의 시설물 기부채납에 따른 공급시기 및 공급가액은?
   (2) 지방자치단체가 제공하는 임대용역에 대한 공급시기 및 공급가액은?

답변 및 해설 »

1. 토지는 면세대상이므로 이와 관련된 매입세액은 공제하지 아니한다. 하지만, 타인 소유 토지를 임차하여 토지조성공사를 하는 경우 토지 소유자에게 토지조성용역을 제공한 것으로 보아 관련 매입세액은 공제받을 수 있다.

(1) ㈜한국이 골프장 토지조성공사를 하여 20년간 골프장을 경영하다가 ㈜대한에 소유권을 이전하는 계약은 토지조성 등 개발용역을 ㈜대한에 유상으로 공급한 것으로 보아 부가가치세가 과세되고, 건설 관련 매입세액은 임대료 성격으로 매입세액 공제된다.

(2) 토지 소유자 ㈜대한은 ㈜한국으로부터 골프장 조성관련 시설을 일정기간 사용 후 기부받는 형식으로 공급받은 경우 해당 토지조성공사는 토지 관련 매입세액으로 매출세액에서 공제되지 아니한다.

(3) ㈜한국이 ㈜대한에게 제공한 골프장 토지조성공사에 대한 공급시기는 용역의 제공 완료일이 되며, 공급가액은 제3자 간의 거래에 따른 시가로 보고 있다.

(4) ㈜대한이 제공하는 토지 임대용역의 공급시기는 20년간 사용하는 조건으로, 둘 이상의 과세기간에 대한 공급시기는 예정신고기간 또는 확정신고기간의 종료일이 된다. 따라서 제공한 용역의 시가를 각 과세기간별로 나누어 계산한 금액을 과세표준으로 한다.

2. 임차인이 토지조성공사를 제공하고 일정기간 사용한 후 기부채납하는 경우 공급시기는 기부채납 절차가 완료되는 때[10]이며, 공급가액은 유상으로 용역을 공급한 것으로 보아 시설물 설치가액으로 한다.

(1) ㈜한국이 시설물을 기부채납하는 경우 공급시기는 2030.5.8.이고 공급가액은 해당 시설물의 기부채납가액인 600만원이 된다.

(2) 지방자치단체는 토지의 임대용역에 대한 공급시기는 각 예정신고기간 또는 확정신고기간의 종료일이 되고 공급가액은 토지 임대에 대한 대가 100만원과 시설물 설치가액 500만원을 합한 600만원을 총 임대가액으로 하여 각 과세기간별로 나누어 공급가액을 아래와 같이 계산한다.[11]

구 분	내 용	공급시기
2025.1기 확정	600만원×2/60=20만원	2025.6.30.
2025.2기 예정	600만원×3/60=30만원	2025.9.30.
2025.2기 확정	600만원×3/60=30만원	2025.12.31.

10) 서면인터넷방문상담3팀-2966, 2006.12.1.
11) 사전 2016법령해석부가-0200, 2016.5.27.

핵심정리

구 분	내 용
타인소유 토지의 자본적 지출 매입세액 공제범위	• 타인소유 토지를 조성하여 사용한 후 토지 소유자에게 기부하는 경우 ① 임차인이 공급한 토지 조성공사 : 사업자가 타인의 토지를 임차하여 토지 조성공사를 하는 경우 건설용역을 유상으로 공급한 것으로 보아 매입세액은 공제한다.[12)] * 매입세액 불공제되는 토지 조성을 위한 자본적 지출이란 토지 소유자인 사업자가 당해 토지의 조성 등을 위하여 한 자본적 지출을 의미함 ② 임대인의 매입세액 : 토지 소유자는 임차인이 토지 조성공사하고 발급한 세금계산서에 대하여 토지 관련 매입세액으로 불공제한다(부집 38-0-1 ⑧).
	• 타인의 토지 조성공사 및 임대료의 공급시기 ① 토지 조성공사 용역제공의 공급시기 : 임차인이 임차한 토지의 조성공사 용역제공이 완료되는 때를 공급시기로 한다. ② 토지 임대료의 공급시기 : 둘 이상의 과세기간에 걸쳐 계속적으로 시설을 이용하게 하고 대가를 받는 경우 예정신고기간 또는 확정신고기간 종료일을 공급시기로 한다(부령 §29 ②).
	• 타인의 토지 조성공사용역 제공의 시가 및 임대료의 계산 ① 임차인이 제공한 토지조성공사의 시가 : 제3자 간의 거래가격에 의한다. ② 토지소유자가 제공한 임대용역의 시가 : 임차인이 저가의 임차료로 사용하는 경우 토지조성용역을 토지소유자의 부동산임대용역에 포함한다.[13)]
국가 등에 기부채납	• 국가 등에 BOT 방식으로 기부채납하는 경우 공사용역의 시가 및 임대료 계산 ① 기부채납 재산의 시가 : 해당 기부채납의 근거가 되는 법률에 따라 기부채납된 가액을 시가로 한다(부령 §61 ② (3)). ② 국가 · 지방자치단체가 제공한 임대용역의 시가 : 용역을 제공하는 기간 동안 지급받는 대가와 그 시설의 설치가액을 그 용역제공 기간의 개월 수로 나눈 금액의 각 과세대상기간의 합계액으로 한다(부령 §61 ② (7)). * BOT(Build-Operate-Transfer) 방식 : 사회기반시설의 준공 후 일정기간 동안 사업시행자에게 해당 시설의 소유권이 인정되나, 그 기간이 만료되면 시설의 소유권이 국가 또는 지방자치단체에 귀속되는 방식을 말함
	• 기타 기부채납 시 공사용역의 공급시기 및 공급가액 ① 공급시기 : 기부채납 절차가 완료된 때임(상담3팀-983, 2006.5.30.) ② 공급가액 : 기부채납에 근거가 되는 법률에 의하여 기부채납된 가액으로 함(부령 §61 ② (3))

12) 대법원 2007두20744, 2010.1.14.
13) 서면-2014-부가-22033, 2015.5.27.

Chapter 92

임직원에게 무상임대하는 사택의 매입세액, 공제되나?

내용 Summary

기본사항 Check

- **오피스텔 등 사택을 구입 또는 임차하고 세금계산서 발급받은 경우 매입세액 공제 여부**
  ① 종업원의 기숙사로 사용 : 복리후생 성격으로 매입세액 공제
  ② 대표이사 등 대주주의 특수관계인이 사용 : 매입세액 불공제
- **사택을 임직원에게 임대하는 경우 매입세액 공제 여부**
  ① 회사가 무상임대 : 복리후생비로 매입세액 공제
  ② 회사가 저리로 임대 : 주택임대로 매입세액 불공제
- **사택의 전기료 · 관리비 등을 지급하고 받은 세금계산서의 매입세액 공제 여부**
  ① 회사가 지급하고 경비처리 : 복리후생비로 매입세액 공제
  ② 회사가 지급하고 직원의 월급에서 차감 : 대리납부 성격으로 매입세액 불공제

핵심 Point

- 기숙사를 종업원이 사용하였는지 여부
  → 종업원 사용 시 매입세액 공제, 대주주의 특수관계인 사용 시 매입세액 불공제됨
- 사택을 무상으로 임대하였는지 여부
  → 무상 사용 시 매입세액 공제, 유상 사용 시 매입세액 불공제됨
- 사택의 관리비 등을 회사가 지급하였는지 여부
  → 회사가 지급 시 매입세액 공제, 종업원이 지급 시 매입세액 불공제

질문 »

㈜한국은 경기도에서 기계 제조업을 경영하고 있다. 종업원들의 숙소를 해결하고자 사택 10채를 30억원에 구입하고 건물분 20억원에 대한 세금계산서를 발급받았다. 다음 물음에 답하시오. 다만, 사택 1채에 대한 가격은 3억원이고 세금계산서 수취분은 2억원이다.

1. 사택으로 오피스텔을 구입하여 종업원들의 숙소로 제공한 경우 구입 관련 매입세액을 공제받을 수 있는가?
2. 사택으로 국민주택규모 초과 아파트를 구입하여 종업원들의 숙소로 제공한 경우 구입 관련 매입세액을 공제받을 수 있는가?
3. 종업원 중 대주주의 자녀에게 사택을 제공한 경우 오피스텔 구입 관련 매입세액을 공제받을 수 있는가?
4. 종업원들에게 유상으로 임대하는 경우 사택 구입 관련 매입세액을 공제받을 수 있는가?
5. 종업원 기숙사의 전기료 등 유지비에 대한 매입세액을 공제받을 수 있는가?

답변 및 해설 »

1. ㈜한국이 오피스텔을 구입하는 경우에는 국민주택규모 이하 여부에 관계없이 부가가치세 과세대상으로 건물분에 대한 세금계산서를 발급받는다.

위 사례에서 종업원의 사택으로 사용되는 오피스텔은 사업용으로 보아 발급받은 세금계산서의 매입세액은 매출세액에서 공제된다.

2. ㈜한국이 아파트를 구입하는 경우에는 국민주택규모 초과분에 대하여만 부가가치세 과세대상으로 건물분에 대한 세금계산서를 발급받는다.

위 사례에서 종업원의 사택으로 사용되는 아파트는 사업용으로 보아 발급받은 세금계산서의 매입세액은 매출세액에서 공제된다.

3. **㈜한국이 사택을 구입하여 종업원에게 무상으로 사용하게 하는 경우에는 사업관련 매입세액으로 공제되나, ㈜한국의 대주주나 대주주의 특수관계인이 사택을 사용하는 경우에는 매입세액 불공제된다.**

위 사례에서 대주주와 특수관계 있는 종업원에게 사택을 사용하게 하는 경우에는 사업무관 자산으로 보아 발급받은 세금계산서의 매입세액은 불공제된다.

4. **㈜한국이 주택을 구입하여 종업원에게 유상으로 사용하게 하는 경우에는 상시주거용 주택으로 오피스텔 또는 아파트를 임대하는 경우로 보아 면세 관련 매입세액으로 불공제된다.**

위 사례에서 오피스텔 또는 국민주택규모 초과주택을 구입하고 발급받은 세금계산서에 대하여 종업원에게 무상으로 제공하는 경우에는 기숙사 등으로 보아 매입세액 공제가 되지만, 유상으로 주택을 임대하는 경우에는 상시주거용 주택으로 보아 면세되므로 관련 매입세액을 매출세액에서 공제되지 아니한다.

5. **종업원의 기숙사로 사용하는 사택의 전기료, 관리비 등에 대하여 회사가 지급하는 경우 사업의 복리후생 관련 매입세액으로 매출세액에서 공제된다. 다만, 이 경우 개인적 공급에 해당하여 부가기치세가 과세된다**(서삼46015-11750, 2002.10.17.).

위 사례에서 종업원 기숙사로 제공한 사택의 전기료, 수선비, 관리비 등은 사업과 관련된 매입세액으로 매출세액에서 공제된다. 다만, 관련 비용을 종업원의 급여에서 차감하는 경우에는 회사가 경비를 대납하는 것이므로 매입세액 불공제한다. 매입세액이 불공제되는 경우 개인적 공급에 해당하지 아니한다.

핵심정리

구 분	내 용
임직원에게 무상 임대하는 사택의 매입세액 공제범위	• 임직원에게 무상 임대하는 사택의 매입세액의 공제 여부 ① 사업자가 타인이 주로 사용하는 토지 · 건물 등의 취득 · 유지비 · 수선비 · 사용료 등의 매입세액은 불공제한다. 다만, 종업원이 무상으로 사용하는 기숙사 등 주택은 매입세액 공제한다(부령 §77, 소령 §78 (2)). ② 법인이 타인이 주로 사용하는 토지 · 건물 등의 취득 · 유지비 · 관리비 · 사용료 등의 매입세액은 불공제한다. 다만, 대주주등에 해당하지 아니하는 임원 및 직원이 무상으로 사용하는 기숙사 등 주택은 매입세액 공제한다(부령 §77, 법령 §50 ① (1)).
	• 국민주택규모 이하의 주택을 기숙사로 사용하는 경우 매입세액 공제 여부 ① 오피스텔을 구입 또는 임차하여 종업원 숙소로 사용하는 경우 구입 또는 임차 관련 매입세액은 공제되고, 전기료 등 유지비도 매입세액 공제된다. ② 아파트를 구입하여 종업원 숙소로 사용하는 경우 구입 시 면세이기 때문에 매입세액 공제대상이 아니고, 전기료 등 유지비는 매입세액 공제된다. 다만, 국민주택초과 규모의 아파트를 구입하고 세금계산서를 발급받은 경우에는 매입세액을 공제받을 수 있다.[14]
	• 사택을 대표 등 특수관계인이 사용하는 경우 ① 종업원 기숙사로 구입한 사택을 개인사업자 대표가 이용하는 경우에는 해당 사택의 구입 및 유지비에 대하여 매입세액 불공제한다. ② 종업원 기숙사로 구입한 사택을 법인 직원인 대주주의 자녀가 사용하는 경우에는 해당 사택의 구입 및 유지비에 대하여 매입세액 불공제한다.
	• 사택을 종업원이 유상으로 사용하는 경우 : 오피스텔 등을 구입하여 종업원에게 유상으로 임대하는 경우에는 상시주거용 주택의 임대로 보아 면세하므로 관련 매입세액은 매출세액에서 공제되지 아니한다(부법 §39 ① (7)).

14) 부가1265.1-1638, 1983.8.20.; 사업자가 그 종업원에게 사원임대주택으로 무료제공하는 국민주택규모를 초과하는 사택(기숙사 포함)과 이에 부수되는 복리후생시설(정구장, 풀장, 영빈관)에 관련된 매입세액은 매출세액에서 공제되는 것임

Chapter 93

주식 취득 관련 매입세액은 공제대상인가?

내용 Summary

기본사항 Check

- **주식 취득 관련 자문수수료의 매입세액 공제 여부**
  ① 과세사업 확장, 시장지배 강화, 경영권 인수, 합병 등을 위한 자문수수료는 매입세액 공제됨
  ② 기타 시세차익 등을 위한 일반적인 주식 취득 관련 자문용역은 매입세액 불공제됨
- **주식 보유 관련 자문수수료의 매입세액 공제 여부**
  ① 경영권 분쟁에 대한 소송비용, 과세사업 확장 및 설비투자 목적 유상증자 등을 위한 자문수수료는 매입세액 공제됨
  ② 기타 일반적인 주식보유 관련 자문용역은 매입세액 불공제됨
- **주식 매각 관련 자문수수료의 매입세액 공제 여부**
  ① 해외 사업진출 등 기업 구조조정 과정에서 발생하는 법률문제 등을 해결하기 위하여 지급한 자문수수료로 매입세액 공제됨
  ② 기타 시세차익 등을 위한 일반적인 주식매각 관련 자문용역은 매입세액 불공제됨
- **자금조달 관련 금융자문용역의 매입세액 공제 여부**
  ① 사채·차입금 상환 등 채무변제에 사용되는 등 일반적인 경우 매입세액 불공제됨
  ② 조달된 자금이 기계장치 구입, 임직원 급여, 외주가공비, 원부자재 구입비, 상품구입비, 기타운영자금에 투입된 경우 매입세액 공제됨

핵심 Point

- 주식 관련 자문수수료가 사업과 관련 있는지 여부
  ① 사업과 관련된 경우 → 매입세액 공제
  ② 사업과 관련없는 경우 → 매입세액 불공제
- 금융자문용역을 제공받아 대출받은 자금이 사업 운영자금으로 사용되었는지 여부
  ① 사업운영자금으로 사용된 경우 → 매입세액 공제
  ② 금융채무 변제 등으로 사용된 경우 → 매입세액 불공제
  ③ 토지 등 면세 관련 취득자금으로 사용된 경우 → 매입세액 불공제

질문 »

㈜한국은 기계 제조업을 경영하고 있고 타 법인 주식을 보유하고 있으며, 주식의 취득 및 매각에 대한 자문을 통해 사업의 다각화를 모색하고 있다.

1. 경영 다각화를 위하여 다음과 같이 타 법인 주식 취득 관련 자문수수료를 지급하고 세금계산서를 받은 경우 매입세액을 공제받을 수 있는가?

(1) 타 법인의 경영권 인수를 위하여 취득

(2) 타 법인과 합병하기 위하여 취득

(3) 시세차익을 위하여 취득

2. 다음과 같이 타 법인 주식 보유 관련 자문수수료를 지급하고 세금계산서를 받은 경우 매입세액을 공제받을 수 있는가?

(1) 보유 중인 타 법인 주식의 경영권 분쟁에 따른 법률자문용역

(2) 보유 중인 타 법인 주식에 대한 전반적인 관리를 위탁하는 자문수수료

3. 다음과 같이 타 법인 주식 매각 관련 자문수수료를 지급하고 세금계산서를 받은 경우 매입세액을 공제받을 수 있는가?

(1) 패션사업의 해외진출을 하는 과정에서 매각한 주식의 자문수수료

(2) 시세차익을 위한 자문에 따른 수수료

4. 다음과 같은 금융대출 관련 자문수수료를 지급한 경우 매입세액을 공제받을 수 있는가?

(1) 토지 취득 관련 금융자문수수료

(2) 사채상환 관련 자금대출 자문수수료

(3) 사업확장을 위한 기계장치 구입 관련 대출 자문수수료

(4) 과세사업 확장 및 설비투자에 필요한 자금을 조달할 목적으로 유상증자

답변 및 해설 »

1. ㈜한국이 주식을 취득하기 위하여 지급한 자문수수료는 사업과 관련된 경우 매입세액 공제되고, 사업과 관련없이 단순 시세차익을 위한 경우에는 매입세액 불공제된다.

(1) 타 법인의 경영권 인수를 위하여 주식 취득 관련 자문을 받고 지급한 수수료는 사업과 관련된 것으로 보아 매입세액 공제된다.

(2) 타 법인과 합병하기 위하여 주식 취득 관련 자문을 받고 지급한 수수료는 사업과 관련된 것으로 보아 매입세액 공제된다.

(3) 시세차익을 위하여 주식 취득 관련 자문을 받고 지급한 수수료는 사업과 관련없는 비용으로 매입세액을 공제받을 수 없다.

2. ㈜한국이 타 법인 주식 보유 중에 발생하는 경영권 분쟁 등을 위한 법률자문수수료는 사업과 관련된 경우 매입세액 공제되고, 사업과 관련이 없는 경우에는 매입세액 불공제된다.

(1) 타 법인 주식 보유에 따른 경영권 분쟁으로 소송이 진행되는 경우 법률자문비용이 발생하는데 이와 관련된 매입세액은 공제 가능하다.

(2) 보유 주식을 관리해주는 업체에 지급하는 자문수수료는 사업과 관련이 없으므로 매입세액 불공제된다.

3. ㈜한국이 타 법인 주식 매각 관련 자문수수료를 지급하고 세금계산서를 받은 경우 일반적으로 사업과 관련없는 매입세액으로 공제받을 수 없다. 다만, 구조조정이나 사업확장을 위하여 주식을 매각하고 자문용역을 지급하는 경우 사업관련 매입세액을 공제된다.

(1) 사업의 해외진출을 위하여 구조조정 과정에서 자문기관의 자문을 거쳐 주식을 매각하고 발급받은 세금계산서는 매입세액 공제한다.

(2) 시세차익을 위하여 주식 취득 관련 자문을 받고 지급한 수수료는 사업과 관련없는 비용으로 매입세액을 공제받을 수 없다.

4. ㈜한국이 금융대출 관련 자문수수료를 지급한 경우 일반적으로 매입세액을 공제받을 수 없다. 다만, 해당 대출금이 과세사업에 사용된 사실이 확인되면 매입세액 공제받는다.

(1) 사업용 토지를 구입하기 위하여 자금대출하면서 자문용역을 제공받은 경우 면세되는 토지 관련 매입세액으로 매출세액에서 공제되지 아니한다.

(2) 사채를 상환하기 위하여 자금대출하면서 자문용역을 제공받은 경우 사채는 부가가치세 과세대상이 아니하므로 매입세액 불공제된다.

(3) 사업확장을 위한 기계장치 구입을 위한 대출은 사업과 관련이 있으므로 금융자문용역에 대한 매입세액은 공제된다.

(4) 과세사업 확장 및 설비투자에 필요한 자금을 조달할 목적으로 유상증자를 하면서 법률 및 컨설팅 자문용역을 공급받고 수수료를 지급한 경우 과세사업 관련 매입세액으로 공제한다.

핵심정리

구 분	내 용
주식취득 관련 자문용역	• 주식취득 관련 자문수수료의 매입세액 공제 여부 ① 과세사업 확장을 통해 시장지배를 강화할 목적의 타 법인 주식취득과 관련하여 금융자문용역을 제공받은 경우 매입세액 공제한다.[15] ② 경영권 인수 목적의 타 법인 주식 취득과 관련된 매입세액은 공제한다.[16] ③ 지주회사가 사업목적 수행을 위해 다른 법인의 주식을 취득하면서 지출한 매입세액은 공제한다.[17] ④ 합병을 위한 주식 취득의 자문료 관련 매입세액은 공제한다.[18] ⑤ 일반적인 주식취득 관련 자문용역은 매입세액 불공제된다.
주식보유 관련 자문용역	• 주식보유 관련 자문수수료의 매입세액 공제 여부 ① 해당법인이 보유하고 있는 타 법인 주식의 소송사건은 회복할 수 없는 손해가 발생할 가능성이 있어 법률자문수수료에 대한 매입세액은 공제된다.[19] ② 경영권 분쟁에 대한 소송비용은 매입세액 공제된다. ③ 과세사업 확장 및 설비투자에 필요한 자금을 조달할 목적으로 유상증자하면서 지급한 자문수수료는 매입세액 공제된다.[20] ④ 일반적인 주식 보유 관련 자문용역은 매입세액 불공제된다.

15) 기준 2019법령해석부가-0479, 2019.7.11.
16) 대법원 2012두28407, 2013.4.26.
17) 대법원 2017두52320, 2017.10.26.
18) 조심 2013구4276, 2014.7.16.
19) 서울행정법원 2012구합22751, 2012.11.16.
20) 기준법령해석부가 2021-112, 2021.6.23.

구 분	내 용
주식매각 관련 자문용역	• 주식매각 관련 자문수수료의 매입세액 공제 여부 ① 패션사업의 해외진출을 위하여 법인을 인수하는 과정에서 현지에서 발생하는 법률문제 등을 해결하기 위하여 지급한 자문수수료로 매입세액 공제된다.[21)] ② 일반적인 주식매각 관련 자문용역의 매입세액은 불공제된다.
자금조달 관련 자문용역	• 자금조달 관련 금융자문용역의 매입세액 공제 여부 ① 금융자문용역을 통해 조달한 자금이 신주인수권부사채 및 장단기차입금의 상환 등 채무변제에 사용 등 일반적인 경우 매입세액 불공제된다. ② 조달된 자금이 법인의 기계장치 구입비, 임직원 급여, 외주가공비, 원부자재 구입비, 상품구입비, 기타운영자금에 투입된 경우 매입세액 공제받을 수 있다.[22)] ③ 선결조건인 공사자금 조달계획을 수립하고 막대한 자금을 조달하기 위하여 금융주선 자문계약을 체결하고 지급한 금융자문용역에 대한 매입세액은 공제한다.[23)]

21) 조심 2012서3417, 2014.1.22.
22) 조심 2016중3427, 2017.2.14.
23) 대법원 2010두15902, 2013.5.9.

Chapter 94

골프회원권 매입세액도 공제되나?

내용 Summary

기본사항 Check

- **골프회원권의 실제 사용용도에 따른 매입세액 공제 여부**
  ① 거래처 접대를 위해 사용된 경우 → 매입세액 불공제
  ② 임직원의 복리후생을 위해 사용된 경우 → 매입세액 공제
- **골프회원권을 취득하여 전체 임직원이 이용하였는지 여부**
  ① 전체 임직원이 이용한 사실이 확인되는 경우 → 매입세액 공제
  ② 일부 임원만 이용한 사실이 확인되는 경우 → 매입세액 불공제
- **매매목적으로 골프회원권을 취득** : 투자목적으로 취득하여 결산서에 재고재산으로 계상하고, 해당 골프회원권 보유한 기간 중 사용한 적이 없는 경우 매입세액 공제 가능함

핵심 Point

- 전체 임직원이 골프회원권을 이용한 사실이 있는지 여부
  → 전체 임직원이 이용한 경우 매입세액 공제, 임원만 이용한 경우 매입세액 불공제됨
- 과세사업자가 매입세액 공제받지 못한 골프회원권을 양도하는 경우 → 부가가치세 과세됨

PART 07 납부세액

질문 »

㈜한국은 서울특별시에서 전자제품 제조업을 경영하고 있다. 회사는 골프회원권을 10억원에 취득하면서 세금계산서를 발급받은 경우 다음 물음에 답하시오.

1. 회사가 골프회원권을 취득하여 거래처와 친목을 도모하기 위하여 이용한 경우 매입세액을 공제받을 수 있는가?
2. 회사가 골프회원권을 취득하여 전 직원이 이용한 경우 매입세액을 공제받을 수 있는가?
3. 회사가 복리후생 목적으로 골프회원권을 취득하였으나, 실질적으로 임원들만 이용한 경우 매입세액을 공제받을 수 있는가?
4. 회사가 매입세액 받지 못한 골프회원권을 15억원에 양도한 경우 부가가치세가 과세되는가?

답변 및 해설 »

1. **기업이 업무와 관련된 지출로서 특정인과의 관계를 두텁게 하여 업무의 진행을 원활하게 하기 위한 비용은 기업업무추진비에 해당되어 관련 매입세액은 매출세액에서 공제되지 아니한다.**

   위 사례에서 ㈜한국이 골프회원권을 취득하여 거래처 접대 목적에 사용한 경우에는 기업업무추진비로 보아 공제받지 못할 매입세액에 해당되어 매출세액에서 공제되지 아니한다.

2. **기업이 근로자의 복지와 후생을 위하여 지출하는 비용 관련 매입세액은 기업의 복리후생비로 보아 매출세액에서 공제된다.**

   위 사례에서 ㈜한국이 골프회원권을 취득하여 전체 임직원이 공동으로 이용하는 경우에는 복리후생 성격으로 보아 매입세액 공제된다.

3. **㈜한국이 전체 직원이 이용할 목적으로 골프회원권을 취득하여 사용한 경우에는 매입세액 공제가 되나, 실질적으로 임원들만 사용하고 접대 목적으로 사용하는 경우에는 기업업무추진비로 보아 공제받지 못할 매입세액에 해당되므로 매입세액 불공제된다.**

4. 자산을 구입 시 매입세액을 공제받지 못한 경우에도 과세사업에 사용한 후 판매하는 과세되는 재화는 부가가치세가 과세되므로 주의하여야 한다.

위 사례에서 ㈜한국이 매입세액 공제받지 못한 골프회원권을 양도하는 경우에는 과세사업에 사용되는 골프회원권이므로 부가가치세가 과세된다.

핵심정리

구 분	내 용
골프회원권 매입세액 공제범위	• 골프회원권의 실제 사용용도에 따른 매입세액 공제 여부 ① 거래처 접대 : 거래처 접대용으로 실제 사용되고 있는 경우 기업업무추진비 관련 매입세액으로 매출세액에서 공제되지 아니한다(부법 §39 ① (6)). ② 직원사용 : 전체 임직원의 사기진작을 위하여 취득하여 실제로 사용하고 있는 경우 복리후생 관련 매입세액으로 매출세액에서 공제된다.
	• 골프회원권 취득 목적에 따른 매입세액 공제 여부 ① 매매 목적 : 투자목적으로 취득하여 결산서에 재고재산으로 계상하고 해당 골프회원권 보유한 기간 중 사용한 적이 없는 경우 매입세액 공제된다.[24)] ② 복리후생 목적 : 종업원의 복리후생을 목적으로 취득한 경우 매입세액 공제되나, 대표이사 등 임원만 사용한 경우에는 접대 목적으로 사용한 것으로 보아 매입세액 불공제된다.[25)]
	• 골프회원권 취득 목적과 실제 사용이 다른 경우 : 세법은 실질에 따르고 있으므로 실제 사용 내용에 따라 거래처 접대를 위해 사용되었으면 매입세액 불공제하고, 직원의 사기진작을 위해 사용되었으면 매입세액 공제된다.
	• 골프회원권 양도 : 골프회원권을 양도하는 경우에는 해당 회원권의 양도가액을 공급가액으로 하여 과세한다.[26)]
	• 면세사업자의 취득 : 면세사업자는 부가가치세법상 사업자에 해당되지 아니하므로 골프회원권을 취득하고 발급받은 세금계산서는 공제받을 수 없다.
쟁 점	• 골프회원권을 취득하여 전체 임직원이 사용하였는지 여부 ① 전체 임직원이 사용한 사실이 확인되는 경우 매입세액 공제된다. ② 일부의 임원만 사용한 사실이 확인되는 경우 매입세액 불공제된다.

24) 조심 2011서3805, 2012.2.10.
25) 부가가치세과-1624, 2011.12.26.; 조심 2008서3811, 2009.4.20.
26) 서면인터넷방문상담3팀-1640, 2007.6.1.

Chapter 95

임직원의 신용카드 사용분도 매입세액 공제되나?

내용 Summary

기본사항 Check

- **신용카드 사용분의 매입세액 공제 요건**
  ① 공급자가 세금계산서 발급 가능한 일반과세자일 것
  * 제외 업종 : 미용 · 여객운송(전세버스 제외) · 입장권 판매 · 의료보건용역 · 무도학원 · 자동차운전학원 등
  ② 공급자가 세금계산서 발급 가능한 직전연도 공급대가 합계액이 4,800만원 이상 간이과세자일 것
  ③ 면세 관련 매입세액, 기업업무추진비 등 매입세액 불공제 대상이 아닐 것
- **타인의 신용카드로 결제한 경우 매입세액 공제 여부**
  ① 개인사업자의 가족 또는 종업원 명의 신용카드 → 매입세액 공제
  ② 법인사업자의 임직원 명의 신용카드 → 매입세액 공제
  ③ 가족이나 임직원이 아닌 타인 명의 신용카드 → 매입세액 불공제

핵심 Point

- 임직원 명의로 결제한 신용카드가 사업과 관련된 지출인지 여부
  ① 사업과 관련된 지출 → 매입세액 공제
  ② 사업과 관련 없는 지출 → 매입세액 불공제

질문 »

1. 신용불량자로서 운수업을 영위하는 일반과세자(개인)가 자동차정비사업자로부터 차량수리용역을 제공받고 부득이 종업원이 아닌 타인의 신용카드(친구, 선후배, 배우자, 친인척카드 등)에 의하여 대금을 결제한 경우 매입세액을 공제받을 수 있는가?
2. 법인사업자의 종업원이 서울에서 부산으로 업무출장을 가면서 법인신용카드로 항공기 또는 KTX 요금을 결제하고 신용카드매출전표를 받은 경우에 매입세액 공제를 받을 수 있는가?
3. 법인사업자의 임원이 일반과세자인 레스토랑에서 직원 회식을 하고 그 대금을 본인의 신용카드로 결제한 경우 매입세액 공제를 받을 수 있는가?

답변 및 해설 »

1. **개인사업자가 재화 또는 용역을 공급받고 그 대가를 가족이나 종업원 명의의 신용카드로 결제한 경우에는 공급자가 세금계산서 발급의무자로서 사업과 관련되고 매입세액 불공제 대상이 아니면 매입세액 공제를 받을 수 있다.**

   위 사례에서 개인사업자가 세금계산서의 발급이 가능한 사업자로부터 재화 또는 용역을 공급받고 그 거래시기에 가족이나 종업원이 아닌 타인의 신용카드로 대금을 결제한 경우 매입세액 공제를 받을 수 없다. 다만, 세금계산서를 발급받아 매입세액을 공제할 수 있다.[27]

2. **일반과세자 중 여객운송업(전세버스 제외)은 세금계산서를 발급할 수 없는 업종으로 이와 관련된 매입세액은 매출세액에서 공제되지 아니한다.**

   위 사례에서 KTX 탑승권은 부가가치세 과세대상이지만 세금계산서를 발급할 수 없는 여객운송업에 해당되어 매입세액을 공제받을 수 없다.

3. **법인사업자가 사업과 관련하여 임직원 명의의 신용카드로 결제하는 경우 매입세액 불공제 대상이 아니면 매출세액에서 공제받을 수 있다.**

   위 사례에서 직원 회식비용은 복리후생비로 매입세액이 공제된다. 다만, 법인카드가 아닌 임원 명의의 신용카드로 결제한 경우에도 매입세액공제를 받을 수 있다.

27) 서면3팀-1823, 2004.9.2.

핵심정리

구 분	내 용
신용카드 사용분 매입세액 공제범위	• 신용카드 사용분의 매입세액 공제 요건(부령 §88) ① 공급자가 세금계산서 발급 가능한 일반과세자일 것 : 일반과세자 중 세금계산서 발급의무가 없는 업종*을 제외한 사업자로부터 공급받고 신용카드 결제한 매입세액 * 목욕 · 이발 · 미용 · 여객운송(전세버스 제외) · 입장권 판매 · 의료보건용역 · 무도학원 · 자동차운전학원 등 ② 공급자가 세금계산서 발급 가능한 간이과세자일 것 : 직전연도 공급대가 합계액이 4,800만원 이상인 간이과세자로부터 공급받고 신용카드 결제한 매입세액 ③ 매입세액 불공제 대상이 아닐 것 : 토지의 자본적 지출, 기업업무추진비, 개별소비세 과세대상 자동차의 구입 및 유지 관련 등 매입세액 불공제대상을 제외
	• 타인의 신용카드로 결제한 경우 매입세액 공제 여부 ① 개인사업자의 가족 또는 종업원 명의 신용카드 : 매입세액 공제 가능[28)] ② 법인사업자의 임직원 명의 신용카드 : 매입세액 공제 가능[29)] ③ 가족이나 임직원이 아닌 타인명의 신용카드 : 매입세액 불공제.[30)] 따라서 매입세액 공제받으려면 세금계산서를 발급받아야 한다.
쟁점	• 임직원 명의로 결제한 신용카드가 사업과 관련된 지출인지 여부 ① 사업과 관련된 지출 : 사업자의 경비처리가 가능하므로 매입세액 불공제 대상이 아니면 신용카드 결제분에 대하여 매입세액을 공제받는다. ② 사업과 관련 없는 지출 : 일반적으로 개인이 사용한 것으로 보아 매입세액 불공제하며, 매입세액 공제받기 위해서는 사업자에게 입증책임이 있다.

28) 전자세원과－655, 2010.12.10.
29) 서면3팀－1912, 2007.7.5.
30) 서면3팀－1823, 2004.9.2.; 서면3팀－1912, 2007.7.5.

Chapter 96

주의해야 할 온라인 플랫폼사업자가 발급한 신용카드매출전표

내용 Summary

기본사항 Check

- **온라인 플랫폼에서 구매하고 신용카드로 결제한 경우 매입세액 공제 여부**
  ① 「여신전문금융업법」, 「전자금융거래법」에 결제대행업체로 등록된 온라인 플랫폼사업자로부터 상품을 구입하고 신용카드 결제하면 매입세액 공제됨
  ② 결제대행업체로 등록되지 않은 온라인 플랫폼사업자로부터 상품을 구입하고 신용카드 결제하면 매입세액 불공제됨
- **미등록된 온라인 플랫폼사업자로 상품 구입 시 매입세액 공제 방법**
  ① 위탁자인 실제 판매자 명의로 신용카드 결제
  ② 온라인 플랫폼사업자가 위탁자 명의로 세금계산서 발급

핵심 Point

- 온라인 플랫폼의 「여신전문금융업법」 등의 사업자등록 여부에 따른 신용카드 매입세액 공제
  ① 등록된 사업자 → 플랫폼사업자 명의 신용카드는 매입세액 공제됨
  ② 미등록된 사업자 → 플랫폼사업자 명의 신용카드는 매입세액 불공제됨. 위탁자 명의 신용카드 또는 세금계산서 발급 시 매입세액 공제됨

질문 »

홍길동 씨는 전자상거래 소매업자로서 다음과 같은 온라인 플랫폼사업자 ㈜한국을 통해 물품을 구입하고 신용카드로 결제한 경우 발급받은 신용카드매출전표에 대하여 매입세액 공제가 가능한가? 다만, 신용카드매출전표에는 플랫폼사업자인 ㈜한국이 공급자로 표기되어 있음

1. 「여신전문금융업법」, 「전자금융거래법」에 따른 결제대행업체로 등록된 경우
2. 「여신전문금융업법」, 「전자금융거래법」에 따른 결제대행업체로 등록되지 않은 경우

답변 및 해설 »

1. 온라인 플랫폼사업자가 「여신전문금융업법」, 「전자금융거래법」에 따른 결제대행업체로 등록된 경우 플랫폼을 이용하는 사업자가 상품을 구입하고 플랫폼사업자 명의로 결제하면 해당 신용카드매출전표로 매입세액공제를 받을 수 있다.

위 사례에서 전자상거래 소매업을 하는 홍길동 씨가 결제대행업체로 등록된 플랫폼사업자 ㈜한국으로부터 상품을 구입하고 신용카드로 결제한 경우 매입세액을 공제받을 수 있다.

2. 온라인 플랫폼사업자가 「여신전문금융업법」, 「전자금융거래법」에 따른 결제대행업체로 등록되지 않은 경우 플랫폼을 이용하는 사업자가 상품을 구입하고 플랫폼사업자 명의로 결제하면 해당 신용카드매출전표로 매입세액공제를 받을 수 없다.

위 사례에서 결제대행업체로 등록되지 않은 경우에는 위탁판매로 보아 수탁자가 재화를 인도할 때에는 신용카드매출전표 등 발급 및 수취에 따른 세액공제는 재화를 공급한 사업자와 신용카드매출전표를 발급하는 사업자가 같은 경우에 가능한 것이므로 위탁자가 아닌 자의 명의로 발급된 신용카드매출전표를 발급받은 구매자가 신용카드매출전표 등 수취분 매입세액을 공제할 수 없다.[31] 다만, 매입세액을 공제받기 위해서는 수탁자가 위탁자 명의로 세금계산서를 발급하여야 한다.

31) 서면-2022-법규부가-1413, 2022.10.13.

핵심정리

<table>
<tr><th>구 분</th><th>내 용</th></tr>
<tr><td>플랫폼에서 결제한 신용카드 사용분 매입세액 공제범위</td><td>
• 온라인 플랫폼에서 구매하고 신용카드로 결제한 경우 매입세액 공제
① 등록된 온라인플랫폼사업자 : 「여신전문금융업법」, 「전자금융거래법」에 등록된 쿠팡, 네이버 등 플랫폼사업자로부터 상품을 구입하고 신용카드 결제하면 매입세액을 공제받을 수 있다.
홈택스상 오픈마켓 신용카드 결제내역에서 공제확인
<table>
<tr><th>구 분</th><th>재화의 오픈마켓 공급자</th><th>매입세액 공제 여부 결정</th></tr>
<tr><td>매입세액 공제</td><td>일반과세자, 세금계산서 발급의무가 있는 간이과세자</td><td>매입세액 공제대상으로 분류되고 공제대상이 아닌 경우 불공제로 수정</td></tr>
<tr><td>선택불공제</td><td>사업무관, 접대관련, 사적사용, 개별소비세 과세대상 소형승용차 등</td><td>매입세액 불공제로 분류되고 사업용으로 사용한 경우 공제로 수정</td></tr>
<tr><td>당연불공제</td><td>영수증 발급 간이과세자, 면세사업자</td><td>매입세액 불공제로 분류되고 수정할 수 없음</td></tr>
</table>
② 미등록된 온라인 플랫폼사업자 : 「여신전문금융업법」 등에 등록되지 않은 플랫폼사업자로부터 상품을 구입하고 신용카드 결제하면 매입세액을 공제받을 수 없다. 그 이유는 미등록된 플랫폼사업자는 국세청에 거래내역을 제출하지 않아 수탁자인 판매자를 알 수 없기 때문이다.[32]
• 미등록된 온라인 플랫폼 이용 시 매입세액 공제받기 위해서는 상품을 구입하면서 위탁자인 실제 판매자 명의로 신용카드 결제하거나 세금계산서를 발급받으면 매입세액을 공제받을 수 있다.
</td></tr>
<tr><td>쟁 점</td><td>
• 온라인 플랫폼이 「여신전문금융업법」 등에 등록된 사업업자인지 여부
① 등록된 중개사업자 : 플랫폼사업자 명의 신용카드는 매입세액 공제
② 미등록된 중개사업자 : 플랫폼사업자 명의 신용카드는 매입세액 불공제
</td></tr>
</table>

32) 부기통 46-88…1 : 온라인 중개플랫폼을 운영하는 사업자(수탁자)가 실제 판매자(위탁자)의 재화를 판매 대행하는 형태로 수탁자가 재화를 인도하고 위탁자가 아닌 수탁자 명의로 부가가치세액이 별도로 구분 가능한 신용카드매출전표 등을 발급하는 경우, 해당 신용카드매출전표 등을 발급받은 사업자는 매입세액으로 공제받을 수 없다(2024.3.15. 신설).

Chapter 97

간이과세자로부터 받은 세금계산서, 매입세액 불공제대상인가?

내용 Summary

기본사항 Check

- **간이과세자의 세금계산서 발급의무자** : 직전연도 공급대가의 합계액이 4,800만원 이상
  → 7.1.부터 다음 해 6.30.까지 세금계산서 발급의무자임
- **간이과세자로부터 발급받은 세금계산서의 매입세액 공제 여부**
  ① 공급받는 자가 일반과세자 : 공급가액의 10%인 부가가치세 전액 매입세액 공제
  ② 공급받는 자가 간이과세자 : 공급대가의 0.5%를 곱한 금액을 매입세액 공제

핵심 Point

- 간이과세자가 발급한 세금계산서인지 여부
  ① 간이과세자가 발급 : 공급받는 일반과세자 부가가치세 10% 전액 공제
  ② 일반과세자가 발급 : 공급받는 일반과세자 부가가치세 10% 전액 공제

질문 »

홍길동 씨는 의류 소매업을 경영하는 간이과세자이다. 연도별 부가가치세를 포함한 매출현황이 다음과 같은 경우 물음에 답하시오.

구 분	2023년	2024년	2025년 상반기	2025년 상반기
소매업	77,000,000원	100,000,000원	66,000,000원	44,000,000원

1. 홍길동 씨는 2025년 2기에 세금계산서를 발급할 수 있는가?

2. 홍길동 씨가 2025.10.2. 의류를 일반과세자인 나새범 씨에게 110만원에 판매하였고, 나새범 씨가 홍길동 씨에게 세금계산서를 요구하여 발급하여 준 경우 나새범 씨는 매입세액을 공제받을 수 있는가?

답변 및 해설 »

1. **간이과세 대상자는 직전연도 부가가치세를 포함한 공급대가가 1억 400만원 미만인 개인사업자가 해당되고, 그 중 세금계산서 발급 가능한 간이과세자는 직전연도 부가가치세를 포함한 공급대가가 4,800만원에서 1억 400만원 미만이다. 다만, 목욕탕, 미용실, 입장권 판매 등 영수증 발급업종은 세금계산서를 발급할 수 없다.**

   위 사례에서 홍길동 씨는 직전연도 공급대가가 1억원으로 간이과세자에 해당되고 4,800만원 이상으로 세금계산서 발급의무가 있다.

2. **세금계산서 발급의무가 있는 간이과세자로부터 세금계산서를 발급받은 일반과세자는 부가가치세를 매출세액에서 공제한다. 다만, 목욕탕, 미용실, 입장권 판매업 등 영수증 발급대상인 업종은 제외한다.**

   위 사례에서 간이과세자인 홍길동 씨는 직전연도 공급대가의 합계액이 4,800만원 이상이고, 소매업은 세금계산서 발급의무가 있다. 따라서 일반과세자 나새범 씨가 발급받은 세금계산서는 적법한 세금계산서로 매입세액 공제된다.

핵심정리

<table>
<tr><th>구 분</th><th>내 용</th></tr>
<tr><td rowspan="5">간이과세자의 세금계산서 발급대상</td><td>• 간이과세자의 세금계산서 발급의무자 : 직전연도 공급대가의 합계액이 4,800만원 이상인 경우 7.1.부터 다음 해 6.30.까지 세금계산서 발급의무가 있다.</td></tr>
<tr><td>• 간이과세자 중 영수증 발급대상자 : 세금계산서 발급의무자를 제외한 간이과세자는 영수증을 발급하여야 한다.
<table><tr><th>구 분</th><th>영수증을 발급하여야 하는 기간</th></tr><tr><td>공급대가 합계액이
4,800만원 미만인 간이과세자</td><td>그 다음 해의 7월 1일부터
그 다음 해의 6월 30일까지</td></tr><tr><td>신규사업자 중 간이과세자</td><td>사업개시일부터
사업을 시작한 해의 다음 해 6월 30일까지</td></tr></table></td></tr>
<tr><td>• 세금계산서를 발급할 수 없는 업종 : 목욕 · 이발 · 미용업, 여객운송업(전세버스운송사업 제외), 입장권을 발행하여 경영하는 사업, 무도학원과 자동차운전학원 등</td></tr>
<tr><td>• 간이과세자로부터 발급받은 세금계산서의 매입세액 공제
① 공급받는 자가 일반과세자 : 공급가액의 10%인 부가가치세 전액을 매입세액으로 공제받는다.
② 공급받는 자가 간이과세자 : 부가가치세를 포함한 공급대가의 0.5%를 매입세액으로 공제받는다.</td></tr>
<tr><td>• 세금계산서 발급의무가 있는 간이과세자로부터 신용카드매출전표를 받은 경우 매입세액을 공제받을 수 있다.</td></tr>
<tr><td>쟁 점</td><td>• 간이과세자가 발급한 세금계산서의 매입세액 공제
① 공급받는 일반과세자 : 부가가치세 10% 전액 공제됨
② 공급받는 간이과세자 : 공급대가×부가가치율×10%를 공제됨
* 예 간이과세자가 상품을 110만원(부가가치세 포함)에 소매하고 세금계산서를 발급한 경우
㉠ 발급받은 일반과세자 공제세액 : 100만원×10%=100,000원
㉡ 발급한 간이과세자 납부세액 : 110만원×부가가치율(15%)×10%=16,500원</td></tr>
</table>

Chapter 98

DDP(관세지급인도)조건 재화 수입, 매입세액 공제되나?

내용 Summary

기본사항 Check

- **DDP조건 재화의 수입** : 수출자의 관세부담 조건의 수입으로 수출업자가 관세 및 부가가치세를 부담하고 수입세금계산서는 수입자 명의로 발급받는 수입형태를 말함
- **DDP조건 수입으로 발급받은 수입세금계산서의 매입세액 공제**
  ① 관세와 부가가치세 부담주체가 다른 경우 : 매입세액 공제
  ② 수출업자가 관세 및 부가가치세 부담 : 실질적으로 수입자(국내사업자)의 책임과 계산하에 재화를 수입하여 과세사업에 사용하면 매입세액 공제
  ③ 수입주체에 따른 매입세액 공제 : 관세 및 부가가치세를 외국 수출업체가 부담하고 재화의 수입주체가 실질적으로 외국 수출업체인 경우 매입세액 불공제

핵심 Point

- 수입재화의 실질적인 수입주체에 따른 매입세액 공제 여부
  ① 국내의 수입자 → 매입세액 공제
  ② 국외의 수출업자 → 매입세액 불공제
- 매입세액 공제신고하였으나 불공제되는 경우 불이익
  → 매입세액 불공제, 세금계산서불성실 가산세 · 신고불성실 가산세 · 납부지연 가산세 적용

PART 07 납부세액

질문 »

㈜한국은 의류원단을 동남아로부터 수입하여 제조공정을 거쳐 완성된 의류를 미국 등으로 수출하고 있다. 2025.10.1.에 1억원의 원단을 동남아의 수출업자가 관세 등을 지급하는 DDP 조건으로 수입하였다. 다음 물음에 답하시오.

구 분	제품가격(CIF)	관세 등	합 계	부가가치세
원단 거래가액	100,000,000원	8,000,000원	108,000,000원	10,800,000원

1. 동남아 수출업자가 관세 및 부가가치세를 부담하고 ㈜한국이 수입세금계산서를 받은 경우 매입세액을 공제받을 수 있는가?

2. 동남아 수출업자가 관세를 부담하고 ㈜한국이 부가가치세를 부담하여 수입세금계산서를 받은 경우 매입세액을 공제받을 수 있는가?

3. 동남아 수출업자가 관세 및 부가가치세를 부담하고 ㈜한국이 수입세금계산서를 받았으나, 수입주체는 수출업자의 한국지사인 경우 매입세액을 공제받을 수 있는가?

답변 및 해설 »

1. **DDP조건의 수입은 수출자가 관세 등을 부담하는데 수입자인 국내사업자가 수입세금계산서를 받으므로 부가가치세를 부담하는 자와 공제받는 자가 다르므로 사실과 다른 세금계산서로 볼 수 있다. 하지만 수출계약상 이루어지는 일반적인 거래형태로 수입자가 수입 제품을 자기의 책임과 계산으로 과세사업에 사용하는 경우에는 매입세액을 공제받을 수 있다.**

위 사례에서 ㈜한국이 의류원단을 수입하여 과세사업에 사용한 경우 발급받은 수입세금계산서 108,000,000원은 매출세액에서 공제받을 수 있다.

* 재화의 수입 시 부가가치세 : 재화를 수입하는 경우 수입물품에 대하여 관세 등이 부과되는데 이러한 관세 등의 종류는 관세, 개별소비세, 주세, 교육세, 교통 · 에너지 · 환경세, 교육세, 농어촌특별세 등이 있으며 제품가격에 관세 등을 포함한 금액의 10%를 부가가치세로 징수한다.

2. **㈜한국이 동남아 수출업자와 수입계약을 DDP조건으로 원단을 수입하면서 관세는 수출업자가 부담하고 부가가치세는 ㈜한국이 부담하고 발급받은 수입세금계산서 108,000,000원은 매출세액에서 공제받을 수 있다.**

위의 "1"과 같이 ㈜한국이 수입세금계산서를 발급받아 과세관청에 신고하면 부가가치세 부담자가 외국의 수출업자이므로 매입세액 공제에 대한 과세관청과 다툼이 발생할 수 있기 때문에 ㈜한국에서 부가가치세를 부담하는 경우가 있다.

3. **㈜한국이 동남아 수출업자와 수입계약을 DDP조건으로 원단을 수입하면서 수출업자가 관세 및 부가가치세를 부담하고 ㈜한국이 수입세금계산서를 받았으나, 해당 수입원단의 수입주체가 수출업자의 한국지사인 경우 ㈜한국의 과세사업에 사용되지 않은 재화의 수입으로 사실과 다른 세금계산서로 매입세액을 공제받을 수 없다.**

핵심정리

<table>
<tr><th>구 분</th><th>내 용</th></tr>
<tr><td rowspan="3">DDP조건
수입의
매입세액 공제</td><td>• DDP(매도인 관세부담)조건 수입이란 수출업자가 수입국에 수입통관을 통해 물품을 지정된 장소에서 수입자에게 인도하는 조건으로 수출업자가 관세를 부담하고 모든 통관절차를 수행하는 것을 말한다.</td></tr>
<tr><td>• 수입세금계산서의 매입세액 공제
① 일반적인 재화의 수입 : 수입하는 자가 관세 및 부가가치세를 부담하여 관련 매입세액을 공제받는다.
② DDP조건 재화의 수입 : 수출업자가 관세 및 부가가치세를 부담하고 수입세금계산서는 수입자 명의로 발급받아 매입세액 공제 관련하여 과세관청과 다툼이 발생하고 있으므로 주의하여야 한다.</td></tr>
<tr><td>• DDP조건 수입으로 발급받은 수입세금계산서의 매입세액 공제
① 관세와 부가가치세 부담주체가 다른 경우 : 재화의 수입 시 수출업자가 관세를 납부하고 수입업자가 부가가치세를 납부한 경우 수입세금계산서는 매입세액을 공제한다.[33]
② 수출업자가 관세 및 부가가치세 부담 : 재화의 수입이 실질적으로 수입자(국내사업자)의 책임과 계산하의 수입이라면 수입세금계산서의 매입세액은 수입업자의 매출세액에서 공제받을 수 있다.[34]
③ 수입주체에 따른 매입세액 공제 : 관세 및 부가가치세를 외국 수출업체가 부담하고 재화의 수입주체가 실질적으로 외국 수출업체인 경우 국내 수입자가 수취한 수입세금계산서의 매입세액은 공제받을 수 없다.[35]
<table>
<tr><th>부가가치세</th><th>수입자가 발급받은 수입세금계산서의 매입세액 공제 여부</th></tr>
<tr><td>수입자
부담</td><td>• 수입자가 자기의 사업을 위하여 사용하는 경우 매입세액 공제</td></tr>
<tr><td>수출자
부담</td><td>• 수입자가 자기의 책임과 계산으로 수입하여 사업을 위해 사용한 경우 매입세액 공제
• 실질적인 수입주체가 수출자인 경우 매입세액 불공제</td></tr>
</table>
</td></tr>
<tr><td>쟁 점</td><td>• DDP조건의 수입 시 수입자의 책임과 계산으로 수입하였는지 여부
① 수입자의 책임과 계산으로 수입 : 매입세액 공제
② 수출자의 책임과 계산으로 수입 : 매입세액 불공제</td></tr>
</table>

33) 부가가치세과-404, 2013.5.9. : 재화를 수입하면서 관세는 수출업체가 부담하고 부가가치세는 국내사업자가 부담하는 경우 재화수입의 실질적인 주체가 국내사업자이고 수입한 재화가 자기의 사업을 위하여 사용되었거나 사용될 때에 매입세액은 매출세액에서 공제됨

34) 서면인터넷방문상담3팀-3214, 2007.11.28.

35) 서면인터넷방문상담3팀-2234, 2005.12.8.

Chapter 99

수탁자가 부가가치세 신고의무자인 신탁, 위탁자가 받은 세금계산서도 공제되나?

내용 Summary

기본사항 Check

- **신탁재산의 부가가치세 납세의무자** : 원칙적으로 수탁자이고 예외적으로 수탁자가 재개발 · 재건축 등 사업시행자로서 위탁자가 신탁재산을 실질적으로 지배 · 통제하는 경우 위탁자가 납세의무자가 됨
- **신탁재산의 매입세액 공제 특례**
  ① 수탁자가 위탁자 명의로 발급받은 세금계산서의 공제 여부 → 거래사실이 확인되고 공급자가 해당 부가가치세를 신고 · 납부한 경우 매입세액을 공제받을 수 있음
  ② 위탁자가 수탁자 명의로 발급받은 세금계산서의 공제 여부 → 거래사실이 확인되고 공급자가 해당 부가가치세를 신고 · 납부한 경우 매입세액을 공제받을 수 있음
  ③ 2021.12.31. 이전에 용역업체와 체결한 계약에 따라 위탁자가 발급받은 세금계산서에 대해 수탁자가 매입세액 공제 여부 → 수탁자의 매입세액에서 공제할 수 없음

핵심 Point

- 세금계산서 발급받는 자와 매입세액 공제받는 자가 다른 경우 → 거래사실이 확인되고 공급자가 해당 부가가치세를 신고 · 납부한 경우에 한하여 매입세액을 공제받을 수 있음
- 2021.12.31. 이전 납세의무자가 위탁자였으나, 그 이후 세법 개정으로 납세의무자가 수탁자로 변경된 경우 2021.12.31. 이전 위탁자가 발급받은 세금계산서는 수탁자가 공제받을 수 없음

질문 »

㈜한국은 부동산 신축판매업을 경영하고 있다. 2025년 10월 서울특별시 강남구의 부동산을 취득하여 신탁회사에 부동산 개발신탁을 통해 주택 및 상가를 신축하고 있다. 다음 물음에 답하시오.

1. 신탁회사가 상가 신축 관련하여 사업자등록을 하고 건설회사로부터 건설용역을 제공받고 세금계산서를 발급받은 경우 매입세액을 공제받을 수 있는가?
2. 신탁회사가 상가 신축 관련하여 사업자등록을 하고 건설회사로부터 건설용역을 제공받고 위탁자인 ㈜한국 명의로 세금계산서를 발급받은 경우 매입세액을 공제받을 수 있는가?
3. 재개발 · 재건축을 하는 신탁회사가 상가 신축과 관련하여 분양대행회사로부터 분양대행용역을 제공받고 세금계산서를 발급받은 경우 위탁자인 ㈜한국이 매입세액을 공제받을 수 있는가?
4. 2021.12.31. 이전에 신탁계약을 체결하여 위탁자 ㈜한국이 상가 신축과 관련하여 건설회사로부터 건설용역을 제공받고 세금계산서를 발급받아 매입세액을 공제받던 중 2022.1.1. 세법 개정으로 신탁회사가 사업자등록하여 매입세액을 공제받을 수 있는가?

답변 및 해설 »

1. 2022.1.1. 이후 설정하는 신탁재산에 대하여는 부가가치세 납세의무자가 원칙적으로 위탁자에서 수탁자로 전환되었다. 따라서 신탁회사는 각 신탁재산 소재지에 사업자등록을 하여 신탁재산에 대한 부가가치세 납세의무가 있다. 다만, 신탁재산을 위탁자 명의로 공급하는 등 사유발생 시 위탁자가 납세의무를 진다.

   위 사례에서 신탁재산의 설정이 2025년 10월이므로 납세의무자는 수탁자인 신탁회사가 되고, 이에 따른 사업과 관련된 매입세액을 수탁자가 공제하여야 한다.[36)]

2. 수탁자가 위탁자를 재화 또는 용역을 공급받는 자로 하여 발급받은 세금계산서의 매입세액을 공제받으려는 경우 그 거래사실이 확인되고 공급자가 해당 부가가치세를 신고 · 납부하여야 한다.

   위 사례에서 수탁자인 신탁회사가 부동산 건물 신축과 관련된 세금계산서를 위탁자인 ㈜한국이 발급받은 경우 수탁자인 신탁회사가 매입세액을 공제받기 위해서는 거래사실이 확인되어야 하고 공급자가 부가가치세를 신고 · 납부하여야 한다.

3. 위탁자가 수탁자를 재화 또는 용역을 공급받는 자로 하여 발급받은 세금계산서의 매입세액을 공제받으려는 경우 수탁자는 재개발 · 재건축 등 사업시행자로서 위탁자가 신탁재산을 실질적으로 지배 · 통제하는 경우에 해당되고 그 거래사실이 확인되어야 하며 공급자가 해당 부가가치세를 신고 · 납부하여야 한다.

   위 사례에서 재개발 · 재건축과 관련된 부동산 신축 관련 매입세액으로 수탁자인 신탁회사 명의로 발급받은 세금계산서를 위탁자인 ㈜한국이 매입세액을 공제받기 위해서는 그 거래사실이 확인되어야 하고 공급자가 부가가치세를 신고 · 납부하여야 한다.

4. 2022.1.1. 이후 설정하는 신탁재산에 대하여는 부가가치세 납세의무자가 원칙적으로 위탁자에서 수탁자로 전환됨에 따라 2021.12.31. 이전에 위탁자 명의로 발급받은 세금계산서는 수탁자의 매입세액으로 공제받을 수 없다.

   위 사례에서 2021.12.31. 이전에 위탁자인 ㈜한국이 발급받은 부동산 신축 관련 매입세액은 수탁자인 신탁회사가 매입세액을 공제받을 수 없다.

36) 대법원 2012두22485, 2017.5.18. 전원합의체 판결

핵심정리

구 분	내 용
신탁재산의 납세의무자 세법 개정	• 신탁재산의 납세의무자 ① 일반적으로 수탁자 : 2022.1.1. 이후부터 설정하는 신탁재산에 대한 재화 또는 용역을 **수탁자가 공급하는 경우에는 원칙적으로 수탁자가 부가가치세 납세의무자가 된다**(부법 §3 ②). ② 예외적으로 위탁자 : **신탁재산을 위탁자 명의로 공급하는 등 사유발생 시 위탁자가 납세의무자가 된다**. ㉠ 신탁재산과 관련된 재화 또는 용역을 위탁자 명의로 공급하는 경우 ㉡ 수탁자는 재개발 · 재건축 등 사업시행자로서 위탁자가 신탁재산을 실질적으로 지배 · 통제하는 경우 * 2021.12.31. 이전 : 납세의무자는 일반적으로 사업자인 위탁자이고, 예외적으로 신탁회사인 수탁자임
신탁재산 매입세액 공제특례	• 신탁재산 관련 매입세액 공제 특례 ① 수탁자가 위탁자를 재화 또는 용역을 공급받는 자로 하여 발급받은 세금계산서의 매입세액을 공제받으려는 경우 그 거래사실이 확인되어야 하고 공급자가 해당 부가가치세를 신고 · 납부하여야 한다(부법 §75 ⑾). ② 위탁자가 수탁자를 재화 또는 용역을 공급받는 자로 하여 발급받은 세금계산서의 매입세액을 공제받으려는 경우 그 거래사실이 확인되어야 하고 재화 또는 용역을 공급자가 해당 부가가치세를 신고 · 납부하여야 한다(부법 §75 ⑿). ③ 2021.12.31. 이전에 용역업체와 체결한 계약에 따라 위탁자를 공급받는 자로 하여 발급받은 세금계산서의 부가가치세액은 수탁자의 매입세액에서 공제할 수 없다.[37]
쟁 점	• 위탁자 명의로 세금계산서를 발급받아 수탁자가 매입세액 공제받거나 수탁자가 발급받아 위탁자가 매입세액을 공제받는 경우 거래사실이 확인되어야 하고 공급자가 부가가치세를 신고 · 납부하여야 한다. • 2021.12.31. 이전에 위탁자가 받은 매입세액계산서는 그 이후 수탁자의 매입세액으로 공제받을 수 없다. * 예 2021.12.31. 위탁자가 발급받은 세금계산서가 1억원인 경우 2022.1.25. 부가가치세 확정신고 시 수탁자의 매입세액으로 공제받을 수 없고, 위탁자의 매입세액으로 신고함

37) 사전-2022-법규부가-0262 [법규과-904], 2022.3.20.

Chapter 100

공급가액을 부풀려 적은 세금계산서, 매입세액 공제되나?

내용 Summary

기본사항 Check

- **공급가액 과다기재분 매입세액 공제**
  ① 공급가액이 과다기재된 세금계산서 중 실제 공급가액은 매입세액을 공제받을 수 있고, 과다기재분에 대하여는 매입세액 불공제되고 가산세가 부과됨
  ② 매출에누리에 해당하는 금액에 대하여 과다수취한 경우에는 거래사실이 확인되고 공급자가 부가가치세를 신고 · 납부한 경우에는 매입세액을 공제받을 수 있음
- **가공세금계산서 수취** : 재화 · 용역의 실제 거래 없이 세금계산서만 수취하면 매입세액 불공제됨
- **공급가액을 과다기재하여 매입세액을 공제받은 경우의 불이익**
  ① 부과제척기간 : 5년('사기나 그 밖의 부정한 행위'로 보는 경우 10년) 적용됨
  ② 과다기재된 금액에 대해 매입세액은 불공제되고, 세금계산서 과다수취가산세, 신고불성실가산세(10%, 40%), 납부지연가산세가 적용됨

핵심 Point

- 가공세금계산서 수취 → 매입세액 전액 불공제
- 공급가액 과다기재 세금계산서 수취 → 실제 공급받은 금액에 대하여는 매입세액을 공제받고, 과다기재분은 매입세액이 불공제됨
- 세무조사 과정에서 사기나 그 밖의 부정한 행위로 과다기재하였다고 보는 경우
  ① 부과제척기간 → 5년에서 10년
  ② 과소신고가산세 → 과소 신고한 세액의 10%에서 40%

PART 07 납부세액

질문 »

㈜한국은 의류 제조업을 경영하는 회사로, 기계장치를 10,000,000원에 구입하고 세금계산서를 발급받았다. 공급자가 이에 따른 부가가치세 신고를 적법하게 수행한 경우 다음 물음에 답하시오. 다만, 납부지연 일수는 100일로 가정한다.

1. 구입한 기계장치의 실지거래가액이 6,000,000원임에도 10,000,000원으로 기재한 세금계산서를 발급받은 경우 매입세액 공제 여부 및 가산세는?
2. 기계장치를 실제로 구입하지 아니하고 세금계산서 10,000,000원을 발급받은 경우 매입세액 공제 여부 및 가산세는?
3. 기계장치를 구입하면서 매출에누리에 해당하는 4,000,000원을 판매장려금으로 잘못 알고 10,000,000원의 세금계산서를 발급받은 경우 매입세액 공제 여부 및 가산세는?
4. 세무조사 과정에서 기계장치의 실지거래가액이 6,000,000원임에도 10,000,000원에 고의적으로 과다하게 세금계산서를 발급받아 사기나 그 밖의 부정한 행위로 보는 경우 부과제척기간 및 신고불성실가산세는?

답변 및 해설 »

1. 재화 또는 용역을 공급받고 공급시기에 세금계산서를 발급받은 경우 매입세액은 매출세액에서 공제된다. 그러나 발급받은 세금계산서가 사실과 다른 세금계산서인 경우에는 매입세액 불공제 및 가산세가 부과된다. 매입세액을 많이 공제받기 위하여 공급가액을 과다기재하여 발급받은 세금계산서는 실제거래가액은 매입세액 공제되고, 과다기재한 가액에 대하여만 매입세액 불공제 및 가산세가 부과된다.

   위 사례에서 ㈜한국이 발급받은 세금계산서 중 6,000,000원에 대한 부가가치세 600,000원은 매출세액에서 공제되고, 과다 기재한 4,000,000원에 대한 부가가치세 400,000원이 매입세액 불공제되며, 세금계산서 과다기재가산세 80,000원(4,000,000원×2%), 신고불성실가산세 40,000원(400,000원×10%), 납부지연가산세는 8,800원(400,000원×100일×0.022%)를 합한 648,800원이 부과된다.

   * 추가 납부할 세액 : 400,000원+80,000원+40,000원+8,800원=528,800원

2. **가공세금계산서를 발급받아 매입세액 공제 신고한 경우에는 매입세액이 불공제되므로 가공세금계산서 10,000,000원에 대한 3%인 300,000원을 가공수취에 따른 가산세를 부과하고, 신고불성실가산세 및 납부지연가산세가 적용된다.**

* 추가 납부할 세액 : 1,000,000원+300,000원+400,000원+22,000원=1,722,000원

3. **매출에누리를 공급가액에서 빼지 아니하고 공급가액에 포함하여 세금계산서를 발급받은 경우 거래사실이 확인되고 공급자가 부가가치세를 신고 · 납부 시 매입세액을 공제받을 수 있다.**

위 사례에서 매출에누리 4,000,000원을 공급가액에서 빼지 아니하고 10,000,000원 전체 금액에 대하여 세금계산서를 발급받은 경우 거래사실이 확인되고 공급자가 부가가치세를 신고 · 납부하였으므로 매입세액을 공제받을 수 있다.

* 추가 납부할 세액 : 없음

4. **부과제척기간은 국세를 과소신고 시 일반적으로 5년이나 사기나 그 밖의 부정한 행위로, 과다기재 시 10년이 되고 과소신고가산세는 일반적으로 추가 납부할 세액의 10%를 적용하지만 부정행위로 과소신고한 때에는 40%가 적용될 수 있다.**

위 사례에서 ㈜한국의 세무조사 과정에서 부정한 행위로 세금계산서를 과다기재하여 수취하여 부과제척기간은 10년이 되고, 과소신고에 따른 가산세는 부당과소신고가산세 40%를 적용한 160,000원(400,000원×40%)이 부과된다.

핵심정리

<table>
<tr><th>구 분</th><th>내 용</th></tr>
<tr><td>금액과다 발급한 매입세액 공제</td><td>
• 매입세액 공제 : 과세사업자가 재화 또는 용역을 공급받고 공급시기에 발급받은 세금계산서에 대한 매입세액은 매출세액에서 공제된다.

• 사실과 다른 세금계산서 매입세액 공제 : 재화 또는 용역을 공급받고 그 대가를 지급한 경우에는 세금계산서를 발급받아 매입세액을 공제한다. 이러한 세금계산서가 사실과 다른 경우에는 매입세액 불공제 및 가산세가 적용된다.

• 세금계산서의 공급가액이 과다 기재된 경우 매입세액 공제 : 세금계산서의 공급가액이 사실과 다르게 과다 기재된 경우 실지거래분에 대한 매입세액은 공제하나, 과다기재분에 대한 매입세액은 공제하지 아니한다.

• 가공세금계산서 수취 : 재화 또는 용역의 실제 거래 없이 세금계산서만 수취하게 되면 전액 매입세액 불공제되고, 공급가액의 3%가 가산세로 부과되며 1개 과세기간에 공급가액이 5억원 이상 되는 경우에는 세금계산서 질서범으로 고발될 수 있다.

• 공급가액 과다기재된 세금계산서의 부과제척기간 및 가산세
① 부과제척기간 : 일반적으로 5년이나, 세무조사 과정에서 '사기나 그 밖의 부정한 행위'로 보는 경우에는 10년을 적용할 수도 있음[38]
<table>
<tr><th>구 분</th><th>제척기간</th></tr>
<tr><td>부정행위로 국세를 포탈 · 환급 · 공제받은 경우 : 사기나 그 밖의 부정한 행위로 국세 포탈하거나 환급·공제받은 경우</td><td>10년</td></tr>
<tr><td>기타 과소신고한 경우</td><td>5년</td></tr>
</table>
② 세금계산서 과다수취가산세 : 공급가액의 2%를 적용함
③ 신고불성실가산세 : 일반적으로 과소신고납부세액의 10%를 적용하지만, '사기나 그 밖의 부정한 행위'로 보는 경우 부당과소신고가산세(40%)를 적용함
<table>
<tr><th>구 분</th><th>과소신고 · 초과환급신고 가산세</th></tr>
<tr><td>부정행위로 과소신고</td><td>부정행위로 인한 과소신고납부세액 등×40%</td></tr>
<tr><td>기타 과소신고한 경우</td><td>과소신고납부세액 등×10%</td></tr>
</table>
④ 납부지연가산세 : 신고기한이 지난 날부터 1일 0.022%를 적용함
</td></tr>
<tr><td>매출에누리</td><td>• 매출에누리를 공급가액에 포함하지 않아야 함에도 불구하고 해당 금액을 장려금이나 이와 유사한 금액으로 보고 이를 공급가액에 포함하여 세금계산서를 발급받은 경우로서 그 거래사실이 확인되고 공급자가 부가가치세를 신고 · 납부한 경우 매입세액 공제된다(부령 §75 (9) 사.).</td></tr>
</table>

38) 조심 2021중4972, 2021.12.13.

Chapter 101

대형할인점의 베이커리류 제조, 음식점인가, 제조업인가?

내용 Summary

기본사항 Check

- **제조업** : 원재료에 물리적, 화학적 작용을 가하여 제품 생산
- **음식점업**
  ① 접객시설을 갖추어 음식을 조리하여 고객에게 제공
  ② 접객시설 없이 고객이 주문한 음식을 직접 조리하여 고객에게 배달 · 제공
- **베이커리류 빵 등의 판매**
  ① 제과점을 제외한 신선 · 냉동된 빵 및 생과자를 제조 → 제조업
  ② 즉석식의 빵, 케이크, 생과자 등을 직접 구워서 일반 소비자에게 판매 → 음식점업
  ③ 접객시설을 갖추고, 구입한 빵, 케이크 등을 직접 소비할 수 있도록 제공 → 음식점업
  ④ 직접 제조하지 않고 체인 조직을 통하여 공급받아 소매하는 제과점 → 소매업
- **업종별 의제매입세액 공제율**
  ① 음식점업 : 개인 8/108(과세기간별 매출액 2억원 이하 9/109), 법인 6/106, 과세유흥장소 2/102
  ② 제조업 : 개인 4/104(떡류 등 6/106), 법인 2/102(중소기업 4/104)
  ③ 기타업종 : 2/102

핵심 Point

- 빵을 직접 조리하여 최종소비자에게 판매하였는지 여부
  ① 빵을 제조하여 소매업자에게 납품 → 제조업
  ② 빵을 직접 구워서 최종소비자에게 제공 → 음식점업
  ③ 빵을 마트에서 최종소비자에게 판매 → 소매업

PART 07 납부세액

질문 »

㈜한국은 대형할인매장을 경영하는 중견기업이다. 베이커리 빵을 직접 조리하고 소포장하여 판매하고 있는데 그 대부분은 최종소비자에게 판매되고 있다. 매장은 빵을 먹을 수 있는 접객시설이 판매대 바로 앞에는 없지만, 이를 구매한 고객이 원하는 경우 같은 건물 내의 식탁 등 접객시설을 이용하여 아무런 제한 없이 음식물을 먹을 수 있다. 다음 물음에 답하시오.

1. ㈜한국이 대형할인매장에서 직접 조리하여 판매한 베이커리 빵에 대한 업종은 제조업 또는 음식점업에 해당하는가?
2. ㈜한국이 2025년 제2기 판매한 베이커리 빵에 대한 농산물 구입 및 매출 현황이 다음과 같을 경우 예정신고 및 확정신고 시 의제매입세액공제 금액은?

구 분	2025.7.1.~2025.9.30.	2025.10.1.~2025.12.31.	합 계
면세농산물 등 관련 과세표준	530,000,000원	424,000,000원	954,000,000원
면세농산물 등 매입가액	132,500,000원	169,600,000원	302,100,000원

답변 및 해설 »

1. **제조업은 원재료에 물리적, 화학적 작용을 가하여 투입된 원재료를 성질이 다른 제품으로 전환시키는 산업활동이고, 음식점업은 접객시설을 갖추고 구내에서 직접 소비할 수 있도록 주문한 음식을 조리하여 제공하는 음식점을 운영하거나 접객시설 없이 고객이 주문한 음식을 직접 조리하여 배달 · 제공하는 산업활동을 말한다(한국표준산업분류 분류코드 561).**

   위 사례에서 ㈜한국은 베이커리 빵을 직접 조리하여 최종소비자에게 제공하는 음식을 먹을 수 있는 식탁 등 접객시설이 없이 고객이 주문한 빵을 제공하는 것으로 음식점업에 해당한다.

2. **의제매입세액 공제는 과세사업자가 면세농산물 등을 구입 또는 재배를 통해 이를 원재료로 하여 제조 · 가공한 재화나 창출한 용역이 과세되는 경우에는 면세농산물 등을 구입한 금액의 2/102, 4/104, 6/106, 8/108, 9/109를 곱한 금액을 의제매입세액으로 공제한다.**

   (1) 위 사례에서 음식점업을 경영하는 법인사업자로 예정신고 시에는 한도 없이 면세농산물 등 구입한 금액의 6/106을 곱하여 의제매입세액을 공제한다. 따라서 7,500,000원을 예정신고 시 의제매입세액 공제한다.

   * 예정신고 : 132,500,000원 $\times \frac{6}{106}$ = 7,500,000원

   (2) 법인의 경우 의제매입세액 공제 한도는 해당 과세기간 매출액의 50%이므로 확정신고 시에는 동일 과세기간에 면세농산물 등 구입한 금액의 6/106을 곱한 금액을 한도 내에서 의제매입세액 공제한다. 따라서 9,600,000원을 확정신고 시 의제매입세액 공제한다.

   * 확정신고 : Min[954,000,000 × 50%, 302,100,000] $\times \frac{6}{106}$ − 7,500,000 = 9,600,000원

PART 07 납부세액

핵심정리

구 분	내 용
음식점업과 제조업의 정의	• 음식점업 : 사업자가 접객시설을 갖추고 구내에서 직접 소비할 수 있도록 주문한 음식을 조리하여 제공하는 음식점을 운영하거나 접객시설 없이 고객이 주문한 음식을 직접 조리하여 배달 · 제공하는 산업활동을 말한다(11차 한국표준산업분류).
	• 제조업 : 원재료에 물리적, 화학적 작용을 가하여 투입된 원재료를 성질이 다른 제품으로 전환시키는 산업활동을 말한다.
베이커리 판매의 업종분류	• 빵류 제조업(분류코드 10602) : 제조업으로 분류되는 빵류 제조업은 신선 · 냉동된 빵 및 생과자를 제조하는 산업활동을 말한다. 구체적으로 빵 제조(신선, 냉동품, 제과점 제외), 빵류 제조(제과점 제외), 베이커리제품 제조(제과점 제외), 냉동 베이커리제품 제조, 파이 제조, 케이크 제조, 식빵 제조, 생과자 제조(제과점 제외), 생과자 제조를 말한다.
	• 제과점업(분류코드 56150) : 음식점업으로 분류되는 제과점업은 즉석식의 빵, 케이크, 생과자 등을 직접 구워서 일반 소비자에게 판매하거나 접객시설을 갖추고 구입한 빵, 케이크 등을 직접 소비할 수 있도록 제공하는 산업활동을 말한다. 접객시설을 갖추고 떡류를 제공하는 경우도 포함한다. 구체적으로 도넛 전문점, 떡 전문점, 떡집(음식점 형태), 베이커리가게 운영, 빵집 운영, 생과자점 운영, 제과점 운영업을 말한다.
	• 간이음식 포장판매 전문점(분류코드 56199) : 음식점업으로 분류되는 포장판매 전문점은 고정된 장소에서 대용식이나 간식 등 간이 음식류를 조리하여 포장 판매하거나 일부 객석은 있으나 포장 판매 위주로 음식점을 운영하는 산업활동을 말한다.
	• 빵류 소매업(분류코드 47221) : 소매업으로 분류되는 빵류 소매업은 빵류, 과자류, 떡류 및 당류 등을 소매하는 산업활동을 말한다. 직접 제조하지 않고 체인 조직을 통하여 공급받아 소매하는 제과점도 포함한다. 구체적으로 빵 소매, 생과자(구매품) 소매, 설탕과자류 소매, 케이크 소매(구매품), 피자 소매(구매품), 햄버거(구매품) 소매, 식빵(구매품) 소매업 등을 말한다.

<table>
<tr><th>구 분</th><th>내 용</th></tr>
<tr><td rowspan="2">대형할인매장 내에서 베이커리 판매 업종</td><td>• 대형할인점에서 직접 조리한 음식을 최종소비자인 고객에게 제공하는 경우, 접객시설 유무와 관련없이 제조업이 아니라 음식점업에 해당한다.[39)]</td></tr>
<tr><td>• 구분의 실익 : 의제매입세액 공제율이 제조업은 개인 4/104(떡류 등 6/106), 법인 2/102(중소기업 4/104), 음식점업은 개인 8/108(매출액 2억원 이하 9/109), 법인 6/106, 과세유흥장소 2/102, 기타업종은 2/102 등으로 차이가 있다.
<table>
<tr><th colspan="2">구분(6개월 기준)</th><th>음식점</th><th>과세유흥장소</th><th>제조업</th><th>기타</th></tr>
<tr><td rowspan="2">개인</td><td>과세표준 2억원 이하</td><td>9/109</td><td rowspan="3">2/102</td><td rowspan="2">4/104
(과자점 등 6/106)</td><td rowspan="3">2/102</td></tr>
<tr><td>과세표준 2억원 초과</td><td>8/108</td></tr>
<tr><td colspan="2">법인</td><td>6/106</td><td>4/104(중소기업)</td></tr>
</table>
</td></tr>
</table>

39) 서울고등법원-2016-누-49503, 2016.12.20.

Chapter 102

제품의 폐기처분, 의제매입세액의 추징사유인가?

내용 Summary

기본사항 Check

- **의제매입세액공제를 재계산하여 추징하는 사유**
  ① 면세농산물 등을 그대로 양도하는 경우
  ② 면세농산물 등을 면세사업을 위하여 사용·소비하는 경우
  ③ 면세농산물 등을 개인적 공급 또는 사업상 증여한 경우
  ④ 면세농산물 등이 부패되어 제조에 사용하지 못하는 경우
  ⑤ 면세농산물 등을 시험용으로 사용하는 경우
- **의제매입세액 공제받은 면세농산물 등이 제조공정의 원재료로 사용된 이후에 폐기처분한 경우** : 추징사유에 해당되지 아니함

핵심 Point

- 면세농산물 등을 원재료로 사용한 후에 폐기처분하였는지 여부
  ① 원재료로 투입하기 전에 폐기처분 → 의제매입세액 공제액 추징
  ② 원재료로 투입한 이후에 폐기처분 → 의제매입세액 공제액 추징 안 됨

질문 »

㈜한국은 통조림 제조업을 경영하는 중소기업이다. 면세농산물인 복숭아를 구입한 내역이 다음과 같은 경우 물음에 답하시오.

구 분	구 입	구입 후 폐기	원재료로 사용	원재료 투입 후 폐기
면세농산물 등 매입가액	1,040,000,000원	20,800,000원	1,019,200,000원	10,400,000원

1. ㈜한국이 원재료를 구입하여 의제매입세액 공제받은 후 원재료로 사용하지 아니한 복숭아를 부패되어 폐기처분한 경우 의제매입세액 공제금액 및 추징금액은?

2. ㈜한국이 의제매입세액 공제받은 복숭아를 원재료로 투입하여 복숭아 통조림을 생산하는 과정에서 부패되어 폐기처분한 경우 의제매입세액 추징금액은?

답변 및 해설 »

1. 의제매입세액 공제율은 제조업을 경영하는 법인의 경우 중소기업은 4/104이고, 그 이외에 해당하는 법인은 2/102이 된다. 또한, 의제매입세액 공제 후 원재료 공정에 투입하기 전에 부패되어 폐기처분하는 경우에는 의제매입세액 추징사유가 된다.

위 사례에서 ㈜한국은 면세농산물 구입 시 의제매입세액 40,000,000원을 공제하고, 원재료로 투입하기 전에 폐기처분하였으므로 공제세액 중 800,000원(20,800,000원×4/104)에 대하여 추징된다.

* 의제매입세액 공제세액 : 1,040,000,000원$\times\frac{4}{104}$=40,000,000원

2. 면세농산물 등에 대하여 의제매입세액 공제를 받고 과세사업인 통조림 제조업에 투입한 후 해당 면세농산물 등의 부패에 따라 폐기처분한 경우에는 이미 과세사업에 사용하였으므로 의제매입세액 공제받은 세액의 추징사유에 해당되지 아니한다.

위 사례에서 복숭아를 통조림 제조공정에 투입한 후에 부패에 따른 폐기처분을 한 경우에는 의제매입세액 공제금액에 대하여 추징하지 아니한다.

핵심정리

<table>
<tr><th>구 분</th><th>내 용</th></tr>
<tr><td>의제매입세액
공제 요건</td><td>• 과세사업자가 구입 · 자가생산한 면세농산물 등을 원재료로 하여 제조 가공한 재화나 창출한 용역이 과세대상인 경우 면세농산물 등 구입액의 일정비율을 매입세액으로 공제한다.</td></tr>
<tr><td rowspan="2">의제매입세액
공제 후
추징사유</td><td>• 다음의 사유가 발생한 경우에는 의제매입세액을 제계산하여 납부하여야 한다.
① 면세농산물 등을 그대로 양도하는 경우
② 면세농산물 등을 면세사업을 위하여 사용 · 소비하는 경우
③ 면세농산물 등을 개인적 공급 또는 사업상 증여한 경우
④ 면세농산물 등이 부패되어 제조에 사용하지 못하는 경우[40)]
⑤ 면세농산물 등을 시험용으로 사용하는 경우[41)]</td></tr>
<tr><td>• 의제매입세액공제 재계산 대상 여부
① 면세로 공급받은 농산물 등이 부패되어 과세재화의 제조 · 가공에 사용하지 아니한 경우 의제매입세액 공제를 받을 수 없다.
② 면세로 공급받은 농산물 등을 과세재화의 제조 · 생산에 사용하였으나, 생산된 과세재화가 부패하여 폐기되거나 화재로 소실된 경우에는 의제매입세액 공제를 받을 수 있다.[42)]
<table>
<tr><th>구 분</th><th colspan="2">구 입</th><th colspan="2">과세재화 생산</th><th>판매</th><th>의제매입세액</th></tr>
<tr><td>원재료를 과세재화의 생산에 투입하기 전에 폐기한 경우</td><td>○</td><td>(폐기)</td><td>×</td><td></td><td>×</td><td>불공제</td></tr>
<tr><td>원재료로 과세재화 생산 후 과세재화를 폐기한 경우</td><td>○</td><td></td><td>○</td><td>(폐기)</td><td>×</td><td>공제</td></tr>
</table></td></tr>
</table>

40) 부가 22601－1206, 1989.8.23.
41) 부가 22601－84, 1990.1.25.
42) 부집 42－84－1 · 42－84－7, 부가 1265－153, 1983.1.16.

Chapter 103

계산서나 신용카드매출전표가 없는 농어민 직거래, 의제매입세액 공제되나?

내용 Summary

기본사항 Check

- **면세농산물 등을 구입하여 과세물품의 원재료로 사용하는 경우 의제매입세액공제를 받기 위해서는 다음의 서류를 발급받아 제출하여야 함**
  ① 제조업자 : 계산서나 신용카드매출전표를 수취하여 합계표 등을 제출하고, **농어민** · 임업 종사자로부터 면세농산물 등을 직접 공급받는 경우 의제매입세액 공제신고서만 제출함
  ② 기타업종 : 계산서나 신용카드매출전표를 수취하여 합계표를 제출
- **타인의 신용카드로 결제한 경우** : 종업원이나 가족 명의는 공제, 기타 타인 명의는 불공제함

핵심 Point

- 면세농산물을 제조업에 사용하였는지 여부
  ① 제조업의 원재료로 투입된 경우 → 계산서나 신용카드 등 적격증빙 없이 공제 가능
  ② 기타업종이 과세사업에 사용한 경우 → 계산서나 신용카드 등 적격증빙이 있어야 공제 가능

질문 »

㈜한국은 정육점과 통조림업 및 음식점업을 영위하고 있다. 축산농민으로부터 한우를 직접 구입하여 도축장의 도축과정을 거쳐 정육점에서 일부는 쇠고기를 면세로 판매하고, 일부는 통조림 제조에 사용하며, 일부는 식당에서 기타 음식부재료와 함께 음식용역을 제공한 경우 다음 물음에 답하시오.

1. ㈜한국은 음식점의 부재료로 제공된 한우에 대해 축산농민으로부터 직접 구입하고, 의제매입세액 공제신고서에 축산농민의 성명과 주민등록번호만 기재하여 제출한 경우 의제매입세액공제를 받을 수 있는가?
2. ㈜한국이 통조림 제조에 투입된 한우에 대해, 축산농민이 설립한 법인으로부터 직접 구입하고 의제매입세액 공제신고서에 축산농민의 성명과 주민등록번호만 기재하여 제출한 경우 의제매입세액공제를 받을 수 있는가?
3. ㈜한국은 음식점의 부재료로 제공된 한우를 축산법인으로부터 구입하면서 종업원의 신용카드로 결제한 경우 의제매입세액공제를 받을 수 있는가?

답변 및 해설 »

1. 의제매입세액 공제를 받기 위해서는 사업자가 의제매입세액 공제신고서와 면세농산물 등을 공급받은 사실을 증명하는 법정서류를 제출하여야 한다. 음식점을 경영하면서 면세농산물을 구입한 경우 의제매입세액 공제를 받기 위해서는 매입처별 계산서합계표, 신용카드매출전표 등 수령명세서, 매입자발행계산서합계표 등 적격증빙서류를 제출하여야 한다.

   위 사례에서 ㈜한국이 음식점에 사용된 면세농산물 구입 시 위의 적격증빙서류를 받을 수 없어 의제매입세액 공제신고서에 축산농민의 성명과 주민등록번호만 기재한 경우에는 의제매입세액 공제를 받을 수 없다.

2. 제조업을 경영하면서 면세농산물을 구입한 경우 의제매입세액 공제를받기 위해서는 매입처별 계산서합계표, 신용카드매출전표 등 수령명세서, 매입자발행계산서합계표, 농어민 · 임업종사자로부터 면세농산물 등을 직접 공급받는 경우에는 의제매입세액 공제신고서만 제출하면 된다.

위 사례에서 통조림 제조에 투입된 한우를 축산농민이 설립한 법인으로부터 현금으로 구입하고 의제매입세액 공제신고서에 축산농민의 성명과 주민등록번호만 기재하여 제출한 경우 의제매입세액 공제를 받을 수 없다. 그 이유는 제조업자가 법인으로부터 면세농산물을 구입한 경우 계산서나 신용카드 등 적격증빙서류를 갖추어야 공제를 받을 수 있다.

3. 음식점은 계산서나 신용카드 등 적격증빙서류를 발급받아야 의제매입세액 공제를 받을 수 있다. 또한, 면세농산물을 종업원의 신용카드로 결제한 경우에도 의제매입세액 공제를 받을 수 있다.

위 사례에서 음식점의 부재료로 한우를 종업원 명의의 신용카드로 결제한 경우에도 적격증빙에 해당되어 의제매입세액 공제를 받을 수 있다.

핵심정리

<table>
<tr><th>구 분</th><th colspan="2">내 용</th></tr>
<tr><td rowspan="3">의제매입세액
공제 제출서류</td><td colspan="2">• 의제매입세액 공제를 받기 위해서는 사업자가 예정신고 및 확정신고와 함께 의제매입세액 공제신고서와 면세농산물 등을 공급받은 사실을 증명하는 다음의 서류를 납세지 관할 세무서장에게 제출하여야 한다(부령 §84 ⑤).</td></tr>
<tr><td>구 분</td><td>제출서류</td></tr>
<tr><td>제조업</td><td>① 매입처별 계산서합계표
② 신용카드매출전표 등 수령명세서
③ 매입자발행계산서합계표
④ 농어민 · 임업종사자로부터 면세농산물 등을 직접 공급받는 경우에는 의제매입세액 공제신고서만 제출함</td></tr>
<tr><td></td><td>기타 사업</td><td>① 매입처별 계산서합계표
② 신용카드매출전표 등 수령명세서
③ 매입자발행계산서합계표</td></tr>
<tr><td>농어민
등으로부터
직접 구입한
농산물</td><td colspan="2">• 제조업자가 농어민으로부터 면세농산물 등을 직접 구입한 경우 : 의제매입세액 공제신고서에 농어민의 성명과 주민등록번호만 작성하여 제출하면 의제매입세액 공제를 받을 수 있다.
여기에서 농어민은 통계청장이 고시하는 한국표준산업분류상의 농업 중 작물 재배업, 축산업, 작물재배 및 축산 복합농업에 종사하거나 임업, 어업 및 소금 채취업에 종사하는 개인을 말한다(부령 §84 ⑥).
따라서 법인은 농어민이 아니며, 농어민이 아닌 개인으로부터 구입한 경우에도 의제매입세액 공제신고서로는 공제받을 수 없는 점에 유의해야 한다.</td></tr>
</table>

구 분	내 용
제출서류에 따른 의제매입세액 공제 여부	• 다음과 같은 계산서를 발급받은 경우 의제매입세액 공제 여부[43)] ① 사업자등록을 신청한 사업자가 사업자등록증 발급일까지의 거래에 대하여 해당 사업자 또는 대표자의 주민등록번호를 기재하여 발급받은 계산서는 의제매입세액을 공제할 수 있는 계산서로 본다. ② 발급받은 계산서의 필요적 기재사항 중 일부가 착오로 기재되었으나 해당 계산서의 그 밖의 필요적 기재사항 또는 임의적 기재사항으로 보아 거래사실이 확인되는 경우의 계산서는 의제매입세액을 공제할 수 있는 계산서로 본다. ③ 면세되는 농산물 등의 공급시기 이후에 발급받은 계산서로서 해당 공급시기가 속하는 부가가치세 과세기간 내 발급받은 계산서는 의제매입세액을 공제받을 수 있는 계산서로 본다.
	• 타인의 신용카드로 결제한 경우 : 종업원이나 가족을 제외한 타인의 신용카드로 그 대금을 결제한 경우에는 의제매입세액 공제를 받을 수 없다.[44)]

43) 부집 42-84-11
44) 서면 2015부가-1640 [부가가치세과-1851], 2015.11.11.

Chapter 104

직매장 반출분이 있는 경우 의제매입세액 공제한도 계산방법은?

내용 Summary

기본사항 Check

- **의제매입세액 공제한도** : 해당 과세기간의 면세농산물 등 관련 공급가액 합계액×한도율
  - * 한도율 : 개인 55~75%, 법인 50%
- **둘 이상의 사업장이 있는 경우 의제매입세액 공제 사업장** : 면세농산물 등을 구입한 사업장이나 최종 제품이 완성되는 사업장 중에서 선택하여 공제 가능함
- **둘 이상의 사업장이 있는 경우 한도계산** : 면세농산물 등을 구입한 사업장에서 일반적으로 공제하며 의제매입세액 공제한도 계산은 각 사업장별로 적용함
  - ① 1공장 면세농산물 구입→2공장 제조가공→직매장 판매 : 직매장 판매금액에 한도율을 곱한 한도금액 내에서 구입한 사업장 또는 직매장에서 공제 가능함
  - ② 하나의 사업장에서 면세농산물을 구입하여 1차 가공한 과세제품을 직매장에서 판매하고, 2차 가공한 제품을 다른 직매장에서 판매하는 경우 : 직매장 총판매금액에 한도율을 곱한 한도금액 내에서 구입한 사업장 또는 직매장에서 공제 가능함
  - ③ 여러 개의 사업장에서 면세농산물을 구입하여 하나의 직매장에서 판매하는 경우 : 직매장 판매금액에서 각 사업장이 차지하는 비율에 한도율을 곱한 한도금액 내에서 구입한 사업장에서 공제하거나 직매장에서 총판매금액을 기준으로 일괄하여 공제 가능함
- 안분계산 : 직매장 반출 가격을 확인할 수 없는 경우 합리적인 비율로 안분함
  - * 자기생산 판매분, 반입·반출분의 제조원가 또는 시가가 과세표준에서 차지하는 비율 등

핵심 Point

- 하나의 사업장에서 면세농산물을 구입하였는지 여부
  - ① 하나의 사업장에서 구입→총판매금액을 기준으로 한도 계산
  - ② 여러 개의 사업장에서 구입→총판매금액 중 해당 사업장의 반출가격 비율을 기준으로 한도 계산

PART 07 납부세액

질문 »

1. 총괄납부사업자인 ㈜한국은 중소기업으로 2025년 제1기 농민으로부터 잎담배를 104,000,000원에 구입하여 A원료공장에서 숙성, 가향, 절단 등의 가공을 거쳐 B제조공장에 반출하여 절각, 가향, 궐련, 포장 등의 절차를 거쳐 담배를 생산하여 C직매장으로 반출한 후 500,000,000원에 판매하였다. **A원료공장의 의제매입세액 공제한도와 의제매입세액 공제금액은?** 다만, 예정신고기간의 의제매입세액 공제액은 없다.

2. 총괄납부사업자인 ㈜대한은 일반기업으로 A공장에서 옥수수를 구입하여 원당을 생산하여 일부 원당은 올리고당(과세재화)으로 C직매장에서 반출하여 추가가공 없이 판매하고, 나머지 원당은 B공장으로 반출하여 다른 원재료와 혼합하여 프리믹스를 제조하여 D직매장으로 반출하여 판매하였다. 다음은 ㈜대한의 2025년 제1기의 매출과 농산물 등의 매입 자료이다. **이 자료로 A공장의 의제매입세액 공제한도와 의제매입세액 공제금액은?** 다만, 예정신고기간의 의제매입세액 공제액은 없다.

옥수수 구입	C직매장 올리고당 판매금액	D직매장 프리믹스 판매금액
102,000,000원	54,000,000원	150,0000,000원

3. 총괄납부사업자인 ㈜대한은 일반기업으로 두 개의 공장에서 면세농산물인 옥수수 등을 원료로 하여 동물용 배합사료를 제조하여 이를 직매장으로 반출하여 판매하고 있다. 다음 자료는 ㈜대한의 2025년 제1기의 매출액과 매입내용이다. **이 자료로 A공장과 B공장의 의제매입세액 공제한도와 의제매입세액 공제금액은?** 다만, 예정신고 시 의제매입세액 공제액은 없다. 직매장의 배합사료 판매액은 반출분의 시가로 안분계산하는 것이 합리적이라고 본다.

구 분	옥수수 구입가액	직매장 반출가격(시가)	직매장 판매금액
A공장	204,000,000원	300,000,000원	612,000,000원
B공장	102,000,000원	200,000,000원	

답변 및 해설 »

1. 둘 이상의 사업장이 있는 경우 의제매입세액공제는 면세농산물 등을 구입한 사업장이나 최종 제품이 완성되는 사업장에서 받을 수 있다. 이때 공제한도 계산은 직매장 매출액 중 면세농산물 구입과 관련 사업장에서 반출 가공되어 판매된 제품의 매출액에 공제한도율을 곱하여 계산한다.

위 사례에서 ㈜한국이 면세되는 잎담배를 104,000,000원에 구입하여 가공을 거쳐 직매장에서 500,000,000원에 판매하는 경우 공제한도는 담배를 판매한 금액에 법인이므로 50%를 곱한 250,000,000원이다. 의제매입세액 공제금액은 104,000,000원과 250,000,000원 중 적은 금액에 중소기업 제조업 법인의 공제율인 4/104를 곱한 4,000,000원이 된다.

* 공제한도 : 500,000,000원×50%=250,000,000원
* 의제매입세액 공제 : Min[250,000,000원, 104,000,000원]×4/104=4,000,000원

2. 주사업장 총괄납부사업자가 A공장에서 면세농산물 등을 구입하여 이를 원재료로 하여 1차 생산한 과세제품의 일부를 직매장에 반출하여 판매하고, 나머지는 B공장으로 반출하여 추가가공을 거쳐 생산한 완제품을 직매장에 반출하여 판매하는 경우 의제매입세액 공제 한도액 계산은 해당 면세농산물 등의 구입과 관련된 매출액 전체를 기준으로 한다.

위 사례에서 의제매입세액 한도 계산은 ㈜대한이 1차 가공 후 판매한 올리고당과 2차 가공 후 판매한 프리믹스의 합계액인 204,000,000원에 50%인 102,000,000원을 한도로 한다. 의제매입세액 공제금액은 102,000,000원에 일반기업 제조업 법인의 공제율인 2/102를 곱한 2,000,000원이 된다.

* 공제한도 : (54,000,000원+150,000,000원)×50%=102,000,000원
* 의제매입세액 공제 : Min[102,000,000원, 102,000,000원]×2/102=2,000,000원

3. 둘 이상의 사업장이 있고 면세농산물 등을 여러 사업장에서 구입하여 제조가공을 거쳐 생산한 제품을 하나의 직매장에 반출하여 각 사업장이 생산한 제품의 공급가액을 확인할 수 없는 때에는 합리적인 비율(자기생산 판매분, 반입 · 반출분의 제조원가 또는 시가가 과세표준에서 차지하는 비율 등)로 안분하여 계산한다.

(1) A공장이 204,000,000원에 구입한 면세농산물을 제조가공하여 완성품을 직매장에서 판매한 경우 의제매입세액 공제한도 계산은 총판매금액 중 A공장 제품이 차지하는 비율을 곱하여 계산한다. ㈜대한은 직매장 반출가액에서 총판매금액에 대한 A공장의 비율을 곱하여 계산한 183,600,000원이 한도가 된다. 의제매입세액 공제금액은 204,

000,000원과 183,600,000원 중 적은 금액에서 일반법인 제조업의 공제율인 2/102를 곱한 3,600,000원이 된다.

* 공제한도 : [3억원/(3억원+2억원)]×612,000,000원×50%=183,600,000원
* 의제매입세액 공제 : Min[204,000,000원, 183,600,000원]×2/102=3,600,000원

(2) B공장이 102,000,000원에 구입한 면세농산물을 제조가공하여 완성품을 직매장에서 판매한 경우 의제매입세액 공제한도 계산은 총판매금액 중 B공장 제품이 차지하는 비율을 곱하여 계산한다. 따라서 ㈜대한은 직매장 반출가액에서 총판매금액에 대한 B공장의 비율을 곱하여 계산한 122,400,000원이 한도가 된다. 의제매입세액 공제금액은 102,000,000원과 122,400,000원 중 적은 금액에서 일반법인 제조업의 공제율인 2/102를 곱한 2,000,000원이 된다.

* 공제한도 : [2억원÷(3억원+2억원)]×612,000,000원×50%=122,400,000원
* 의제매입세액 공제 : Min[102,000,000원, 122,400,000원]×2/102=2,000,000원

핵심정리

<table>
<tr><th>구 분</th><th>내 용</th></tr>
<tr><td>의제매입세액 공제한도</td><td>• 확정신고 시 의제매입세액 공제액을 계산할 때 면세농산물 등의 가액은 해당 과세기간의 면세농산물 등과 관련하여 공급한 과세표준에 다음의 한도율을 곱한 금액에 한도로 한다(부령 §84 ①).
<table><tr><th>구 분</th><th>음식점</th><th>기타업종</th></tr><tr><td>개 인</td><td>• 과세표준 1억원 이하 : 75%
• 과세표준 2억원 이하 : 70%
• 과세표준 2억원 초과 : 60%</td><td>• 과세표준 2억원 이하 : 65%
• 과세표준 2억원 초과 : 55%</td></tr><tr><td>법 인</td><td colspan="2">모든 법인 : 50%</td></tr></table></td></tr>
<tr><td>둘 이상의 사업장이 있는 경우 한도 계산</td><td>• 둘 이상의 사업장이 있는 경우 : 의제매입세액 공제는 면세농산물 등을 구입한 사업장이나 최종 제품이 완성되는 사업장에서 받을 수 있다. 이때 공제한도는 판매장 등의 해당 과세기간의 면세농산물 등과 관련한 과세표준 중 구입한 사업장에서 반출·가공되어 판매된 완제품의 공급가액 합계액에 한도율을 곱하여 계산한다.[45]
* a면세농산물 구입 A법인공장→B공장 가공→C직매장 판매 : 한도계산 Min[C과표×50%, a]</td></tr>
</table>

45) 법규부가 2014-100, 2014.3.25.

<table>
<tr><th>구 분</th><th>내 용</th></tr>
<tr><td>둘 이상의 사업장이 있는 경우 한도 계산</td><td>
• 사업자가 A공장에서 면세농산물 등을 구입하여 생산한 과세재화의 일부를 직매장에 반출하여 판매하고, 나머지는 B공장으로 반출하여 추가가공을 거쳐 직매장에 반출하여 판매하는 경우 의제매입세액 공제한도는 A공장에서 반출되어 판매된 가액과 B공장에서 반출되어 판매된 가액의 합계액에 한도율을 곱하여 계산한다.[46)]
<table>
<tr><th>면세농산물 원재료 투입 후 판매과정</th><th>한도 계산</th></tr>
<tr><td>a농산물 구입 A공장 1차 가공 → C직매장 판매</td><td rowspan="2">Min[(C+D)과표×50%, a]</td></tr>
<tr><td>a농산물 구입 A공장 1차 가공
→ B공장 2차 가공 → D직매장 판매</td></tr>
</table>
* 공제율을 법인사업자로 가정함

• 둘 이상의 사업장이 있는 경우 : 각 사업장에서 면세농산물을 구입하여 가공한 완제품을 하나의 직매장에 반출하여 판매하는 경우 의제매입세액 한도계산은 직매장 총판매가격에서 각 사업장의 직매장 반출가액 비율에 한도율을 곱하여 계산한다. 다만, 직매장 반출 가격을 확인할 수 없는 경우 합리적인 비율(자기생산 판매분, 반입 · 반출분의 제조원가 또는 시가가 과세표준에서 차지하는 비율 등)로 안분한다.
<table>
<tr><th>면세농산물 원재료 투입 후 판매과정</th><th>한도 계산</th></tr>
<tr><td>a농산물 구입 A공장 가공 → C직매장 판매</td><td>Min[C과표×c / (c+d)×50%, a]</td></tr>
<tr><td>b농산물 구입 B공장 가공 → C직매장 판매</td><td>Min[C과표×d / (c+d)×50%, b]</td></tr>
</table>
* 직매장 반출가액은 A공장 c, B공장 d, 공제율은 법인사업자로 가정함
</td></tr>
</table>

46) 법규부가 2014-249, 2014.7.10.

Chapter 105

면세사업자가 건물의 일부를 임대한 경우 과세사업 전환 매입세액 공제방법은?

내용 Summary

기본사항 Check

- 과세 · 면세 겸업자가 면세사업에 사용한 재화를 과세사업으로 전환한 경우 세금계산서를 발급받은 감가상각자산에 대하여 매입세액을 공제받을 수 있음
- **매입세액 공제금액 계산**
  ① 과세전환 : 해당 재화의 매입세액에서 상각률(건물은 5%, 기타 자산은 25%)에 재화 취득 후 경과된 과세기간 수를 곱한 금액을 뺀 금액을 공제함
    * 매입세액 공제금액 : 해당 재화의 매입세액×(1－상각률×경과된 과세기간의 수)
  ② 일부 과세전환 : 해당 재화의 매입세액에서 감가상각자산의 상각률에 재화 취득 후 경과된 과세기간 수를 곱한 금액을 뺀 후 해당 과세기간의 과세공급가액비율로 계산한 금액을 공제함
    * 해당 재화의 매입세액×(1－상각률×경과된 과세기간의 수)×과세공급가액/총공급가액
  ③ 공급가액이 없는 경우 안분계산 : 재화의 일부를 과세전환한 경우 과세공급가액비율로 안분계산하여 매입세액 공제를 받을 수 있으나, 공급가액이 없으면 예정공급가액비율로 안분하며, 건물과 구축물은 예정사용면적비율로 안분함

핵심 Point

- 감가상각자산 취득 당시 사업자인지 여부
  ① 과세 · 면세 겸업자의 경우 → 과세사업 전환에 따라 당초 발급받은 세금계산서는 매입세액 공제 가능
  ② 비사업자의 경우 → 과세사업 전환에 따라 주민등록번호로 발급받은 세금계산서는 매입세액 공제를 받을 수 없음
  ③ 면세사업자가 폐업 후 과세사업자등록한 경우 → 과세사업 전환에 따라 당초 면세사업자 등록번호로 발급받은 세금계산서는 매입세액 공제를 받을 수 없음
- 과세전환한 재화가 감가상각자산인지 여부 → 감가상각자산만 매입세액공제, 재고재화는 공제 안 됨
- 과세전환비율이 5% 이상인지 여부 → 5% 이상은 공제 가능, 5% 미만은 공제받을 수 없음

질문 »

1. 개인사업자 갑(甲)은 2022.7.20.에 오피스텔을 11억원(부가가치세 1억원)에 분양받아 비사업자인 을(乙)에게 주거용으로 임대하였다. 2025.6.30.에 "을"과의 임대기간이 만료된 후, 2025.7.1.부터 동 오피스텔을 사업자인 병(丙)에게 임대보증금 1억원, 월 임대료 4,000,000원에 사무실로 1년간 임대하였다. **과세전환매입세액 공제액을 계산하면 얼마인가?**

2. 도서출판업(면세)을 하고 있는 ㈜한국은 도서출판업에만 사용하던 재화를 2025.5.1. 광고사업용(과세)에도 공통으로 사용하게 되었다. **과세사업 전용한 재화와 관련하여 ㈜한국이 2025년 제1기 부가가치세 확정신고 시 매입세액으로 공제받을 수 있는 금액을 계산하면 얼마인가?**

(1) 광고사업용으로 전용한 도서출판용 재화

구 분	취득일	매입가액	당초 매입세액 불공제액	비 고
건 물	2023.8.10.	60,000,000원	6,000,000원	일부전용
기계장치	2024.6.11.	30,000,000원	3,000,000원	완전전용
원재료	2025.1.19.	1,200,000원	120,000원	일부전용

(2) 공급가액

구 분	2024년 제2기	2025년 제1기	2025년 제2기
도서출판업	1,000,000,000원	800,000,000원	600,000,000원
광고사업	–	200,000,000원	400,000,000원
합 계	1,000,000,000원	1,000,000,000원	1,000,000,000원

3. ㈜한국은 2024.1.5.에 건물을 11억원(매입세액 1억원 포함)에 매입하고 세금계산서를 수취하였으나 면세사업용이므로 매입세액을 불공제하였다. **㈜한국이 2025.5.1.에 그 건물의 일부를 임대업에 사용한 경우 과세사업 전환 매입세액 공제액은 얼마인가?**

구 분	2025년 1기 예정사용면적비율	2025년 1기 예정공급가액비율
면세사업	800㎡	96억원
과세사업	200㎡	4억원
계	1,000㎡	100억원

답변 및 해설 »

1. 사업자가 면세사업에 사용하기 위하여 구입한 건물 등 감가상각자산을 과세사업에 사용하는 경우에는 구입 시 공제받지 못한 매입세액을 공제받을 수 있다.

위 사례에서 갑이 구입한 오피스텔을 주거용으로 임대하던 중 사업용으로 임대하는 경우 면세사업의 과세전환으로 인하여 당초 공제받지 못한 매입세액에 경과한 과세기간(2022.2기부터 2025.1기까지 6기)을 반영하여 70,000,000원을 공제받을 수 있다.

* 과세전환에 따른 매입세액 공제 : 100,000,000×(1－5%×6기)＝70,000,000원

2. 과세 · 면세 겸업자가 면세사업에 사용한 감가상각자산을 과세사업에 일부 사용하는 경우 사용비율에 따라 감가상각자산에 대하여 매입세액을 공제한다. 다만, 과세전환비율이 5% 미만인 경우에는 공제하지 아니한다.

위 사례에서 ㈜한국이 과세사업에 사용한 재화 중 감가상각자산은 건물과 기계장치로서 이에 대한 과세사업 전환비율을 곱하여 총 2,400,000원을 매입세액으로 공제한다.

(1) 기계장치는 전체를 과세사업에 전환하였으므로 당초 매입세액 3,000,000원에서 2024.6.11. 구입하여 2025.5.1. 과세사업으로 전환하여 경과한 과세기간 수(2기)를 뺀 50%인 1,500,000원을 매입세액으로 공제받을 수 있다.

* 과세전환에 따른 매입세액 공제 : 3,000,000×(1－25%×2)＝1,500,000원

(2) 건물은 일부만 과세사업에 전환하였으므로 당초 매입세액 1억원에서 2022.8.10. 구입하여 2025.5.1. 과세사업으로 전환하여 경과한 과세기간 수(5기)를 뺀 75%에 과세사업비율 20%를 곱한 900,000원을 매입세액으로 공제받을 수 있다.

* 과세전환에 따른 매입세액 공제 : 6,000,000×(1－5%×5)×2억/10억＝900,000원

3. 과세 · 면세 겸업자가 면세사업에 사용한 감가상각자산을 과세사업에 일부 사용하였으나, 공급가액이 없는 경우 건물 취득 후 과세전환에 따른 매입세액공제는 예정사용면적을 기준으로 안분계산한다.

위 사례에서 ㈜한국이 건물을 취득하여 면세사업에 사용하던 중 일부를 과세사업에 사용한 경우에는 당초 공제받지 못한 매입세액 1억원에서 2024.1.5. 취득하여 2025.5.1. 과세사업으로 전환하여 경과한 과세기간 수(2기)를 뺀 90%에 과세면적비율 20%를 곱한 18,000,000원을 매입세액으로 공제받을 수 있다.

* 과세전환에 따른 매입세액 공제 : 100,000,000×(1－5%×2)×200㎡/1,000㎡＝18,000,000원

핵심정리

<table>
<tr><th>구 분</th><th>내 용</th></tr>
<tr><td>과세사업 전환에 따른 매입세액 공제요건</td><td>• 다음의 요건을 모두 충족 시 과세사업 전환에 따른 매입세액 공제함(부법 §43)
① 면세사업에서 구입 시 매입세액이 불공제된 감가상각자산일 것
② 취득일이 속하는 과세기간 후에 과세사업에 전용할 것
③ 과세사업에 전환한 과세기간에 대한 확정신고 시 공제할 것</td></tr>
<tr><td>과세사업 전환에 따른 매입세액 공제금액</td><td>• 과세전용 : 과세 · 면세 겸업자로서 면세사업에 사용한 감가상각자산을 과세사업에 사용하는 경우 매입세액을 다음과 같이 공제한다(부령 §85).

해당 재화의 매입세액×(1－상각률*1)×경과된 과세기간의 수*2))

* 1) 건물과 구축물은 5%, 그 밖의 감가상각자산은 25%로 한다.
* 2) 경과된 과세기간의 수에 관하여는 간주공급 규정(부령 §66 ② 후단)을 준용한다.

• 일부 과세전용 : 면세사업에 사용한 감가상각자산을 과세사업에 일부 사용하는 경우 매입세액을 다음과 같이 공제한다. 다만, 해당 과세사업에 의한 과세공급가액이 총공급가액의 5% 미만인 경우에는 공제세액이 없는 것으로 본다.

해당 재화의 매입세액 × (1 － 상각률*1) × 경과된 과세기간의 수*2)) × 일부전용한 과세기간의 과세공급가액 / 일부전용한 과세기간의 총공급가액

* 1) 건물과 구축물은 5%, 그 밖의 감가상각자산은 25%로 한다.
* 2) 경과된 과세기간의 수에 관하여는 간주공급 규정(부령 §66 ② 후단)을 준용한다.

• 공급가액이 없는 경우 안분계산 : 해당 과세기간 중 과세사업과 면세사업의 공급가액이 없거나 그 어느 한 사업의 공급가액이 없는 경우에는 다음의 순서에 따라 안분계산한다. 다만, 건물의 경우에는 예정사용면적비율을 우선 적용한다.
① 총매입가액(공통매입가액 제외)에 대한 과세사업에 관련된 매입가액의 비율
② 총예정공급가액에 대한 과세사업의 예정공급가액의 비율
③ 총예정사용면적에 대한 과세사업의 예정사용면적의 비율</td></tr>
</table>

구 분	내 용
과세사업 전환에 따른 매입세액 공제금액	• 당초 가액비율에 의한 경우 $\text{취득 당시 불공제매입세액} \times \left(1 - \text{상각률} \times \text{경과된 과세기간의 수}\right) \times \dfrac{\text{공급이 확정된 과세기간의 과세공급가액}}{\text{공급이 확정된 과세기간의 총공급가액}} - \text{기공제매입세액}$ • 당초 면적비율에 의한 경우 $\text{취득 당시 불공제매입세액} \times \left(1 - \text{상각률} \times \text{경과된 과세기간의 수}\right) \times \dfrac{\text{공급이 확정된 과세기간의 과세사용면적}}{\text{공급이 확정된 과세기간의 총사용면적}} - \text{기공제매입세액}$
쟁 점	• 비사업자의 과세사업 개시 : 비사업자가 본인의 주거목적으로 오피스텔을 취득하여 사용하다가 오피스텔 임대업으로 사용 시 과세사업 전환에 따른 매입세액 공제를 받을 수 없다(부집 45-85-4). • 과세사업 자산의 면세전용 : 오피스텔을 부동산 임대목적으로 구입하여 매입세액 공제받은 후 주거용 임대로 전환하면서 자가공급에 따른 부가가치세가 추징되어 다시 오피스텔 임대로 과세전환한 경우 매입세액 공제를 받을 수 있다.[47] • 면세사업 폐지 후 과세사업 : 면세사업자가 면세사업을 폐지하고 일정기간이 지난 후 과세사업자로 등록한 경우 과세전환에 따른 매입세액 공제를 받을 수 없다.[48]

47) 법규부가2013-43, 2013.2.15.
48) 부가가치세과-648, 2009.5.7.

Chapter 106

간이과세자가 일반과세자로 전환되는 경우 재고매입세액 공제방법은?

내용 Summary

기본사항 Check

- **재고매입세액 공제** : 간이과세자의 일반과세자 전환 시 취득한 부가가치세에서 간이과세자 당시 매입세액 공제금액을 뺀 금액에 대하여 추가로 매입세액 공제함
- **재고매입세액 계산 시 공제율 변경**
  ① 2021.6.30. 이전 : 부가가치세 매입세액－매입세액×업종별 부가가치율(15~40%)
  ② 2021.7.1. 이후 : 부가가치세 매입세액－공급대가×0.5%
- **경과된 과세기간 수 계산** : 건물 · 구축물은 10년, 기계장치 등은 2년 한도로 적용됨
  ① 계속사업자 : 매년 1.1.~12.31.까지 1개의 과세기간임
  ② 신규사업자 : 사업개시일~12.31.까지 1개의 과세기간임
  ③ 과세유형전환자 : 매년 1.1.~과세유형전환일까지 1개의 과세기간임

핵심 Point

- 간이과세자가 일반과세자로 전환된 경우 재고매입세액 공제 대상인지 여부
  → 간이과세자일 때 매입세액 공제받은 금액에 대하여 재고매입세액 공제 가능함
- 2021.6.30. 이전 취득한 감가상각자산인지 여부에 따른 재고매입세액 공제
  ① 2021.6.30. 이전 취득
  → 매입세액 ×(1－10% · 50%×경과된 과세기간 수)×(1－부가가치율)
  ② 2021.7.1. 이후 취득
  → 매입세액 ×(1－10% · 50%×경과된 과세기간 수)×(1－0.5%×110/10)
- 7.1. 일반과세자로 전환된 경우 경과된 과세기간 수 계산
  → 간이과세자의 경과된 개월 수가 6개월임에도 1과세기간으로 봄

질문 »

과자제조업을 경영하는 개인사업자 甲은 2024년의 공급대가가 1억400만원 이상이 되어 2025.7.1.에 간이과세자에서 일반과세자로 전환되었다. **2025.7.1.(전환일) 현재 보유하고 있는 자산의 내역은 다음과 같다. 재고매입세액을 구하면 얼마인가?** 甲은 일반과세자 전환 시 보유자산에 대한 '재고품 등 신고서'를 적법하게 신고하였다.

1. 2025.7.1. 현재 보유자산 현황(부가가치세 포함)

구 분	취득일	취득가액	장부가액	시 가
건 물	2021.4.5.	110,000,000원	88,000,000원	120,000,000원
건설 중인 자산	2025년 1~6월	50,000,000원	50,000,000원	불분명
승용차	2024.7.2.	33,000,000원	26,400,000원	20,000,000원
기계장치	2021.2.1.	16,500,000원	12,000,000원	불분명
원재료	2025.5.9.	11,000,000원	11,000,000원	11,000,000원

* 승용차는 매입세액 불공제대상이며, 건설 중인 자산과 관련된 공제대상 매입세액은 3,000,000원이다.

2. 간이과세자 갑의 제조업의 부가가치율은 20%이다.

3. 간이과세자 갑은 개업 이후부터 2025.6.30.까지 간이과세자에 해당된다.

답변 및 해설 »

간이과세자가 일반과세자로 전환된 경우 전환일 현재 보유하고 있는 재고품 등에 대해 공급대가의 0.5%를 매입세액으로 공제한다. 다만, 2021.6.30. 이전 취득한 감가상각자산은 "매입세액×부가가치율"을 공제받았을 것이므로 종전규정을 적용한다.

위 사례에서 갑이 간이과세자에서 일반과세자로 전환되는 경우에는 7,780,000원의 재고매입세액을 공제받을 수 있다.

* 4,000,000원+2,835,000원+945,000원=7,780,000원

(1) 건물은 취득시기가 2021.6.30. 이전이므로 취득 당시 "매입세액×부가가치율"을 적용하여 매입세액을 공제받았다. 따라서 종전규정을 적용하여 재고매입세액을 계산한다. 경과 과세기간 수는 일반과세자 전환일 현재 2021년부터 2025년 6월까지 4년 6개월이 경과하여 5기가 된다. 그 이유는 간이과세자는 1년이 하나의 과세기간으로 하고 1년 미만인 경우에도 하나의 과세기간으로 보기 때문이다. 따라서 개정 전 규정을 적용하여 4,000,000원의 재고매입세액을 공제받는다.

* 건물 : $110{,}000{,}000 \times \frac{10}{110} \times (1-10\% \times 5) \times (1-20\%) = 4{,}000{,}000$원

(2) 건설 중인 자산은 취득시기가 2021.7.1. 이후이므로 취득 당시 공급대가의 0.5%를 적용하여 매입세액을 공제받는다. 따라서 간이과세자에서 일반과세자로 전환된 경우 개정규정을 적용하여 2,835,000원의 재고매입세액을 공제받는다.

주의할 점은 건설 중인 자산이 감가상각자산이지만 사업에 사용되지 않았으므로 경과 과세기간 수를 계산하지 아니하고, 세금계산서나 신용카드 등 적격증빙에 의하여 당초 매입세액 공제받은 금액에 한하여 재고매입세액을 공제받을 수 있으므로 매입세액 3,000,000원을 기준으로 계산한다는 것이다.

* 건설 중인 자산 : $3{,}000{,}000 \times (1-0.5\% \times \frac{110}{10}) = 2{,}835{,}000$원

(3) 기계장치는 취득시기가 2021.6.30. 이전이므로 취득 당시 "매입세액×부가가치율"을 적용하여 공제받았다. 따라서 개정 전 규정을 적용하여 재고매입세액을 계산한다. 경과 과세기간 수는 2021년부터 2025년 6월까지 4년 6개월이 경과하였으므로 5기가 된다. 다만, 기계장치의 감가상각은 1년에 50%를 적용하므로 2년이 지나면 잔존가액이 "0원"이 되므로 최대를 2기로 계산하여 계산하면 "0원"으로 재고매입세액 공제금액이 없다.

* 기계장치 : $16{,}500{,}000 \times \frac{10}{110} \times (1-50\% \times 2) \times (1-20\%) = 0$원

(4) 원재료는 취득시기가 2021.7.1. 이후이므로 취득 당시 "공급대가의 0.5%"를 공제받았다. 따라서 개정규정을 적용하여 945,000원의 재고매입세액을 공제받는다. 주의할 점은 재고자산에 대하여는 경과 과세기간 수를 적용하지 아니한다는 것이다.

* 원재료 : $11{,}000{,}000 \times \frac{10}{110} \times (1-0.5\% \times \frac{110}{10}) = 945{,}000$원

핵심정리

구 분	내 용
과세유형 전환대상	• 간이과세자의 일반과세자 전환 : 간이과세자가 일반과세자로 전환된 경우 과세유형 변경되는 날 현재 보유하고 있는 다음의 재고품, 건설 중인 자산 및 감가상각자산이 재고매입세액과 재고납부세액의 계산대상이다. 다만, 재고매입세액은 매입세액 공제대상인 것에 한정한다(부령 §86 ①).

구 분	재고매입세액 계산대상
재고품	① 상품 ② 제품(반제품 및 재공품 포함) ③ 재료(부재료 포함)
건설 중인 자산	건설 중인 자산
감가상각자산	① 건물 · 구축물(취득, 건설 · 신축 후 10년 이내의 것만 해당함) ② 기타의 감가상각자산(취득 · 제작 후 2년 이내의 것만 해당함)

구 분	내 용
과세전환에 따른 매입세액 공제	• 재고매입세액 공제 : 간이과세자가 일반과세자로 전환 시 보유하고 있는 재고품 등은 매출액의 10%를 과세하지만, 재고품 등은 매입세액의 5.5%(공급대가의 0.5%)만 매입세액 공제받아 그 차이 94.5%에 대해 추가 공제하는 제도이다.

구 분	재고매입세액
재고품	재고금액 $\times \frac{10}{110} \times (1-0.5\% \times \frac{110}{10})$
건설 중인 자산	건설 중인 자산과 관련 공제대상 매입세액 $\times (1-0.5\% \times \frac{110}{10})$
감가상각자산 (건물 · 구축물)	취득가액 $\times$ (1 − 10% $\times$ 경과된 과세기간 수) $\times \frac{10}{110} \times (1-0.5\% \times \frac{110}{10})$
그 밖의 감가상각자산	취득가액 $\times$ (1 − 50% $\times$ 경과된 과세기간 수) $\times \frac{10}{110} \times (1-0.5\% \times \frac{110}{10})$

• 경과된 과세기간 수 계산 : 간이과세자의 과세기간은 1년으로 신규사업자는 사업 개시일부터 과세기간의 종료일까지로 하고, 폐업자는 과세기간 개시일부터 폐업일까지를 과세기간으로 한다.

* 예 간이과세자가 2024.10.1. 개업하여 2025.4.30.에 간이과세포기신고서를 제출하고 2025.5.1.에 일반과세자로 전환된 경우 : 2과세기간이 경과(2024년, 2025년)[49]

49) 서면3팀 − 1586, 2007.5.25.

구 분	내 용
과세전환에 따른 매입세액 공제	• 자가건설 감가상각자산 : 자가건설 · 제작한 감가상각자산의 경우에는 건설 · 취득 시 발급받은 세금계산서에 의하여 확인되는 공제대상 매입세액을 기준으로 재고매입세액을 계산한다. 해당 자산의 건설 또는 신축과 관련된 공제대상 매입세액 $\times$(1 − 10% $\times$ 경과된 과세기간 수) $\times$ (1 − 0.5% $\times \frac{110}{10}$)

PART 07 납부세액

Chapter 107

회수불능한 매출채권을 이용한 절세방법은?

내용 Summary

기본사항 Check

- **대손세액 공제를 받고 대손금 손금산입하는 방법이 유리함**
  ① 대손세액 공제 후 대손금 손금산입 : 부가가치세액을 공제받은 후 이를 제외한 매출채권에 대하여 소득 · 법인세법상 대손금으로 손금산입함
  ② 대손금 손금산입 : 대손세액 공제를 받지 않은 매출채권은 전액 대손금으로 손금산입함
  * 절세효과 : 대손세액 공제받은 부가가치세－해당 부가가치세×세율(법인 9~24%, 개인 6~45%)
- **대손세액 추징** : 대손세액 공제를 받은 경우 공급받는 자는 해당 부가가치세를 납부하여야 함

핵심 Point

- 회수불능 매출채권에 대해 대손세액 공제 후 대손금 손금산입한 경우 세금효과
  ① 대손세액 공제한 경우 → 부가가치세 환급＋해당 부가가치세를 제외한 매출채권 손금산입
  ② 대손세액 공제 안한 경우 → 부가가치세를 포함한 매출채권 전액을 손금산입
- 공급자가 대손세액 공제한 경우 거래처는 폐업 여부에 따라 추징
  ① 대손확정 전 폐업 → 대손확정일 현재 사업자가 아니므로 추징 안 함
  ② 대손확정 후 폐업 → 대손확정일 현재 사업자이므로 추징함

질문 »

㈜한국은 반도체부품 제조업을 경영하고 있다. 2022.10.1.에 ㈜대한에 제품을 11,000,000원(부가가치세 포함)에 판매하고 2022년 제2기 과세기간에 부가가치세를 신고하였다. ㈜한국은 매출채권으로 계상하였으나 대금을 회수하지 못하여 2025 사업연도에 소멸시효 완성사유로 인해 동 매출채권을 손금에 산입하였다. 다음 물음에 답하시오.

1. ㈜한국이 2025년 2기 확정신고 시 대손세액 공제 신고를 한 경우 공제세액은?
2. ㈜한국이 2025 사업연도 법인세 신고 시 해당 매출채권에 대하여 대손세액 공제를 받은 경우와 받지 않은 경우 세금 효과를 비교하라. 다만, ㈜한국의 2025 사업연도 적용세율은 9%이다.

답변 및 해설 »

1. 재화 또는 용역의 공급일부터 10년이 지난 날이 속하는 확정신고 기한까지 회수하지 못하는 매출채권에 대해 대손이 확정된 경우에는 그 확정일이 속하는 부가가치세 확정신고 시 대손세액을 공제받을 수 있다.

위 사례에서 ㈜한국이 회수하지 못한 매출채권의 소멸시효는 3년으로 재화의 공급일인 2022.10.1.부터 3년이 지난 2025.10.1. 대손이 확정되므로 2025년 2기 확정신고 시 대손세액 1,000,000원을 공제받을 수 있다.

* 11,000,000원×10÷110=1,000,000원

2. 법인세법상 대손사유 중 생산자가 판매한 생산물의 대가에 대한 매출채권은 채권 발생일로부터 3년이 지나면 소멸시효가 완성되므로 그 날이 속하는 사업연도에 대손금으로 손금산입한다.

위 사례에서 매출채권이 2022.10.1. 발생하였으므로 그 날부터 3년이 되는 2025.10.1.에 소멸시효가 완성된다. 따라서 2025 사업연도에 대손금으로 손금산입한다.

(1) 부가가치세 대손세액 공제를 받지 아니한 경우 매출채권 11,000,000원에 대해 손금산입하여 결산한다. 따라서 이와 관련된 세금효과로 1,089,000원 절세할 수 있다.

* 11,000,000원×9%(법인세)+11,000,000원×9%×10%(지방세)=1,089,000원

PART 07 납부세액

(2) 대손세액 공제를 받은 경우 매출채권 11,000,000원에서 대손세액 1,000,000원을 제외한 10,000,000원에 대해 손금산입하여 결산한다. 따라서 이와 관련된 세금효과로 990,000원 절세할 수 있다.

* 10,000,000원×9%(법인세)+10,000,000원×9%×10%(지방세)=990,000원

(3) 세금 효과를 비교하면 대손세액 공제를 받지 않은 경우 법인세 효과는 1,089,000원이고, 대손세액 공제를 받은 경우 990,000원으로 차이금액이 99,000원이다. 따라서 부가가치세 대손세액을 공제받은 경우 1,000,000원에서 99,000원을 뺀 901,000원 유리하다. 다만, ㈜한국이 대손세액 공제를 받은 경우 관할 세무서장은 ㈜대한으로부터 해당 부가가치세를 추징한다.

핵심정리

<table>
<tr><th>구 분</th><th>내 용</th></tr>
<tr><td>회수불능 채권의 절세방법</td><td>• 회수불능 채권에 대해 대손세액 공제를 받는 경우 부가가치세액 전액을 공제받을 수 있으나, 법인세법상 대손금으로 손금산입하는 경우 부가가치세액의 9.9~26.4%(지방세 포함)를 공제받을 수 있으므로 대손세액 공제를 받는 방법이 유리하다.
<table>
<tr><th>구 분</th><th>내 용</th></tr>
<tr><td>대손세액 공제</td><td>부가가치세가 과세된 매출채권이 회수불능하게 된 경우 매출세액에 대하여 대손세액 공제를 받을 수 있음(부법 §45 ①).</td></tr>
<tr><td>손금산입</td><td>소득세법 · 법인세법상 대손금으로 손금산입함(법령 §19 (8), 소령 §55 ②)</td></tr>
</table></td></tr>
<tr><td>대손세액 공제</td><td>• 대손세액 공제란 매출채권이 대손사유로 회수할 수 없는 경우 공급자는 매출세액을 공제받고, 공급받는 자는 매입세액을 납부하는 제도이다.

• 대손세액 공제 요건
① 세금계산서를 발급하여 부가가치세를 신고한 매출채권일 것
② 대손확정일 현재 사업자일 것
③ 공급일부터 10년이 지난 날이 속하는 확정신고 기한까지 회수하지 못할 것
④ 확정신고와 함께 대손금액이 발생한 사실을 증명하는 서류를 제출할 것

• 대손세액 공제 시기 : 대손이 확정된 날이 속하는 과세기간의 확정신고 시 공제한다.</td></tr>
</table>

구 분	내 용
대손세액 공제	• 대손세액 공제 사유 ㉠ 소멸시효가 완성된 채권 ㉡ 회생계획인가의 결정 또는 법원의 면책결정에 따라 회수불능으로 확정된 채권 ㉢ 「서민의 금융생활 지원에 관한 법률」에 따른 채무조정을 받아 면책된 채권 ㉣ 채무자의 재산에 대한 경매가 취소된 압류채권 ㉤ 채무자의 파산, 강제집행, 형의 집행, 사업의 폐지, 사망, 실종 또는 행방불명으로 회수할 수 없는 채권 ㉥ 부도발생일부터 6개월 이상 지난 수표 또는 어음상의 채권 및 중소기업의 외상매출금으로서 부도발생일 이전의 것 ㉦ 중소기업의 외상매출금으로서 회수기일이 2년 이상 지난 외상매출금. 다만, 특수관계인과의 거래분은 제외 ㉧ 법원의 화해 · 화해권고결정이나 강제조정결정에 따라 회수불능으로 확정된 채권 ㉨ 회수기일이 6개월 이상 지난 채권 중 30만원 이하인 채권 ㉩ 물품의 수출 또는 외국에서의 용역제공으로 발생한 채권으로서 한국무역보험공사로부터 회수불능으로 확인된 채권 ㉪ 금융회사 등이 금융감독원장으로부터 대손금으로 승인받은 것 ㉫ 중소기업창업투자회사의 창업자에 대한 채권으로서 중소기업청장이 인정한 것

Chapter 108

회생계획인가결정에 따라 출자전환 후 무상소각, 대손세액 공제는?

내용 Summary

기본사항 Check

- **채무의 출자전환에 따른 대손세액 공제** : 회생계획인가결정에 따라 출자전환하는 경우 채권의 장부가액과 주식시가의 차액에 대하여 대손세액 공제 가능함
- **출자전환과 동시에 무상감자** : 회생계획인가결정에 따라 매출채권의 출자전환 직후 무상감자하는 경우 채권의 장부가액과 주식감자 후 시가의 차액에 대하여 대손세액 공제 가능함
- **주권행사 중 무상감자** : 회생계획인가결정에 따라 매출채권을 출자전환하여 주권행사 중 경영악화로 무상감자하는 경우에는 주주로서 경영회복을 위한 자구책으로 보아 대손세액을 공제받을 수 없음

핵심 Point

- 채무의 출자전환과 동시에 무상감자하였는지 여부
  ① 출자전환과 동시에 무상감자한 경우 → 무상감자 후의 금액을 주식의 시가로 봄
  ② 출자전환 후 주권행사 중 무상감자한 경우 → 무상감자 전의 금액을 주식의 시가로 봄

질문 »

㈜한국은 ㈜대한에 제품을 11억원(부가가치세 포함)에 외상판매하였다. 2025.4.1.에 ㈜대한이 채무를 출자로 전환하는 내용이 포함된 회생계획인가결정에 따라 ㈜한국은 외상매출금 11억원을 출자로 전환하였다. ㈜대한의 1주당 액면가액이 10,000원인 경우 다음 물음에 답하시오.

1. ㈜한국은 ㈜대한의 주식 110,000주를 액면가액으로 11억원에 취득하였으나, 1주당 주식의 시가는 5,000원으로 시가 5억 5천만원인 비상장주식을 받았다. 이 경우 대손세액 공제금액은?
2. 회생계획인가결정에 따라 "1."과 같이 출자전환함과 동시에 55,000주를 무상감자하는 경우 ㈜한국의 대손세액 공제금액은?
3. 회생계획인가결정에 따라 "1."과 같이 출자전환한 후 주권행사 중 2026.4.1.에 경영악화로 인해 자구책으로 55,000주를 무상감자하는 경우 ㈜한국의 대손세액 공제금액은?
4. 회생계획인가결정에 따라 ㈜한국의 ㈜대한에 대한 매출채권 11억원을 출자전환하면서 취득한 주식 110,000주 중 55,000주를 즉시 무상감자한 경우 ㈜대한의 대손세액 납부 여부는?

PART 07 납부세액

답변 및 해설 »

1. 「채무자 회생 및 파산에 관한 법률」에 의한 법원의 회생계획인가결정에 따라 채권을 출자전환하는 경우 매출채권의 장부가액과 주식의 시가와의 차액은 대손세액 공제를 받을 수 있다.

위 사례에서 ㈜한국은 매출채권 11억원을 출자하여 시가 550,000,000원의 ㈜대한의 주식을 취득하여 차액인 550,000,000원에 대한 부가가치세 50,000,000원(550,000,000원 ×10/110)을 대손세액 공제받을 수 있다.

2. 회생계획인가결정에 따라 매출채권을 출자전환과 동시에 무상감자하는 경우에는 주식의 시가는 무상감자된 주식의 시가를 기준으로 대손세액 공제를 받을 수 있다.

위 사례에서 ㈜한국은 매출채권의 출자전환 대가로 ㈜대한의 주식 110,000주를 취득한 즉시 55,000주를 무상감자하여 시가는 165,000,000원(55,000주×5,000원)이므로 대손세액 공제 금액은 매출채권 11억원에서 165,000,000원을 뺀 금액에 10/110을 곱한 85,000,000원이 된다.

* (1,100,000,000원－165,000,000원)×10/110＝85,000,000원

3. 회생계획인가결정에 따라 매출채권을 출자전환 후 주권행사 중 경영악화 등으로 무상감자하는 경우에는 대손세액 공제 대상이 되는 주식의 시가는 무상감자 전의 시가를 기준으로 대손세액 공제를 받을 수 있다.

위 사례에서 ㈜한국은 매출채권 11억원을 출자하여 시가 550,000,000원의 ㈜대한의 주식을 취득하여 차액인 550,000,000원에 대한 부가가치세 50,000,000원(550,000,000원 ×10/110)을 대손세액 공제받을 수 있다.

* (1,100,000,000원－110,000주×5,000원)×10/110＝50,000,000원

4. 회생계획인가결정에 따라 매출채권을 출자전환에 따른 대손세액을 공제받은 경우 매입자인 ㈜대한은 대손세액을 납부하여야 한다.

위 사례에서 ㈜한국이 2025년 1기 확정신고 시 대손세액 공제를 받은 경우 ㈜대한은 2025년 1기 확정신고할 때 매입세액에서 대손세액 85,000,000원을 공제하여 납부하여야 한다. ㈜대한이 납부하지 아니한 경우에는 관할 세무서장은 ㈜대한에 해당 대손세액을 가산세 없이 고지한다.

핵심정리

구 분	내 용
대손세액 공제사유	• 소득세법 · 법인세법상 대손사유가 발생하거나 채무의 출자전환 시 대손세액 공제를 받을 수 있다(부령 §87 ①). ①「소득세법」 및 「법인세법」상 대손금으로 인정되는 경우 ②「채무자 회생 및 파산에 관한 법률」에 따른 법원의 회생계획인가 결정에 따라 채무를 출자전환하는 경우
출자전환 후 무상감자 시 대손세액 공제	• 채무의 출자전환 : 「채무자 회생 및 파산에 관한 법률」에 의한 법원의 회생계획인가결정에 따라 채권을 출자전환하는 경우 채권의 장부가액과 주식의 시가와의 차액은 대손세액 공제를 받을 수 있다.
	• 출자전환 즉시 무상감자 : 법원의 회생계획인가결정에 따라 매출채권을 출자전환한 직후 주식병합으로 무상감자된 경우 주식의 시가는 무상감자된 주식 수를 기준으로 대손세액 공제를 받을 수 있다.[50]
	• 주권행사 중 무상감자 : 법원의 회생계획인가결정에 따라 매출채권을 출자 전환한 후 경영이 어려워져 무상감자하는 경우에는 주주로서 경영 정상화를 위한 자구책으로 보아 대손세액 공제를 받을 수 없다.
	• 채무자의 대손세액 납부 : 「채무자 회생 및 파산에 관한 법률」에 의한 법원의 회생계획인가결정에 따라 채권을 출자전환하는 경우 채무법인의 매입세액에서 차감하여 부가가치세를 납부하여야 한다.[51]

50) 기획재정부 부가가치세제과-146, 2018.2.27.; 기준-2017-법령해석부가-0236, 2018.2.28.
51) 조심 2016서4191, 2017.5.31.

Chapter 109

매출처가 공제받은 대손세액 공제, 매입자에 대한 제재는?

내용 Summary

기본사항 Check

- **공급자의 대손세액 공제**
  ① 재화 또는 용역에 대해 공급일부터 10년 이내에 대손이 확정된 경우 대손세액 공제를 받을 수 있음
  ② 공급자가 대손이 확정되기 전에 폐업한 경우 대손세액 공제를 받을 수 없고, 대손이 확정된 후에 폐업한 경우 대손세액 공제를 받을 수 있음
- **공급받는 자의 대손세액 납부**
  ① 공급자가 대손세액 공제를 받고 공급받는 자가 신고납부하지 않으면 관할 세무서장은 공급받는 자의 관할 세무서장에게 통지하여 가산세 없이 고지함
  ② 공급받는 자가 대손이 확정되기 전에 폐업한 경우 대손세액 납부의무가 없고, 대손이 확정된 후에 폐업한 경우 대손세액을 납부하여야 함
- **대손금 회수 시 공급자와 공급받는 자의 세무처리**
  ① 공급자가 대손세액 공제를 받은 후 대손금을 회수한 경우에는 매출세액에 더하여 납부하여야 하고 미납부 시 과소신고가산세 및 납부지연가산세가 부과됨
  ② 공급받는 자가 대손세액을 납부 후 대손금을 변제한 경우에는 매입세액에 더하여 공제하고 미공제 시 경정청구를 통하여 환급받음

핵심 Point

- 재화 · 용역의 공급일로부터 10년 내에 대손이 확정된 경우 → 대손세액 공제 가능
- 대손확정 후에 폐업하였는지 여부
  ① 대손확정 후 폐업 → 공급자는 공제 가능, 공급받는 자는 납부의무 있음
  ② 대손확정 전 폐업 → 공급자는 공제 불가능, 공급받는 자는 납부의무 없음

질문 »

중소기업인 ㈜한국은 2015.2.1.에 사업자 ㈜대한에게 공급한 재화 3,300,000원(부가가치세 포함)에 대한 외상매출금이 2025.7.20.에 대손 확정되었다. 해당 대손세액에 대한 미납한 일수를 100일로 가정하는 경우 다음 물음에 답하시오.

1. ㈜한국의 2025년 2기 확정신고 시 대손세액 공제 여부는?
2. ㈜한국이 대손세액 공제를 받았으나 ㈜대한은 계속사업을 하고 있으며, 대손세액을 신고서에 반영하지 않은 경우 관할 세무서의 처리는?
3. ㈜한국이 2025.6.30. 또는 2025.7.31. 폐업한 경우 대손세액 공제를 받을 수 있는가?
4. ㈜대한이 2025.6.30. 또는 2025.7.31. 폐업한 경우 대손세액 공제 처분받은 금액에 대하여 납부방법은?
5. ㈜한국은 대손세액 공제를 받은 ㈜대한의 외상매출금에 대하여 2026.6.30.에 1,100,000원을 회수하였다. 이에 회수한 날이 속하는 2026년 제1기 부가가치세 확정신고 시 이를 누락한 경우 ㈜한국과 ㈜대한의 대손세액에 대한 처리는?

답변 및 해설 »

1. **대손세액 공제는 매출채권이 그 공급일부터 10년이 지난 날이 속하는 과세기간의 확정신고 기한까지 대손되어 회수할 수 없는 경우 대손확정일이 속하는 과세기간의 매출세액에서 대손세액을 공제할 수 있다(부법 §45 ①).**

   위 사례에서 2015.2.1.부터 10년이 되는 날인 2025.2.1.이 지난 날이 속하는 과세기간의 확정신고기한(2025.7.25.)까지 대손이 확정되었으므로 대손세액 공제를 받을 수 있다. 따라서 당초 납부한 300,000원(3,300,000×10÷110)에 대하여 2025년 2기 확정신고 시 대손세액 공제를 받을 수 있다.

2. **㈜대한의 매입채무 중 ㈜한국이 대손세액 공제를 받은 세액에 대하여 2025년 2기 확정신고 시 매입세액에서 대손세액 공제를 빼지 아니하여 관할 세무서장으로부터 해당 부가가치세를 고지받은 경우 과소신고가산세나 납부지연가산세를 부과하지 않는다는 것이다.**

   위 사례에서 2025년 2기 확정신고 시 대손세액 공제 처분받은 금액을 반영하여 신고하지 않아도 가산세가 부과되지 않고 300,000원만 납부하면 된다.

3. 대손세액 공제는 사업자에게만 적용하므로 채권의 대손확정일 현재 이미 폐업한 경우에는 대손세액 공제를 받을 수 없다.

(1) 대손확정일은 2025.7.20.로 ㈜한국이 대손확정일 전인 2025.6.30.에 폐업하여 대손확정일 현재 사업자가 아니므로 대손세액 공제를 받을 수 없다.

(2) 대손확정일은 2025.7.20.로 ㈜한국이 대손확정일 후인 2025.7.31.에 폐업하여 대손확정일 현재 사업자이므로 대손세액 공제를 받을 수 있다. 공제시기인 2025년 2기 확정신고기한에 대손세액 공제를 받지 못한 경우에는 경정청구를 통하여 환급받을 수 있다.

4. 공급받은 사업자가 대손세액을 매입세액으로 공제를 받은 경우로서 폐업 전에 대손이 확정되는 경우에는 대손세액을 납부하여야 한다.

(1) 대손확정일은 2025.7.20.로 ㈜대한이 대손확정일 전인 2025.6.30.에 폐업하여 대손확정일 현재 사업자가 아니므로 대손세액을 납부할 의무가 없다. 이 경우 계속사업자인 ㈜한국은 대손세액 공제를 받을 수 있고, 거래처 ㈜대한은 폐업하여 납부의무가 없으므로 관할 세무서장은 ㈜대한에 해당 세액을 부과하지 않고 활용처리한다.

(2) 대손확정일은 2025.7.20.로 ㈜대한이 대손확정일 후인 2025.7.31.에 폐업하여 대손확정일 현재 사업자이므로 대손세액에 대하여 납부의무가 있다. 따라서 ㈜대한이 2025년 2기 확정신고 시 납부하지 않은 경우에는 관할 세무서장은 해당 세액을 부과한다. 다만, 가산세는 적용하지 아니한다.

5. 재화 · 용역을 공급한 사업자가 대손세액 공제를 받은 후 대손금의 전부나 일부를 회수한 경우에는 회수한 대손금액에 관련된 대손세액을 회수한 날이 속하는 과세기간의 매출세액에 더한다. 반면, 공급받은 사업자가 매입세액에서 대손세액을 뺀 후 대손금의 전부나 일부를 변제한 때에는 관련된 대손세액을 변제한 날이 속하는 과세기간의 매입세액에 더한다(부법 §45 ④).

(1) ㈜한국이 2025년 2기 확정신고 시 대손세액 공제를 받은 후 2026.6.30. 대손금 중 1,100,000원을 회수한 경우 2026년 1기 확정신고 시 대손세액 변제에 따라 매출세액에 더하여 납부하여야 한다. 이를 누락한 경우에는 과소신고가산세와 납부지연가산세를 적용한 112,200원을 부과한다.

* 고지세액 : 112,200원(100,000원+10,000원+2,200원)

① 대손세액 가산 : 외상매출금 회수한 금액 100,000원(1,100,000원×10/110)

② 과소신고가산세 : 10,000원(100,000원×10%)

③ 납부지연가산세 : 2,200원(100,000원×100일×0.022%)

(2) ㈜대한은 대손세액을 납부한 후 2026.6.30. 대손금 중 1,100,000원을 변제한 경우 2026년 1기 확정신고 시 대손세액 변제에 따라 매입세액에 더하여 공제한다. 이를 누락한 경우에는 경정청구를 통하여 매입세액 100,000원을 환급받을 수 있다.

핵심정리

구 분	내 용
공급자의 대손세액 공제	• 계속사업자 : 재화 · 용역을 공급한 사업자는 대손세액 공제요건을 충족할 경우 **대손이 확정된 날이 속하는 과세기간**에 대손세액을 매출세액에서 뺄 수 있다(부법 §45 ①). 이 기간에 대손세액 공제를 하지 못한 경우에는 **확정신고 기한으로부터 5년 이내에 경정청구 가능하다.**[52] 사업자가 확정신고 시 대손세액 공제로 인하여 **환급이 발생한 경우에는 세액을 환급받을 수 있다.**[53] • 매출자가 폐업한 경우 : 대손세액 공제는 사업자에게만 적용하므로 채권의 대손확정일 현재 이미 폐업한 경우에는 대손세액 공제를 받을 수 없으며, 폐업한 후에 당초 공제받은 대손금을 회수한 경우에도 회수한 대손세액을 신고할 필요가 없다.[54] 대손세액 공제를 받지 못한 경우에는 경정청구를 통하여 공제받을 수 있다.[55]
공급받는 자가 대손세액 공제 처분받은 경우 세액의 납부	• 계속사업자 : 공급자가 대손세액을 매출세액에서 뺀 경우 공급자의 관할 세무서장은 대손세액 공제 사실을 공급받은 자의 관할 세무서장에게 통지하고, **통지를 받은 세무서장은** 공급받은 자가 관련 대손세액을 매입세액에서 빼지 아니한 경우 세액을 **결정 · 경정한다**. 다만, **과소신고가산세와 납부지연가산세를 부과하지 아니한다.**[56] • 매입자가 폐업한 경우 : 공급받은 사업자가 대손세액 공제 처분받은 경우 **대손이 폐업 전에 확정되는 때에는 대손이 확정된 날이 속하는 과세기간의 매입세액에서 대손세액을 빼는 방법으로 납부한다**. 다만, 매입자가 폐업 후에 대손이 확정된 경우에는 납부의무가 없다.

52) 부집 45-87-11, 조심 2013중0495, 2013.11.29.
53) 부가 46015-2294, 1995.12.4.
54) 서면3팀-922, 2004.5.12.; 부가 46015-253, 1998.2.16.
55) 부가 46015-2219, 1999.7.30.
56) 부법 §45 ③, 국기법 §47의 2 · §47의 3 ④

<table>
<tr><th>구 분</th><th>내 용</th></tr>
<tr><td>대손금 회수 시 가산방법</td><td>
• 매출자의 대손금 회수 : 재화 또는 용역을 공급한 사업자가 대손금액의 전부 또는 일부를 회수한 경우에는 회수한 대손금액에 관련된 대손세액을 회수한 날이 속하는 과세기간의 매출세액에 더한다(부법 §45 ① 단서). 매출세액에 더하지 아니한 경우 과소신고가산세와 납부지연가산세가 적용된다.
• 매입자의 대손금 변제 : 대손세액에 해당하는 매입세액을 뺀 사업자가 대손금액의 전부 또는 일부를 변제한 경우에는 변제한 대손금액에 관련된 매입세액을 변제한 날이 속하는 과세기간의 매입세액에 더하여 공제받을 수 있다.
<table>
<tr><th>구 분</th><th>대손이 확정된 경우</th><th>대손금을 회수한 경우</th></tr>
<tr><td>공급자</td><td>대손세액을 매출세액에서 뺌</td><td>대손세액을 매출세액에 더함</td></tr>
<tr><td>공급받는 자</td><td>공급자가 대손세액 공제를 받은 경우 대손세액을 매입세액에서 뺌</td><td>대손세액을 매입세액에 더함</td></tr>
</table>
</td></tr>
</table>

Chapter 110

매출채권의 소멸시효는 언제?

내용 Summary

기본사항 Check

- **매출채권의 소멸시효**
  ① 민법 : 사업자가 판매한 제품 또는 상품의 채권은 3년, 음식점 · 숙박료 · 입장료 등의 채권은 1년임
  ② 상법 : 5년간 행사하지 아니하면 소멸시효가 완성
- **소멸시효 기산일**
  ① 변제기한을 정한 채권 → 변제기한이 도래한 때부터 소멸시효 기산됨
  ② 변제기한을 정하지 아니한 채권 → 채권발생 시부터 소멸시효 기산됨
- **소멸시효 중단사유** : 채권에 대한 청구, 압류, 가압류, 가처분, 승인 등

핵심 Point

- 채권의 종류에 따른 소멸시효
  ① 제품 또는 상품의 매출채권 → 3년
  ② 음식점 숙박업의 채권 → 1년
- 채권에 대한 일부 회수나 부동산 압류 등 → 소멸시효 중단됨

질문 »

㈜한국은 의류 제조업을 경영하고 있다. 2022.4.1. 거래처 ㈜대한에 재화를 11,000,000원(부가가치세 포함)에 공급하고 2022년 제1기 확정신고기간에 매출세액을 신고하였다. 다음 물음에 답하시오.

1. ㈜한국은 2025.6.30. 현재 ㈜대한으로부터 매출채권을 회수하지 못하여 2025년 제1기 확정신고 시 소멸시효의 완성으로 인한 대손세액 공제를 받을 수 있는가?
2. ㈜한국이 2023.1.31.에 위의 매출채권 중 5,000,000원을 회수하고 2025.6.30. 현재 6,000,000원의 채권이 남아 있는 경우 2025년 제1기 확정신고 시 소멸시효의 완성으로 인한 대손세액 공제를 받을 수 있는가?
3. ㈜한국은 위의 채권을 회수할 수 없어 2023.6.30. ㈜대한의 부동산을 압류하였다. 그 이후에도 채권을 회수하지 못하여 2025년 제1기 확정신고 시 소멸시효의 완성으로 인한 대손세액 공제를 받을 수 있는가?

답변 및 해설 »

1. **변제기한을 정하지 아니한 채권은 채권발생 시부터 채권자가 권리를 행사할 수 있으므로 채권발생 시부터 소멸시효가 기산하며 상사 매출채권의 소멸시효기간은 3년이다. 따라서 공급일부터 3년이 되는 과세기간의 확정신고 시 대손세액을 공제받을 수 있다.**

   위 사례에서 ㈜한국의 ㈜대한에 대한 매출채권 소멸시효는 공급일 2022.4.1.부터 3년이므로 3년이 경과한 과세기간인 2025년 제1기 확정신고 시까지 대손세액을 공제받을 수 있다.

2. **상사 매출채권의 소멸시효는 3년이며 일부 채권을 상환한 경우에는 채권의 승인에 해당하여 소멸시효가 중단되므로 소멸시효가 새롭게 시작된다. 따라서 승인일 다음 날부터 3년이 되는 과세기간의 확정신고 시 대손세액을 공제받을 수 있다.**

   위 사례에서 사업자가 매출채권 중 일부를 회수한 경우에는 「민법」 제168조 제3호의 "승인"에 해당되어 소멸시효가 중단되므로 최종 입금일인 2023.1.31.부터 3년이 경과하는 2026.1.31.에 소멸시효가 완성된다.[57] 따라서 2025년 제1기 확정신고 시에는 3년이 경

57) 부가가치세과-2749, 2008.8.27.

과하지 아니하여 대손세액을 공제받을 수 없다.

3. 압류는 채권의 소멸시효 중단사유에 해당하고 압류가 해제된 날의 다음 날부터 소멸시효가 새롭게 시작된다. 따라서 압류해제일 다음 날부터 3년이 되는 날이 속하는 과세기간의 확정신고 시 대손세액을 공제받을 수 있다.

위 사례에서 ㈜한국이 ㈜대한에 대한 매출채권에 대해 부동산을 압류하였으나 이를 해제하지 않아 소멸시효 중단이 진행 중으로 대손세액을 공제받을 수 없다.

핵심정리

<table>
<tr><th>구 분</th><th>내 용</th></tr>
<tr><td>매출채권 소멸시효</td><td>
• 민법상 채권의 소멸시효 : 일반적으로 10년
<table>
<tr><th>소멸시효</th><th>구 분</th></tr>
<tr><td>3년
(민법 §163)</td><td>① 변호사, 변리사, 공증인, 공인회계사 및 법무사의 직무에 관한 채권
② 생산자 및 상인이 판매한 생산물 및 상품의 대가
③ 수공업자 및 제조자의 업무에 관한 채권</td></tr>
<tr><td>1년
(민법 §164)</td><td>④ 여관, 음식점, 대석, 오락장의 숙박료, 음식료, 대석료, 입장료, 소비물의 대가 및 체당금의 채권
⑤ 의복, 침구, 장구 기타 동산의 사용료에 관한 채권</td></tr>
</table>
• 상법상 채권의 소멸시효 : 상행위로 인한 채권은 「상법」에 다른 규정이 없는 때에는 5년간 행사하지 아니하면 소멸시효가 완성된다(상법 §64).
• 어음상 채권과 수표상 채권의 소멸시효기간
<table>
<tr><th>근 거</th><th>구 분</th><th>소멸시효기간</th></tr>
<tr><td rowspan="3">어음법
§70</td><td>인수인에 대한 환어음상의 청구권</td><td>만기일부터 3년</td></tr>
<tr><td>소지인의 배서인과 발행인에 대한 구권</td><td>적법한 기간 내에 작성시킨 거절증서의 날짜부터 1년간</td></tr>
<tr><td>배서인의 다른 배서인과 발행인에 대한 청구권</td><td>배서인이 어음을 환수한 날 또는 그 자가 제소된 날부터 6개월</td></tr>
<tr><td rowspan="2">수표법
§51</td><td>소지인의 배서인, 발행인, 그 밖의 채무자에 대한 상환청구권</td><td>제시기간이 지난 후 6개월</td></tr>
<tr><td>수표 채무자의 다른 채무자에 대한 상환청구권</td><td>채무자가 수표를 환수한 날 또는 그 자가 제소된 날부터 6개월간</td></tr>
</table>
</td></tr>
</table>

<table>
<tr><th>구 분</th><th>내 용</th></tr>
<tr><td rowspan="2">소멸시효
기산일</td><td>• 변제기한을 정한 채권 : 장래의 일정한 날을 변제기한으로 한 채권(확정기한부 채권)은 그 변제기한이 도래한 때부터 소멸시효가 기산된다.</td></tr>
<tr><td>• 변제기한을 정하지 아니한 채권 : 변제기한을 정하지 아니한 채권은 채권발생 시부터 채권자가 권리를 행사할 수 있으므로 채권발생 시부터 소멸시효가 기산된다.</td></tr>
<tr><td>소멸시효
중단사유</td><td>• 소멸시효의 중단이란 소멸시효가 진행되는 도중에 채권자가 권리를 주장하거나 채무자의 채권자의 권리를 인정하는 경우에 이미 경과한 시효기간의 효력이 상실되는 것을 말한다. 소멸시효 중단사유가 발생하면 중단사유가 종료한 때로부터 새로이 진행된다(민법 §178). 소멸시효 중단사유는 다음과 같다(민법 §168).
<table>
<tr><th>구 분</th><th>소멸시효 중단사유</th></tr>
<tr><td>채권자가 권리를 주장하는 경우</td><td>① 청구, ② 압류, ③ 가압류, ④ 가처분</td></tr>
<tr><td>채무자가 채권자의 권리를 인정하는 경우</td><td>⑤ 승인</td></tr>
</table>
</td></tr>
</table>

PART 08

과세 · 면세 겸영사업자

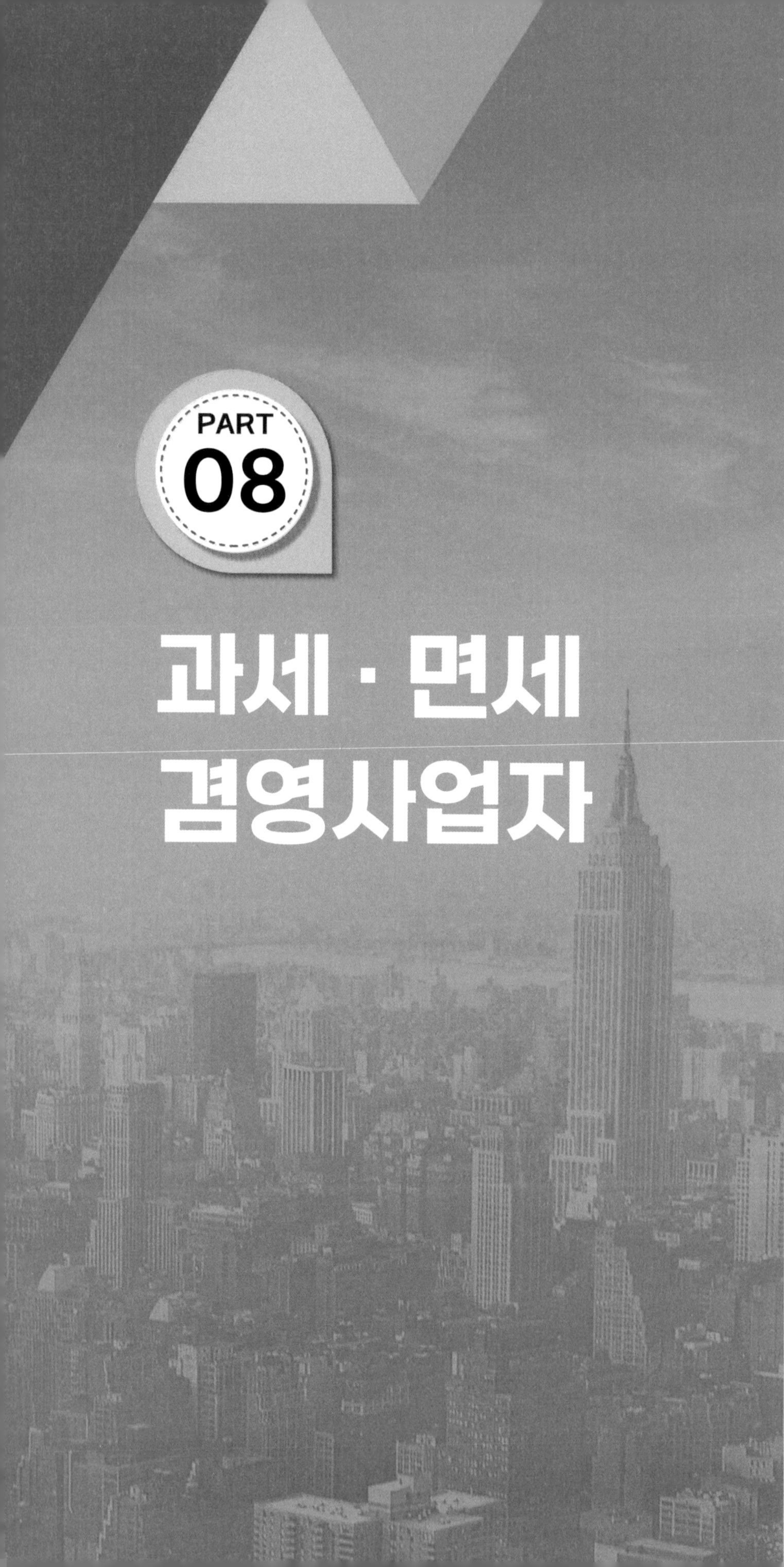

QnA

Chapter 111

과세 · 면세 사용면적이 있는 건축물의 매입세액 계산 방법은?

내용 Summary

기본사항 Check

- **과세 · 면세 겸업자 매입세액 공제**
  ① 귀속이 분명한 경우 : 과세사업 관련 매입세액은 공제, 면세사업 관련 매입세액은 불공제함
  ② 귀속이 불분명한 경우 : 해당 과세기간의 총매출액 중 면세매출액 비율로 매입세액 불공제함

$$\text{면세사업 관련 매입세액(매입세액 불공제분)} = \text{공통매입세액} \times \frac{\text{해당 과세기간 면세(예정)매출액}}{\text{해당 과세기간 총(예정)매출액}}$$

- **과세 · 면세 겸업자의 건물 취득 관련 매입세액 공제**
  ① 귀속이 분명한 경우 : 과세사업 관련 매입세액에만 사용되는 면적의 매입세액은 전액 공제하고, 면세사업에만 사용되는 면적의 매입세액은 전액 불공제함
  ② 귀속이 불분명한 경우 : 공통으로 사용되는 매입세액은 총사용면적에서 면세사용면적 비율로 안분계산한 가액을 불공제함

$$\text{면세사업 관련 매입세액(매입세액 불공제분)} = \text{공통매입세액} \times \frac{\text{해당 과세기간 면세매출액 또는 면세사용면적}}{\text{해당 과세기간 총매출액 또는 총사용면적}}$$

핵심 Point

- 과세 · 면세 겸업자의 건물 취득 관련 매입세액 안분계산 순서
  ① 1순위 : 귀속이 분명한 면세사용 면적에 대한 매입세액 불공제 계산
  ② 2순위 : 귀속이 불분명한 면세사용 면적비율로 계산하여 매입세액 불공제함

질문 »

1. ㈜한국은 전문건설업 면허를 보유하면서 2개의 공사현장을 운영하고 있다. 사업장별 매출액과 매입세액이 다음과 같은 경우 공제받을 수 있는 매입세액은?

① 건설 현장별 매출액

구 분	A현장	B현장		계
	과세사업	면세사업	과세사업	
매출액(공급가액)	5억원	3억원	2억원	10억원

② 세금계산서 수취분 매입세액

구 분	본 사	A현장	B현장	계
매입세액	10,000,000원	20,000,000원	30,000,000원	60,000,000원

2. ㈜한국은 건설업, 부동산임대업, 학원업 등을 경영하고 있다. 2025.1.1.에 사옥을 신축하여 2025.4.10.에 준공하였으며, 건물 신축 관련 매입세액은 3억원이다. 사옥을 다음과 같이 사용하는 경우 2025년 제1기 과세기간에 공제받을 수 있는 매입세액은?

층별구분	면 적	용 도	공급가액(2025년 제1기)	
			과 세	면 세
5층	200㎡	학원업(면세)		1억원
3~4층	300㎡	임대업(과세)	1억원	
1~2층	400㎡	건설업(과세·면세 겸업)	5억원	3억원
지층	100㎡	주차장과 보일러실	–	–
계	1,000㎡		6억원	4억원

※ 지층은 주차장(이용료 무료)과 보일러실(건축물 난방용)이다.

※ 층별 면적과 용도는 사업계획서 및 건축물대장에 의하여 객관적으로 확인되었으며 실제 준공 후 당초 계획에 따라 사용되었고 공급가액은 준공 후 해당 과세기간에 발생된 부가가치세 공급가액과 면세수입금액이다.

PART 08 과세·면세 겸영사업자

답변 및 해설 »

1. 재화나 용역의 실지귀속이 분명한 경우에는 해당 사업분으로 구분하여 과세사업분은 매입세액을 공제하고, 면세사업분은 불공제하므로 실지귀속이 불분명한 매입세액만 공통매입세액 안분계산 대상이 된다.

   위 사례에서 총 건물 신축 관련 매입세액 60,000,000원 중 아래의 21,000,000원을 제외한 39,000,000원을 공제받을 수 있다.

   (1) A현장 : 과세사업의 사용과 관련된 매입세액으로 20,000,000원 전액 매입세액 공제한다.

   (2) B현장 : B현장에 귀속된 매입세액 30,000,000원은 공통 사용된 매입세액으로 B현장의 총매출액 중 면세사업 비율에 따라 계산한 18,000,000원에 대하여 매입세액 불공제한다.

   * 매입세액 불공제 금액 : 30,000,000원 × (3억원 ÷ 5억원) = 18,000,000원

   (3) 본사 : 본사 매입세액 10,000,000원은 회사 전체의 공통매입세액으로 전체 매출액 중 면세매출 비율에 따라 계산한 3,000,000원에 대하여 매입세액 불공제한다.

   * 매입세액 불공제 금액 : 10,000,000원 × (3억원 ÷ 10억원) = 3,000,000원

2. 과세 · 면세 겸업자가 본사 건물을 신축하는 경우 해당 매입세액의 공제와 관련하여 실지귀속이 확인되는 경우 면세사업 관련 매입세액은 불공제하고, 실지귀속이 불분명한 경우 총사용면적 중 면세사용 면적비율에 대하여 매입세액 불공제한다.

   위 사례에서 총 건물 신축 관련 매입세액 300,000,000원 중 아래의 117,000,000원을 제외한 183,000,000원을 공제받을 수 있다.

   (1) 실지귀속이 분명한 면적

   ① 실지귀속이 분명한 층은 3~4층과 5층이다. 3~4층은 부동산임대의 과세사업에 사용되고 있으므로 관련 매입세액 전액 공제되고, 5층은 학원으로 면세사업에 사용되고 있으므로 관련 매입세액 60,000,000원 전액 불공제된다.

   ② 1~2층은 과세건설업과 면세건설업의 공통분이므로 먼저 전체 신축 면적 중에서 1~2층의 면적비율에 따른 매입세액을 계산한 후 건설업의 해당 과세기간 면세공급가액 비율분 45,000,000원에 대하여 매입세액 불공제한다.

(2) 실지귀속이 불분명한 면적

지층의 주차장과 보일러실은 실지귀속이 불분명한 공통사용 면적으로 먼저 전체 신축 면적 중에서 공통사용 면적비율을 계산한 후 해당 과세기간의 전체 매출액 중 면세매출액 비율분 12,000,000원에 대하여 매입세액 불공제한다.

층 별	1차 안분계산(면적비율)	2차 안분계산(공급가액비율)	매입세액 불공제
5층	3억원×200/1,000 =60,000,000(불공제)	–	60,000,000
3~4층	3억원×300/1,000 = 90,000,000(공제)	–	–
1~2층	3억원×400/1,000 = 120,000,000(안분계산)	120,000,000×3억원/8억원 = 45,000,000	45,000,000
지 층	3억원×100/1,000 = 30,000,000(안분계산)	30,000,000×4억원/10억원 = 12,000,000	12,000,000
계			117,000,000

핵심정리

<table>
<tr><th>구 분</th><th>내 용</th></tr>
<tr><td>과세 · 면세 겸업자 매입세액 안분계산</td><td>

• **공통매입세액 안분계산**

해당 과세기간의 총매출액 중 면세매출액 비율로 매입세액 불공제함

$$\text{면세사업 등 관련된 매입세액(매입세액 불공제분)} = \text{공통매입세액} \times \frac{\text{해당 과세기간 면세매출액 또는 면세사용면적}}{\text{해당 과세기간 총매출액 또는 총사용면적}}$$

• 매입세액의 실지 귀속에 따른 공제 여부

<table>
<tr><th>구 분</th><th>매입세액 공제 여부</th></tr>
<tr><td>과세사업과 관련된 것</td><td>매입세액 공제(단, 기업업무추진비 등 불공제대상은 불공제)</td></tr>
<tr><td>면세사업 관련된 것</td><td>전부 불공제</td></tr>
<tr><td>실지귀속을 구분할 수 없는 것</td><td>공통매입세액의 안분계산(단, 기업업무추진비 등 본래 불공제대상은 안분계산하지 않고 직접 불공제)</td></tr>
</table>

</td></tr>
<tr><td>사용면적에 따른 공통매입세액 안분계산</td><td>

• 과세 · 면세 사용면적이 있는 건축물의 매입세액 계산방법(부집 40－81－6)

① 실지 귀속이 분명한 경우 면세사업에만 사용되는 면적의 매입세액은 전액 불공제한다.

② 실지귀속이 불분명한 경우 과세사업과 면세사업에 공통으로 사용되는 면적 관련 매입세액을 총공급가액에서 면세공급가액의 비율로 안분계산한 가액을 불공제한다.

* 주차장, 기계실, 보일러실, 관리사무실 등은 실지귀속이 불분명한 것으로 보아 안분계산

</td></tr>
</table>

Chapter

112 예정매출액 등으로 안분계산한 경우, 공통매입세액의 정산방법은?

내용 Summary

기본사항 Check

- **과세 · 면세 매출액 등이 없는 경우 공통매입세액 안분계산**
  ① 예정매출액 기준 : 해당 과세기간의 총예정매출액 중 면세 예정매출액 비율로 매입세액 불공제
  ② 예정사용면적 기준 : 해당 과세기간의 총예정사용면적 중 면세 예정사용면적 비율로 매입세액 불공제
- **공통매입세액 정산시기**
  ① 예정신고 시 안분계산 후 확정신고 시 정산함
  ② 예정공급가액으로 안분계산한 경우 공급가액이 확정되는 때 정산함
    * 불공제 매입세액
    총공통매입세액 × 면세 확정공급가액 / 해당 과세기간 총확정공급가액 − 기공제세액
  ③ 예정사용면적으로 안분계산한 경우 사용면적이 확정되는 때 정산함
    * 불공제 매입세액
    총공통매입세액 × 면세 확정사용면적 / 해당 과세기간 총확정사용면적 − 기공제세액

핵심 Point

- 예정공급가액 등으로 안분계산한 후 여러 개의 과세기간이 지나서 공급가액이 확정되는 경우 공통매입세액 정산을 누락하여 과세관청으로부터 과세되는 경우가 종종 있으므로 주의하여야 함

질문 »

1. ㈜한국은 학원과 부동산임대업을 하기 위해 건물을 신축하여 2026.6.30. 준공하였다. 건물 신축과 관련하여 다음과 같이 공통매입세액이 발생한 경우 다음 물음에 답하시오.

① 공통매입세액

구 분	합 계	2025.1기	2025.2기	2026.1기
공통매입세액	100,000,000원	25,000,000원	40,000,000원	35,000,000원

② 과세 · 면세 사용면적

구 분	총면적	학원	부동산임대	비 고
예정 사용면적	1,000㎡	600㎡	400㎡	
확정 사용면적	1,000㎡	700㎡	300㎡	2026.6.30.

(1) 2025.1기 공제받지 못할 공통매입세액은?

(2) 2025.2기 공제받지 못할 공통매입세액은?

(3) 2026.1기 건물 준공 후 실제 사용면적에 따른 공통매입세액 정산은?

2. 약국을 경영하는 ㈜한국은 시설장치를 2025.3.31. 1억원(부가가치세 별도)에 구입하였으며 다음과 같이 매출이 발생한 경우 물음에 답하시오.

과세기간	매약(과세)	조제약(면세)	공급가액 합계
2025.1기 예정	700,000,000원	300,000,000원	1,000,000,000원
2025.1기 확정	500,000,000원	500,000,000원	1,000,000,000원
2025.2기 예정	400,000,000원	600,000,000원	1,000,000,000원
2025.2기 확정	600,000,000원	400,000,000원	1,000,000,000원

(1) 2025.1기 예정신고 시 공제받지 못할 공통매입세액은?

(2) 2025.1기 확정신고 시 공제받지 못할 공통매입세액 정산은?

(3) 2025.2기 예정신고 시 공통매입세액 재계산은?

(4) 2025.2기 확정신고 시 공통매입세액 재계산은?

3. ㈜한국은 오피스텔 신축판매업자로 건설공사 관련 매입세액과 매출액이 다음과 같은 경우 물음에 답하시오. 다만, 공사기간은 2025.1.1.~2026.6.30.이고, 총분양가액은 150억원이다.

① 공통매입세액

계정과목	2025.1기	2025.2기	2026.1기	계
토지 정지작업	10,000,000원	–	–	10,000,000
건물 공사비용	80,000,000원	100,000,000원	110,000,000원	290,000,000
분양대행수수료	–	50,000,000원	20,000,000원	70,000,000
일반관리비	10,000,000원	10,000,000원	10,000,000원	30,000,000
계	100,000,000원	160,000,000원	140,000,000원	400,000,000

② 과세 · 면세 공급가액

과세기간	토 지	건 물	공급가액 합계	비 고
2025.1기	0원	0원	0원	
2025.2기	3,000,000,000원	7,000,000,000원	10,000,000,000원	분양완료
2026.1기	1,500,000,000원	3,500,000,000원	5,000,000,000원	공사완료

* 예정공급가액 : 토지 30억원, 건물 120억원

(1) 2025.1기 부가가치세 신고 시 공제받지 못할 매입세액은?

(2) 2025.2기 부가가치세 신고 시 공제받지 못할 매입세액은?

(3) 2026.1기 부가가치세 신고 시 공제받지 못할 매입세액은?

답변 및 해설 »

1. 재화나 용역의 실지귀속이 분명한 경우에는 과세사업분은 매입세액을 공제하고, 면세사업분은 불공제하며, 실지귀속이 불분명한 매입세액은 공통매입세액 안분계산을 해당 과세기간의 총매출액에서 면세매출액의 비율을 곱하여 매입세액 불공제한다.

(1) 2025.1기 : 공통매입세액 25,000,000원을 총면적(1,000㎡)에서 예정사용면적(600㎡) 비율을 곱하여 계산한 15,000,000원을 매입세액 불공제한다.

* 공통매입세액 불공제 : 25,000,000원×600㎡÷1,000㎡ = 15,000,000원

(2) 2025.2기 : 공통매입세액 40,000,000원을 총면적(1,000㎡)에서 예정사용면적(600㎡) 비율을 곱하여 계산한 24,000,000원을 매입세액 불공제한다.

* 공통매입세액 불공제 : 40,000,000원×600㎡÷1,000㎡ = 24,000,000원

(3) 공통매입세액에 대해 건물을 신축하여 예정사용면적으로 매입세액을 불공제한 경우 면적이 확정되는 시기에 정산하여야 하는데 건물 신축은 여러 개의 과세기간을 거치는 것이 일반적으로 공통매입세액 정산을 누락하는 사례가 많이 있으므로 주의하여야 한다. 위 사례에서 2026.1기에 과세 · 면세 사용면적이 확정되었으므로 그동안 예정사용면적으로 안분계산한 매입세액을 정산하여야 한다.

총 공통매입세액 100,000,000원을 총면적(1,000㎡)에서 확정사용면적(700㎡) 비율을 곱하여 계산한 70,000,000원을 매입세액 불공제하여야 하므로 그동안 매입세액 불공제한 39,000,000원을 제외한 31,000,000원을 정산하여 불공제한다.

구 분	매입세액 불공제 계산근거	불공제 세액
2025.1기	25,000,000원×600㎡÷1,000㎡	15,000,000원
2025.2기	40,000,000원×600㎡÷1,000㎡	24,000,000원
2026.1기	100,000,000원×700㎡÷1,000㎡−39,000,000원	31,000,000원
계	−	70,000,000원

2. 공통매입세액의 안분계산은 각 과세기간 단위로 계산하므로 예정신고를 하는 때에는 예정신고기간에 있어서 총공급가액에 대한 면세공급가액의 비율에 의하여 안분계산하고, 확정신고를 하는 때에 정산한다.

(1) 2025.1기 예정 : 약국을 경영하는 ㈜한국이 개업하면서 구입한 시설장치 1억원에 대하여 2025.1기 예정신고 시에는 예정신고기간의 매출액 비율로 계산한 3,000,000원을 매입세

액 불공제한다.

* 공통매입세액 불공제 : 100,000,000원 × 10% × (3억원 / 10억원) = 3,000,000원

(2) 2025.1기 확정 : 예정신고기간의 과세 · 면세 매출액 비율로 공통매입세액 안분계산한 건에 대하여 확정신고 시 과세기간의 전체 과세 · 면세 매출액 비율로 공통매입세액을 정산한다.

따라서 2025.1기 총매출액 중 면세매출액비율(40%)로 안분계산한 4,000,000원을 불공제하여야 하므로 예정신고 시 불공제한 3,000,000원을 뺀 1,000,000원을 추가 불공제한다.

* 공통매입세액 정산 : 100,000,000원 × 10% × (8억원 / 20억원) − 3,000,000원 = 1,000,000원

(3) 2025.2기 예정 : 공통매입세액의 재계산은 감가상각자산에 대한 매입세액이 공통매입세액으로 안분 또는 정산된 후 면세공급가액의 비율이 5% 이상 차이 나는 과세기간의 확정신고기간에 공통매입세액을 재계산하여 납부세액에 가산하거나 차감한다. 따라서 2025.2기 예정신고기간에는 공통매입세액 재계산하지 아니한다.

(4) 2025.2기 확정 : 공통매입세액의 재계산 요건은 감가상각자산이고, 면세비율이 5% 이상 차이가 발생하여야 한다. 따라서 2025.2기의 면세비율이 당초 40%(8억원 / 20억원)에서 50%(10억원 / 20억원)로 10% 증가하여 확정신고 시 공통매입세액 750,000원 불공제한다.

* 공통매입세액 재계산 : 10,000,000원 × (1 − 25% × 1과세기간) × 10% = 750,000원

3. 오피스텔 분양은 주거용 등 실지적인 사용용도에 관계없이 부가가치세 과세되며, 매입세액 중 토지 관련 매입세액은 불공제하고 건물신축 관련 비용은 매입세액 공제하며, 분양대행수수료 등 공통매입세액은 예정공급가액비율로 안분계산한 후 정산한다.[1] 공통매입세액 정산시기는 총공급가액이 확정되는 때이다.

(1) 2025.1기 : 총매입세액 100,000,000원 중 토지 관련 매입세액 10,000,000원과 일반관리비 공통매입세액 불공제분 2,000,000원을 합한 12,000,000원을 매입세액 불공제한다.

① 토지 정지작업 관련 매입세액 10,000,000원은 토지 관련 매입세액으로 매입세액 불공제한다.

② 오피스텔 건설 관련 매입세액 80,000,000원은 과세건물 관련 매입세액으로 전액 공제한다.

---

1) 부가46015-1753, 1995.9.26.; 조심2020서1981, 2020.9.9.

③ 일반관리비 10,000,000원은 공통매입세액으로 예정공급가액 비율로 안분계산한 2,000,000원에 대해 매입세액 불공제한다.

* 공통매입세액 불공제 : 10,000,000원×30억원÷150억원 = 2,000,000원

(2) 2025.2기 : 총매입세액 160,000,000원 중 공통매입세액 불공제분 18,000,000원과 일반관리비 정산분 1,000,000원을 합한 19,000,000원을 매입세액 불공제한다.

① 오피스텔 건설 관련 매입세액 100,000,000원은 과세건물 관련 매입세액으로 전액 공제한다.

② 분양대행수수료 50,000,000원과 일반관리비 10,000,000원은 공통매입세액으로 확정공급가액 비율로 안분계산한 18,000,000원에 대해 매입세액 불공제한다.

* 공통매입세액 불공제 : 60,000,000원×30억원÷100억원 = 18,000,000원

③ 2025.1기 일반관리비 공통매입세액에 대해 예정공급가액 비율로 안분계산하였으나, 공급가액이 확정되었으므로 정산한다. 따라서 일반관리비 중 1,000,000원을 추가 불공제한다.

* 공통매입세액 정산 : 10,000,000원×(30억원/100억원)−2,000,000원 = 1,000,000원

(3) 2026.1기 : 오피스텔을 중간지급조건부로 분양하는 경우 공급가액이 확정되었으나, 매출액은 소유권이전등기나 잔금청산일까지 이루어진다. 그러나 이미 분양이 완료되었으므로 총공급가액에 대한 면세공급가액 비율은 동일하다. 따라서 해당 과세기간의 공통매입세액 30,000,000원에서 면세비율이 30%를 곱한 9,000,000원을 매입세액 불공제한다.

① 오피스텔 건설 관련 매입세액 110,000,000원은 과세건물 관련 매입세액으로 전액 공제한다.

② 분양대행수수료 20,000,000원과 일반관리비 10,000,000원은 공통매입세액으로 확정공급가액 비율로 안분계산한 9,000,000원에 대해 매입세액 불공제한다.

* 공통매입세액 불공제 : 30,000,000원×15억원÷50억원 = 9,000,000원

핵심정리

구 분	내 용
공통매입세액 안분계산	• 매출액이 있는 경우 : 해당 과세기간의 과세 · 면세 매출액을 기준으로 매입세액을 안분계산한다. 즉, 공통매입세액에 면세비율을 곱하여 매입세액 불공제한다. • 매출액이 없는 경우 : 과세사업과 면세사업의 공급가액이 모두 없거나 어느 한 사업의 공급가액이 없는 경우에는 다음 순서에 따라 안분계산한다(부령 §81 ④). **다만, 건물 또는 구축물에 대하여 과세사업과 면세사업 등에 제공할 예정면적을 구분할 수 있는 경우에는 예정사용면적의 비율을 우선 적용한다.** • (1순위) 매입가액비율 : 공통매입세액 $\times \dfrac{\text{면세사업 등 관련 매입가액}}{\text{총매입가액(공통매입가액 제외)}}$ • (2순위) 예정공급가액비율 : 공통매입세액 $\times \dfrac{\text{면세사업 등 관련 예정공급가액}}{\text{총예정공급가액}}$ * 예정공급가액이란 과거의 사업실적 · 현황 · 사업계획서 등에 따라 합리적으로 추정한 금액을 말함 • (3순위) 예정사용면적비율 : 공통매입세액 $\times \dfrac{\text{면세사업 등 관련 예정사용면적}}{\text{총예정사용면적}}$
공통매입세액의 정산	• 해당 과세기간의 공급가액이 없어서 예정공급가액비율 또는 예정사용면적으로 공통매입세액을 안분계산한 경우 과세사업과 면세사업의 공급가액이 확정되는 과세기간에 공통매입세액을 정산한다. 공통매입세액 정산은 다음 계산식에 의한다(부령 §82). • 당초 가액비율에 의한 경우 $\text{가산·공제되는 세액} = \text{총공통매입세액} \times \left(1 - \dfrac{\text{과세사업과 면세사업 등의 공급가액이 확정되는 과세기간의 면세공급가액}}{\text{과세사업과 면세사업 등의 공급가액이 확정되는 과세기간의 총공급가액}}\right) - \text{이미 공제한 세액}$ • 당초 면적비율에 의한 경우 $\text{가산·공제되는 세액} = \text{총공통매입세액} \times \left(1 - \dfrac{\text{과세사업과 면세사업 등의 사용면적이 확정되는 과세기간의 면세사용면적}}{\text{과세사업과 면세사업 등의 사용면적이 확정되는 과세기간의 총사용면적}}\right) - \text{이미 공제한 세액}$

구 분	내 용
공통매입세액의 정산	• 지점건물 공통매입세액 정산 : 과세사업과 면세사업을 겸영하는 법인사업자가 과세와 면세사업에 사용할 지점 건물을 신축함에 있어, 매입세액의 안분계산 및 정산은 본점과 지점 중 세금계산서를 발급받은 어느 쪽에서도 가능하다(부집 40-82-2).
안분계산 생략	• 해당 과세기간의 공통매입세액 합계액이 5만원 미만인 경우
	• 해당 과세기간의 총공급가액 중 면세공급가액이 5% 미만인 경우. 다만, 공통매입세액이 500만원 이상인 경우는 안분계산을 해야 한다.
	• 해당 과세기간에 신규로 사업을 시작한 사업자가 해당 과세기간에 공통으로 사용하던 재화를 공급하여 공급가액의 안분계산을 생략한 재화의 매입세액

Chapter 113

의제매입세액도 안분계산하나?

내용 Summary

기본사항 Check

- **의제매입세액공제 안분계산** : 면세농산물을 구입하여 과세 · 면세사업에 사용하는 경우 실지귀속이 불분명한 경우 해당 과세기간의 공급가액비율로 안분계산함(부칙 §56 ④)

$$\text{의제매입세액 공제} = \text{면세농산물 등 매입가액} \times \frac{\text{당기 과세공급가액}}{\text{당기 총공급가액}} \times \text{공제율}$$

- **안분계산의 정산** : 예정신고 시 의제매입세액의 안분계산을 하는 경우 확정신고 시 정산함
- **의제매입세액 재계산** : 재고에 대해 의제매입세액 안분계산 공제받은 후 그대로 양도하거나 면세재화에 사용되는 경우 의제매입세액을 재계산함
- **의제매입세액의 공제시기** : 면세농산물 등을 공급받은 날이 속하는 예정신고 또는 확정신고 시 매입세액으로 공제

핵심 Point

- 면세농산물 등을 과세재화의 원재료로 사용되는지 여부
  ① 과세재화의 원재료로 사용되는 경우 → 의제매입세액 공제함
  ② 면세재화의 원재료로 사용되는 경우 → 의제매입세액 공제대상이 아님
  ③ 농산물 등의 기말재고로 과세 · 면세재화의 원재료 사용이 불분명한 경우 → 해당 과세기간의 과세공급가액 비율로 안분계산하여 공제함
- 예정신고 시 의제매입세액 공제받은 경우 → 확정신고 시 반드시 정산하여야 함
- 안분계산하여 의제매입세액 공제받은 후 농산물을 그대로 양도하거나 면세재화의 원재료로 사용되는 경우 → 팔거나 전용한 날이 속하는 예정 · 확정신고 시 납부함

PART 08 과세 · 면세 겸영사업자

질문 »

㈜한국은 중소기업으로 수산물 도매업과 통조림 제조업을 경영하고 있다. 다음 자료를 참고로 물음에 답하시오.

(1) 2025.1기 예정 수산물의 매입 및 사용 명세

① 수산물의 매입액 : 166,000,000원(1,000kg)

수산물 매입액에는 운송회사에 지급한 운임 4,000,000원과 창고업자에게 지급한 창고보관료 6,000,000원이 포함되어 있다.

② 수산물의 사용 명세

계	수산물 판매	통조림 원재료	기말재고
1,000kg	300kg	500kg	200kg

※ 전기에서 이월된 수산물의 기초재고액은 없음

(2) 과세기간별 공급가액(부가가치세 제외) 명세

구 분	2025.1기 예정	2025.1기 확정	2025.2기
과세공급가액(통조림)	300,000,000	200,000,000	200,000,000
면세공급가액(수산물)	200,000,000	300,000,000	800,000,000
합 계	500,000,000	500,000,000	1,000,000,000

1. 2025.1기 예정신고 시 의제매입세액 공제 금액은?

2. 2025.1기 확정신고 시 의제매입세액 공제 정산은?

3. 기말재고에 대하여 변질 우려가 있어 2025.10.1. 면세농산물을 그대로 양도한 경우 2025.2기 확정신고 시 의제매입세액 공제 재계산은?

답변 및 해설 »

1. 면세농산물을 구입하여 과세 · 면세사업에 사용하는 경우 실지귀속에 따라 의제매입세액 공제하고, 실지귀속이 불분명한 것은 해당 과세기간의 공급가액비율로 안분계산한다.

위 사례에서 수산물 도매업은 면세사업이고, 통조림 제조업은 과세사업이며, 면세농산물 구입액은 총지급액에서 운임과 보관료를 제외한 156,000,000원*1)에 대하여 실지귀속이 불분명하므로 공급가액비율로 안분계산한 3,720,000*2)원에 대하여 의제매입세액 공제를 받는다.

*1) 의제매입세액 공제대상 수산물의 매입가액 : 166,000,000 − (4,000,000 + 6,000,000) = 156,000,000
*2) 의제매입세액 공제 안분계산액 : 3,000,000+720,000 = 3,720,000

(1) 수산물 도매업은 면세사업으로 의제매입세액공제 대상이 아니다.

(2) 통조림 제조업은 과세사업으로 면세농산물을 구입하여 과세사업에 사용하고 있으므로 의제매입세액공제 대상이 된다. 면세농산물 구입금액에서 통조림 제조에 사용한 50%에 대하여 의제매입세액공제를 3,000,000원 받는다.

* 통조림 제조에 사용한 수산물 : 156,000,000원 $\times \frac{500\text{kg}}{1{,}000\text{kg}} \times \frac{4}{104}$ = 3,000,000원

(3) 기말재고는 과세사업 또는 면세사업에 사용이 불분명하므로 해당 과세기간의 공급가액비율로 안분계산한 720,000원에 대하여 의제매입세액 공제를 받는다.

* 기말재고 : 156,000,000원 $\times \frac{200\text{kg}}{1{,}000\text{kg}} \times \frac{300{,}000{,}000\text{원}}{500{,}000{,}000\text{원}} \times \frac{4}{104}$ = 720,000원

(4) 의제매입세액공제 한도는 제조업을 경영하는 중소기업의 경우 해당 과세기간에 공급한 과세표준의 50%에 4/104를 곱한 5,769,230원을 한도로 한다. 따라서 의제매입세액 공제금액 3,720,000원에 대하여 공제받을 수 있다.

* 의제매입세액 한도 : 300,000,000원 × 50% $\times \frac{4}{104}$ = 5,769,230원

2. 의제매입세액을 예정신고기간에 안분계산하는 경우 확정신고 시 정산한다.

위 사례에서 의제매입세액 안분계산한 720,000원에 대하여 확정신고기간에 2025.1기 전체 매출액 대비 면세매출액 비율로 정산한 결과 120,000원을 추가 납부하여야 한다.

* 정산 : 156,000,000원 $\times \frac{200\text{kg}}{1{,}000\text{kg}} \times \frac{500{,}000{,}000\text{원}}{1{,}000{,}000{,}000\text{원}} \times \frac{4}{104}$ − 720,000원 = −120,000원

3. 의제매입세액을 공제받은 후 이를 과세사업에 사용하지 아니한 경우에는 의제매입세액을 재계산하여 납부세액에 가산한다.

위 사례에서 의제매입세액 공제받은 720,000원에 대하여 2025.2기 확정신고 시 납부세액에 가산한다.

핵심정리

<table>
<tr><th>구 분</th><th>내 용</th></tr>
<tr><td>의제매액세액
공제제도</td><td>
• 의제매입세액 공제란 과세사업자가 면세농산물 등을 원재료로 제조·가공하여 통조림 등 과세되는 재화를 생산하는 경우 면세농산물 등의 매입가액에 일정한 율을 곱한 금액을 매입세액으로 공제해주는 제도이다(부법 §42 ①).

• 의제매입세액의 공제시기 : 면세농산물 등을 공급받은 날이 속하는 예정신고 또는 확정신고 시 매입세액으로 공제한다. 다만, 직접 재배 · 사육 · 양식하는 경우 이를 사용하거나 사용할 수 있는 때를 기준으로 공제한다(부집 42-84-10).

• 의제매입세액 공제사업장 : 둘 이상의 사업장이 있는 사업자가 의제매입세액 공제대상 원재료를 공급받은 사업장이 의제매입세액을 공제한다. 다만, 원재료를 공급받은 사업장과 과세대상 최종 제품을 완성하는 장소가 따로 있는 경우 최종제품을 완성하는 사업장에서도 공제할 수 있다(법규부가 2014-249, 2014.7.10.).
<table>
<tr><th>구 분</th><th>의제매입세액 공제 사업장</th></tr>
<tr><td>구입한 지점에서 사용</td><td>구입한 지점에서 공제</td></tr>
<tr><td>본사에서 구입하여 지점에서 사용</td><td>본사와 지점 중 선택하여 공제 가능</td></tr>
</table>
</td></tr>
<tr><td>과세·면세
겸업자의
의제매입세액
공제 안분계산</td><td>
• 의제매입세액공제 안분계산 : 면세농산물을 구입하여 과세 · 면세사업에 사용하는 경우 실지귀속에 따라 의제매입세액 공제대상인지 판단하고, 기말재고는 실지귀속이 불분명하여 해당 과세기간의 공급가액비율로 안분계산한다(부칙 §56 ④).

$$의제매입세액 = 면세농산물\ 등\ 매입가액 \times \frac{당기\ 과세공급가액}{당기\ 총공급가액} \times 공제율^{*}$$

* 음식점업(개인 8/108 · 9/109, 법인 6/106), 제조업(개인 4/104 · 6/106, 법인 2/102 · 4/104) 기타 · 과세유흥장소(2/102)
</td></tr>
</table>

구 분	내 용
과세·면세 겸업자의 의제매입세액 공제 안분계산	• 의제매입세액 공제한도 : 개인은 매출액의 55~75%, 법인은 매출액의 50%임
	• 공급가액이 없는 경우 안분계산 : 해당 과세기간의 의제매입세액 공제대상 사업의 공급가액과 공제대상이 아닌 사업의 공급가액이 모두 없거나 어느 한 사업의 공급가액이 없는 경우 매입가액비율, 예정공급가액비율의 순서로 안분계산한다.
	• 안분계산의 정산 : 의제매입세액의 안분계산을 하는 경우 예정신고 시 예정신고기간의 공급가액비율로 안분계산하고, 확정신고 시 정산한다.
	• 의제매입세액 재계산 : 재고에 대해 의제매입세액 안분계산 공제받은 후 그대로 양도하거나 면세재화에 사용되는 경우 의제매입세액을 재계산한다(부기통 42-84…4 ④).

Chapter 114

면세비율의 변동, 공통매입세액은 언제까지 다시 계산하나?

내용 Summary

기본사항 Check

- **공통매입세액 재계산** : 감가상각자산을 구입하여 공통매입세액 안분계산을 통한 매입세액 공제받은 후 면세비율이 증감되는 경우 건물 · 구축물은 10년, 기계장치는 2년 동안 납부 · 환급세액 재계산하여야 함
- **매입세액 재계산 요건** : 과세 · 면세 공통사용 감가상각자산이고, 면세비율이 5% 이상 증감된 경우일 것
- **공통매입세액 재계산** : 공통매입세액×(1－상각률 × 경과된 과세기간 수) × 증감된 면세비율
  - * 공통매입세액 : 과세 · 면세사업에 공통으로 사용되는 감가상각자산의 취득과 관련된 공통매입세액임
  - * 상각률과 경과된 과세기간 수 : 경과한 각 과세기간별 기계장치 등은 25%, 건물 등은 5%씩 상각함
  - * 증감된 면세비율 : 해당 과세기간의 면세비율과 최종적으로 재계산한 과세기간의 면세비율과의 차이를 말함
- **재계산 배제** : 공통으로 사용하던 재화를 판매한 경우 그 과세기간에는 재계산하지 않음

핵심 Point

- 과세 · 면세사업 관련하여 구입한 공통사용 재화가 감가상각자산인지 여부
  ① 기계장치 등 감가상각자산인 경우 → 구입 이후 면세비율이 5% 이상 차이 나면 재계산
  ② 재고자산 등 감가상각자산이 아닌 경우 → 구입 시 공통매입세액 공제하고 재계산 안 함
- 공통매입세액 공제 후 면세비율이 5% 이상 차이가 발생하는지 여부
  ① 직전 과세기간에 비해 5% 이상 차이 발생 → 공통매입세액 재계산하여 납부 또는 환급
  ② 직전 과세기간에 비해 5% 미만 차이 발생 → 공통매입세액 재계산하지 않음

질문 »

㈜한국은 과세·면세 겸영하는 사업자로 2025.1기에 공통분 기계장치를 1,000만원(부가가치세 별도)에 구입하여 과세사업과 면세사업에 함께 사용한 경우 공통매입세액의 안분계산과 납부환급세액 재계산은?

(단위 : 만원)

과세기간	과세공급가액	면세공급가액	합 계	면세공급가액비율
2025.1기	8,000	2,000	10,000	20%
2025.2기	8,300	1,700	10,000	17%
2026.1기	7,000	3,000	10,000	30%
2026.2기	7,900	2,100	10,000	21%
2027.1기	6,000	4,000	10,000	40%

1. 2025.1기 공통매입세액 안분계산 금액은?
2. 2025.2기~2027.1기 확정신고의 공통매입세액 재계산 금액은?
3. 2026.1기 해당 기계장치를 500만원(부가가치세 별도)에 양도한 경우 공통매입세액 재계산 금액은?

답변 및 해설 »

1. 과세 · 면세사업자가 과세 · 면세사업에 공통으로 사용하기 위하여 기계장치를 구입하는 경우 해당 과세기간의 공급가액으로 안분계산하여 면세사업에 사용되는 부분은 매입세액을 불공제한다.

   위 사례에서 기계장치 구입에 따른 공통매입세액 100만원을 면세비율 20%에 해당하는 20만원을 불공제하고 80만원을 공제한다.

   * 공통매입세액 불공제 금액 : 1,000만원 × 10% × 20% = 20만원

2. 공통매입세액 재계산은 부가가치세 확정신고기간에만 가능하고, 요건은 감가상각자산으로 면세비율이 직전 과세기간보다 5% 이상 차이가 발생하는 경우 재계산에 따라 납부세액에 추가하거나 환급세액에 가산한다.

* 공통매입세액 재계산 : 공통매입세액×(1 − 상각률 × 경과된 과세기간의 수) × 증감된 면세비율

(1) 2025.2기 확정신고 시 공통매입세액 재계산 요건을 살펴보면, 기계장치는 감가상각자산이나 면세비율이 직전 과세기간보다 3% 감소하여 5% 미만이므로 재계산 대상이 아니다.

* 2025.2기 공통매입세액 재계산 : 100만원 × (1 − 25% × 1) × (20% − 17%)

(2) 2026.1기 확정신고 시 공통매입세액 재계산 요건을 살펴보면, 면세비율이 직전 과세기간보다 13% 증가하여 5% 이상 차이가 난다. 그런데 직전 과세기간에 재계산을 하지 아니하였으므로 30%에서 20%를 뺀 10%의 차이가 발생한다. 따라서 면세비율이 10% 증가하였으므로 재계산하여 50,000원을 추가납부한다.

* 2026.1기 공통매입세액 재계산 : 100만원 × (1 − 25% × 2) × (30% − 20%) = 50,000원

(3) 2026.2기 확정신고 시 공통매입세액 재계산 요건을 살펴보면, 면세비율이 직전 과세기간보다 9% 감소하여 요건을 충족한다. 따라서 면세비율이 감소하였으므로 재계산하여 22,500원을 환급받는다.

* 2026.2기 공통매입세액 재계산 : 100만원 × (1 − 25% × 3) × (21% − 30%) = −22,500원

(4) 2027.1기 확정신고 시 공통매입세액 재계산 요건을 살펴보면, 면세비율이 직전 과세기간보다 19% 증가하여 요건을 충족하나 감가상각기간이 종료되어 재계산하지 아니한다.

* 2027.1기 공통매입세액 재계산 : 100만원 × (1 − 25% × 4) × (40% − 21%) = 0원

3. 과세 · 면세 공통사용 기계장치를 양도하는 경우 양도한 기계장치 판매금액에 대한 세금계산서를 직전 과세기간의 공급가액을 기준으로 안분계산하므로 면세비율이 17% 증가함에도 공통매입세액 재계산은 하지 아니한다.

핵심정리

<table>
<tr><th>구 분</th><th>내 용</th></tr>
<tr><td rowspan="4">과세 · 면세 겸업자의 공통매입세액 재계산</td><td>• 공통매입세액 재계산 : 과세 · 면세사업에 공통으로 사용하는 감가상각자산에 대하여 공통매입세액을 안분계산하여 매입세액 공제받은 후 면세비율이 증감되는 경우 납부 · 환급세액을 재계산하여야 한다.</td></tr>
<tr><td>• 매입세액 재계산 요건
① 과세사업과 면세사업의 공통사용되는 감가상각자산일 것
② 면세비율이 5% 이상 증감된 경우일 것</td></tr>
<tr><td>• 공통매입세액 재계산 : 재계산 요건을 갖춘 경우 다음 산식에 따라 재계산한 금액에 대하여 확정신고 시 납부 또는 환급받는다.

공통매입세액 × (1−상각률 × 경과된 과세기간의 수) × 증감된 면세비율

① 공통매입세액 : 과세사업과 면세사업에 공통으로 사용되는 감가상각자산의 취득과 관련된 공통매입세액을 말한다.
② 상각률과 경과된 과세기간의 수 : 경과한 각 과세기간별 기계장치 등은 25%, 건물 등은 5%씩 상각한다.
③ 증감된 면세비율 : 해당 과세기간의 면세비율과 최종적으로 재계산한 과세기간의 면세비율과의 차이를 말한다.</td></tr>
<tr><td>• 재계산 배제 : 공통으로 사용하던 재화를 판매한 경우 그 과세기간에는 납부 · 환급세액을 재계산하지 아니한다.</td></tr>
</table>

Chapter 115

과세·면세사업에 함께 사용하던 자산 매각, 부가가치세 과세방법은?

내용 Summary

기본사항 Check

- **과세·면세 겸업자의 공통사용자산 양도 시 공급가액 안분계산**
  ① 직전 과세기간의 공급가액이 있는 경우 양도가액을 직전 과세기간의 과세비율을 곱하여 공급가액을 계산함
  * 공통재화 양도가액 × 직전 과세기간 과세공급가액 ÷ (직전 과세기간 면세공급가액 + 과세공급가액)

  ② 직전 과세기간의 공급가액이 없는 경우 재화를 공급한 날에 가장 가까운 과세기간의 공급가액에 의하여 안분계산함.
- **매매가액에 부가가치세가 포함된 경우 안분계산** : 매매가액을 총공급가액에서 부가가치세를 더한 금액에 과세공급가액의 비율로 안분계산함
  * 공통재화 양도가액 × 직전 과세기간 과세공급가액 ÷ (직전 과세기간 면세공급가액 + 과세공급가액 + 과세공급가액 × 10%)
- **폐업 시 잔존재화** : 취득 당시 매입세액 공제받은 재화에 대하여 폐업 시 남아 있는 재화는 자기에게 공급하는 것으로 보아 과세됨(부법 §10 ⑥)
  * 공급가액 = 취득가액 × [1 – (부동산 5% 또는 기계장치 25%) × 경과된 과세기간의 수]
- **대리납부** : 사업의 양도는 부가가치세 과세대상이 아니나 사업을 양수받는 자는 그 대가를 지급하는 날이 속하는 달의 다음 달 25일까지 대리납부 시 세금계산서 발급 가능(부법 §52 ④).

핵심 Point

- 폐업 전에 부동산 매매계약을 하였는지 여부
  ① 폐업 전에 매매계약 체결하고 폐업 후 잔금지급 → 매매가액에 따라 건물분 과세
  ② 폐업 후에 매매계약을 체결하고 소유권 이전 → 과세대상 아님. 폐업 시 잔존재화 과세
- 공통사용 부동산 매매가액에 부가가치세가 포함되었는지 여부
  ① 매매가액에 부가가치세가 포함된 경우 → 위의 공급대가 안분계산으로 공급가액 계산
  ② 매매가액에 부가가치세가 포함되지 않은 경우 → 위의 공급가액 안분계산으로 공급가액 계산

질문 »

김 약사는 서울약국을 운영하던 중 2020.6.1. 약국 건물을 5억원에 취득하여 3억원의 세금계산서를 발급받아 과세분 매입세액 1,000만원을 공제를 받은 후 경영이 어려워 2025.10.31.에 약국을 폐업하였다. 과세 · 면세 매출금액이 다음과 같을 경우 물음에 답하시오. 다만, 해당 약국 건물의 기준시가는 토지 3억원, 건물 2억원이다.

구 분	2025.1.1.~2025.6.30.	2025.7.1.~2025.10.31.
매약분 공급가액	2억원	5천만원
조제 공급가액	2억원	1억원

1. 김 약사가 폐업 전인 2025.10.1.에 약국으로 사용하던 건물을 10억원(부가가치세 별도)에 부동산임대업자에게 양도하고 소유권을 이전한 후 폐업신고한 경우 건물의 공급가액은?

2. 위의 "1"에서 건물 양도가액 10억원이 부가가치세를 포함하거나 특별한 언급이 없는 경우 건물의 공급가액은?

3. 김 약사가 폐업 전인 2025.10.1.에 10억원(부가가치세 별도)에 부동산임대업자와 매매계약을 체결하고, 폐업 후 잔금을 받고 소유권 이전한 경우 건물의 공급가액은?

4. 김 약사가 2025.10.31. 약국에 대한 폐업신고를 하고, 2025.11.1.에 10억원(부가가치세 별도)에 부동산임대업자와 부동산매매계약을 체결하고 소유권 이전한 경우 건물의 공급가액은?

5. 김 약사가 폐업 전인 2025.10.1.에 약국으로 사용하던 건물을 10억원(부가가치세 별도)에 다른 약국사업자에게 양도하고 소유권을 이전한 후 폐업신고한 경우 건물의 공급가액은?

답변 및 해설 »

1. **약국사업자의 경우 의사의 처방전에 의하여 판매하는 경우 면세하고, 일반적인 매약은 과세하는 과세 · 면세사업자에 해당한다. 약국을 폐업하면서 건물을 양도하는 경우 건물분에 대해 직전연도 과세분 공급가액비율을 곱하여 안분계산한 금액을 공급가액으로 한다.**

   위 사례는 가장 일반적인 경우로 총매매금액 10억원 중 건물분에 해당되는 금액이 4억원으로 이를 직전연도 과세분 공급가액비율인 50%를 곱하여 계산한 2억원이 공급가액이 된다.

   * 건물분 공급가액 : 10억원 × 2억원 ÷ (3억원 + 2억원) = 4억원
   * 공통사용 건물 공급가액 : 4억원 × 2억원 ÷ (2억원 + 2억원) = 2억원

2. **약국사업자 건물을 양도하면서 부가가치세를 포함하거나 계약내용에 특별한 언급이 없는 경우에는 부가가치세가 포함된 것으로 보고 안분계산한 금액을 공급가액으로 한다.**

   위 사례에서 총매매금액 10억원 중 건물분에 해당되는 공급대가 4억원으로, 이를 직전연도 과세분 공급가액비율인 47.6%를 곱하여 계산한 190,476,190원이 공급가액이 된다.

   * 건물분 공급대가(부가가치세 포함) : 10억원 × 2억원 ÷ (3억원 + 2억원) = 4억원
   * 공통사용 건물 공급가액 : 4억원 × 2억원 ÷ (2억원 + 2억원 + 2억원× 10%) = 190,476,190원

3. **약국사업자가 폐업 전에 매매계약을 체결하고 폐업한 후에 잔금을 청산하여 소유권 이전한 경우 공급시기는 잔금청산일, 소유권이전등기일, 사용승인일 중 빠른 날로 폐업한 이후에 공급시기가 도래하나 계약이 폐업 전에 이루어져 실질적인 폐업이 이루어지지 않은 상태에서 이전한 것으로 보아 "1"에서 계산한 2억원이 공급가액이 된다.**

4. **약국사업자가 경영이 어려워서 사업을 폐업신고한 후 부동산매매계약을 체결하여 건물을 양도한 경우에는 사업자가 아니므로 부가가치세 납세의무가 없다. 다만, 부동산을 구입 시 매입세액 공제받은 경우 잔존내용연수(부동산 10년, 기계장치 등 2년)가 경과하지 아니한 부동산은 경과율에 따라 폐업 시 잔존재화 계산한 금액이 공급가액이 된다.**

   위 사례는 2025.10.31. 폐업신고하고 2025.11.1. 부동산매매계약을 체결하여 소유권 이전한 것으로 폐업일 이후 비사업자 상태에서 부동산을 양도하여 부가가치세 과세대상이 되지 아니한다. 다만, 부동산을 취득하여 5년 6개월이 경과하여 폐업 시 잔존재화로 계산한 22,500,000원이 공급가액이 된다.

   * 폐업 시 잔존재화 공급가액 : 1억원 × (1− 5% × 11) × 2억원 ÷ (2억원 + 2억원) = 22,500,000원

5. 약국사업자가 다른 약국사업자에게 사업장 건물과 함께 포괄적 양도하는 경우에는 부가가치세가 과세되지 아니하므로 세금계산서를 발급하여서는 안 된다. 다만, 포괄적 양수하는 다른 약국사업자가 그 대가를 지급하는 날이 속하는 달의 다음 달 25일까지 부가가치세를 대리납부하는 경우에는 세금계산서를 발급할 수 있다.

핵심정리

<table>
<tr><th>구 분</th><th>내 용</th></tr>
<tr><td rowspan="3">과세·면세 겸업자의 공통사용 자산 양도 시 안분계산</td><td>• 공급가액으로 안분계산 : 과세사업과 면세사업(비과세사업 포함)에 공통으로 사용하던 재화를 양도한 경우 공통사용 자산의 양도가액 중 과세분의 공급가액을 계산한다(부령 §63 ①).
다만, 휴업 등으로 인하여 직전 과세기간의 공급가액이 없는 경우에는 그 재화를 공급한 날에 가장 가까운 과세기간의 공급가액에 의하여 안분계산한다.
$$재화의\ 공급가액 \times \frac{재화공급일이\ 속한\ 과세기간의\ 직전\ 과세기간의\ 과세공급가액}{재화공급일이\ 속한\ 과세기간의\ 직전\ 과세기간의\ 총공급가액}$$</td></tr>
<tr><td>• 매매가액에 부가가치세가 포함된 경우 안분계산 : 매매가액을 총공급가액에서 부가가치세를 더한 금액에 과세공급가액의 비율로 안분계산한다.
$$재화의\ 공급대가 \times \frac{재화공급일이\ 속한\ 과세기간의\ 직전\ 과세기간의\ 과세공급가액}{재화공급일이\ 속한\ 과세기간의\ 직전\ 과세기간의\ 총공급가액+부가가치세}$$</td></tr>
<tr><td>• 사용면적으로 안분계산 : 취득 시 공통매입세액을 사용면적비율로 안분계산한 경우 판매 시 직전 과세기간의 사용면적 비율로 공급가액을 안분계산한다(부령 §63 ②).
$$재화의\ 공급가액 \times \frac{재화공급일이\ 속하는\ 과세기간의\ 직전\ 과세기간의\ 과세사용면적}{재화공급일이\ 속하는\ 과세기간의\ 직전\ 과세기간의\ 총사용면적}$$</td></tr>
</table>

<table>
<tr><th>구 분</th><th>내 용</th></tr>
<tr><td rowspan="2">폐업 시
공통사용
자산 양도 시
안분계산</td><td>• 폐업 전후에 양도한 경우 부가가치세 과세 여부
① 폐업 전에 계약체결 : 부가가치세 과세사업(임대업)을 영위하던 사업자가 폐업 전에 임대용 부동산을 양도한 경우 부동산 매각대금을 공급가액으로 한다. 또한, 사업자 지위에서 부동산을 양도하기로 하는 매매계약을 체결하고 폐업 후 소유권 이전되는 경우에도 부가가치세 과세된다.[2)]
② 폐업 후에 계약체결 : 사실상 폐업일 이후에 양도된 건물에 대하여는 폐업 시 잔존재화로 과세된다. 매입세액 공제받은 부동산이나 기계장치 등을 다음과 같이 계산한 금액을 공급가액으로 한다.[3)]
공급가액 = 취득가액 × [1 − (부동산 5% 또는 기계장치 25%) × 경과된 과세기간의 수]
③ 신탁부동산의 폐업 후 계약체결 : 부동산 소유자인 위탁자가 폐업하였으나 신탁재산을 공급하는 때에는 수탁자가 신탁재산별로 각각 별도의 납세의무자로서 부가가치세를 납부할 의무가 있다(부법 §3 ②).</td></tr>
<tr><td>• 포괄적 양도의 경우 : 사업장별 사업에 관한 모든 권리와 의무를 포괄적으로 승계하는 경우 부가가치세 과세대상이 아니다. 요건은 종업원 · 임차인 · 업종 유지, 사업용부동산 등을 포함하고 미수금이나 미지급금은 제외할 수 있다(부령 §23). 다만, 대리납부한 경우에는 세금계산서를 발급할 수 있다(부법 §52 ④).</td></tr>
</table>

2) 조심-2021-전-3678, 2021.10.25.

3) 서면-2017-부가-0730, 2017.3.27. : 부가가치세 과세사업(임대업)을 영위하던 사업자가 폐업 전에 임대용 부동산을 양도한 경우 부동산 매각대금을 공급가액으로 하며, 사실상 폐업일 이후에 양도된 건물에 대하여는 폐업 시 잔존재화로서 시행령 제66조에 따라 계산한 금액을 공급가액으로 함

Chapter 116

재건축조합의 분양분에 대한 부가가치세는?

내용 Summary

기본사항 Check

- **재개발 · 재건축 관련 정비사업조합의 주택과 상가분양에 대한 과세 여부**
  ① 조합원 분양 : 관리처분계획에 따라 조합원에게 공급하는 주택과 상가는 비과세함
  ② 일반인 분양 : 국민주택규모 초과 주택과 상가는 부가가치세 과세됨
- **정비사업조합의 매입세액 공제 여부**
  ① 일반인 분양 : 국민주택규모 초과 주택과 상가 관련 매입세액은 공제함
  ② 조합원 분양 : 주택 및 상가 관련 매입세액은 불공제함
  ③ 공통매입세액 : 과세사업과 면세(비과세 포함)사업 비율로 안분계산함
- 정비사업조합의 재건축사업을 위하여 기존 건물 철거비용, 안전진단비용 등은 토지 관련 매입세액으로 불공제

핵심 Point

- 관리처분계획에 따른 분양인지 여부
  ① 관리처분계획에 따라 조합원에게 분양 → 주택과 상가건물 관계없이 부가가치세 비과세
  ② 조합원과 별도 계약에 따른 발코니 확장 → 부가가치세 과세
- 조합원 분양분인지 여부
  ① 조합원 분양분 → 부가가치세 과세 대상이 아님
  ② 일반분양분 → 국민주택규모 이하는 면세, 국민주택규모 초과는 과세, 상가는 과세함

질문 »

재건축 정비사업조합이 「도시 및 주거환경정비법」에 따라 해당 정비사업에 관한 공사를 마친 후에 조합원과 일반인에게 분양하였다. 다음 물음에 답하시오.

1. 정비사업조합이 조합원에게 분양한 주택과 상가는 부가가치세 과세되는가?
2. 정비사업조합이 일반인에게 분양한 주택과 상가는 부가가치세 과세되는가?
3. 관리처분계획에 따라 조합원 분양 발코니를 확장공사한 경우 부가가치세 과세되는가?
4. 재건축 관련 기존 건물을 철거하고 받은 세금계산서는 매입세액 공제되는가?

답변 및 해설 »

1. 관리처분계획에 따라 조합원에게 분양하는 것으로서 종전의 토지를 대신하여 공급하는 주택 및 건축물은 재화의 공급으로 보지 아니한다. 따라서 관리처분계획에 따라 조합원에게 분양하는 주택 및 상가는 부가가치세를 과세하지 아니한다.

2. 재건축 정비사업조합이 일반인에게 분양하는 주택 중 국민주택규모 이하는 면세하고 국민주택규모 초과분은 과세하며, 상가 분양분은 과세한다.

3. 일반적으로 발코니 확장공사는 국민주택규모 초과하는 주택뿐만 아니라 국민주택규모 이하의 주택도 부가가치세가 과세된다. 다만, 정비사업조합이 관리처분계획에 따라 조합원에게 공급하는 주택 및 건축물은 재화의 공급으로 보지 아니한다.

   위 사례에서 관리처분계획에 따라 조합원 분양분에 공급하는 발코니 확장공사는 재화의 공급으로 보지 아니한다. 다만, 조합원 분양이라고 하더라도 관리치분계획과 별도로 공급하는 발코니 확장공사는 부가가치세가 과세된다.

4. 재건축하기 위하여 기존 건물을 철거하고 받은 세금계산서는 토지만 사용하기 위하여 기존 건물을 철거하는 것으로 매입세액 불공제된다.

핵심정리

<table>
<tr><th>구 분</th><th>내 용</th></tr>
<tr><td>재건축조합
분양분
부가가치세</td><td>
• 정비사업조합이 「도시 및 주거환경정비법」 또는 「빈집 및 소규모주택 정비에 관한 특례법」에 따라 해당 정비사업에 관한 공사를 마친 후에 그 관리처분계획에 따라 조합원에게 공급하는 것으로서 종전의 토지를 대신하여 공급하는 토지 및 건축물(해당 정비사업의 시행으로 건설된 것만 해당)은 재화의 공급으로 보지 아니한다(조특법 §104의 7 ③).

• 재개발 · 재건축 관련 정비사업조합의 주택과 상가분양
① 조합원분양분 : 정비사업조합이 관리처분계획에 따라 조합원에게 공급하는 것으로서 종전의 토지를 대신하여 공급하는 토지 및 건축물은 재화의 공급으로 보지 아니한다(조특법 §104의 7 ③).
② 일반분양분 : 조합원분양분이 아닌 일반분양분인 경우 국민주택규모를 초과하는 주택이나 상가는 부가가치세가 과세된다.
<table>
<tr><th colspan="2">구 분</th><th>조합원분양분</th><th>일반분양분</th></tr>
<tr><td rowspan="2">주택건물</td><td>국민주택규모 주택</td><td rowspan="4">비과세대상</td><td>면세</td></tr>
<tr><td>국민주택규모 초과 주택</td><td>과세</td></tr>
<tr><td colspan="2">상가건물</td><td>과세</td></tr>
<tr><td colspan="2">부속토지</td><td>면세</td></tr>
</table>
</td></tr>
<tr><td>매입세액 공제</td><td>
• 정비사업조합의 매입세액 공제[4)]
① 일반분양 중 국민주택규모 초과 주택과 상가 관련 매입세액은 공제한다.
② 부가가치세 비과세대상과 면세대상과 관련된 매입세액은 공제하지 아니한다.
③ 과세사업과 면세(비과세 포함)사업과 관련된 공통매입세액은 안분계산한다.

• 정비사업조합이 재건축사업을 위하여 지출한 기존 아파트에 대한 철거비용, 안전진단비용 등은 토지 관련 매입세액으로 불공제한다.[5)]
</td></tr>
</table>

4) 부가가치세과 46015-2318, 1999.8.5.
5) 국심-2005-광-3712, 2006.4.19.; 서면인터넷방문상담3팀-1277, 2008.6.25.

Chapter 117

재건축조합의 공통매입세액 안분계산 방법은?

내용 Summary

기본사항 Check

- **재건축 주택의 신축 관련 건설원가** : 국민주택규모 이하는 면세하고 국민주택규모 초과는 과세하므로 건설원가의 공통매입세액은 총분양면적에 대한 면세분양면적의 비율로 안분계산함
- **주택분양 관련 비용** : 조합원에 대한 분양은 분양 광고 등이 없이 공급되므로 분양대행수수료, 광고선전비 등은 일반분양 관련 비용으로 일반분양 국민주택규모 이하와 초과분에 대해 예정공급가액 비율로 안분계산함
- **기타 일반관리비** : 일반관리비, 사무실유지비, 기장수수료 등은 조합원에게 공급하는 주택뿐만 아니라 일반분양 주택 및 상가를 포함한 예정공급가액 비율로 안분계산함

핵심 Point

- 재개발 · 재건축 관련 건설원가의 공통매입세액 안분계산은 일반분양과 조합원분양 가액에 차이가 있으므로 총분양면적기준으로 안분계산함
- 재건축 · 재개발조합의 매입세액은 먼저 조합원 분양비율(면적기준)을 구하여 전체 매입세액 불공제한 다음, 일반분양분 중 국민주택규모 초과 및 상가 분양분에 대하여만 매입세액 공제함

질문 »

재건축 정비사업조합이 「도시 및 주거환경정비법」에 따라 해당 정비사업에 관한 공사를 마친 후에 조합원과 일반인에게 분양하였다. 다음 물음에 답하시오.

(1) 예정공급가액 및 예정분양면적

구 분	조합원분양		일반분양	
	국민주택 이하	국민주택 초과	국민주택 이하	국민주택 초과
예정공급가액	500억원	1,000억원	1,500억원	17,000억원
예정분양면적	100,000㎡	200,000㎡	200,000㎡	1,000,000㎡

* 예정공급가액 중 토지와 건물의 비율 : 토지 20%, 건물 80%

(2) 재건축 비용

구 분	건설원가	분양대행수수료	일반관리비	계
공통매입세액	900억원	200억원	50억원	1,150억원

1. 재건축 주택 건설원가의 공통매입세액 안분계산은?

2. 분양대행수수료의 공통매입세액 안분계산은?

3. 일반관리비의 공통매입세액 안분계산은?

PART 08 과세·면세 겸영사업자

답변 및 해설 »

1. **재건축 주택의 공통매입세액은 조합원분양분과 일반분양분에 공통으로 사용되어 총분양면적 중 면세분양면적 비율로 안분계산한다. 관리처분계획에 따른 조합원분양분은 국민주택규모와 관계없이 면세하고 조합원에게 분양하는 상가도 면세한다. 일반분양분은 국민주택규모 이하는 면세하고 국민주택규모 초과분과 상가는 과세한다.**

   위 사례에서 재건축조합원분양분 전체와 일반분양분 중 국민주택규모 이하는 면세하므로 일반분양분 중 국민주택규모 초과분에 대하여만 과세한다. 따라서 건설원가 900억원을 예정사용면적비율로 안분계산한 300억원을 매입세액 불공제한다.

   * 900억원 × (100,000㎡+200,00㎡+200,000㎡) ÷ 1,500,000㎡ = 300억원

2. **조합원에게 분양하는 재건축아파트는 이미 분양이 완료되어 분양대행수수료가 발생하지 않으며 일반분양분에 대하여만 분양대행수수료가 발생하므로 일반분양분 총예정공급가액에서 국민주택규모 이하의 예정공급가액과 국민주택규모 초과분의 토지 분양가액 비율을 곱하여 매입세액 불공제한다.**

   위 사례에서 공통매입세액 분양대행수수료 200억원은 일반분양분에만 안분되므로 200억원에서 일반분양분의 예정공급가액비율 26.48%를 곱한 52.96억원을 매입세액 불공제한다.

   * 200억원 × (1,500억원+17,000억원 × 20%) ÷ (1,500억원+17,000억원) = 5,296,000,000원

3. **전기료, 사무실 일반관리비 등 공통매입세액은 조합원분양분뿐만 아니라 일반분양분에도 안분되므로 전체 예정공급가액에서 조합원분양분 전체와 일반분양분 중 국민주택규모 이하의 분양가액 및 국민주택규모 초과분 토지 분양 비율을 곱하여 매입세액 불공제한다. 따라서 전체 분양분 중 일반분양분의 국민주택규모 초과의 건물 분양분만 부가가치세가 과세된다.**

   위 사례에서 공통매입세액 일반관리비 50억원에서 국민주택규모 초과의 건물분양분을 제외한 예정공급가액비율 32.0%를 곱한 16억원을 매입세액 불공제한다.

   * 50억원 × (500억원+1,000억원+1,500억원+17,000억원 × 20%) ÷ (500억원+1,000억원+1,500억원+17,000억원) = 1,600,000,000원

핵심정리

<table>
<tr><th>구 분</th><th>내 용</th></tr>
<tr><td rowspan="3">재건축조합의 공통매입세액 안분계산</td><td>• 재건축 주택의 신축 관련 건설원가의 공통매입세액 안분계산
국민주택규모 이하는 면세하고 국민주택규모 초과분은 과세하므로 과세 · 면세 겸영사업자가 해당 과세기간의 실지귀속이 불분명한 공통매입세액은 총분양면적에 대한 면세면적 비율로 안분계산한다(부령 §81 ①).

면세사업 등 관련된 매입세액 (매입세액 불공제분) = 공통매입세액 × $\frac{\text{국민주택 초과분 중 조합원 분양면적}}{\text{국민주택 초과분 총분양면적+상가면적}}$</td></tr>
<tr><td>• 주택의 분양 관련 비용에 대한 공통매입세액 안분계산
조합원에 대한 분양은 분양 광고 등이 없이 공급되므로 분양대행수수료, 광고선전비 등은 일반분양 관련 비용으로 일반분양 국민주택규모 이하와 초과분에 대해 예정공급가액 비율로 안분계산하여 매입세액을 공제한다.[6]

면세사업 등 관련된 매입세액 (매입세액 불공제분) = 공통매입세액 × $\frac{\text{일반분양분 중 (국민주택 이하 분양가액+토지분양가액)}}{\text{일반분양 총공급가액}}$</td></tr>
<tr><td>• 기타 일반관리비 등에 대한 공통매입세액 안분계산
일반관리비, 사무실유지비, 기장수수료 등은 조합원에게 공급하는 주택뿐만 아니라 일반분양과도 관련된 전반적인 비용으로 예정공급가액 비율로 안분계산하여 매입세액을 공제한다.

면세사업 등 관련된 매입세액 (매입세액 불공제분) = 공통매입세액 × $\frac{\text{(조합원)국민주택 이하 · 초과 분양가액 +(일반)국민주택 이하 분양가액+토지}}{\text{총공급가액}}$</td></tr>
</table>

6) 법규부가 2014-256, 2014.8.7.

<table>
<tr><th>구 분</th><th>내 용</th></tr>
<tr><td>비용에 따른 안분계산 쟁점</td><td>• 재개발 · 재건축 관련 일반분양과 조합원분양 가액에 차이가 있으므로 실무에서는 면적기준으로 안분계산한다.[7] 조합의 매입세액은 먼저 조합원 분양 비율(면적기준)을 구하여 무조건 매입세액 불공제한 다음, 일반분양분 중 국민주택규모 초과 및 상가 분양분에 대하여만 매입세액 공제한다.
<table>
<tr><th rowspan="2">구 분</th><th colspan="2">조합원분양</th><th colspan="2">일반분양</th></tr>
<tr><th>국민주택 이하</th><th>국민주택 초과</th><th>국민주택 이하</th><th>국민주택 초과</th></tr>
<tr><td>일반관리비 · 감리비 등</td><td colspan="2">불공제</td><td rowspan="2">불공제</td><td rowspan="2">공제</td></tr>
<tr><td>분양대행수수료 · 광고비</td><td colspan="2">해당 없음</td></tr>
</table></td></tr>
</table>

7) 대법원 2008두17479, 2011.7.14.

PART 09

절차규정

Chapter 118

국외사업자가 국내에서 공급하는 용역, 대리납부 방법은?

내용 Summary

기본사항 Check

- **외국사업자가 국내에서 공급하는 용역의 대리납부 요건**
  ① 공급자 요건 : 국내사업장이 없는 비거주자 또는 외국법인
  ② 공급받는 자 요건 : 제공받는 용역 등이 면세사업 등에 사용될 것
  ③ 용역의 요건 : ㉠ 용역이 국내에서 공급, ㉡ 제공되는 용역이 과세대상, ㉢ 유상거래로 제공
- **대리납부 징수시기** : **공급시기에 관계없이 그 대가를 지급하는 때**
- **대리납부 세액계산** : 용역의 공급가액×10%
  ① 부가가치세액의 징수 및 부담에 대한 별도의 계약이 있는 경우 : **해당 계약에 따름**
  ② 별도의 계약 없이 다음과 같이 용역의 대가를 지급하는 경우
    ㉠ 전액을 지급하는 때 : 해당 **용역대가에 부가가치세가 제외**되어 있는 것으로 하여 **계산**
    ㉡ 부가가치세를 공제하여 지급하는 때 : 해당 **용역대가에 부가가치세가 포함**되어 있는 것으로 하여 **계산**

핵심 Point

- 공급자가 국외사업자인지 여부
  ① 국내사업장이 없는 비거주자 또는 외국법인
  ② 국내사업장이 있는 경우 해당 용역이 국내 사업장에 귀속되지 아니할 것
- 용역이 국내에서 제공되었는지 여부 → 국내에서 주로 용역을 수행하여야 함
- 공급받는 자가 제공받는 용역 요건 → 제공받는 용역이 면세사업에 사용되어야 함
- 대금지급 내용에 부가가치세 원천징수
  ① 계약서가 존재하는 경우 → 계약내용에 따라 부가가치세 원천징수
  ② 계약서가 존재하지 않는 경우 → 총지급액의 10%를 부가가치세로 원천징수

- 대리납부하지 않은 경우 불이익 : Min(①, ②)
  ① 무납부 또는 과소납부세액의 50%(또는 10%)에 상당하는 금액
  ② 무납부(과소납부)세액×3%+무납부(과소납부)세액×법정납부기한의 다음 날부터 납부일까지의 기간×0.022%

질문 »

㈜송도는 골프장과 레저사업에 대한 계열사를 두고 있다. 다음 각 물음에 답하시오.

1. ㈜레저는 다음 사업에 사용하기 위하여 국내사업장이 없는 미국법인으로부터 부동산 컨설팅 용역을 제공받고 용역의 대가 6억원을 지급한 경우 대리납부 대상인가?

(1) ㈜레저가 해당 용역을 과세사업에 사용한 경우

(2) ㈜레저에게 제공되는 용역이 토지조성 관련 매입세액에 해당하는 경우

2. ㈜송도골프는 국내사업장이 없는 미국법인으로부터 골프코스 조성을 위한 용역을 11억원에 공급받았다. 대가를 다음과 같이 받은 경우 대리납부 세액은?

(1) 용역계약서상 미국법인이 부가가치세를 부담하기로 한 경우

(2) 용역계약서상 ㈜송도골프가 부가가치세를 부담하기로 한 경우

(3) 용역계약서에는 부가가치세에 대한 약정은 없으며 11억원을 전액 지급한 경우

답변 및 해설 »

1. 제공하는 용역이 대리납부 대상이 되기 위해서는 ㉠ 국내사업장이 없는 비거주자 또는 외국법인이 ㉡ 부가가치세가 과세되는 용역을 ㉢ 국내에서 ㉣ 유상으로 제공하고 ㉤ 공급받는 자가 면세사업에 사용하는 등 매입세액공제 대상이 아니어야 한다.

(1) ㈜레저가 국내사업장이 없는 외국법인으로부터 과세되는 부동산 컨설팅용역을 제공받아 과세사업에 사용하는 경우 대리납부 대상이 되지 아니한다.

(2) 국내사업장이 없는 외국법인이 제공하는 과세되는 부동산 컨설팅용역은 토지 관련 매입세액으로 매입세액 불공제되므로 대리납부 요건을 충족한다.

2. 국내사업자가 국외사업자로부터 골프조성에 대한 용역을 제공받고 대가를 지급 시 이는 토지의 자본적 지출로 보아 매입세액 불공제되므로 대리납부 대상이 되며 대리납부세액의 계산은 용역계약이 있는 경우 그에 따르고 용역계약이 없으면 지급액의 10%를 대리납부한다.

(1) 용역계약서상 미국법인이 부담하기로 하는 경우 그에 따르므로 11억원에 부가가치세가 포함되는 것으로 보고 10억원의 10%인 1억원을 대리납부세액으로 원천징수한다.

* 11억원÷1.1×10%=1억원

(2) 용역계약서상 ㈜송도골프가 부담하기로 하는 경우 그에 따르므로 11억원에 부가가치세가 포함되지 아니한 것으로 보고 11억원의 10%인 1.1억원을 대리납부세액으로 원천징수한다.

* 11억원×10%=1.1억원

(3) 용역계약서상 부가가치세 부담에 대한 약정이 없는 경우 그에 따르므로 11억원에 부가가치세가 포함되지 아니한 것으로 보고 11억원의 10%인 1.1억원을 대리납부세액으로 원천징수한다.

* 11억원×10%=1.1억원

핵심정리

구 분	내 용
대리납부 요건	• 취지 : 재화의 수입 시 세관장은 수입자로부터 부가가치세를 징수한다. 하지만 국내 최종소비자가 용역을 수입하는 경우 용역은 수입 통관절차를 거치지 않아 부가가치세를 징수할 수 없으므로 대리납부제도를 통해 원천징수하고 있다.
	• 공급자 요건 : 국내사업장이 없는 비거주자 또는 외국법인
	• 공급받는 자 요건 : 제공받는 용역 등이 면세사업 등에 사용될 것 * 면세사업자 · 비사업자 · 최종소비자가 공급받음. 과세사업자의 공제받지 못할 매입세액에 해당
	• 용역의 요건 : ㉠ 용역이 국내에서 공급되고, ㉡ 부가가치세 과세대상이며, ㉢ 유상거래로 제공되어야 한다.
국외사업자로부터 제공받은 용역의 대리납부	• 대리납부 징수시기 : 제공받은 용역의 **공급시기에 관계없이 그 대가를 지급하는 때에** 그 대가를 받은 자로부터 부가가치세를 **징수**한다(부법 §52 ①).
	• 세액계산 : 대리납부 세액계산은 다음과 같이 한다(부기통 52-95…3). 대리납부세액=용역 또는 권리의 공급가액×10% ① 거래당사자 간에 부가가치세액의 징수 및 부담에 대하여 별도의 계약이 있는 경우에는 **해당 계약에 따른다**. ② 부가가치세액의 징수 및 부담에 대하여 별도의 계약 없이 용역대가의 전액을 지급하는 때에는 해당 **용역대가에 부가가치세가 제외**되어 있는 것으로 하여 **계산**한다. ③ 부가가치세액의 징수 및 부담에 대하여 별도의 계약이 없이 용역대가에서 부가가치세액을 공제하여 지급하는 때에는 해당 **용역대가에 부가가치세가 포함**되어 있는 것으로 하여 **계산**한다.
	• 외화로 지급하는 경우 세액계산 특례 ① 원화를 외화로 매입하여 지급하는 경우에는 지급일 현재의 **대고객외국환매도율**에 의하여 계산한 금액을 그 대가로 한다. ② **보유 중인 외화로 지급**하는 경우에는 지급일 현재의 **기준환율 또는 재정환율**에 의하여 계산한 금액을 그 대가로 한다.

구 분	내 용
국외사업자로부터 제공받은 용역의 대리납부	• 가산세 : 법정납부기한까지 납부하지 아니하거나 과소납부한 경우 미납부·과소납부 세액의 50%(법정납부기한의 다음 날부터 납부고지일까지의 기간에 해당하는 금액을 합한 금액의 10%)에 상당하는 금액을 한도로 하여 다음의 금액을 합한 금액을 가산세로 한다(국기법 §47의 5 ①). **대리납부 불이행 가산세 : Min(①, ②)** ① 무납부 또는 과소납부세액의 50%(또는 10%)에 상당하는 금액 ② 무납부(과소납부)세액×3%+무납부(과소납부)세액×법정납부기한의 다음 날부터 납부일까지의 기간×0.022%

Chapter 119

과세 · 면세 겸영사업자의 대리납부는?

내용 Summary

기본사항 Check

- **대리납부 요건** : 외국사업자가 국내에서 공급하는 과세되는 용역의 대리납부는 공급받는 자가 제공받는 용역이 면세사업 등에 사용되는 경우 대리납부 대상이 됨
- **실지귀속을 알 수 있는 경우** : 과세 · 면세 겸업자가 대리납부 대상 용역을 공급받은 경우 면세사업이나 공제받지 못할 매입세액에 사용된 경우 그 대가에 대해 대리납부하여야 함
- **실지귀속을 알 수 없는 경우 안분계산** : 비거주자 또는 외국법인으로부터 공급받은 용역이 과세사업과 면세사업 등에 공통으로 사용되어 그 실지귀속을 구분할 수 없는 경우 안분계산
  ① 과세 · 면세 공급가액이 모두 있는 경우

$$과세표준 = 해당\ 용역의\ 총공급가액 \times \left\{\frac{대가의\ 지급일이\ 속하는\ 과세기간의\ 면세공급가액}{대가의\ 지급일이\ 속하는\ 과세기간의\ 총공급가액}\right\}$$

  ② 과세 · 면세 어느 하나의 공급가액이 없는 경우 안분계산

> 해당 과세기간에 대한 안분계산은 다음의 순서에 따른다. 다만, 건물 신축 등 예정면적을 구분할 수 있는 경우 ③→①→②의 순서를 적용한다.
> ① 총매입가액(공통매입가액 제외)에 대한 면세사업 등에 관련된 매입가액의 비율
> ② 총예정공급가액에 대한 면세사업 등에 관련된 예정공급가액의 비율
> ③ 총예정사용면적에 대한 면세사업 등에 관련된 예정사용면적의 비율

핵심 Point

- 과세 · 면세 겸업자가 제공받는 용역이 면세사업에 사용되었는지 여부
  ① 매입세액이 공제되는 과세사업에 사용되는 경우 → 대리납부 대상이 아님
  ② 면세사업에 사용되는 경우 → 대리납부 대상임
- 제공받은 용역이 과세사업에 사용되는지 면세사업에 사용되는지 불분명한 경우 → 안분계산
  ① 해당 과세기간의 과세 · 면세의 매출이 있는 경우 → 제공받은 용역대가×면세비율
  ② 해당 과세기간의 과세 · 면세의 어느 하나 매출이 없는 경우 → 용역대가×매입가액비율 등

질문 »

㈜레저는 국내사업장이 없는 외국법인으로부터 컨설팅용역을 제공받고 2025.4.10.에 용역대가 6억원을 지급하였다. 물음에 답하시오.

1. 제공받은 컨설팅용역이 면세사업에 귀속된 경우 대리납부세액은?

2. 제공받은 컨설팅용역은 과세사업과 면세사업의 공통분으로 실지귀속은 구분할 수 없으며, 공급가액의 내역은 다음과 같다. ㈜레저가 납부하여야 할 대리납부세액은?

구 분	과세 공급가액	면세 공급가액	계
2024년 제2기	60억원	40억원	100억원
2025년 제1기	50억원	50억원	100억원

답변 및 해설 »

1. 국외사업자로부터 공급받은 용역이 과세대상이고, 면세사업에 사용되는 경우 실지귀속에 따라 용역대가에 대해 부가가치세를 대리납부하여야 한다.

위 사례에서 용역의 대가 6억원에 대한 10%인 6,000만원을, 대금을 지급하는 때에 부가가치세로 원천징수하고, 부가가치세 예정신고 또는 확정신고 시 '부가가치세 대리납부신고서'를 사업장 관할 세무서장에게 제출하고 대리납부하여야 한다.

2. 국외사업자로부터 공급받은 용역이 과세사업과 면세사업 등에 공통으로 사용되어 그 실지귀속을 구분할 수 없는 경우 당해 매출액 비율로 안분계산한 금액으로 대리납부한다.

위 사례에서 용역의 대가 6억원을 동일 과세기간의 전체 매출액 100억원 중에서 면세사업 매출액 50억원의 비율로 계산한 금액의 10%인 3,000만원에 대해 대가를 지급하는 때에 원천징수하고 부가가치세 예정신고 또는 확정신고 시 대리납부한다.

* 6억원×50억원÷100억원×10%=30,000,000원

핵심정리

<table>
<tr><th>구 분</th><th>내 용</th></tr>
<tr><td rowspan="3">대리납부 요건</td><td>• 공급자 요건 : 국내사업장이 없는 비거주자 또는 외국법인</td></tr>
<tr><td>• 공급받는 자 요건 : 제공받는 용역 등이 면세사업 등에 사용될 것</td></tr>
<tr><td>• 용역의 요건 : ㉠ 용역이 국내에서 공급되고, ㉡ 부가가치세 과세대상이며, ㉢ 유상거래로 제공되어야 한다.</td></tr>
<tr><td rowspan="2">과세 · 면세사업에 공통으로 사용된 용역의 대리납부세액 안분계산</td><td>• 실지귀속을 알 수 있는 경우 : 국외사업자로부터 공급받은 용역이 면세사업에 사용되는 경우 지급액에 대한 부가가치세를 대리납부한다.</td></tr>
<tr><td>• 실지귀속을 알 수 없는 경우
① 과세 · 면세 공급가액이 모두 있는 경우 : 국외사업자로부터 공급받은 용역이 과세사업과 면세사업 등에 공통으로 사용되어 그 실지귀속을 구분할 수 없는 경우 과세표준은 다음에 따라 계산한 금액으로 한다(부법 §52 ③).

$$과세표준 = 총공급가액 \times \left\{\frac{대가의\ 지급일이\ 속하는\ 과세기간의\ 면세공급가액}{대가의\ 지급일이\ 속하는\ 과세기간의\ 총공급가액}\right\}$$

② 과세 · 면세 어느 하나의 공급가액이 없는 경우 : 과세기간 중 과세사업과 면세사업의 공급가액이 없거나 그 어느 한 사업에 공급가액이 없으면 그 과세기간에 대한 안분계산은 공통매입세액의 안분계산을 준용한다(부령 §95 ②).

해당 과세기간에 대한 안분계산은 다음의 순서에 따른다. 다만, 건물 신축 등 예정면적을 구분할 수 있는 경우 ③→①→②의 순서를 적용한다.
① 총매입가액(공통매입가액 제외)에 대한 면세사업 등에 관련된 매입가액의 비율
② 총예정공급가액에 대한 면세사업 등에 관련된 예정공급가액의 비율
③ 총예정사용면적에 대한 면세사업 등에 관련된 예정사용면적의 비율</td></tr>
</table>

Chapter 120

부가가치세 신고누락분, 수정신고하면 가산세를 감면받나?

내용 Summary

기본사항 Check

- **부가가치세 제1기 신고기한**
  ① 예정신고 : 1.1.~3.31.까지 매입 · 매출 합계액 → 4.1.~4.25.까지 신고
  ② 확정신고 : 4.1.~6.30.까지 매입 · 매출 합계액 → 7.1.~7.25.까지 신고
- **부가가치세 제2기 신고기한**
  ① 예정신고 : 7.1.~9.30.까지 매입 · 매출 합계액 → 10.1.~10.25.까지 신고
  ② 확정신고 : 10.1.~12.31.까지 매입 · 매출 합계액 → 다음해 1.1.~1.25.까지 신고
- **수정신고기한** : 관할 세무서장이 과세표준과 세액을 결정 · 경정하여 통지하기 전으로 국세부과제척기간이 끝나기 전까지 수정신고
- **수정신고 시 적용되는 가산세** : 세금계산서 관련 가산세, 신고불성실가산세, 납부지연가산세
- **수정신고 시 가산세 감면**
  ① 신고불성실가산세 감면 : 과소신고 · 초과환급신고가산세의 10~90% 경감
  ② 영세율 과세표준 신고불성실가산세 감면 : 과소신고가산세의 10~90% 경감
  ③ 납부지연가산세 감면 : 조기 수정신고로 인한 미납세액의 1일 0.022%

핵심 Point

- 예정신고 누락분을 확정신고 시 반영한 경우 → 법정신고기한으로부터 3개월 이내에 수정신고로 보고 과소신고가산세의 75%를 감면함
- 법정신고기한 경과하여 2년 내 수정신고 시 가산세 감면
  ① 1개월 내 수정신고 → 과소신고가산세의 90% 감면, 납부지연가산세 1일 0.022%
  ② 2년 내 수정신고 → 과소신고가산세의 10~90%까지 감면
  ③ 2년이 지나서 수정신고 → 과소신고가산세 감면 없음

질문 »

1. 소매업을 영위하는 ㈜한국은 2025년 1기 예정신고 시 10% 세율 적용대상 국내매출 2억원, 직수출 1억원, 매입세액 10,000,000원을 신고누락하여 2025.12.31.에 수정신고하고자 한다. 다음 물음에 답하시오.
   (1) **부가가치세 납부세액은?**
   (2) **부가가치세 수정신고와 관련된 가산세는?**

2. ㈜한국은 2025.10.20. 재화를 200,000,000원(부가가치세 별도)에 판매하고 전자세금계산서를 적법하게 발급하였으나 확정신고 시 이를 신고누락하여 2026.2.2.에 수정신고하였다. **가산세를 포함하여 추가로 자진납부할 세액은?**

답변 및 해설 »

1. **부가가치세 법정신고기한 내에 신고하지 못한 신고누락분을 수정신고하는 경우 매출누락분은 납부하지 아니한 세액에 대하여 가산세가 적용되지만, 매입누락분은 환급을 늦게 받는 것이므로 가산세가 적용되지 아니한다.**

   ⑴ 위 사례에서 납부세액 계산은 매출세액 20,000,000원에서 매입세액 10,000,000원을 공제한 10,000,000원이 된다.

   * 납부세액 계산

매출세액 :	200,000,000×10%+100,000,000×0%=	20,000,000
매입세액 :		10,000,000
납부세액 :		10,000,000

   ⑵ 수정신고 시 적용되는 가산세는 세금계산서 관련 가산세, 신고불성실가산세, 납부지연가산세를 검토하여야 한다.

   위 사례에서 세금계산서 관련 가산세는 적법하게 발급되어 적용되지 아니하고, 과소신고가산세와 영세율 과세표준 신고불성실가산세, 납부지연가산세를 합한 1,300,000원이 된다.

※ 가산세 : 500,000 + 250,000 + 550,000 = 1,300,000원

① 과소신고가산세 : 10,000,000 × 10% × (1 − 50%*1)) = 500,000원

② 영세율 과세표준 불성실가산세 : 100,000,000 × 0.5% × (1 − 50%*2)) = 250,000원

③ 납부지연가산세 : 10,000,000 × 0.022% × 250*3) = 550,000원

* 1) 법정신고기한(2025.7.25.)이 지난 후 6개월 이내에 수정신고하였으므로 과소신고가산세의 50%를 감면한다.

* 2) 확정신고기간 경과 후 6개월 이내에 수정신고를 하는 경우 영세율 과세표준 신고불성실가산세의 50%를 경감한다.

* 3) 예정신고기한의 다음 날(2025.4.26.)부터 수정신고일(2025.12.31.)까지의 미납부일수에 대하여 납부지연가산세를 적용한다.
2025.4.26.~2025.12.31. : 5 + 31 + 30 + 184 = 250

2. 법정신고기한 다음 날부터 1개월 내에 수정신고하는 경우에는 신고불성실가산세가 90% 감면되고, 각종 신고, 제출 등에 대하여도 50% 감면한다.

위 사례에서 법정신고기한으로부터 1개월 이내에 수정신고한 건으로 미납세액과 신고불성실가산세, 납부지연가산세를 합한 20,235,200원을 납부하여야 한다.

※ 추가 자진납부세액 : 20,235,200원

① 납부세액 : 200,000,000 × 10% = 20,000,000원

② 신고불성실가산세 : 20,000,000 × 10% × (1 − 0.9) = 200,000원

③ 납부지연가산세 : 20,000,000 × 8 × 0.022% = 35,200원

핵심정리

구 분: 수정신고 기한

• 법정신고기한 : 해당 과세기간 종료일로부터 25일 내에 신고하여야 한다.

구 분	예정과세기간	예정신고기한	확정과세기간	확정신고기한
제1기	1.1~3.31	4.25	4.1~6.30	7.25
제2기	7.1~9.30	10.25	10.1~12.31	다음 해 1.25

• 수정신고기한 : 관할 세무서장이 과세표준과 세액을 결정 · 경정하여 통지하기 전으로 국세부과제척기간이 끝나기 전까지 수정신고를 할 수 있다.

구 분: 수정신고 시 가산세 적용

• 예정신고 누락분 확정신고 시 가산세의 적용

구 분	가산세
세금계산서 관련 가산세	• 세금계산서합계표 지연제출가산세(공급가액의 0.3%) • 전자세금계산서 발급분 지연전송가산세(공급가액의 0.3%)
과소신고 · 초과환급신고가산세	과소신고 · 초과환급신고가산세(과소신고 · 초과환급신고 납부세액의 10%)의 75% 경감
납부지연가산세	1일 0.022%

• 확정신고기한이 지난 후 수정신고 시 가산세 적용

구 분	가산세
세금계산서 관련 가산세	• 세금계산서합계표 미제출가산세(공급가액의 0.5%) • 전자세금계산서 발급분 미전송가산세(공급가액의 0.5%)
과소신고 · 초과환급신고가산세	과소신고 · 초과환급신고가산세(과소신고 · 초과환급신고 납부세액의 10%)의 10~90% 경감
납부지연가산세	1일 0.022%

구 분: 수정신고 시 가산세 감면

• 법정신고기한이 경과하여 수정신고하는 경우 과소신고가산세 감면

수정신고 내용	과소신고가산세 감면율	
	~2019.12.31.	2020.1.1. 이후
법정신고기한이 지난 후 1개월 이내 신고	50%	90%
법정신고기한이 지난 후 1개월 초과 3개월 이내 신고	50%	75%
법정신고기한이 지난 후 3개월 초과 6개월 이내 신고		50%
법정신고기한이 지난 후 6개월 초과 1년 이내 신고	20%	30%
법정신고기한이 지난 후 1년 초과 1년 6개월 이내 신고	10%	20%
법정신고기한이 지난 후 1년 6개월 초과 2년 이내 신고		10%

Chapter 121

부가가치세 환급세액은 언제 돌려받나?

내용 Summary

기본사항 Check

- **일반환급은 확정신고기한이 지난 후 30일 이내에 환급함** : 조기환급 대상 이외의 환급

  * 예정신고 시 매입세액이 매출세액보다 큰 일반환급이 발생하는 경우 환급되지 아니하고 확정신고 시 "예정신고 미환급세액"란에 기재하여 공제받으므로 주의하여야 한다.

- **조기환급은 예정 · 확정신고기한이 지난 후 15일 이내에 환급함** : 영세율 수출, 고정자산 구입, 재무구조개선계획을 이행 중인 사업자의 환급
- 매입세금계산서 누락 등에 따른 경정청구 시 관할 세무서장은 청구일로부터 2개월 이내에 환급 등 결정통지함. 다만, 거부통지를 받거나 통지를 받지 못한 경우 이의신청 등 불복청구 가능함
- **총괄납부사업자 환급** : 주된 사업장과 종된 사업장은 각각 사업장 관할 세무서장에게 신고하고 총괄납부사업장에서 환급받음

  ① 주된 사업장은 납부세액, 종된 사업장은 환급세액, 전체적으로 환급세액이 발생한 경우

  ② 주된 사업장은 환급세액, 종된 사업장은 납부세액, 전체적으로 환급세액이 발생한 경우

핵심 Point

- 매입세액이 매출세액보다 크고 영세율로 수출하거나 고정자산을 구입한 사실이 있는지 여부

  ① 영세율 수출, 고정자산 구입 등이 있는 경우 → 조기환급

  ② 영세율 수출, 고정자산 구입 등이 없는 경우 → 일반환급

- 월별 조기환급신고한 경우 → 월별 조기환급신고분을 제외하고 예정 · 확정신고함
- 예정신고 시 일반환급 대상 → 예정신고 때 환급되지 아니하고, 확정신고 때 환급됨

질문 »

1. ㈜한국은 의류를 제조하여 판매하는 업체로 사업을 확장하기 위하여 기계설비를 구입하였다. 이에 대한 부가가치세를 환급받고자 한다. 다음 물음에 답하시오.

(1) ㈜한국은 1월에 사업설비를 취득하여 1월분에 대한 조기환급신고를 하려고 한다. **조기환급기간의 매출세액은 10억원이며, 매입세액은 15억원(설비투자 11억원 포함)이다. 조기환급신고를 하는 경우 환급세액은?**

구 분	영업거래	설비투자	합 계
① 매출세액	10억원	-	10억원
② 매입세액	4억원	11억원	15억원
③ 납부세액	6억원	△11억원	△5억원

(2) ㈜한국이 "(1)"과 같이 월별 조기환급신고를 한 후 예정신고 시 납부할 세액은? 다만, 1월부터 3월까지의 세금계산서 등 수수내역은 다음과 같다.

구 분	영업거래	설비투자	합 계
① 매출세액	30억원	-	30억원
② 매입세액	17억원	11억원	28억원
③ 납부세액	13억원	△11억원	2억원

(3) **"(1)"의 실적에 따라 월별 조기환급신고를 하면서 매출세액을 0원, 매입세액을 15억원으로 신고하여 관할 세무서 담당이 월별 조기환급신고서 검토과정에서 매출누락 금액 100억원에 대한 부가가치세 10억원이 발견되어 이를 차감하고 환급하는 경우 가산세는?**

(4) ㈜한국이 "(1)"과 같이 월별 조기환급신고를 하여 3월 10일 5억원을 환급받았다. **4월 25일 부가가치세 예정신고 시 월별 조기환급신고금액을 제외하여 적법하게 신고 · 납부하였으나, 과세관청에서는 예정신고분에 대한 현장확인을 통해 시설투자 금액 중 면세 관련 매입세액 2억원을 추징한 경우 가산세는?** 다만, 미납일수는 60일로 가정한다.

2. ㈜대한은 매매목적용 건물을 신축 중에 있다. **부가가치세 예정신고 시 건물 신축 관련 매입세액 10억원이 발생한 경우 조기환급받을 수 있는가?**

답변 및 해설 »

1. 월별 조기환급 신고를 하는 경우 예정신고 및 확정신고와 같이 사업장 단위로 신고하며, 월별 조기환급 신고서 작성 시 해당 월의 매출과 매입의 각 합계액을 반영하여 환급세액을 계산하여야 한다. 그 이후 예정신고 또는 확정신고 시 이미 월별 조기환급신고한 내용은 제외한다.[1] 조기환급 신고를 하는 경우 신고기한부터 15일 내에 환급받을 수 있다.

(1) 1월분 실적에 대한 부가가치세 환급신고는 2월 25일까지 월별 조기환급신고하고, 설비투자의 매입세액 11억원을 전액 환급받는 것이 아니라 1월의 매출세액 10억원에서 매입세액 15억원을 뺀 5억원을 신고기한으로부터 15일 내에 환급받는다.

(2) 부가가치세 예정신고는 1월부터 3월까지의 매출과 매입 합계분에 대하여 4월 25일까지 신고하며, 조기환급신고를 한 1월분을 제외하고, 2월분과 3월분에 대해서만 예정신고를 한다. 따라서 예정신고 대상 매출세액 20억원에서 매입세액 13억원을 뺀 7억원에 대하여 납부하여야 한다.

구 분	① 분기실적	② 1월 실적	예정신고(①-②)
매출세액	30억원	10억원	20억원
매입세액	28억원	15억원	13억원
납부세액	2억원	△5억원	7억원

(3) ㈜한국이 월별 조기환급신고하면서 기계설비 취득 110억원과 일반매입 40억원에 대한 부가가치세 15억원에 대하여 환급신청한 경우 과세관청에서는 1월의 매출이 존재하는지를 반드시 확인한다. 따라서 과세관청에서 1월에 매출한 100억원에 대한 부가가치세 10억원을 공제하고 5억원만 환급한다. 이때 부과되는 가산세는 예정신고기한 전에 이루어진 경정으로, 매출누락에 대한 세금계산서 관련 가산세 및 신고불성실가산세 · 납부지연가산세는 적용되지 아니한다.

(4) ㈜한국이 월별 조기환급신고에 따라 부가가치세를 환급받은 후 예정신고기한이 지나서 부당환급에 따른 경정이 이루어지는 경우 가산세는 22,640,000원(20,000,000원+2,640,000원)이 된다.

① 세금계산서 관련 가산세 : 시설투자에 따른 적법하게 발급받은 세금계산서이나 면세 관련 매입세액으로 불공제되는 경우에는 세금계산서 관련 가산세는 없다.

---

1) 부집 59-107-2, 부집 48-90-1 ③

② 신고불성실가산세 : 월별 조기환급신청에 따라 환급받은 후 예정신고기한이 지나서 경정이 이루어지는 경우 신고불성실가산세 2,000만원(2억원×10%)이 부과된다.

③ 납부지연가산세 : 월별 조기환급신고에 따라 3월 10일 환급받았으므로 미납부가산세 2,640,000원이 부과된다.

* 2억원×22/100,000×60일=2,640,000원

2. 영세율로 수출하거나 고정자산을 취득하는 경우 조기환급 대상이고 그 이외의 재고자산 등 매입세액이 매출세액을 초과하는 경우 일반환급 대상이 되고 예정신고기간에는 환급되지 아니하고 확정신고기간에 환급한다.

위 사례에서 매매목적용 건물의 신축은 호수별로 분양이 되므로 재고자산에 해당되고 이와 관련된 매입세액은 일반환급 대상으로 예정신고 때 환급되지 아니하고 확정신고 후 30일 이내에 환급된다.

핵심정리

구 분	내 용
부가가치세 환급	• 조기환급 : 영세율 수출, 사업설비 취득, 재무구조개선계획 이행 중인 경우 **예정 · 확정신고 기한이 지난 후 15일 이내**에 환급하여야 한다(부법 §48 ①). ① 사업자가 영세율을 적용받는 경우 ② 사업자가 사업 설비를 신설 · 취득 · 확장 또는 증축하는 경우 ③ 사업자가 조기환급기간, 예정신고기간 또는 과세기간의 종료일 현재 재무구조개선계획 승인권자가 승인한 일정한 재무구조개선계획을 이행 중인 경우
	• 월별 조기환급 : 조기환급 대상자가 예정 · 확정신고 전에도 환급받을 수 있으며 매월 또는 매 2월의 실적을 해당 월의 종료일부터 25일 내에 조기환급 신고하면 관할 세무서장은 조기환급신고기한이 지난 후 15일 내에 환급한다(부령 §107 ④).
	• 일반환급 : 매입세액이 매출세액을 초과하면 환급세액이 발생하며 확정신고 기한이 지난 후 30일 이내에 환급한다(부법 §59 ①). 다만, **예정신고기간에는 일반매입 과다에 따른 환급은 되지 않으므로 유의**해야 한다. 이때 예정신고 미환급세액은 **확정신고할 때** 신고서상의 **예정신고 미환급세액란에 기재**하여 납부세액에서 빼면 된다.
	• 경정청구 : 과세표준신고서를 법정신고기한까지 제출한 자는 매입누락 등 경정청구 사유가 발생한 경우 **법정신고기한이 지난 후 5년 이내**에 관할 세무서장에게 청구할 수 있다(국기법 §45의 2 ①). 과세관청은 **청구를 받은 날부터 2개월 이내**에 결정통지하여야 한다.

<table>
<tr><th>구 분</th><th>내 용</th></tr>
<tr><td>가산세</td><td>
• 환급신고에 따른 경정 · 결정 시 가산세
<table>
<tr><th>경정시기</th><th>미환급 시 가산세</th><th>환급 시 가산세</th></tr>
<tr><td>① 예정 · 확정신고기간 전 경정</td><td>• 환급하지 않음
• 세금계산서불성실</td><td>• 매입세액 추징
• 세금계산서불성실
• 납부지연</td></tr>
<tr><td>② 예정 · 확정신고기간 후 경정</td><td>• 환급하지 않음
• 세금계산서불성실
• 신고불성실</td><td>• 매입세액 추징
• 세금계산서불성실
• 신고불성실
• 납부지연</td></tr>
</table>
① 월별 조기환급신고분에 대하여 예정 · 확정신고기간 전에 미환급상태에서 환급현지 확인을 통하여 경정하는 경우에는 매입세금계산서 불성실가산세를 적용한다. 또한, 월별 조기환급신청에 따라 환급받은 후 과세관청에서 경정하는 경우에는 매입세액 불공제하고, 매입세금계산서 불성실가산세, 납부지연가산세를 부과한다.[2)]

② 예정 · 확정신고기간이 지난 후에 미환급상태에서 경정하는 경우에는 세금계산서 불성실가산세, 신고불성실가산세를 적용하나 환급받지 아니하여 납부지연가산세는 적용되지 아니한다. 또한, 월별 조기환급신청에 따라 환급받은 후 과세관청에서 경정하는 경우에는 매입세액 불공제하고, 매입세금계산서 불성실가산세, 신고불성실가산세 및 납부지연가산세를 부과한다.[3)]
</td></tr>
</table>

2) 부집 60-0-11
3) 부집 60-0-11, 기획경제부 조세정책과-170, 2008.2.15., 국기법 §47의 3

Chapter 122

스크랩 거래, 주의해야 할 매입자납부 특례제도

내용 Summary

기본사항 Check

- **매입자납부 특례 대상** : 금 관련 제품, 철 · 비철금속의 스크랩이나 웨이스트 거래
  ① 매출자와 매입자가 모두 사업자여야 함
  ② 종전에는 비철금속 중 구리 스크랩 등만 매입자납부 특례를 적용하였으나, 2024.7.1. 이후 거래분부터는 알루미늄 등 비철금속 전체의 스크랩 등으로 확대됨
- **전용계좌의 종류**
  ① 금거래계좌 : 금지금, 중고금, 금의 스크랩 · 웨이스트 등 거래 시 전용계좌를 사용하여야 함
  ② 스크랩 등 거래계좌 : 금을 제외한 철 · 비철금속의 스크랩 · 웨이스트 등 거래 시 전용계좌를 사용하여야 함
- **금제품과 철 · 비철금속을 모두 취급하는 경우**
  ① 원칙적으로 금제품은 금거래계좌를 이용하고, 비철금속 등 제품은 스크랩 등 거래계좌 이용
  ② 금과 비철금속 등이 혼합된 물품의 경우 : 거래금액이 더 큰 품목의 전용계좌를 이용
- **영세율 거래 시 전용계좌 사용 여부 및 불이익**
  ① 직수출 등 : 거래상대방이 국내사업장이 없는 비거주자 또는 외국법인으로 대상이 아님
  ② 내국신용장 등 : 거래상대방이 국내사업자이므로 전용계좌를 사용하여야 하고, 미사용 시 매출자 및 매입자 모두 거래금액의 10% 가산세가 부과되지만 매입자는 매입세액이 없으므로 매입세액 불공제 및 지연입금가산세는 적용되지 아니함

핵심 Point

- 금, 금 · 철 · 비철금속 스크랩 등 거래가 사업자 간의 거래인지 여부
  ① 사업자 간의 거래(간이과세자 포함) → 전용계좌를 통해 거래하여야 함
  ② 사업자와 비사업자의 거래 → 전용계좌를 사용하지 않음
- 한 번만 거래하여도 개설하여야 하는지 여부
  → 거래횟수에 관계없이 전용계좌를 사용하여야 함

- 전용계좌 미사용 시 불이익
  ① 매출자 → 공급가액의 10% 가산세 부과
  ② 매입자 → 공급가액의 10% 가산세, 매입세액 불공제, 지연입금가산세(1일 0.022%)

질문 »

1. ㈜한국은 상가신축판매 등 건설업을 경영하고 있고 ㈜대한은 고철 등을 수집하고 있다. ㈜한국은 서울 마포에서 노후화된 건물을 취득하여 상가를 신축하려고 한다. ㈜한국이 기존 건물을 철거하는 과정에서 발생한 폐철근 등을 ㈜대한에 다음과 같이 판매하는 경우 물음에 답하시오.
   (1) ㈜한국은 폐철근을 ㈜대한에 공급가액 5억원에 판매하고 세금계산서 발급하면서 대금은 스크랩 등 전용계좌가 아닌 일반계좌로 이체받은 경우 ㈜한국과 ㈜대한의 세무상 불이익은?
   (2) ㈜한국은 폐철근을 ㈜대한에 공급가액 5억원에 판매하고 세금계산서를 발급하면서 ㈜한국은 스크랩 등 거래계좌를 이용하여 대금을 받았으나, ㈜대한은 스크랩 등 전용계좌가 아닌 일반계좌로 이체받은 경우 ㈜한국과 ㈜대한의 세무상 불이익은?
   (3) ㈜한국은 폐철근을 ㈜대한에 공급가액 5억원에 판매하고 세금계산서를 발급하면서 대금은 스크랩 등 전용계좌를 이용하였으나, 공급받은 날부터 50일 늦게 입금한 경우 ㈜한국과 ㈜대한의 세무상 불이익은?

2. ㈜한국이 ㈜대한에 다음과 같이 판매한 후 전용계좌를 이용하지 않고 거래대금을 결제한 경우 거래계좌 미사용에 따른 불이익은?

구 분	구 리	알루미늄	철	구리부산물	알루미늄부산물	철부산물
공급가액	20억원	10억원	30억원	2억원	1억원	2억원

3. ㈜한국이 ㈜대한에 다음과 같이 금을 판매한 후 전용계좌를 이용하지 않고 거래대금을 결제한 경우 부가가치세 과세 여부 및 거래계좌 미사용에 따른 불이익은?

구 분	금 괴	백 금	중고 18K 반지	금괴(내국신용장 개설)
공급가액	20억원	10억원	2억원	30억원

4. ㈜한국이 고철을 간이과세자에게 단 한 번 판매하는 경우 철 스크랩 등 전용계좌를 사용하여야 하는가?

PART 09 절차규정

5. ㈜한국이 ㈜대한에 폐전자제품을 판매하면서 금스크랩과 철스크랩이 함께 포함되어 있는 경우 어느 전용계좌를 사용하여야 하는가?

답변 및 해설 »

1. 철의 스크랩과 웨이스트 등 철의 가공과정에서 발생하는 부산물을 판매하거나 구입하는 사업자 또는 수입하는 사업자는 스크랩 등 거래계좌를 개설하여 거래하여야 한다.

(1) ㈜한국이 건물철거 과정에서 발생한 폐철근을 ㈜대한에 판매하는 경우 스크랩 등 전용계좌로 거래하지 않은 경우에는 ㈜한국은 5,000만원(5억원×10%)의 가산세가 부과되며, ㈜대한은 5,000만원의 가산세가 부과되고 5,000만원의 매입세액을 공제받을 수 없다.

(2) 철 스크랩 등 거래 시 매입자 및 매출자 모두 전용계좌를 통해 거래하여야 하므로 한쪽만 거래계좌를 사용하는 경우 매입자납부 거래로 보지 아니하므로 "(1)"과 같이 ㈜한국은 5,000만원(5억원×10%)의 가산세가 부과되고, ㈜대한은 5,000만원의 가산세가 부과되고 5,000만원의 매입세액을 공제받을 수 없다.

(3) ㈜한국이 폐철근을 ㈜대한에 판매하고 스크랩 등 전용계좌로 거래하였으나, 대금을 늦게 입금하는 경우에는 매출자 ㈜한국은 가산세가 부과되지 않고, 매입자 ㈜대한은 전용계좌에 늦게 입금하였으므로 지연입금가산세 550,000원을 부과한다.

* 지연입금가산세 : 부가가치세 50,000,000원×50일×0.022%=550,000원

2. 스크랩 등 매입자 납부특례는 품목이 정해져 있는데 철과 구리 · 아연 등 비철금속류의 제조공정 과정에서 발생하는 부산물인 스크랩이나 웨이스트를 판매하는 경우 반드시 스크랩 등 전용계좌를 이용하여 결제하여야 한다. 만약, 전용계좌를 미사용한 경우 가산세 및 매입세액이 불공제되는 불이익을 받으므로 주의하여야 한다.

(1) 구리, 알루미늄, 철은 제조공정에 투입되기 전의 것으로 이를 매매하는 경우에는 부산물인 스크랩이나 웨이스트에 해당되지 아니하여 전용계좌로 거래하지 아니한다.
따라서 이러한 구리 등 제품을 구입하고 지급한 60억원에 대하여는 공급시기에 세금계산서를 발급하면 매입세액 공제를 받을 수 있고, 가산세는 적용되지 아니한다.

(2) 위의 구리 등을 구입하여 제조 또는 건설과정에 투입한 후 발생한 부산물로서 구리, 알루미늄, 철의 스크랩이나 웨이스트를 매매하는 경우에는 반드시 전용계좌를 이용하여 결제하여야 함에도 미사용하였으므로 매출자 ㈜한국에는 가산세 5,000만원(5억원×10%)이 부과되고, ㈜대한에는 가산세 5,000만원이 부과되며, 매입세액 5,000만원(5억원×10%)에 대하여 매입세액 불공제된다.

* 스크랩 공급가액 : 구리 스크랩 2억원+알루미늄 스크랩 1억원+철 스크랩 2억원=5억원

3. 금 관련 매입자 납부특례는 금지금(금괴)이나 중고금 거래뿐만 아니라 금을 가공하고 남은 스크랩을 판매하는 경우에는 반드시 금거래 또는 스크랩 등 전용계좌를 이용하여 결제하여야 한다.

(1) 금괴와 중고금은 금 거래 전용계좌를 이용하여야 하나 백금은 금지금(금괴)에 해당되지 아니하여 제외한다. 또한 내국신용장에 의하여 거래되는 금지금도 매입자 납부특례 적용대상이 되므로 전용계좌를 반드시 이용하여 결제하여야 한다.

(2) 또한, 수출 등 거래상대방이 국내사업장이 없는 비거주자 또는 외국법인과 거래하는 경우에는 사업자 간의 거래가 아니므로 전용계좌를 사용하지 아니한다. 그러나 국내사업자 간의 내국신용장에 의하여 거래되는 금지금 등에 대하여는 반드시 전용계좌를 이용하여 결제하여야 한다. 만약, 전용계좌를 미사용한 경우 가산세 및 매입세액이 불공제되는 불이익을 받으므로 주의하여야 한다.

(3) 따라서 총 거래금액 62억원 중 백금 거래분 10억원에 제외한 52억원에 대하여 금거래계좌를 이용하여 결제하여야 함에도 전용계좌를 이용하지 아니하였으므로 ㈜한국에는 5.2억원의 가산세를 부과하고, ㈜대한에는 5.2억원의 가산세를 부과하며, 금괴와 중고반지 22억원(20억원+2억원)에 대한 부가가치세 2.2억원의 매입세액이 불공제된다.

4. 매입자 납부특례는 금, 철 · 비철금속의 스크랩 등에 대하여 거래를 하는 경우 전용계좌를 통하여 결제하여야 한다. 이러한 제도는 사업자 간의 거래에만 적용되므로 비사업자와 거래하는 부분에 대하여는 적용되지 아니한다. 또한, 거래횟수에 관계없이 적용되므로 주의하여야 한다.

위의 사례는 ㈜한국과 간이과세자로 등록된 고철 수집상과의 거래로 거래횟수에 관계없이 전용계좌를 이용하여 결제하여야 한다.

5. 매입자 납부특례 전용계좌의 종류는 금 관련 제품을 거래할 때 금거래계좌를 이용하여야 하고, 철 · 비철금속의 스크랩 등을 거래하는 경우 스크랩 등 전용계좌를 사용하여야 한다.

위 사례에서 철 스크랩과 금 스크랩 전용계좌를 각각 구분하여 결제하는 것이 원칙이다. 다만, 불가피하게 구분이 어려운 경우 거래금액이 더 큰 품목의 해당 전용계좌를 이용할 수 있다.

철 스크랩 부가가치세 매입자납부 특례제도 거래흐름

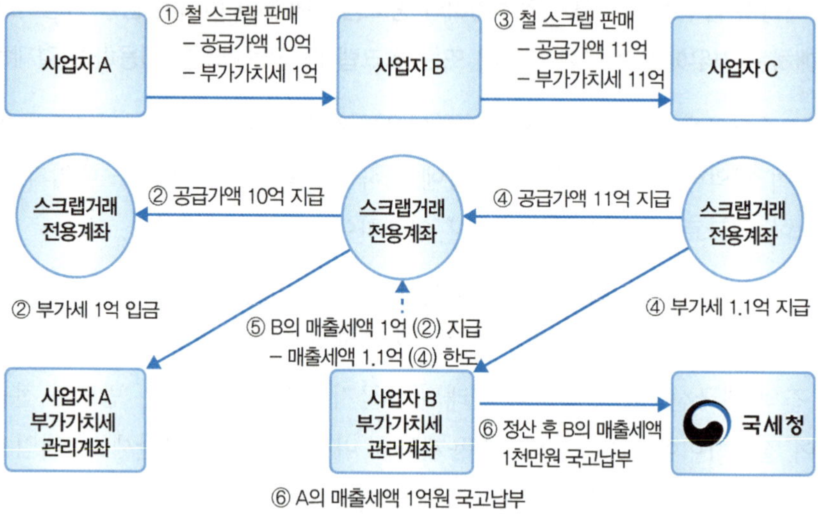

① A가 B에 공급가액 10억원의 철 스크랩을 매출

② B가 입금한 부가가치세 포함 11억원 중 공급가액 10억원은 A의 스크랩 거래 전용계좌로, 부가가치세액 1억원은 부가가치세 관리계좌에 A의 매출세액(B의 매입세액)으로 등록

③ B가 C에 공급가액 11억원의 철 스크랩을 매출

④ C가 입금한 부가가치세 포함 12.1억원 중 공급가액 11억원은 B의 스크랩 거래 전용계좌로, 부가가치세액 1.1억원은 부가가치세 관리계좌에 B의 매출세액(C의 매입세액)으로 등록

⑤ 지정 금융회사는 부가가치세 관리계좌에 등록된 B의 매출세액(1.1억원)의 한도 내에서 매입세액(1억원)을 B의 스크랩 거래 전용계좌로 지급(실시간 정산)

⑥ 지정 금융회사는 분기 말 다음 달 25일에 A의 부가가치세 관리계좌 잔액 1억원과 B의 부가가치세 관리계좌 정산 후 잔액 1천만원을 국고에 납부

핵심정리

구 분	내 용
매입자납부 특례제도	• 스크랩 등 매입자 납부특례는 세원관리가 취약하여 국고 손실이 우려되는 품목에 대하여 매입자가 대금을 매출자에게 지급할 때 국가가 지정하는 은행의 전용계좌를 개설하여 결제하고 그 중 부가가치세는 은행이 국고로 직접 납입하는 제도이다. • 금 관련 제품 거래 : 다음의 금 관련 제품을 공급하거나 공급받으려는 사업자 또는 수입하려는 사업자는 금거래계좌를 개설하여 거래하여야 한다(조특법 §106의 4 ①). ① 금지금 : 금괴(덩어리) · 골드바 등 원재료 상태로서 순도가 99.5% 이상인 금 ② 금제품 : 소비자가 구입한 사실이 있는 반지 등 제품 상태인 것으로서 순도가 58.5%(14K) 이상인 금(중고금) ③ 금 웨이스트와 스크랩 : 금 제품을 사용하면서 발생하는 금 자투리나 부스러기 • 철 · 비철금속[4] 스크랩 거래 : 다음의 스크랩 등을 공급하거나 공급받으려는 사업자 또는 수입하려는 사업자는 스크랩 등 거래계좌를 개설하여 거래하여야 한다(조특법 §106의 9 ①). 다만, 비철금속 중 구리를 제외한 알루미늄 등은 2024.7.1. 이후 공급하거나 수입하는 분부터는 전용계좌로 거래하여야 한다. ① 비철금속류의 웨이스트와 스크랩 ② 잉곳(ingot) 또는 이와 유사한 재용해 비철금속의 웨이스트 · 스크랩으로부터 만들어진 주조물 ③ 철의 웨이스트와 스크랩 ④ 철강의 재용해용 스크랩 잉곳 또는 그 밖에 이와 유사한 물품 * 잉곳이란 제련된 후에 가공이나 재용해에 알맞도록 굳힌 금속 덩이를 말함

4) 비철금속이란 철 이외의 공업용 금속의 총칭으로 크게 나누면 구리 · 납 · 주석 · 아연 · 금 · 백금 · 수은, 니켈 · 알루미늄 · 마그네슘 · 카드뮴, 우라늄 · 토륨 · 플루토늄 · 베릴륨 · 타이타늄 · 지르코늄 · 나이오븀 · 바나듐 · 하프늄 · 인듐 · 탄탈럼 · 몰리브데넘 · 텅스텐 · 규소 · 저마늄 · 나트륨 · 칼륨 · 갈륨 등으로 나눈다.

구 분	내 용
스크랩 등 거래계좌 미사용 시 불이익	• 미사용 시 매출 · 매입자 가산세 부과 : 스크랩 등 거래계좌를 사용하지 아니하고 스크랩 등의 가액을 결제받은 경우에는 해당 스크랩 등을 공급하거나 공급받은 스크랩 등 사업자에게 **제품가액의 100분의 10을 가산세**로 징수한다. 다만, 비사업자와 거래하는 경우에는 제외한다. • 매입세액 불공제 : 스크랩 등을 공급받은 사업자가 **부가가치세액을 입금하지 아니한 경우**에는 스크랩 등을 공급한 스크랩 등 사업자에게서 발급받은 세금계산서는 매입세액 불공제된다. • 지연입금가산세 : 스크랩 등을 **공급받은 날인** 입금기한의 다음 날부터 **부가가치세액을 입금한 날**까지의 기간에 대하여 **1일 0.022%의 이자율을 곱하여 계산한 금액을 입금**하여야 할 부가가치세액에 가산하여 징수한다.

PART 10

간이과세

이슈별 부가가치세 실무사례

QnA

123 사업자등록, 간이과세와 일반과세 중 어떤 것으로 등록하는 것이 좋을까?

124 세금계산서 발급대상인 간이과세자와 영수증 발급대상인 간이과세자는?

125 둘 이상의 과세사업을 경영하는 간이과세자, 부가가치세 계산방법은?

126 과세사업과 면세사업을 경영하는 간이과세자, 부가가치세 계산방법은?

127 일반과세자의 간이과세자로의 전환, 세무처리는?

Chapter 123

사업자등록, 간이과세와 일반과세 중 어떤 것으로 등록하는 것이 좋을까?

내용 Summary

기본사항 Check

- **일반과세자 또는 간이과세자의 사업자등록**
  ① 사업자*는 사업장마다 사업 개시일부터 20일 이내에 사업자등록을 신청하여야 함
  * 사업자란 사업상 독립적으로 과세되는 재화 또는 용역을 계속적 · 반복적으로 공급하는 자임

  ② 사업 개시일 이전이라도 사업자등록을 신청 가능
  ③ 원칙 : 일반과세자로 사업자등록
  예외 : 간이과세를 적용받고자 하는 신규사업자는 간이과세적용신청서를 제출하여야 함

- **간이과세자 적용 및 장단점**
  ① 개인사업자 중 연간 공급대가가 1억 400만원(부동산임대 · 과세유흥장소 4,800만원) 미만인 사업자에게는 간이과세 적용
  ② 부가가치세 납부의무 면제 : 간이과세자 중 연간 환산 공급대가가 4,800만원 미만인 사업자에게는 납부의무 면제
  ③ 낮은 세율로 부가가치세 과세 : 업종별 부가가치율에 따라 공급대가의 1.5~4% 적용
  ④ 직전연도 공급대가 4,800만원 미만인 간이과세자는 세금계산서를 발급할 수 없음
  * 공급대가란 부가가치세를 포함한 판매금액임

핵심 Point

- 사업자등록 신청 시 간이과세적용신청을 하지 아니한 경우 → 일반과세사업자로 발급됨
- 간이과세자로 신규 사업자등록을 하였으나 거래처에서 세금계산서 발급을 요청한 경우 → 발급할 수 없음
- 간이과세자 적용 대상 → 계속사업자는 직전 연도 공급대가 1억 400만원 미만, 신규사업자는 예정공급대가가 1억 400만원 미만인 경우 사업자등록 시 간이과세 적용 가능함
- 일반적으로 간이과세자가 유리하지만 직전 연도 공급대가 합계액이 4,800만원 미만은 세금계산서를 발급할 수 없음

질문 »

사업자 "갑"이 2025.7.1. 소매업을 개시하여 연간 매출 현황이 다음과 같은 경우 물음에 답하시오. 다만, 소매업 부가가치율은 15%임

구 분	공급가액	부가가치세	공급대가	비 고
매 출	20,000,000원	2,000,000원	22,000,000원	
매 입	10,000,000원	1,000,000원	11,000,000원	

1. 일반과세자인 경우 부가가치세 신고 및 납부세액은?

2. 간이과세자인 경우 부가가치세 신고 및 납부세액은?

3. 일반과세자 또는 간이과세자 중 어느 쪽이 유리한가?

답변 및 해설 »

1. 일반과세자인 경우

(1) 부가가치세 신고 → 1년에 2번 신고

일반과세 개인사업자는 1년에 2번 부가가치세를 신고한다. 다만, 일정 규모 이상 법인사업자는 4번 신고한다.

1~6월까지의 실적에 대하여 7월 25일까지 부가가치세를 신고·납부하고,

7~12월까지의 실적에 대하여 다음 해 1월 25일까지 부가가치세를 신고·납부한다.

(2) 납부세액 → 1,000,000원

납부세액은 매출세액에서 매입세액을 빼는 방법으로 계산하므로 위 사례에서 매출세액 2,000,000원에서 매입세액 1,000,000원을 뺀 1,000,000원에 대하여 2026.1.25.까지 관할 세무서에 부가가치세를 신고·납부하여야 한다.

2. 간이과세자인 경우

(1) 부가가치세 신고 → 1년에 1번

간이과세자는 1년에 1번 부가가치세를 포함한 공급대가를 과세표준으로 신고한다. 연간 실적에 대하여 다음 해 1월 25일까지 부가가치세를 신고·납부한다. 다만, 연간 환

산 공급대가의 합이 4,800만원 미만인 경우에는 부가가치세 납부의무가 면제된다.

(2) **납부세액 → 납부세액 0원**

간이과세자 납부할 세액을 계산하면 매출세액 330,000원(22,000,000원×15%×10%)에서 매입세액 150,000원(1,000,000원×15%)을 뺀 150,000원이나, 연간 환산 공급대가의 합이 44,000,000원*으로 납부의무가 면제되어 매출이 발생함에도 불구하고 납부세액은 없다는 장점이 있다.

* 환산 공급대가의 합 : 22,000,000원×12월/6월=44,000,000원

3. 일반과세자와 간이과세자 비교

일반적으로 간이과세자 적용의 입법취지는 영세납세자를 지원하기 위하여 마련한 제도로써 영세납세자의 경우에는 간이과세자가 유리하다. 국가에서는 이러한 간이과세자 대상을 확대하여 2024.7.1.부터 기준금액을 종전 8,000만원에서 1억 400만원으로 상향 조정을 통해 서민들의 조세부담을 줄여주었다.

(1) 부담세액 측면 : 일반과세자는 판매금액에 대한 부가가치세를 전액 납부하여야 하지만 간이과세자는 부가가치세액에 업종별 부가가치율을 곱한 금액의 10%를 납부하고 연간 공급대가 합계액이 4,800만원 미만의 경우에는 납부의무를 면제한다.

위 사례에서 사업자 갑이 일반과세자일 경우 납부할 세액은 1,000,000원이나 간이과세자일 경우에는 0원으로 간이과세자가 유리하다.

(2) 세금계산서 발급 측면 : 일반과세자는 일반적으로 세금계산서 발급의무가 있으나, 간이과세자는 직전연도 공급대가의 합계액이 4,800만원 이상인 경우에 한해서만 세금계산서 발급의무가 있다. 주의하여야 할 점은 직전연도 신규 개업한 간이과세자의 경우 연간 환산한 가액을 기준으로 공급대가 4,800만원 이상인 경우 세금계산서 발급의무가 있다는 것이다.

위 사례에서 2025.7.1.에 개업하여 연간 환산 공급대가의 합이 44,000,000원으로 다음 해에도 세금계산서를 발급할 수 없다. 따라서 사업상 세금계산서를 발급하여야 하는 상황이라면 일반과세자가 유리하다.

(3) 매입세액 공제 측면 : 일반과세자는 부가가치세 10%를 전액 매입세액을 공제받을 수 있으나, 간이과세자는 부가가치세 매입세액의 0.55%만 공제받아 일반과세자가 9.45%*(10%－0.55%)를 더 공제를 받을 수 있다. 또한, 매입세액이 매출세액보다 큰 경우에는 일반과세자는 환급이 되지만 간이과세자는 환급이 되지 아니한다.

따라서 매입세금계산서를 많이 받는 업종의 사업자는 일반과세자가 유리하다.

* 일반과세자 매입세액공제(공급가액×10%)－간이과세자 매입세액공제(공급가액×1.1×0.5%)＝9.45%

핵심정리

<table>
<tr><th>구 분</th><th>내 용</th></tr>
<tr><td rowspan="3">사업자등록</td><td>• 신청에 의한 사업자등록 → 사업개시일부터 20일 내
사업자는 사업장마다 사업개시일부터 20일 이내에 사업장 관할 세무서장에게 사업자등록을 신청하여야 한다. 다만, 신규로 사업을 시작하려는 자는 사업 개시일 이전이라도 사업자등록을 신청할 수 있다(부법 §8 ①).</td></tr>
<tr><td>• 미등록사업자의 직권등록
사업자가 사업자등록을 하지 않은 경우에는 납세지 관할 세무서장이 조사하여 등록할 수 있다(부령 §11 ⑥).</td></tr>
<tr><td>• 미등록사업자 경정 시 매출액 1억 400만원 미만
→ 최초의 과세기간부터 간이과세자 세율 적용
* 예 2024년 1월 사업을 개시하였으나 사업자등록하지 않아 2025년 9월 관할 세무서에서 경정 시 과세표준이 9,000만원인 경우
→ 간이과세자 세율 적용</td></tr>
<tr><td rowspan="2">미등록 시 과세</td><td>• 과세표준을 경정하는 경우 과세유형
사업자가 등록을 하지 아니하고 사업을 영위하다 과세기간 중간에 간이과세자로 사업자등록을 한 경우, 신고 등록한 과세유형을 따르지만,[1] 미등록한 경우 실지 공급대가의 합계액이 기준금액 미만인 경우 최초의 과세기간부터 간이과세자로 할 수 있음[2]</td></tr>
<tr><td>• 과세 · 면세겸업자는 사업자등록을 하여야 함
면세사업자로 사업자등록을 한 사업자가 과세사업을 겸영하는 경우에는 부가가치세법에 따른 사업자등록을 하여야 하며, 미등록 시 부가가치세의 과세표준과 납세세액을 관할 세무서에서 조사에 의하여 결정 또는 경정함[3]</td></tr>
</table>

1) 서삼46015-10958, 2001.12.26.
2) 부가가치세과-4073, 2008.11.10.
3) 부가가치세과-1622, 2009.11.9.

<table>
<tr><th>구 분</th><th colspan="3">내 용</th></tr>
<tr><td rowspan="9">간이과세자와 일반과세자 비교</td><td>구 분</td><td>일반과세자</td><td>간이과세자</td></tr>
<tr><td>적용대상</td><td>간이과세자 이외의 사업자</td><td>직전 연도의 공급대가가 1억 400만원 미만인 개인사업자(간이과세 배제대상 제외)</td></tr>
<tr><td>세 율</td><td>10%, 0%(영세율)</td><td>업종별 부가가치율×10%, 0%(영세율)</td></tr>
<tr><td>대손세액공제</td><td>규정 있음</td><td>공제 없음</td></tr>
<tr><td>매입세액 공제</td><td>매입세액 전액 공제</td><td>공급대가×0.5%</td></tr>
<tr><td>의제매입세액 공제</td><td>공제 가능</td><td>적용 배제</td></tr>
<tr><td>환급세액 발생 시</td><td>환 급</td><td>환급 불가(단, 기납부세액은 환급가능)</td></tr>
<tr><td>납부의무 면제</td><td>적용대상 아님</td><td>해당 과세기간 공급대가 4,800만원 미만인 경우</td></tr>
</table>

Chapter 124

세금계산서 발급대상인 간이과세자와 영수증 발급대상인 간이과세자는?

내용 Summary

기본사항 Check

- **일반과세자** → 원칙적으로 세금계산서를 발급함
  ① 세금계산서 발급대상 : 사업자가 재화 · 용역을 공급하는 경우 세금계산서를 발급함
  ② 영수증 발급대상 : 소매업, 음식 · 숙박업 등 최종소비자를 대상으로 한 판매 업종
- **간이과세자** → 원칙적으로 영수증을 발급함
  ① 세금계산서 발급대상 : 직전 연도 공급대가 합계액이 4,800만원 이상인 간이과세자
  ② 영수증 발급대상 : 직전 연도 공급대가 합계액이 4,800만원 미만 또는 신규 간이과세자

핵심 Point

- 직전연도 공급대가 합계액이 4,800만원 이상인 경우 → 세금계산서 발급대상
- 신규 간이과세자에게 거래처에서 세금계산서 발급을 요청한 경우 → 발급할 수 없음

PART 10 간이과세

질문 »

나새범 씨는 2023년 1월에 소매업과 부동산임대업을 겸영하는 간이과세사업자로 신규등록하였다. 간이과세자로서 연도별 공급대가 합계액이 다음과 같은 경우 2025년과 2026년의 과세 유형 및 세금계산서 발급대상 여부는?

구 분	2024년	2025년 상반기	2025년 하반기	2026년 상반기	2026년 하반기
소매업	40,000,000원	30,000,000원	33,000,000원	44,000,000원	33,000,000원
부동산임대업	55,000,000원	15,000,000원	11,000,000원	13,200,000원	22,000,000원
소 계	95,000,000원	45,000,000원	44,000,000원	57,200,000원	55,000,000원

답변 및 해설 »

1. 2025년 상반기 → 간이과세자로 세금계산서 발급의무 없음

개인사업자의 직전 연도 공급대가 합계액이 1억 400만원 미만이거나, 부동산임대 및 과세유흥장소는 4,800만원 미만인 경우에는 당해 연도 7.1.부터 다음 해 6.30.까지 간이과세자 적용을 받는다. 또한, 간이과세자의 세금계산서 발급은 직전연도 공급대가 합계액이 4,800만원 이상인 경우 당해 연도 7.1.부터 다음 해 6.30.까지 세금계산서 발급의무가 있다. 따라서 간이과세자로 신규 사업자등록을 하거나 직전연도 공급대가의 합계액이 4,800만원 미만인 경우에는 세금계산서를 발급할 수 없다.

위 사례에서 2024년 공급대가 합계액이 9,500만원으로 1억 400만원 미만이나, 부동산임대업이 5,500만원으로 4,800만원 이상이 되어 2025.7.1.부터 일반과세자로 전환된다. 따라서 2025년 상반기에는 신규 개업에 따른 소매업과 부동산임대업을 겸영하는 간이과세자 적용으로 세금계산서 발급의무가 없다.

2. 2025년 하반기 → 2025.7.1.~2026.6.30.까지 일반과세자로 세금계산서 발급의무 있음

직전 연도 공급대가 합계액이 9,500만원으로 간이과세자 기준금액 1억 400만원 미만이나 부동산임대업인 경우 직전연도 공급대가 합계액이 4,800만원 이상으로 나새범 씨의 겸업 사업장은 2025.7.1.부터 일반과세자로 전환되며, 재화 또는 용역을 공급하는 경우 세금계산서를 발급하여야 하므로 매우 주의하여야 한다. 다만, 소매업의 경우에는 영수증 발급대상으로 공급받는 자가 세금계산서를 요구하지 아니하면 일반적으로 세금계산서를 발급하지 아니한다.

따라서 2025년 하반기 매출액 4,100만원 중 부동산임대업 매출 1,100만원에 대하여 세금계산서 1,000만원(11,000,000 ÷ 1.1)을 발급하여야 한다. 다만, 소매업 매출 3,300만원에 대하여는 공급받는 자가 세금계산서를 요구하는 경우 세금계산서를 발급한다.

3. 2026년 상반기 → 일반과세자로 세금계산서 발급의무 있음

2024년 부동산임대업 공급대가 합계액이 5,500만원으로 4,800만원 이상에 해당되어 일반과세자로 전환되므로 부동산임대업 매출 12,000,000원(13,200,000 ÷ 1.1)에 대하여 세금계산서를 발급하여야 한다. 다만, 소매업 매출 4,400만원에 대하여는 공급받는 자가 세금계산서를 요구하는 경우 세금계산서를 발급한다.

4. 2026년 하반기 → 간이과세자로 세금계산서 발급의무 있음

2025년 공급대가 합계액이 8,900만원이고 부동산임대 공급대가 합계액이 2,600만원으로 기준금액 미만에 해당되어 2026.7.1.부터 간이과세자로 전환된다. 다만, 간이과세자가 직전연도 공급대가 합계액이 4,800만원 이상으로 세금계산서 발급의무가 있으므로 주의하여야 한다.

따라서 2026년 하반기 부동산임대업 매출 2,200만원에 대하여 세금계산서 2,000만원(22,000,000÷1.1)을 발급하여야 한다. 다만, 소매업 매출 3,300만원에 대하여는 공급받는 자가 세금계산서를 요구하는 경우 세금계산서를 발급한다.

핵심정리

구 분	내 용
간이과세자의 세금계산서 발급대상 및 통지	• 과세유형이 전환된 경우 수정세금계산서 발급 : 계약의 해제 등 정당한 사유가 발생한 경우 일반적으로 그 사유발생일을 작성일자로 하여 수정세금계산서를 발급하나, 과세유형이 일반과세자에서 간이과세자로, 간이과세자에서 일반과세자로 전환된 경우 처음 발급한 작성일자로 하여 수정세금계산서를 발급한다(부령 §70 ② · ③).
미등록사업자의 과세 방법 및 가산세	• 미등록사업자 경정 : 미등록사업자의 연간 공급대가의 합계액이 1억 400만원 미만인 경우에는 최초의 과세기간부터 간이과세자 세율 적용 * 예 2024년 1월 사업을 개시하였으나 사업자등록하지 않아 2025년 9월 관할 세무서에서 경정 시 공급대가 합계액이 9,000만원인 경우 → 간이과세자 세율 적용 • 세금계산서 가산세 : 세금계산서 발급의무가 있는 간이과세자가 재화 · 용역을 공급하고 세금계산서를 발급하지 아니한 경우에는 일반과세자와 동일하게 가산세를 부과하지만, 세금계산서 수취자에 대하여는 그러하지 아니한다(부법 §68 ②).

구 분	가산세 종류
사업자등록	미등록가산세 0.5%, 타인명의등록가산세 1%(2024.12.31. 이전 0.5%)
세금계산서 발급	• 지연발급 · 기재불성실가산세 1%, 미발급가산세 2%(1%) • 위장 · 과다발급가산세 2%, 가공발급가산세 3%
세금계산서 수취	미수취가산세 0.5%, 경정기관의 확인 시 가산세 0.5%
신고 납부	• 신고불성실가산세 10%, 20%, 40%(60%) • 납부지연가산세 1일 0.022%

Chapter 125

둘 이상의 과세사업을 경영하는 간이과세자, 부가가치세 계산방법은?

내용 Summary

기본사항 Check

- **간이과세자 납부세액 계산** → 과세표준×업종별 부가가치율×10%
  ① 과세표준 : 해당 과세기간 공급대가의 합계액
  ② 업종별 부가가치율 : 소매 · 음식점업 15%, 숙박 · 운수업 20%, 부동산임대업 40% 등
  * 예 겸업자의 매출 공급대가가 소매업 1,000만원, 부동산임대업 500만원인 경우 → 납부세액 35만원
  납부세액 계산 : (1,000만원×15%+500만원×40%)×10%=35만원

- **둘 이상의 과세사업 경영 시 매입세액공제** → 공급대가×0.5%

- **과세 · 면세 겸업자가 공동으로 사용하던 재화를 공급 시 업종별 부가가치율 안분계산**
  간이과세자가 둘 이상의 업종에 공통으로 사용하던 재화를 공급하여 업종별 실지귀속을 구분할 수 없는 경우 적용할 부가가치율은 다음 계산식에 따라 계산한 **가중평균 부가가치율** 적용

$$\text{가중평균 부가가치율} = \Sigma\left\{\text{각 업종별 부가가치율} \times \frac{\text{당기 업종별 공급대가}}{\text{당기 전체 업종의 공급대가 총합계액}}\right\}$$

  * 예 소매업과 부동산임대업에 함께 사용하던 건물을 2,000만원에 공급하고 매출액은 소매업 2,000만원과 부동산임대업 500만원인 경우 → 가중평균 부가가치율 20%
  가중평균 부가가치율 : 15%×(2,000만원÷2,500만원)+40%×(500만원÷2,500만원)=20%

- **신용카드 · 현금영수증 매출에 따른 세액공제** → 결제금액×1.3%, 연간 1,000만원 한도
  간이과세자 중 직전연도 공급대가 합계액이 4,800만원 미만인 영수증 발급대상자와 4,800만원 이상의 세금계산서 발급의무자 중 소매 · 음식 · 숙박업 등 최종소비자 대상 업종

핵심 Point

- 업종별 부가가치율 파악 → 15%(소매업 등)~40%(부동산임대업 등)
- 겸업자의 매입세액공제는 업종별 부가가치율과 관계없이 단일 적용 → 공급대가×0.5%
- 겸업자가 공동으로 사용하던 재화를 공급하는 경우 → 가중평균 부가가치율 적용

PART 10 간이과세

질문 »

나새범 씨는 소매업과 부동산임대업을 겸영하고 있는 간이과세자로서 세금계산서 발급의무가 있다. 2025년도 사업내역이 다음과 같은 경우 물음에 답하시오.

(1) 업종별 부가가치율 : 소매업 15%, 부동산임대업 40%

(2) 소매업과 부동산임대업으로 사용하던 건물을 10억원에 양도하고 건물분에 대한 부가가치세 5억원의 세금계산서를 발급함(실질귀속이 불분명함)

(3) 2025년 매입 · 매출현황

구 분	소매업	부동산임대업	비 고
매출금액	44,000,000원	11,000,000원	부가가치세가 포함된 공급대가임
매입금액	22,000,000원	3,300,000원	

* 소매업 매출 중 신용카드 매출은 25,000,000원이고 현금영수증 매출은 5,000,000원임

1. 일반적인 매출에 대한 매출세액은? 다만, 부동산임대 건물 양도에 대한 매출세액은 제외한다.

2. 세금계산서 등 수취분에 대한 매입세액 공제금액은?

3. 부동산임대 건물의 양도에 대한 부가가치세 매출세액은?

4. 신용카드 · 현금영수증 결제에 따른 발행세액 공제금액은?

5. 2025년도 나새범 씨가 납부하여야 할 부가가치세는?

답변 및 해설 »

1. 매출세액 → 1,100,000원

겸업자의 매출세액 계산은 각 업종별 연간 공급대가의 합계액에 해당 업종별 부가가치율을 곱한 금액에 10%를 적용한다.

따라서 소매업의 연간 매출액 44,000,000원에 15%를 곱한 금액의 10%와 부동산임대업의 연간 매출액 11,000,000원에 40%를 곱한 금액의 10%를 더한 1,100,000원이 매출세액이다.

* 매출세액 : (44,000,000원×15%+11,000,000원×40%)×10%=1,100,000원

2. 매입세액 → 126,500원

겸업자의 매입세액 계산은 각 업종별 부가가치율과 관계없이 연간 매입 공급대가의 합계액에 0.5%를 적용하므로 주의하여야 한다.

따라서 소매업의 연간 매입액 22,000,000원과 부동산임대업의 연간 매입액 3,300,000원을 합한 금액에 0.5%를 곱한 126,500원이 매입세액이다.

* 매출세액 : (22,000,000원+3,300,000원)×0.5%=126,500원

3. 건물 공급에 대한 매출세액 → 11,000,000원

간이과세자가 둘 이상의 업종에 공통으로 사용하던 재화를 공급하여 업종별 실지귀속을 구분할 수 없는 경우 각 업종별 부가가치율에 해당 업종의 매출액 비율로 안분한 가중평균 부가가치율에 공급대가를 곱한 금액의 10%를 적용하여 매출세액을 계산한다.

따라서 소매업 매출액을 총매출액으로 나누어 부가가치율 15%를 곱한 비율과 부동산임대업 매출액을 총매출액으로 나누어 부가가치율 40%를 곱한 비율을 더하여 가중평균 부가가치율 20%를 구한다. 이러한 20%에 건물 공급대가 550,000,000원(부가가치세 포함)을 곱한 금액의 10%를 적용한 11,000,000원이 건물 양도에 대한 부가가치세가 된다.

* 가중평균 부가가치율 :
44,000,000/(44,000,000+11,000,000)×15%+11,000,000/(44,000,000+11,000,000)×40%=20%

* 매출세액 : 550,000,000원×20%×10%=11,000,000원

주의할 사항은 **건물 공급자는 건물 양도에 따른 부가가치세 5,000만원을 납부하지 않고 1,100만원을 납부하며, 공급받는 건물 매입자가 일반과세자일 경우 5,000만원 전액을 매입세액 공제받을 수 있으므로 납세자에게 절세 효과**가 있다는 것이다.

4. 신용카드 · 현금영수증 결제에 따른 발행세액 공제 → 390,000원

간이과세자 중 영수증 발급대상자 또는 세금계산서 발급의무자 중 소매업 등 최종소비자 대상 업종이 신용카드나 현금영수증으로 결제하는 경우 결제한 금액의 1.3%를 연간 1,000만원 한도로 매출세액에서 공제받을 수 있다.

따라서 신용카드 매출액 25,000,000원과 현금영수증 매출액 5,000,000원을 합한 30,000,000원에 1.3%를 곱한 390,000원을 매출세액에서 공제받을 수 있다.

* 신용카드 등 발생세액 공제 : (25,000,000원+5,000,000원)×1.3%=390,000원

5. 납부할 세액 → 11,583,500원

겸업자 사업매출에 따른 매출세액 1,100,000원과 건물 양도에 따른 매출세액 11,000,000원을 더한 12,100,000원이 매출세액이며, 공제할 매입세액은 발급받은 세금계산서를 통한 세액공제 126,500원과 신용카드 등 사용에 따른 세액공제 390,000원을 합한 516,500원이다.

따라서 총 납부할 세액은 12,100,000원에서 516,500원을 공제한 11,583,500원이다.

* 납부세액 : (1,100,000원+11,000,000원)−(126,500원+390,000원)=11,583,500원

핵심정리

<table>
<tr><th>구 분</th><th>내 용</th></tr>
<tr><td>둘 이상의 과세사업 경영 시 매출세액 계산</td><td>

• 간이과세자 납부세액 계산 : 과세표준×업종별 부가가치율×10%

① 과세표준은 부가가치세를 포함한 연간 매출액의 **합계액을 말한다**.

② 업종별 부가가치율은 15%부터 40%까지 있다.

부가가치율	해당 업종
15%	소매업, 재생용 재료수집 및 판매업, 음식점업
20%	제조업, 농업·임업 및 어업, 소화물 전문 운송업
25%	숙박업
30%	건설업(최종소비자에게 공급), 정보통신업, 창고업, 그 밖의 서비스·운수업
40%	부동산임대업, 최종소비자에게 공급하는 용역[금융 및 보험 관련 서비스업, 전문·과학 및 기술서비스업(인물사진 및 행사용 영상 촬영업 제외), 사업시설관리·사업지원 및 임대서비스업, 부동산 관련 서비스업]

• 공통사용 재화 공급에 따른 과세표준 계산 : 간이과세자가 둘 이상의 업종에 공통으로 사용하던 재화를 공급하여 업종별 실지귀속을 구분할 수 없는 경우에 적용할 부가가치율은 다음 계산식에 따라 계산한 **가중평균 부가가치율**을 적용한다(부령 §111 ⑤). 실지귀속을 구분할 수 있는 경우에는 해당 업종별 부가가치율을 적용하여 계산한다.

$$\text{가중평균 부가가치율} = \Sigma\left\{\text{각 업종별 부가가치율} \times \frac{\text{당기 업종별 공급대가}}{\text{당기 전체 업종의 공급대가 총합계액}}\right\}$$

</td></tr>
<tr><td>둘 이상의 과세사업 경영 시 매입세액 등 계산</td><td>

• 매입세액 공제 : 발급받은 세금계산서의 공급가액에 부가가치세를 포함한 공급대가에 0.5%를 곱한 금액에 대하여 매입세액 공제를 받는다. 다만, 「부가가치세법」 제39조에 따라 공제되지 아니하는 매입세액은 세액공제 적용이 되지 않는다(부법 §63 ③). 또한, 둘 이상의 사업장을 경영하는 간이과세자의 경우에도 공통매입세액을 안분계산하지 아니한다.

매입세액 공제액=둘 이상의 사업장 매입세금계산서 등의 공급대가×0.5%

* 예 겸업자의 매입 공급대가는 소매업 4,000만원, 부동산임대업 1,000만원인 경우 매입세액공제액은 25만원임[(4,000만원+1,000만원)×0.5%]

• 신용카드·현금영수증 매출에 따른 세액공제 : 간이과세자에 대한 신용카드매출전표 등(직불카드영수증, 신용카드매출전표, 선불카드영수증, 현금영수증을 포함)을 발행하거나 전자적 결제수단에 의해 그 대금을 결제받은 경우에는 그 발행금액 또는 결제금액의 1.3%에 해당하는 금액을 **연간 1,000만원을 한도**로 하여 납부세액에서 공제한다(부법 §46 ① (1)).

</td></tr>
</table>

PART 10 간이과세

Chapter 126

과세사업과 면세사업을 경영하는 간이과세자, 부가가치세 계산방법은?

내용 Summary

기본사항 Check

- **간이과세자 납부세액 계산**→과세표준×업종별 부가가치율×10%
  ① 과세표준 : 과세사업만의 부가가치세를 포함한 연간 매출액의 **합계액**
  ② 업종별 부가가치율 : 과세사업의 업종별 부가가치율(15~40%)
- **매입세액 공제**
  ① 실지귀속이 분명한 경우 : 과세사업 관련 매입 공급대가×0.5%
  ② 과세 · 면세 공통매입세액 안분계산

$$발급받은\ 세금계산서\ 등의\ 공급대가\ 합계액 \times \frac{해당\ 과세기간의\ 과세공급대가}{해당\ 과세기간의\ 총공급대가} \times 0.5\%$$

- **신용카드 등 매출에 따른 세액공제**→과세사업 관련 결제금액×1.3%, 연간 1,000만원 한도

핵심 Point

- 간이과세자 업종별 부가가치율 적용→과세사업 관련 업종의 부가가치율
- 간이과세자 매입세액 공제
  ① 실지귀속이 분명한 경우→과세사업 관련 매입 공급대가×0.5%
  ② 실지귀속이 불분명한 경우→총매입 공급대가 합계액×과세비율×0.5%

질문 »

슈퍼마켓을 경영하는 간이과세자 나새범 씨가 과자 등 과세사업과 우유 등 면세사업을 겸영하고 있다. 계산대 시스템을 개선하기 위하여 AI무인계산대를 10,000,000원(부가가치세 별도)에 구입하고 세금계산서를 발급받았다. 다만, 무인계산대는 과세 · 면세사업에 공통으로 사용하는 자산이다. 2025년도 경영성과가 다음과 같은 경우 물음에 답하시오.

(1) 슈퍼마켓 소매업의 부가가치율 : 15%

(2) 연간 매출액 : 과세 매출(부가가치세 포함) 66,000,000원, 면세 매출 44,000,000원

(3) 연간 매입액 : 과세 매입(부가가치세 포함) 33,000,000원, 면세 매입 20,000,000원

1. 일반적인 매출에 대한 매출세액은?

2. 세금계산서 등 수취분에 의한 매입세액 공제금액은?

3. 무인계산대 구입에 따른 공통매입세액 안분계산금액은?

4. 2025년도 나새범 씨가 납부하여야 할 부가가치세는?

답변 및 해설 »

1. 매출세액 → 990,000원

과세 · 면세 겸업자의 매출세액 계산은 부가가치세가 과세되는 매출에 대하여만 계산하므로 연간 과세 매출액 66,000,000원에 해당 업종별 부가가치율 15%를 적용한 금액의 10%를 적용한다. 따라서 매출세액은 990,000원이 된다.

* 매출세액 : 66,000,000원×15%×10%=990,000원

2. 매입세액 → 165,000원

과자 등 과세사업 관련 매입세액 계산은 과세사업 관련 연간 매입 공급대가의 합계액에 0.5%를 적용한다. 따라서 과세사업과 관련하여 부가가치세를 포함한 과자 등 매입액 33,000,000원에 0.5%를 곱한 165,000원이 매입세액이다.

* 매입세액 : 33,000,000원×0.5%=165,000원

3. AI무인계산대 구입 관련 공통매입세액 안분계산 → 33,000원

과세 · 면세 겸영하는 간이과세자가 과세사업과 면세사업의 실지귀속을 구분할 수 없는 경우에는 해당 과세기간에 세금계산서나 신용카드매출전표 등으로 발급받은 재화 · 용역의 공급대가 합계액에 해당 과세기간의 과세 공급대가를 해당 과세기간의 총공급대가로 나누어 0.5%를 곱하여 계산한다.

따라서 AI무인계산대 구입액 11,000,000원(부가가치세 포함)에 과세매출액 66,000,000원을 총매출액 110,000,000원으로 나누어 0.5%를 곱한 33,000원을 공통매입세액으로 공제한다.

* 공통매입세액 안분계산 : 11,000,000원×66,000,000원÷110,000,000원×0.5%=33,000원

4. 납부할 세액 → 792,000원

과세 · 면세 겸업자의 과세사업 매출세액은 990,000원이며, 공제할 매입세액은 발급받은 세금계산서 등을 통한 세액공제 165,000원과 무인계산대 고정자산 취득에 따른 공통매입세액 공제 33,000원을 합한 198,000원이다. 따라서 총 납부할 세액은 990,000원에서 198,000원을 공제한 792,000원을 납부하여야 한다.

* 납부세액 : 990,000원(매출세액)−165,000원(일반매입세액 공제)−33,000원(공통매입세액 공제)=792,000원

핵심정리

<table>
<tr><th>구 분</th><th>내 용</th></tr>
<tr><td>간이과세자가
과세사업과
면세사업 겸영 시
매출세액 계산</td><td>• 사업자등록 신청 : 과세사업과 면세사업을 겸영하는 경우에는 부가가치세법상 과세사업자로 등록하여야 한다. 만약, 면세사업자로 사업자등록을 하게 되면 사업자 미등록가산세 등 불이익을 받으므로 주의하여야 한다.

• 과세 · 면세 겸업자 납부세액 계산 : 과세사업 과세표준×업종별 부가가치율×10%
부가가치세는 면세사업과 관련된 매출은 포함하지 아니하므로 과세표준은 과세사업만의 부가가치세를 포함한 연간 매출액의 합계액을 말한다(부법 §63 ④).</td></tr>
<tr><td>간이과세자가
과세사업과
면세사업 겸영 시
매입세액 공제</td><td>• 실지귀속이 분명한 매입세액 공제 : 간이과세자가 과세사업과 면세사업을 겸영하는 경우에는 과세사업과 면세사업의 실지귀속에 의한다. 따라서 과세사업에 사용하는 재화의 매입세액은 공제하고, 면세사업에 사용하는 재화의 매입세액은 매입세액 불공제한다.

매입세액 공제액＝과세사업 관련 매입세금계산서 등의 공급대가×0.5%

• 실지귀속이 불분명한 매입세액 공제 : 과세사업과 면세사업의 실지귀속을 구분할 수 없는 경우에 대하여는 다음과 같이 계산한 금액을 과세기간에 대한 납부세액에서 공제한다(부법 §63 ③ (3), 부령 §111 ⑦).

<table><tr><th>구 분</th><th>매입세액공제</th></tr><tr><td>실지귀속을
알 수 없는 경우</td><td>해당 과세기간에 세금계산서 등을 발급받은 재화 · 용역의 공급대가 합계액 × (해당 과세기간의 과세공급대가 / 해당 과세기간의 총공급대가) ×0.5%</td></tr></table></td></tr>
</table>

Chapter 127

일반과세자의 간이과세자로의 전환, 세무처리는?

내용 Summary

기본사항 Check

- **일반과세자와 간이과세자의 납부세액 비교**
  ① 일반과세자의 납부세액 계산 → 매출액×10%－매입액×10%
  ② 간이과세자의 납부세액 계산 → 부가가치세 포함 매출액×업종별 부가가치율×10%
  －부가가치세 포함 매입액×0.5%
- **일반과세자에서 간이과세자로의 전환 요건 및 시기**
  ① 전환 요건 : 연간 부가가치세를 포함한 매출액이 1억 400만원(부동산임대 · 과세유흥장소는 4,800만원) 미만인 개인사업자
  ② 전환 시기 : 일반과세자가 연간 매출액이 기준금액 미만이 되는 경우 다음 해 7.1.부터 그 다음 해 6.30.까지 간이과세 적용을 받음
- **일반과세자에서 간이과세자로 전환 시 전환 시점의 재고에 대하여 추가 납부하여야 함**
  ① 재고자산 : 재고 매입세액×(1－0.5%×110/10)
  ② 감가상각자산 :
  취득자산 매입세액×(1－25% 또는 5%)×경과 과세기간 수×(1－0.5%×110/10)
- **간이과세자가 직전연도 부가가치세를 포함한 매출액이 4,800만원 이상인 경우 세금계산서를 발급하여야 함**

핵심 Point

- 부가가치세를 포함한 연간 매출액이 1억 400만원 미만 → 간이과세 적용
- 재고납부세액 발생 → 일반과세자일 때 매입세액을 공제받은 부분에 대해 간이과세자 전환 시 매입세액 공제 차액분 추가 납부함

질문 »

과자 제조업을 경영하는 개인사업자 갑(甲)은 일반과세자였으나 경기악화로 인해 매출이 줄어 2024년도에 9,000만원(부가가치세 제외)의 매출이 발생하였다. 다음 물음에 답하시오.

1. 개인사업자 갑이 세금계산서를 계속 발급하려고 할 때 관할 세무서로부터 간이과세자로 변경된다는 통보서를 2025.6.10. 받아 세무 대리인에게 가지고 온 경우 세무 대리인이 해야 할 세무처리는?

2. 개인사업자 갑은 관할 세무서로부터 간이과세자로 변경된다는 통보서를 2025.6.10. 받아 2025.7.1.에 일반과세자에서 간이과세자로 전환된다. 2025.7.1.(전환일) 현재 보유하고 있는 자산의 내역이 다음과 같은 경우 재고납부세액 신고는?

(1) 2025.7.1. 현재 보유자산 현황(부가가치세 제외)

승용차를 제외한 자산은 매입세액 공제를 받았다. 건설 중인 자산과 관련된 공제받은 매입세액은 3,000,000원이다.

구 분	취득일	취득가액	장부가액	시 가
건 물	2024.4.5.	100,000,000원	85,000,000원	120,000,000원
건설 중인 자산	2025년 1~6월	50,000,000원	50,000,000원	불분명
승용차	2024.7.2.	30,000,000원	25,000,000원	20,000,000원
기계장치	2024.2.1.	20,000,000원	15,000,000원	불분명
원재료	2025.5.9.	10,000,000원	10,000,000원	10,000,000원

(2) 「부가가치세법 시행령」에 따른 과자제조업의 부가가치율은 20%이다.

답변 및 해설 »

1. 간이과세자로 전환되어도 세금계산서 발급이 가능하므로 간이과세자로 변경하는 것이 유리하다.

계속사업 중인 개인사업자가 직전연도 부가가치세를 포함한 매출액이 1억 400만원 미만인 경우에는 당해 연도 7.1.부터 다음 해 6.30.까지 간이과세자 적용을 받으며 관할 세무서에서 6.10.까지 간이과세자로 변경된다는 통지를 한다. 간이과세자 중 직전연도 부가가치세를 포함한 매출액이 4,800만원 이상이면 세금계산서를 발급할 수 있다.

위 사례에서 일반과세 개인사업자의 부가가치세를 포함한 매출액이 9,900만원으로 기준금액 1억 400만원에 미달하여 2025.7.1.부터 간이과세자로 변경되지만 세금계산서는 4,800만원 이상으로 발급할 수 있다.

사업자 갑이 세금계산서만 발급할 수 있도록 하는 것을 원한다면 세무 대리인의 입장에서는 간이과세자로 변경하는 것을 추천하여야 한다. 갑이 세금계산서를 발급하면 거래상대방은 부가가치세 10%를 전액 공제받지만 갑의 입장에서는 매출세액 10%를 납부하지 아니하고 부가가치율 20%를 곱한 2%에 대하여만 납부를 하므로 간이과세자가 유리하기 때문이다.

예를 들면, 사업자 갑이 간이과세자로 변경되어 부가가치세를 포함한 매출액이 9,900만원인 경우 매출세액은 1,980,000원* 이지만 거래상대방이 일반과세자라면 9,000,000원* 을 공제받으므로 차액 7,020,000원의 세액을 줄일 수 있다.

* 간이과세자 매출세액 : 99,000,000원×20%×10%
거래상대방 일반과세자 매입세액 : 90,000,000원×10%

반면, 사업자 갑이 거래처의 요청에 따라 일반과세자로 유지되기를 원하는 경우 세무 대리인은 2025.6.30.까지 관할 세무서장에게 간이과세 포기신고서를 제출하여야 한다. 간이과세 포기를 하게 되면 3년간 간이과세 적용을 받을 수 없다.

2. 재고납부세액→7.25. 부가가치세 신고 시 재고납부세액으로 12,285,000원을 추가 납부

일반과세자에서 간이과세자로 변경되는 경우 간이과세자로 변경되는 시점에 남아있는 재고 재화는 간이과세 세율로 판매되어 과세된다. 이러한 재고 재화는 일반과세자일 때 구입하여 부가가치세 10%를 전액 공제받았으나, 간이과세자일 때 판매를 하면 부가가치세 10%에 부가가치율 20%를 곱한 2%를 납부하여 불합리하다. 따라서 이를 조정하기 위하여 매입 당시에 공제받은 금액에 대하여 추가 납부하는 제도이며 이를 재고납부세액이라고 한다.

(1) 재고자산(원재료) : 재고자산에 대한 재고납부세액은 일반과세자일 때 공제받은 부가가치세액에서 간이과세자일 경우 부가가치세를 포함한 매입가액에 0.5%를 곱하여 계산하므로 이를 뺀 금액에 대하여 부가가치세 945,000원을 추가납부한다.

* 추가납부세액 : 10,000,000원×10%×(1－0.5%×110/10)＝945,000원

(2) 고정자산(건물) : 고정자산에 대한 재고납부세액은 일반과세자일 때 공제받은 부가가치세액에서 감가상각률 5%에 경과된 과세기간 수를 곱한 금액에서 간이과세자와 일반과세자의 적용세율 조정한 비율을 곱하여 계산한 금액으로 8,032,500원을 추가 납부한다.

(3) 건설 중인 자산 : 건설 중인 고정자산은 간이과세자 적용 시점까지 사업에 제공되지 아니하였으므로 감가상각률을 적용하지 아니한다. 따라서 재고납부세액은 일반과세자일 때 공제받은 부가가치세액에서 간이과세자와 일반과세자의 공제세율을 조정한 비율을 곱하여 계산한 금액 2,835,000원을 추가 납부한다.

(4) 고정자산(승용차) : 일반적으로 세금계산서를 발급받고 매입세액이 공제되는 자산에 대하여서는 매입세액 공제가 되나, 비영업용 소형승용차는 세금계산서를 발급받았다고 하더라도 매입세액이 공제되지 아니한다.

(5) 고정자산(기계장치) : 고정자산에 대한 재고납부세액은 일반과세자일 때 공제받은 부가가치세액에서 감가상각되는 25%에 경과된 과세기간을 곱한 금액에서 간이과세자와 일반과세자의 적용세율을 조정한 비율을 곱하여 계산한 금액 472,500원을 추가 납부한다.

구 분	계산내역	재고매입세액
건물*1)	$100,000,000 \times \frac{10}{100} \times (1-5\% \times 3) \times (1-0.5\% \times \frac{110}{10})$	8,032,500
건설 중인 자산*2)	$3,000,000 \times (1-0.5\% \times \frac{110}{10})$	2,835,000
승용차	매입세액을 공제받지 못한 자산임	–
기계장치*3)	$20,000,000 \times \frac{10}{100} \times (1-25\% \times 3) \times (1-0.5\% \times \frac{110}{10})$	472,500
원재료	$10,000,000 \times \frac{10}{100} \times (1-0.5\% \times \frac{110}{10})$	945,000
계		12,285,000

*1) 건물은 2024.4.5.에 취득하였으므로 2024년 제1기, 2024년 제2기, 2025년 제1기가 경과하였다.

*2) 건설 중인 자산은 공제받은 매입세액을 기초로 재고납부세액을 계산한다.

*3) 기계장치는 2024.2.1.에 취득하였으므로 2024년 제1기, 2024년 제2기, 2025년 제1기가 경과하였다.

핵심정리

<table>
<tr><th>구 분</th><th>내 용</th></tr>
<tr><td rowspan="2">일반과세자에서 간이과세자로 전환</td><td>• 일반과세자에서 간이과세자로의 전환요건과 전환시기
① 전환 요건 : 연간 부가가치세를 포함한 매출액이 1억 400만원(부동산임대 · 과세유흥장소는 4,800만원) 미만인 개인사업자는 간이과세자로 전환된다.
② 전환 시기 : 일반과세자가 연간 부가가치세를 포함한 매출액이 1억 400만원(부동산임대 · 과세유흥장소는 4,800만원) 미만이 되는 경우 다음 해 7.1.부터 그 다음 해 6.30.까지 간이과세 적용을 받는다.

(사례)
의류 소매업을 경영하는 일반과세자의 2025년 공급가액 합계액이 9,000만원인 경우 → 부가가치세를 포함한 매출액이 9,900만원으로 2026.7.1.~2027.6.30.까지 간이과세자 적용을 받음</td></tr>
<tr><td>• 일반과세자와 간이과세자의 비교 : 일반과세자는 매출세액에서 매입세액을 공제하여 납부세액을 계산한다. 간이과세자는 부가가치세를 포함한 매출액에서 업종별 부가가치율을 곱한 후 10%에 해당하는 금액이 매출세액이고, 부가가치세를 포함한 매입세금계산서에 0.5%를 곱한 금액을 공제하여 납부세액을 계산한다.

(사례)
소매업자의 매출금액이 1,000만원, 매입세금계산서가 500만원인 경우 납부세액은? 다만, 소매업 부가가치율은 15%임
① 일반과세자 : 10,000,000원×10%−5,000,000원×10%=500,000원
② 간이과세자 : 10,000,000원×1.1×15%×10%−5,000,000원×1.1×0.5%
=137,500원</td></tr>
</table>

<table>
<tr><th>구 분</th><th>내 용</th></tr>
<tr><td>재고납부세액</td><td>
• 재고납부세액 : 일반과세자에서 간이과세자로 전환되는 경우 전환 당시 재고에 대하여 일반과세자와 간이과세자의 세율 차이만큼 추가 납부하여야 한다.
<table>
<tr><th>구 분</th><th>재고납부세액</th></tr>
<tr><td>재고품</td><td>재고금액$\times\frac{10}{100}\times(1-0.5\%\times\frac{110}{10})$</td></tr>
<tr><td>건설 중인 자산</td><td>해당 건설 중인 자산과 관련하여 공제받은 매입세액$\times(1-0.5\%\times\frac{110}{10})$</td></tr>
<tr><td>감가상각 자산</td><td>[건물 또는 구축물]
취득가액$\times$(1－5%$\times$경과된 과세기간 수)$\times\frac{10}{100}\times(1-0.5\%\times\frac{110}{10})$
[그 밖의 감가상각자산]
취득가액$\times$(1－25%$\times$경과된 과세기간 수)$\times\frac{10}{100}\times(1-0.5\%\times\frac{110}{10})$</td></tr>
</table>
• 납부세액의 납부방법 : 결정된 재고납부세액은 간이과세자로 변경된 날이 속하는 과세기간에 대한 확정신고를 할 때 납부할 세액에 더하여 납부한다. 과세기간의 공급대가가 납부면제 대상인 4,800만원 미만인 경우에도 재고납부세액은 납부의무가 면제되지 아니한다(부법 §69 ①).
</td></tr>
</table>

헷갈리기 쉬운 127가지 궁금증을 속 시원히 풀어주는

이슈별 부가가치세 실무사례

이 철 재

- 서울시립대학교 회계학과 졸업
- 세무사시험 제24회 수석합격, 공인회계사시험 제23회 합격
- 기획재정부, 국세청, 조세심판원, 법제처 세법 강사
- 한국공인회계사회 시행 AT시험 출제위원장
- 기획재정부 세제발전심의위원회 및 조세개혁추진위원회 위원
- 서울행정법원 전문심리위원
- 중부지방국세청 심판대리인
- 중앙대학교 겸임교수

현재

- 삼덕회계법인 소속 공인회계사 · 세무사
- 사법연수원 법관연수 강사
- 한국공인회계사회 국세연구위원장 및 회계연수원 세법 주임교수 · 세법상담위원
- 나무경영아카데미 세법 · 세무회계 강사

저서

- 세법강의(2024)
- 핵심실무 부가가치세(2024) 외 다수

수상경력

- 기획재정부장관 표창(2008년, 2013년)
- 행정안전부장관 표창(2019년)
- 국세청장 표창(2024년)

이 현 범

- 인하대학교 경영대학원(MBA) 졸업
- 전남대학교 경제학과 졸업
- 1995년 국세청 입사
- 국세청 기획조정관실 근무
- 국세공무원교육원 부가가치세법 교수
- 중부지방국세청 조사4국 근무
- 인천지방국세청 납세자보호담당관
- 북인천세무서 재산세과장
- 인천지방국세청 조사1국 조사1과장
- 남동세무서 재산법인세과장

현재

- 이현범 세무회계사무소 대표세무사

저서

- 부가가치세법 실무해설(2017 국세청)
- 부가가치세 영세율 및 고정자산 환급실무(2024)
- 맞춤형 가업승계 일문일답(2024)
- 핵심실무 부가가치세(2024) 외 다수

수상경력

- 근정포장(2023년)
- 대통령 표창(2021년)

헷갈리기 쉬운 127가지 궁금증을 속 시원히 풀어주는

이슈별 부가가치세 실무사례

저　　자 이철재 · 이현범
발 행 인 서원진
편집 · 교정 류현수, 박가온, 김영림
편집디자인 이은희, 황자애, 이미영
발 행 처 ㈜조세통람
펴 낸 날 2024년 12월 3일 초판 1쇄 발행

저자와의 협의하에 인지생략

주　　소 서울특별시 중구 동호로 14길 5-6(신당동)
등　　록 1976. 11. 5. 제9-81호
대표전화 02) 2231-7027
F A X 02) 2234-1754
구입문의 02) 2231-7027~9
I S B N 979-11-6064-327-5 13320
정　　가 **50,000원**

㈜조세통람은 좋은 책을 만들기 위해 독자 여러분의 의견을 기다립니다.
• 독자 의견 및 도서 문의 메일 : josetop@inaus.co.kr